Lynn Buess

Zahlen als Schlüssel zum Selbst

Lynn Buess

Zahlen
als Schlüssel
zum Selbst

Numerologie für
das Neue Zeitalter

Deutsch von Helga Schenk

Verlag Hermann Bauer
Freiburg im Breisgau

Die Deutsche Bibliothek – CIP-Einheitsaufnahme

Buess, Lynn:
Zahlen als Schlüssel zum Selbst : Numerologie für
das neue Zeitalter / Lynn Buess. Dt. von Helga Schenk. –
3. Aufl. – Freiburg im Breisgau : Bauer, 1998
    Einheitssacht.: Numerology for the New Age ⟨dt.⟩
    ISBN 3-7626-0460-6

Die amerikanische Originalausgabe erschien 1978 bei
De Vorss & Company, California, unter dem Titel
Numerology for the New Age
© 1978 by Lynn Buess

3. Auflage 1998
ISBN 3-7626-0460-6
© für die deutsche Ausgabe 1993 by
Verlag Hermann Bauer KG, Freiburg im Breisgau
Das gesamte Werk ist im Rahmen des Urheberrechts geschützt.
Jegliche vom Verlag nicht genehmigte Verwertung ist unzulässig.
Dies gilt auch für die Verbreitung durch Funk, Film und
Fernsehen, photomechanische Wiedergabe, Tonträger jeder Art,
elektronische Medien sowie für auszugsweisen
Nachdruck und die Übersetzung.
Satz: CSF ComputerSatz GmbH, Freiburg im Breisgau
Druck und Bindung: Clausen & Bosse GmbH, Leck
Printed in Germany

Gewidmet allen Schülern und Lehrern
des LICHTS

Inhalt

Vorwort

In den frühen siebziger Jahren wollte ich aufgrund meines Interesses für Tarot mehr über die esoterischen und spirituellen Seiten seiner Symbole herausfinden. Es stellte sich damals als fast unmöglich heraus, Literatur zu finden, die der tieferen Weisheit Rechnung trug.

Ich erkannte die Lücke und machte mich daraufhin an mein erstes Buch, *The Tarot and Transformation*, das sich vor allem mit dem Weg zu einem höheren Bewußtsein befaßt, wie er von der Symbolik des Tarot gewiesen wird, jedoch in seiner Sprache dem heutigen Leser angepaßt ist. Dieses Buch wurde als Examensarbeit für meinen Universitätsabschluß in Psychologie anerkannt und daraufhin erfolgreich als Taschenbuch verlegt.

Bei der Sichtung von Numerologieliteratur machte ich vor Jahren noch einmal eine ganz ähnliche Erfahrung: Es gab zu diesem Zeitpunkt fast überhaupt nichts, das sich mit den erfahrungsmäßigen Seiten der Entfaltung der Menschen aus numerologischer Sicht befaßt hätte. Die in Hülle und Fülle vorhandene Literatur über Numerologie ging praktisch überhaupt nicht auf die kosmologischen, metaphysischen und erfahrungsmäßigen Auswirkungen der Zahlen auf das tägliche Leben ein. Ich meine damit, wie die Zahlensymbolik den Bewußtseinsfluß zwischen Mensch und Gott beeinflußt. Dieses Buch soll diese Lücke schließen. Jeder von Ihnen möge selbst entscheiden, ob mein Einsatz an Kraft und Ausdauer zu etwas nutze war. Jeder Leser ist demnach gleichzeitig auch ein Kritiker, der entscheiden muß, wie gut dieses Werk seinen Bedürfnissen entspricht.

Das ausgezeichnete Buch von Florence Campbell, *Your Days Are Numbered* (DeVorss), hat mir dabei wertvolle Dienste geleistet. Dieses immer noch wichtige und nützliche Standardwerk hat mich dazu veranlaßt und inspiriert, tiefer in die Numerologie Einblick zu nehmen. In vielen heutigen Büchern wurden ihre Einsichten und ihr Deutungssystem nur etwas umformuliert und verwässert.

Ein anderes wichtiges Buch ist Juno Jordans *Numerology: The Romance In Your Name*. Sicherlich gibt es noch viele andere neuere und ältere Bücher über Numerologie, und ich möchte deren Wert keinesfalls herabsetzen. Doch die beiden erwähnten Bücher sind sicherlich die Standardwerke. Jeder der beiden Autoren stellt ursprüngliches Material in einem ganz eigenen Stil dar. Die Leser sind dazu aufgefordert, den Wert jedes der beiden Systeme zu ergründen; reine Stilunterschiede sollten Sie dabei nicht stören. Durch Verschmelzung der Einsichten, die in den verschiedenen Quellen dargeboten werden, werden Sie dann zu Ihrer eigenen Deutungsmethode finden.

Im vorliegenden Buch ist versucht worden, die langweiligen, sich ständig wiederholenden Beschreibungen und Erläuterungen zu den Zahlen zu vermeiden, die in der gängigen Literatur verbreitet sind. Statt dessen möchte ich meine jahrelangen Erfahrungen und die Tausenden von Zahlenbild-Beratungen, die ich gemacht habe, mit einfließen lassen und so einen erweiterbaren Rahmen liefern.

Die Menschheit macht in dieser Zeit des Übergangs zwischen dem Zeitalter der Fische und dem Neuen Zeitalter des Wassermanns einen raschen Bewußtseinswandel durch. Ein Teil dieses Erwachens unseres Bewußtseins besteht darin, uns auf das Leben im Bewußtsein des Neuen Zeitalters vorzubereiten und einzustimmen.

Millionen von inkarnierten Menschen arbeiten auf dieser Erde bewußt oder unbewußt an ihrem Selbst, weil sie die bevor-

stehenden evolutionären Ereignisse vorausahnen. Viele arbeiten an der Überwindung und Integration der Persönlichkeit. In
anderen erwacht ihr Seelenbewußtsein; sie streben danach, die
Seele und die Persönlichkeit voll miteinander in Einklang zu
bringen. Dieses Buch richtet sich insbesondere an diese rasch zu
Bewußtsein gelangenden Suchenden auf dem Weg zum Licht.

In diese zugegebenermaßen persönliche Sichtweise sind Gedanken aus allen möglichen verschiedenen esoterischen Schulen und Lehren eingeflossen. Da wir uns alle ständig weiterentwickeln und weiterwachsen, kann manches für Sie gerade aktu-
ell sein und manches nicht. Hoffentlich ist viel neue
Information für Sie dabei, die Sie für Ihre Integration nutzen
können und die Ihnen ein umfassenderes Verständnis vermittelt. Greifen Sie einfach das heraus, was Ihr Herz und Ihre Seele
für nützlich halten und stellen Sie das andere, das Sie im Moment noch nicht anspricht, erst einmal zurück.

Dieses Buch spiegelt meine derzeitige Sichtweise wieder. Ich
weiß schon jetzt, daß ich meine Perspektive ständig neu überdenken und erweitern muß und bin mir deshalb bewußt, daß ein
Teil dieses Materials irgendwann sogar in meinem eigenen
Bewußtsein überholt sein wird. Doch gleichzeitig weiß ich
auch, daß Stoff, der aus dem wahren Wissen fließt, zu jeder Zeit
aussagekräftig bleibt.

Alles hier Niedergeschriebene möchte ich Ihnen in der ehrlichen Absicht mit auf den Weg geben, es möge Ihnen auf Ihrer
Bewußtseinsreise von Nutzen sein. Möge das Licht mit Ihnen
sein, wenn Sie dieses Buch studieren, und möge die Wahrheit
bei Ihrer Suche nach dem Erkennen des eigenen Selbst mittels
der Zahlen Ihre Seele anrühren und inspirieren.

I

Kurzer geschichtlicher Überblick

Numerologie ist die Lehre von den Symbolen, Zyklen und Schwingungen. In der Wissenschaft und Technik von heute wird der Erforschung von Schwingungen und Frequenzen in immer stärkerem Maße Aufmerksamkeit geschenkt. Mit der Einführung der Elektrizität haben sich völlig neue Anwendungsmöglichkeiten für die Arbeit mit natürlichen Zyklen und Schwingungsperioden aufgetan. Rundfunk, Fernsehen, Röntgentechnik und subatomare Teilchenforschung sind nur einige Bereiche der modernen Technik, die den Weg für eine eingehendere Untersuchung und verstärkte Anwendung der Gesetze periodischer Schwingungen gebahnt haben. Physiker haben die Erfahrung gemacht, daß auch früher als inert geltende Materie eine eigene Identität besitzt, die durch ihre jeweilige Schwingungszahl oder Frequenz bestimmt ist. Darüber hinaus haben neue Erkenntnisse über die Biorhythmuszyklen in der Öffentlichkeit ein größeres Bewußtsein für die Bedeutung der zyklischen Abläufe in unserem täglichen Leben geschaffen.

Die Numerologie stellt ein Instrument zum Verständnis der zyklischen Abläufe und der ganz speziellen Eigenschaften jedes einzelnen dar, die sein persönliches Leben kennzeichnen. Durch das Verstehen des eigenen Rhythmus wird es leichter, sich dem Fluß des Lebens zu überlassen und »seines eigenen Glückes Schmied« anstatt ein Opfer schicksalhafter Umstände zu werden. Die Beschäftigung mit der Numerologie stellt gerade im heutigen Leben eine wertvolle Hilfe dar, obwohl ihre geschichtlichen Ursprünge weit zurück in die Antike reichen.

Die Geschichte der Numerologie zieht sich unauffällig durch die Geschichtsschreibung der Jahrhunderte. Moderne Historiker gehen davon aus, daß unser heutiges Zahlensystem im wesentlichen auf die alten hinduistischen Lehren zurückgeht. Unserer Meinung nach reicht die Numerologie mit Sicherheit noch viel weiter zurück: bis ins Zeitalter von Atlantis oder gar bis in die Zivilisation von Lemuria.

Aus Gründen der Übereinstimmung mit der geschichtlichen Überlieferung wollen wir jedoch davon ausgehen, daß Numerologie zum ersten Mal nachgewiesenermaßen in der alten hinduistischen Kultur angewandt wurde. Doch die moderne Numerologie wurde in ihrer Entwicklung auch durch das arabische Zahlensystem beeinflußt. Ein anderer wichtiger Zweig geht auf die Tradition und Symbolik der Kabbala zurück. Darüber hinaus ist bekannt, daß auch die Ägypter, Sumerer, Chinesen und Phönizier geschriebene Zahlen verwendeten. In den esoterischen Traditionen dieser Kulturen liegt noch immer ein Schatz an unaufgedeckter Weisheit verborgen, die auf den Geheimlehren der verschiedenen traditionellen Zahlensymboliken beruht. Auch die Bibel ist reich an Symbolik, die auf rein numerischer Struktur basiert.

Am meisten wurde unser heute verwendetes Zahlensystem jedoch von dem griechischen Philosophen Pythagoras beeinflußt, der etwa 600-590 v. Chr. geboren wurde. Pythagoras gründete eine Schule, an der sowohl Mathematik, Musik, Astronomie und Philosophie als auch esoterische Weisheiten gelehrt wurden. Er lehrte die Beziehung zwischen dem Menschen und den göttlichen Gesetzen anhand der Mathematik der Zahlen. Die Zahlenlehre in ihrer heutigen Form basiert auf seiner philosophischen Beweiskraft.

Dieses Buch geht hauptsächlich vom pythagoreischen System aus. In dem ständig wachsenden Feld der Numerologieforschung gibt es eine kleine Gruppe von Forschern aus dem

Bereich der höheren Mathematik. Sie entwickeln Theorien, die auf den neuesten wissenschaftlichen Erkenntnissen und mathematischen Methoden aufbauen. Künftige Fortschritte im Bereich der Numerologie werden von diesen Forschern kommen. Die in diesem Buch dargestellte Numerologie beruht auf einfacher Addition und arbeitet mit einstelligen Zahlen (mit Ausnahme der sogenannten »Meisterzahlen«).

Die Schwingungen und Zyklen jedes einzelnen Menschen werden zahlenmäßig durch sein Geburtsdatum und seinen Namen bestimmt. Durch das Verständnis dieser persönlichen Zyklen können wir lernen, das uns innewohnende menschliche und göttliche Potential besser zum Ausdruck zu bringen. Dieses Buch geht stärker auf die eigenen Erfahrungswerte mit der Numerologie ein als auf die geschichtlich überlieferten. Daher habe ich die Geschichte der Numerologie auch nur relativ kurz abgehandelt. Wenn Sie jedoch an geschichtlichen Einzelheiten interessiert sind, können Sie darüber mehr bei anderen Autoren nachlesen, die sich mit den Entwicklungen und wichtigen Persönlichkeiten dieses Forschungsgebietes eingehender befaßt haben. In diesem Buch hingegen wird der Schwerpunkt darauf gelegt, Ihnen zu zeigen, wie Sie in Ihrem jetzigen Leben aus dem Verständnis Ihrer persönlichen Zahlen lernen können.

In Anbetracht des erwachenden Bewußtseins der Menschen im Wassermann-Zeitalter, der Offenbarung unseres göttlichen Ursprungs und unserer Verbindung mit dem Kosmos wird es für die Lehrer der Symbolik immer wichtiger, sowohl auf die Beziehung der Menschen zu ihrem Schöpfer als auch zu den göttlichen Gesetzen der Manifestation hinzuweisen. Auf dieser Grundlage wollen wir uns in diesem Buch zuerst mit dem kosmologischen Hintergrund der Zahlen befassen. Danach wollen wir auf den Abstieg und den Aufstieg des göttlichen Ichs – dargestellt anhand der Symbolik der Zahlen – eingehen und schließlich untersuchen, auf welche Weise die Zahlen uns Rat und Führung für unser gegenwärtiges Leben auf dieser körperlichen Ebene der materiellen Existenz geben können.

II

Die Kosmologie der Zahlen[*]

Fangen wir bei jenem Punkt in der Vorexistenz an, der oft in der Metaphysik als das »Nicht-Manifeste« bezeichnet wird. Das Nicht-Manifeste stellt einen Seinszustand dar, in dem das gesamte Bewußtsein in einem Gleichgewichtszustand, das heißt in einer Art Homöostase ist. In diesem Zustand steckt das Potential für alle Dualität und Manifestation (oder Schöpfung); doch da es sich um einen absoluten Gleichgewichtszustand handelt, kann es kein dualitäts- oder empfindungsbedingtes Wechselspiel geben wie im manifesten Zustand.

Da wir als lebendige Wesen zum Bereich des Manifesten gehören, ist es unmöglich für uns, das Wesen des Nicht-Manifesten vollständig zu begreifen. Bis zu einem gewissen Grad sind wir jedoch in der Lage, es intuitiv zu erspüren. Doch da die Menschen einen Teil des manifesten Seinszustandes darstellen, bezeichnen sie das Nicht-Manifeste als Leere oder Stille. Vielleicht ist der physikalische Begriff »Grundzustand« eher geeignet, diesen Zustand der Leere oder des Vakuums im atomaren Kräftespiel zu bezeichnen.

Als Teil der Manifestation können wir das Wesen des Nicht-

---

[*] Der Inhalt dieses Kapitels ist stark beeinflußt von Dion Fortunes Buch *The Cosmic Doctrine*. Dieses Buch ist äußerst empfehlenswert für Leser, die durch das vorliegende Kapitel neugierig auf das Thema werden. Interessant sind auch ihre Berichte über Erkenntnisse, die sie 1923 und 1924 von den inneren Ebenen gechannelt hat.

Manifesten bestenfalls durch Beschreibungsversuche definieren. Die sicherste Aussage wäre vielleicht: es ist.

Wie bereits erwähnt, birgt das Nicht-Manifeste in sich das Potential zu Dualität, Ausdruck oder Schöpfung. Man könnte dieses Potential als abstrakte Bewegung bezeichnen. Und die abstrakte Bewegung könnte man wiederum als Wunsch beschreiben. Dieser Wunsch nach Bewegung innerhalb der Existenz des Nicht-Manifesten bringt die Homöostase irgendwann zum Umkippen, und dies ist der Beginn der Schöpfung oder Manifestation.

An diesem Punkt beginnt sich uns der tiefe Sinn der Symbolhaftigkeit der Zahlen als Wegweiser zu kosmischen Ereignissen zu offenbaren. Die erste Zahl, EINS, schließt alle und alles in sich ein. In der Zahl EINS steckt das – allerdings noch nicht zum Ausdruck gebrachte – Potential von allem, das entstehen wird. Für die Eins selbst existiert keine Zeit, doch die ganze Zeit existiert in ihr. Sie selbst macht keinen Wandel durch, doch der Wandel steckt in ihr. Sie IST einfach.

Mit der ersten Bewegung kommen Empfinden und die erste Dualität, die Zahl ZWEI, mit ins Spiel. Die ZWEI bringt Schöpfung oder Manifestation, und diese erste Dualität bildet die Ausgangsbasis für alle folgenden Dualitäten, die wir in unserem Leben erfahren, wie etwa Tag und Nacht, Frau und Mann, gut und böse.

An diesem Punkt ist die EINS nicht-manifest; die ZWEI stellt die Manifestation dar. Obwohl das Potential nun zum Ausdruck kommt, haben die Ereignisse des manifesten Seinszustandes eine Rückwirkung auf den homöostatischen Ausgangszustand des Nicht-Manifesten. Deshalb findet Erfahrung nie völlig losgelöst von der allesumfassenden EINS statt.

Schauen wir uns nun an, wie die Entfaltung der Schöpfung weitergeht. Wir sprachen von der ersten Bewegung, die wir uns metaphorisch als ein Hervorstoßen aus dem Zentrum des Seins vorstellen können. Was aus dieser ersten Bewegung entsteht, wird als Kosmosring bezeichnet. Ein zweiter Wunsch, nämlich der, zum Nicht-Manifesten zurückzukehren, wirkt der ersten Bewegung entgegen und läßt so eine Kreisbewegung entstehen und erkennen, daß es keine geraden Linien im Kosmos gibt. Der Kosmosring kehrt nach Äonen an seinen Ausgangspunkt zurück und bildet somit einen rotierenden Ring.

Die Bewegung dieses rotierenden Rings (des Kosmosrings) bewirkt die Entstehung einer sekundären Rotationsströmung, die entgegengesetzt und im rechten Winkel zu dem Kosmosring wirkt. Diese neue sekundäre Strömung wird als Chaosring bezeichnet. Die beiden Ringe interagieren und beeinflussen sich gegenseitig über sehr lange Zeit. Die Anziehung und Abstoßung zwischen den positiven und negativen Polen lassen einen dritten rotierenden Ring entstehen, der als Grenzring bezeichnet wird (siehe Abbildung 1).

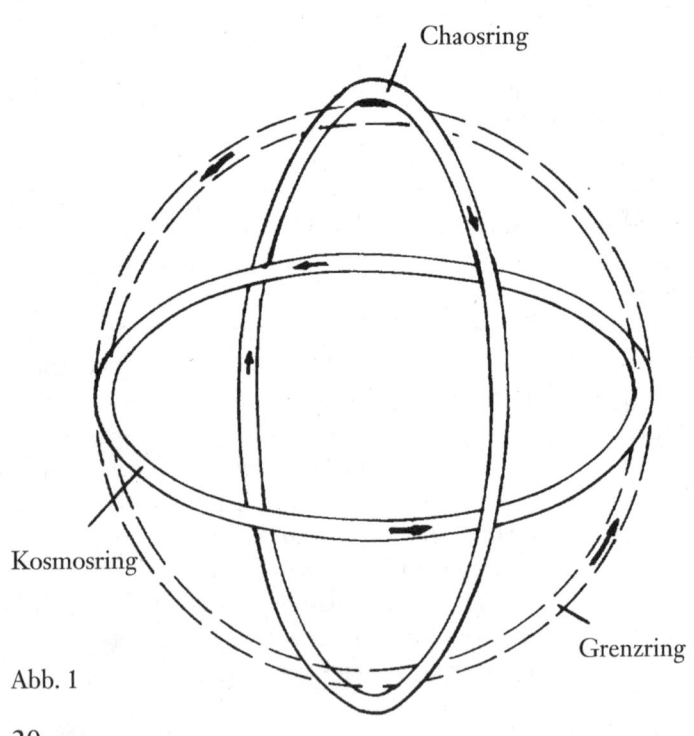

Chaosring

Kosmosring

Grenzring

Abb. 1

20

Im Kosmosring drückt sich der erste Impuls zur Manifestation aus; seine Bewegung bedeutet Evolution und seine Kraft zielt auf das Zentrum des erwachenden Bewußtseins hin. Der Chaosring wirkt evolutionshemmend und trägt dadurch zur Entstehung von Bewußtsein bei. Er drängt zurück in den Weltraum (zum Nicht-Manifesten). Der Grenzring wirkt stabilisierend auf diese beiden divergierenden Kräfte und stellt die äußere Begrenzung der Schöpfung dar, nämlich die Unendlichkeit.

Der Chaosring setzt der Bewegung des Kosmosrings also eine Kraft oder einen Widerstand entgegen und hilft so, Stabilität zu erzeugen. Diese Stabilität wiederum erzeugt einen Spannungsanstieg, der nötig ist, damit Konzentration entstehen kann. Eine Atmosphäre konzentrierter oder gerichteter Aufmerksamkeit aber ist eine Grundvoraussetzung für das Entstehen von Bewußtsein und Evolution. Gäbe es diese Spannung nicht, würden sich die Zyklen des Kosmosrings unendlich oft wiederholen, und es gäbe keine Gelegenheit zu Entwicklung oder Originalität in der Manifestation.

Diese in sich geschlossene Dreierdynamik der drei Primärringe stellt einen – sowohl metaphorischen und als auch symbolischen – Versuch dar, die Grundeigenschaften des absoluten oder höchsten Wesens darzustellen. Die drei Aspekte des höchsten Wesens stellen eine Urform der Dreieinigkeit dar, die Drei in Einem und die Eins in den Dreien. Diese Urform der Dreiheit spiegelt sich teilweise in der symbolischen Struktur der großen Religionen wider: So glaubten die Ägypter der Überlieferung zufolge an die Götter-Triade Isis, Osiris und Horus, die Hindus an Brahma, Shiva und Vishnu; und in der jüdischen und christlichen Tradition wird die Dreifaltigkeit von Vater, Sohn und Heiliger Geist verkörpert.

Die Dynamik der drei Ringe, Kosmosring, Chaosring und Grenzring, die Aspekte des höchsten Wesens verkörpern, kann jedoch auch wie die Trinität in folgender Abbildung dargestellt werden:

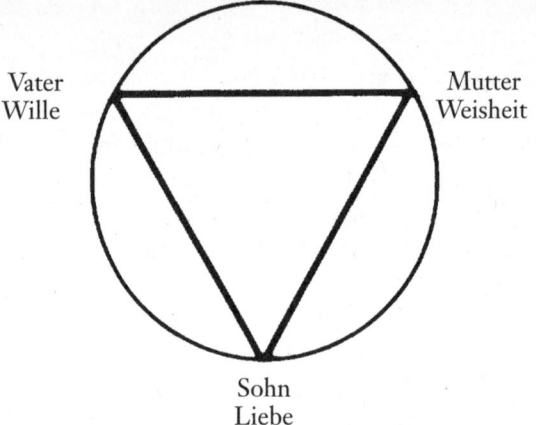

Vater
Wille

Mutter
Weisheit

Abb. 2

Sohn
Liebe

Der Kreis stellt den unendlichen Raum des Absoluten dar. Das Dreieck steht für die Dreifaltigkeit unseres einen Schöpfers. Der Vater oder männliche Pol (Yang) findet seinen Ausdruck über die Dynamik des göttlichen Willens. Die Mutter oder der weibliche Pol (Yin) ist das Element, das nach Weisheit strebt. Und der dritte Faktor schließlich, der Sohn (oder die Tochter), ist die ausgleichende Kraft (Tao), die ein Zusammenwirken der beiden dualistischen Energien in der Harmonie und Einheit der Liebe ermöglicht.

Der Willensfaktor hat seinen Ursprung im Zentrum des Seins. Als Ausdruck des göttlichen Willens oder Wunsches zielt er darauf ab, die Entwicklung des Bewußtseins in Gang zu setzen. Die rezeptive Eigenschaft oder der Weisheitsfaktor versucht, alle nützlichen Erfahrungen des manifesten Daseins aufzunehmen. Die Möglichkeit des Austausches und des Hin- und Herschwingens zwischen den Aspekten der Göttlichkeit schafft die Bedingung für die Entstehung von Gedanken und Bewußtsein. Durch die dritte Eigenschaft, die Liebe, können sich die beiden anderen Energien erst vereinen und in Harmonie miteinander schwingen, da sie nun die zusätzlichen Erkenntnisse aus der Erfahrung gewonnen haben. In gewisser Weise ist sogar der Schöpfer ständig damit beschäftigt, seine Schöpfung zu erweitern und zu verbessern.

Das Konzept wird leichter verständlich, wenn wir einmal von den kosmischen Ereignissen abstrahieren und diese drei Faktoren in unserem täglichen Leben als Menschen betrachten. Der menschliche Wille drängt uns, Erfahrungen zu sammeln, die unser sich ständig weiterentwickelndes Verständnis von uns selbst vergrößern. Manchmal übertreiben wir es mit dem Erfahrungensammeln oder begeben uns in Erfahrungen hinein, die der Richtung, die der göttliche Wille uns über unser höheres Selbst weist, genau entgegengesetzt sind. Übertreibt man ein bestimmtes Erfahrungsmuster, so entsteht ein Ungleichgewicht, das man als »Begehungssünden« bezeichnen könnte.

Auf der anderen Seite bringt die Suche nach Weisheit uns in viele Situationen, in denen wir uns in unseren Gedanken intensiv mit bestimmten Aspekten unserer Erfahrungen beschäftigen, diese reflektieren und sie ganz von der intellektuellen Seite angehen. Doch auch zuviel Analysieren verhindert, daß der Wille durch zusätzliche Erfahrung wachsen kann. Das heißt, wir schaffen Bedingungen, die unser Bewußtsein begrenzen und ihm eine konkrete Form geben, oder sind, anders ausgedrückt, in »Unterlassungssünden« (dem, was wir nicht erfahren haben) gefangen. Wenn wir lernen, mit Hilfe des synergetischen Bewußtseins der Liebe ein Gleichgewicht zwischen diesen beiden Extremen herzustellen, entsteht ein Fluß, mit dem wir uns in jede Erfahrung hineinbewegen – die nötige Lektion in unsere Seele aufnehmen – und uns dann von der Erfahrung lösen, um für andere offen zu sein, die da kommen mögen. Immer wieder werden wir in diesem Buch dieser einfachen Dynamik bei der näheren Betrachtung der Zahlen und der Lebenserfahrungen begegnen – zuviel, zuwenig und Gleichgewicht.

Nun zurück zum Kosmos, wo die drei Ringe (Kosmosring, Chaosring und Grenzring) jeder eine bestimmte Bahn verfolgen – jeder bewegt sich in einem bestimmten Rhythmus in einer flachen Ebene; jeder dreht sich ungefähr so ähnlich wie die Erde um ihre Achse. Man beachte, daß die verschiedenen Bewegungen der Ringe das Ganze als Kugel erscheinen lassen.

Im Zentrum der Kugel, wo die Mittelpunkte der drei Ringe ineinander übergehen, erzeugen ihre Bewegungen eine Reihe rotierender Radien – die Strahlen. Die Strahlen bewegen sich auf rotierenden Spirallinien nach außen zum Grenzring hin und kehren auf der entgegengesetzten Strahlenbahn im Bereich des Nicht-Manifesten zurück. Die zwölf Strahlenenergien spiegeln Eigenschaften des Absoluten in einer neuen Form wider.

Wir können sie uns auch als eine Urform oder einen Archetypus des Tierkreises denken, den wir an unserem eigenen Nachthimmel widergespiegelt sehen. Der Punkt, an dem die Strahlen zusammenlaufen, ist metaphysisch als die zentrale Sonne bekannt.

Die Konvergenzaktivität des Strahls erzeugt eine Sekundärbewegung, die sich in konzentrischen Kreisen nach außen hin

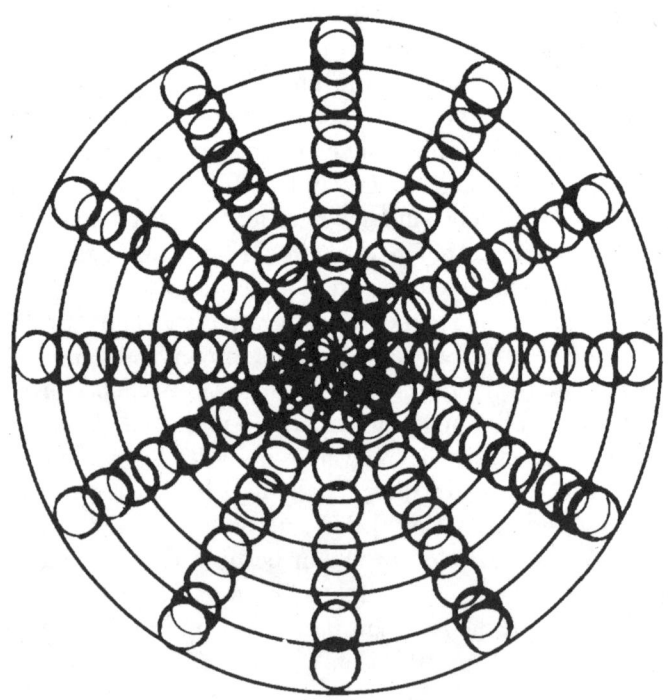

Abb. 3: Die kosmischen Ebenen und Straheln

ausbreitet (Abbildung 3). Diese Kreise setzen sich auf den sieben kosmischen Ebenen fest. Die Aktivität der kosmischen Ebenen und der Strahlen bildet den Kosmos. Der Kosmos wird vom Absoluten erzeugt, bleibt jedoch außerhalb davon. Das Absolute mit seinen Zyklen wird zum Unterbewußtsein des Kosmos. In bezug auf den Kosmos gesehen ist es nicht-manifest.

Die Strahlen sind rotierende Spiralen, die die kosmischen Ebenen durchwandern. Wie bereits vorher erwähnt, treten sie immer paarweise auf, das heißt, sie bewegen sich im manifesten Bereich nach außen und kehren im nicht-manifesten nach innen zurück. So gehören der erste und zwölfte Strahl zusammen, der zweite und elfte, der dritte und zehnte, der vierte und neunte, der fünfte und achte und der sechste und siebte; wenn man diese Spirale auseinanderziehen könnte, könnte man sehen, daß die Strahlenenergie in Form von Sinuswellen fluktuiert. Bei der Rückkehr über den nicht-manifesten Bereich wird ein Kreislauf vollendet, und kosmisch gesehen wird das strukturelle Wesen der Zahl Vier dadurch deutlich. Innerhalb dieser Matrix beginnen die Dinge Gestalt anzunehmen (siehe Abbildung 4 und 5).

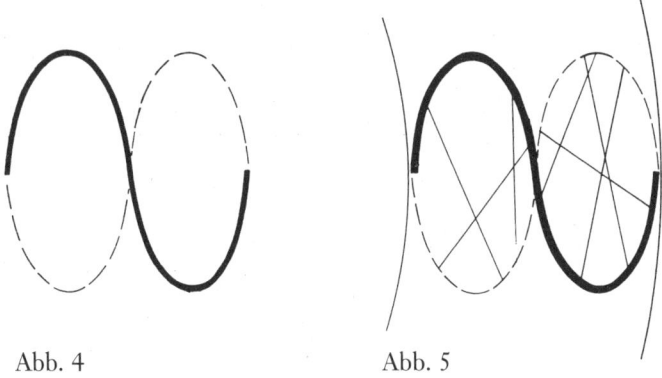

Abb. 4   Abb. 5

Die Anziehung und Spannung zwischen diesen beiden Strahlenbahnen teilt den Kosmos in Segmente auf; und innerhalb dieser unendlichen Anzahl von Segmenten entstehen Kraftlinien. Diese Spannungslinien werden als »Tangenten« bezeichnet. Wenn sich die Bahnen divergierender Tangenten kreuzen, wird durch die entgegengesetzten Wirkungen ein Wirbel erzeugt, der den Verlauf der einzelnen Tangenten verändert. Dadurch entsteht eine relativ stabile Einheit, die sowohl durch die beiden Faktoren in sich selbst als auch in geringerem Maße durch die größeren Kräfte des Kosmos beeinflußt wird. Diese neue Kraft wird als »Uratom« bezeichnet, ein Kräftewirbel, der sich eher in engen Raumeinheiten dreht, als an den Grenzen des Kosmos entlangzurotieren.

Die gleichen Gesetze, die die Bildung des Kosmos durch den Kosmosring und den Chaosring ausgelöst haben, sind auch im Uratom am Werke. Das Axiom »Wie oben, so unten, doch anders« ist in diesem Fall genau zutreffend. Mit dem Uratom treten wir in eine neue Phase der Kosmogenese ein: der Entwicklung des individuellen Bewußtseins innerhalb des Kosmos.

Ausgehend von der Annahme, daß das Uratom sich aus zwei gegensätzlichen, umeinander herumwirbelnden Bewegungen zusammensetzt, ist es jedoch wichtig, darauf hinzuweisen, daß die dabei entstehenden Wirbel eine Sekundärbewegung auslösen. Diese Sekundärbewegung ist der Winkelweg. Manche Atome bleiben als einfache Atome erhalten und bilden die Materie auf jeder der kosmischen Ebenen. *Diesen entscheidenden Punkt für das Verständnis der einfachen Atome sollte der Leser im Gedächtnis behalten.* Andere Atome, die sich auf gleichen Bahnen bewegen, beginnen sich gegenseitig in nahe Umlaufbahnen zu ziehen, ähnlich wie bei Valenzbindungen in chemischen Verbindungen. Diese organisierten Strukturen bilden Atomgruppen.

Die Anzahl der Seiten oder Winkelwege dieser Strukturen hängt davon ab, welche Grundrhythmen auf der jeweiligen kosmischen Ebene vorherrschen. Auf der ersten kosmischen

Ebene werden die Rhythmen vom Unbewußten reflektiert und sind ihrem Wesen nach dem Absoluten am nächsten, und daher dreiseitig. Auf der zweiten kosmischen Ebene sind die sich auf Kreisbahnen bewegenden Atome vierseitig, auf der dritten fünfseitig, auf der vierten sechszackig und so weiter (siehe Abbildung 6).

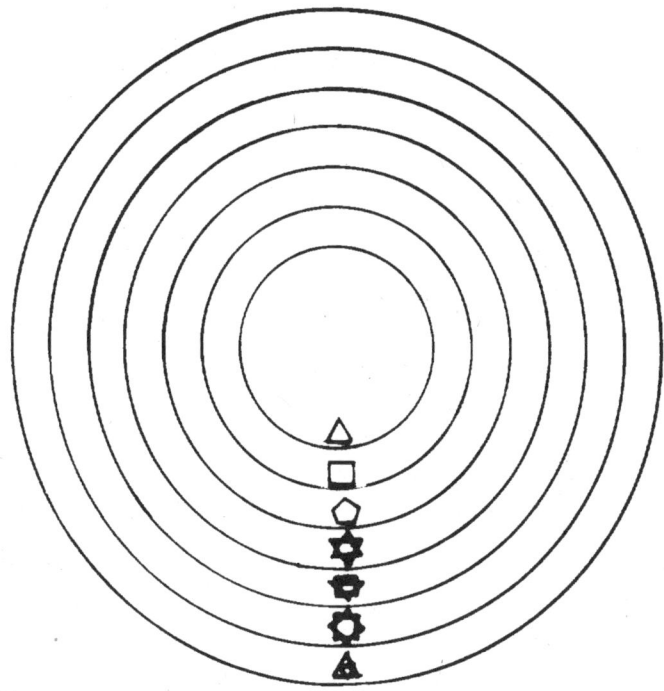

Abb. 6

(Der Leser möge sich eingehend mit diesem Punkt beschäftigen und über dessen Bedeutung meditieren.) Dies liefert uns einen weiteren kosmischen Schlüssel zum Verständnis des Gesamtmusters der numerologischen Entwicklung. Eins bis Neun stellen die einzelnen Phasen der Entwicklung bis zum Erreichen der Perfektion dar, und mit der Zehn beginnen wir dann einen neuen Zyklus auf der Entwicklungsspirale mit der Eins (1) plus der Null (0), die darauf hinweist, daß wir uns auf eine neue Schwingungsebene begeben oder einen neuen Schwingungszyklus beginnen. Später werden wir noch genauer sehen, daß wir als Menschen durch unsere Struktur der sieben Bewußtseinsebenen mit jeder dieser Ebenen und den Gesetzen dieser Ebenen mitschwingen. Die intensive Beschäftigung mit Zahlen hilft uns, die unsichtbaren Schwingungen in unserer Umwelt und die Nutzung dieser Schwingungen umfassender zu erkennen, um unser Schicksal meistern zu können. (Zu einem späteren Zeitpunkt in diesem Buch werden wir näher auf die durch Zahlen bestimmten Zyklen und Lektionen eingehen, die unsere Seele für diesen Lebenszyklus für uns vorgesehen hat.)

Wenn wir lernen, die Lektionen dieses Lebens zu verstehen, sie zu beherrschen und Ausgewogenheit zu erreichen, werden wir freier und können uns dadurch mehr auf das Schwingungsmuster des höheren Selbst konzentrieren. Wir vertrauen uns damit der göttlichen Führung an und schwingen uns auf den Kosmos ein. Diese ersten Seiten sind dazu gedacht, Ihnen bei Ihrem Aufstieg und Einschwingen auf höhere Frequenzen behilflich zu sein. Wir hoffen, daß dieses Buch Ihnen das Erlernen der Kunst des vollkommenen Einstimmens ein wenig leichter macht, so daß es eines Tages vielleicht möglich sein wird, das Symbol als Verständnishilfe beiseite zu lassen und unser vollkommenes KOSMISCHES WESEN auf allen Ebenen einfach zu ERFAHREN. Eine Möglichkeit, dieses Einschwingen zu erlernen, besteht in der bewußten Beschäftigung mit Symbolen, die den reinen Seinsprozeß zu vermitteln suchen.

Mit diesem Ziel vor Augen kehren wir zurück zu den kosmischen Ereignissen der Entwicklung der Atome. Die entstandenen Atomgruppen ziehen weiter gleiche Atome an und bilden so schließlich größere Atomgruppen, die kosmisches Gewicht und Masse besitzen. Nach einer gewissen Zeit fangen diese größeren Atomgruppen dann an, auf die Zentrifugalkraft des Kosmos zu reagieren und machen sich entlang der kosmischen

Straßen (den Strahlen) auf die Reise zu den äußeren Bereichen des Kosmos. Auf dieser Reise ziehen sie einfache Atome von den anderen kosmischen Ebenen an, die die verschiedenen Stufen oder Körper der Sphäre bilden. Nachdem sie die verschiedenen Ebenen entlang der spiralförmigen Strahlenbahn durchlaufen haben, erreichen sie den Grenzring und kehren auf der nicht-manifesten Seite zurück, wobei sie über die Erfahrung ihrer Reise durch den Kosmos »nachdenken«. Danach kehren diese Atome zur Kontemplation und Einstimmung auf den kosmischen Plan ins Zentrum der Stille zurück; nach einer gewissen Zeit werden sie wieder von der Zentrifugalkraft ergriffen und bewegen sich auf einem anderen Strahl nach außen. Dieses Muster wiederholt sich so lange, bis jede Strahlenbahn durchlaufen wurde und die Atome zurückkehren, um zur Ruhe zu kommen.

Wenn dann irgendwann alle dieser unendlichen Zahl von Atomgruppen in diesem großen Zyklus den ganzen Kreislauf der zwölf Strahlen durchlaufen haben und zur Ruhe gekommen sind, tritt der Kosmos in die »kosmische Nacht« ein. Während der kosmischen Tage wird der Rhythmus durch das Ein- und Ausatmen des großen Atems bestimmt. Beim Ausatmen hat der Chaosring den stärkeren Einfluß, und die Bewegung der Atome und Strahlenenergien beschleunigt die Bewußtseinsentwicklung nach außen, um mehr Erfahrung dazuzugewinnen. Dann wird der Einfluß des Kosmosrings stärker, die Welle kehrt sich nach innen und bringt die Atome zurück zum Zentrum ihrer Entwicklungsreise. Wenn der kosmische Tag zu Ende geht – nachdem der gesamte kosmische Zyklus vollendet wurde – werden alle kosmischen Systeme in die Stille des Zentrums zurückgezogen und kommen dort zur Ruhe. Die Atome und Strahlenenergien, die kosmische Erfahrung gesammelt haben, werden wieder in das homöostatische Gleichgewicht des Absoluten gebracht. Alle Faktoren werden in das Wesen des Absoluten aufgenommen und mit dem göttlichen Stempel versehen: »Und Gott sah, daß es gut war«. Danach herrscht Harmonie im Nicht-Manifesten der kosmischen Nacht.

Im Ruhezustand steckt das Potential zur Manifestation eines neuen kosmischen Tages. Das Potential stammt aus der abstrakten Bewegung, die von dem Tanz der Atome während des kosmischen Tages übriggeblieben ist. Obwohl sich die Materie der atomaren Struktur durch die Rückkehr in die Stille des Zentrums aufgelöst hat, geht die abstrakte Bewegung nach dem Muster des Bewegungsablaufs der Atome weiter. Nach einer gewissen Zeit führt dieser Wunsch nach Bewegung zu einem Umkippen des Gleichgewichts, und der Kosmos erwacht zu einem neuen Tag. Im Laufe dieses neuen kosmischen Tages wiederholen sich dieselben kosmischen Zyklen der Strahlen, Kreise und Atome wie vorher.

Einen wesentlichen Unterschied gibt es jedoch in diesem zweiten Zyklus. Die sich nach außen bewegenden Atome des ersten Zyklus, die bereits einen vollen Strahlenkreislauf hinter sich haben, reagieren erneut auf die Impulse der Zentrifugalkraft und bewegen sich nach außen. Doch dieses Mal sind die Strahlenbahnen voller Hindernisse, verstopft durch die sich neu bildenden Atome des zweiten großen Zyklus. Deshalb bewegen sich die Atome aus dem vorangegangenen Zyklus entlang der Strahlenbahnen auf eine geeignete kosmische Ebene hin. Welche kosmische Ebene geeignet ist, hängt von der Form und der Masse des ursprünglichen Atoms ab. Haben diese Atome ihre entsprechenden Ebenen erreicht, so begeben sie sich auf die Umlaufbahn um die Zentralsonne. Der Name für diese neuen, die zentrale Sonne umkreisenden Kugeln ist »große Organismen«.

Die großen Organismen sind so etwas Ähnliches wie niedrigere Gottheiten, deren Grundstruktur ein Abbild derjenigen des Absoluten ist, allerdings auf einem niedrigeren Niveau. Ihrem Wesen nach stammen sie von den Kreisen und Strahlen des Kosmos ab, doch gehören sie nun einer anderen Ordnung an. Durch ihre Fähigkeit zur Reproduktion sind die großen Organismen in der Lage, neue Organismen zu erzeugen, die sich ebenfalls weiter vermehren können. Diese Evolution der

Sterne führt dazu, daß der Kosmos durch eine unendliche Zahl von Organismen bevölkert wird.

Die großen Organismen erzeugen ein eigenes zyklisches Muster von Expansion und Kontraktion: Dieser selbsterzeugte Rhythmus beginnt irgendwann Schwingungen zu erzeugen und mit den kosmischen Rhythmen zu interagieren, die kongruent sind mit den feinen Zyklen des Absoluten. Die Spannung und das Wechselspiel der sich vermischenden Kräfte aktiviert die Selbst-Wahrnehmung und das Selbst-Bewußtsein in den großen Organismen.

Im allgemeinen bezeichnet man ein derart erwachtes Wesen als »große Wesenheit«. Eine andere, dem Leser vielleicht vertrautere Bezeichnung, die inzwischen häufig als Synonym für »große Wesenheit« verwendet wird, ist *Sonnenlogos*. Wir sprechen hier über den Ursprung der Sterne im Kosmos; nicht nur über die physikalischen Himmelskörper auf der siebten Ebene, die wir mit unseren Augen wahrnehmen, sondern über göttliche Sonnenwesen mit einem Uratom und den damit verbundenen Vehikeln der kosmischen Ebenen.

Nachdem die große Wesenheit sich nun ihrer selbst bewußt geworden ist, projiziert sie eine Vorstellung von sich selbst in einen Teil des Kosmos hinein. Durch diesen Akt wird die große Wesenheit selbst zu einem kleinen Schöpfer. Man erinnere sich jedoch daran, daß das Bewußtsein der großen Wesenheit seinen Ursprung im kosmischen Gesetz hat, das wiederum unbewußt das absolute Gesetz widerspiegelt. Da die große Wesenheit sich daran erinnern kann, daß sie in der Lage ist, selbst als Schöpfer zu wirken, beginnt sie damit, ihren eigenen Kosmos aufzubauen. Die große Wesenheit bedient sich der verschiedenen Eigenschaften der Strahlen und wirkt wie ein Transformator, denn sie wandelt die Strahlen in kleinere Unterstrahlen um und projiziert sie nach außen, sozusagen auf den großen Tierkreis des Kosmos hinauf, um so einen Tierkreis niedrigerer Ordnung zu erzeugen. Die konvergierenden Unterstrahlen erzeugen dabei eine Sekundärbewegung, die wiederum Unterebenen des

Daseins entstehen lassen, welche Abbilder der kosmischen Ebenen sind.

Dieser organisierte Teil des Kosmos, der unter dem Einfluß der großen Wesenheit steht, wird Universum genannt. Dies geschieht nur, um ihn vom Kosmos unterscheiden zu können, obwohl er immer noch Teil der gesamten Schöpfung ist. Vielleicht würden wir ihn im allgemeinen eher als Sonnensystem bezeichnen. Die große Wesenheit ist der Schöpfer und Erhalter ihres Universums. Sie ist allmächtig und unendlich für alle Dinge dieses Universums, denn ohne ihre erhaltende Vorstellung von der Form würde nichts in diesem Universum existieren.

Große Wesenheiten finden sich auf allen kosmischen Ebenen. Wir wollen uns speziell mit einer dieser Wesenheiten auf der siebten kosmischen Ebene befassen, nämlich mit unserer Sonne oder unserem Sonnenlogos.

Die Evolution der Atome im Universum geht auf ganz ähnliche Weise vor sich wie im Kosmos, doch gibt es einige entscheidende Unterschiede. Die sich bewegenden Atome des Universums durchlaufen alle zwölf Unterstrahlen und kehren dann in den Mittelpunkt zurück. Es muß hier noch einmal daran erinnert werden, daß parallel zu dem sich bewegenden Objekt (dem Atom) eine abstrakte Bewegung existiert. Das Atom ist ein Produkt des Universums, doch die abstrakte Bewegung wird von den latenten kosmischen Zyklen und Ereignissen stimuliert. Wenn das sich bewegende Atom des Universums nach seiner Reise in den Mittelpunkt zurückkehrt, findet es dort einen Zustand vor, in dem das Nicht-Manifeste (in diesem Fall die kosmischen Zyklen) hervortritt und das Atom und dessen abstrakte Bewegung – die Spur, die es im Weltraum hinterläßt – prägt.

Danach ist das sich bewegende Atom zwar weiterhin den Gesetzen des Sonnenlogos, dem es angehört, unterworfen, doch die abstrakte Bewegung empfängt eine Prägung des Kosmos und den klaren Eindruck eines größeren Schicksals. Die markierte Spur ist der göttliche Funken. Später werden wir noch näher auf die göttlichen Funken eingehen.

Diese Stelle eignet sich ausgezeichnet dafür, noch einen anderen Aspekt im Zusammenhang mit dem kosmischen und universellen System, das wir hier kurz zusammengefaßt haben, zu erläutern. Bei der genaueren Betrachtung des menschlichen Bewußtseins unterscheiden wir zum klareren Verständnis im allgemeinen drei verschiedene Stufen: das höhere Selbst, die Seele und das niedrige Selbst (die Persönlichkeit). Wir können darin eine Analogie zum kosmischen Muster sehen. Die große Wesenheit entspricht hier der Seele. Auch sie ist ein Wesen, das sich gerade in einer Wachstums- und Entwicklungsphase befindet; auch sie wird vom höheren Selbst, dem Kosmos, gelenkt. Die große Wesenheit bemüht sich, ihre Persönlichkeit (das Universum) in eine ordentliche Struktur einzubinden, die das ursprüngliche Konzept des Selbst widerspiegelt.

Das höhere Selbst stellt eine Schicht oder einen Teil eines Wesens dar, das jetzt dauerhaft in Einklang mit dem göttlichen Gesetz ist. Die Persönlichkeit ist eine Schicht möglicher Reaktionen, die durch das Hinzukommen von Bewußtsein (in diesem Fall durch das Universum) erzeugt werden. Das Zentrum des Selbst (die Seele oder große Wesenheit) ist der Schüler, der angeleitet wird von einer Schicht, die die *Wahrheit* kennt und anerkennt; sie wendet das höhere Prinzip durch wachsendes persönliches Bewußtsein an, bis das innere Selbst überwunden ist und mit den Schwingungen alles Seienden harmonisch in Einklang gebracht werden kann.

Als Bewohner des Universums, auf die der Sonnenlogos während seiner Evolution einwirkt, betrachtet man die Planeten und die sich darauf entwickelnden Bevölkerungen. Zur Bevölkerung des Universums gehören weiter auch die Wesen aus dem Engel- oder Devareich. Wir wollen hier auf dieses Reich nicht näher eingehen. Wenn Sie Näheres darüber erfahren wollen, empfiehlt sich die Lektüre von Werken esoterischer Kosmologen (wie zum Beispiel Heindel, Steiner oder Blavatsky) über die Symbolik der Kabbala.

Nur als kurzer Hinweis: Es gibt kosmische, systematische und planetarische Hierarchien im Reich der Engel, die hauptsächlich als Diener und Ausführende des Gesetzes dienen.

Die göttlichen Funken sind verantwortlich für die Vorbereitung und den Ausdruck von Lebensformen im Universum. Es gibt drei Hauptwellen göttlicher Funken, die sich als Teil des dreifaltigen Wesens des Sonnenlogos manifestieren. Die erste Welle drückt die Fohat-Energie des Willens des Sonnenlogos aus. Sie bewegt sich durch die Ebenen des Universums nach unten und läßt ein archetypisches galvanisches Spannungsmuster zwischen den Himmelskörpern entstehen, die als Formen für die Planetenkörper dienen werden. Die zweite Welle drückt die Prana-Energie aus und bildet die Form der Planeten oder Körper auf jeder Ebene. Die dritte Welle birgt das kreative Potential der Kundalini-Energie. Die Funken der dritten Welle können sich etwas Zeit lassen, den sie müssen erst abwarten, bis die Funken der ersten beiden Wellen ihre Aufgabe erfüllt haben. Die überschüssige Zeit gibt den Funken der dritten Welle die Möglichkeit zu Individualisierung und Wachstum.

Dieser Individualisierungsprozeß wird oft als Epigenese bezeichnet und stellt einen Faktor dar, der die Entwicklung der eigenen schöpferischen Kraft und das Entstehen verschiedenartiger Lebensformen und Familien ermöglicht. Dieser epigenetische Faktor ist später eine Grundlage für den »freien Willen« in der menschlichen Kultur. Und dieser freie Wille war die Voraussetzung dafür, daß ein Umstand, bekannt auch als das »Böse«, sich auf unserem Planeten ausbreiten konnte.

Doch während der Bildung der Planeten ist auch dieses individualisierte Verhalten in vollkommener Übereinstimmung mit den Gesetzen der Sonnengottheit. Das Zusammenspiel der drei Wellen läßt die Struktur der Planeten entstehen, und die vierte Welle bringt die Flut menschlicher Funken. Weitere Wellen göttlicher Funken (die fünfte, sechste und siebte) sind für die Ausbildung der niederen Körper der menschlichen Persönlichkeit zuständig. Außerdem sind sie für die Entstehung der verschiedenen Ebenen in den Mineral-, Pflanzen- und Tierreichen verantwortlich.

Auf die vierte Welle göttlicher Funken wird ausführlich im nächsten Abschnitt über die Entwicklungsgeschichte des Menschen eingegangen.

Wir gingen also aus von der anfänglichen Dualität zwischen dem Nicht-Manifesten und dem Manifesten. Aber auch innerhalb der Struktur des Manifesten müssen wir uns die Definition der Zahlen noch einmal genauer anschauen. Die Zahl Eins im manifesten Bereich steht für das Absolute; die Zwei repräsentiert den Kosmos mit seinen Strahlen und Ebenen; die Drei bedeutet Evolution, die beim Uratom beginnt und später zur großen Wesenheit wird; die Zahl Vier steht für die Form, in unserem Falle den Planeten Erde; und die Fünf ist das Leben, die Zahl des Menschen. Prägen Sie sich dies gut ein.

Zugegebenermaßen habe ich Sie in diesem Kapitel im Schnellverfahren durch komplexe und völlig transzendente Bereiche geführt. Ich hoffe jedoch, daß Ihnen damit einige grundlegende Fragen beantwortet werden konnten. Vielleicht sind ja sogar aufgrund des hier vorgelegten Materials viele neue Fragen in Ihrem Geist und Ihrer Seele aufgeworfen worden. (Bestimmt kann ich Ihnen jedoch in diesem Buch nicht alle beantworten.) Ich möchte Ihnen deshalb empfehlen, daß Sie parallel zur Lektüre dieses Buches und besonders dieses Kapitels über diese Fragen meditieren. Wenn Sie Ihrer eigenen Seele und dem höheren Selbst das tiefere Eindringen in dieses Gebiet überlassen, wird die Tür, die Ihnen Zugang zur *Erfahrung* dieser Prozesse gibt, weiter geöffnet werden. Wenn dieses Kapitel dazu beitragen kann, Richtungen zu weisen für die tiefere Erforschung dieser Fragen, hat das Buch seinen Zweck schon teilweise erfüllt. Der Leser wird mit den Metaphern und Analogien des Kosmos mit der Zeit immer vertrauter werden und irgendwann besser verstehen und einschätzen können, weshalb Zahlen wirklich die Bedeutung haben, die wir ihnen im alltäglichen Umgang bei der Deutung der persönlichen Zahlenbilder zuschreiben.

Die Bedeutung der Zahlen in der Entwicklungsgeschichte des Menschen

Der Zyklus des Menschen

Weiter vorn in diesem Kapitel haben wir die Bedeutung der Zahlen im Zusammenhang mit kosmischen und planetarischen Ereignissen näher beleuchtet. Wir alle sprechen bewußt oder unbewußt auf die Zyklen des Kosmos, des Sonnenlogos und besonders des Logos unseres Planeten an. Die hierzu gegebenen Erläuterungen sollen Ihnen ein klareres Verständnis über unsere Beziehung zu diesen Rhythmen liefern.

Im folgenden wollen wir nun näher untersuchen, wie die Zahlen symbolisch den Weg der menschlichen Involution und Evolution bestimmen. Wir wollen unser Bewußtsein umschalten und noch einmal auf die Bedeutung und symbolische Aussagekraft der Zahlen in etwas veränderter Sichtweise eingehen. In den folgenden Kernaussagen wird erkennbar, daß hinter der Struktur der Zahlen häufig eine archetypische Bedeutung steckt:

Wird die Null oder der *Vollkreis* verwendet, so stellt dies das höhere Selbst oder Überbewußtsein dar. Sie steht für die Fähigkeit, mit dem Bewußtsein auf höhere Wahrnehmungsebenen zu gelangen.

Die *Gerade* stellt das klare Bewußtsein dar. Die senkrechte Gerade steht für das männliche, aktive Prinzip. Die waagrechte Gerade steht für das weibliche, passive Prinzip.

Der *Halbmond* symbolisiert die Seele oder in manchen Fällen auch das Unbewußte. Sie ist empfänglich für Informationen und feinstoffliche Energien und gibt sie auf der bewußten Ebene wieder.

Mit diesen Grundvorstellungen können wir uns wieder den Zahlen und der Entwicklungsgeschichte des Menschen zuwenden. Die vierte Welle göttlicher Funken besteht aus dreiseitigen Atomen, die aus dem Körper des Sonnenlogos strömen und in gewissen Abständen vom kosmischen Stimulus inspiriert werden. Sie sind so etwas Ähnliches wie jungfräuliche Geister, die als Grunddynamik das Dreierprinzip der Gottheit in sich tragen. Doch obwohl sie die Eigenschaften einfacher Gottheiten besitzen, ist das Bewußtsein dieser Funken für ihre göttlichen Eigenschaften nicht voll entfaltet. Um dieses Bewußtsein zu erlangen, begeben sie sich auf die Reise durch das Universum und tauchen in die verschiedenen Schichten und Ebenen der Materie ein, um etwas dazuzulernen und Meister ihres Universums zu werden. Auf dieser Reise passieren sie irgendwann einmal auch die Ebenen jedes Planeten des Sonnensystems. Um den Rahmen dieses Buches nicht zu sprengen, wollen wir uns hier auf ihren Aufenthalt auf dem Planeten Erde beschränken.

Die Funken steigen durch die höchsten spirituellen Ebenen herab, und die Monade, das höhere Selbst, wird sich seiner selbst auf der dritten Ebene von oben bewußt. Die Funken verbinden sich daraufhin mit der Persönlichkeit, die Substanz von den drei unteren Ebenen enthält. Mit dem Verstand als Bindeglied zwischen den höheren und niedrigeren Ebenen beginnt das menschliche Wesen sein Seelenbewußtsein zu entwikkeln. Durch Wiedergeburt und Reinkarnation in viele Persönlichkeiten über einen langen Zeitraum hinweg entwickelt sich das Seelenbewußtsein unter Anleitung des höheren Selbst. Es benutzt die Vehikel der Persönlichkeit als Mittel, um zu wahrer Vollkommenheit heranzuwachsen. Die Seele entwickelt sich durch das Anhäufen von Erfahrungen, die sie während ihrer Inkarnationen ansammelt. Da sie vom göttlichen Funken (dem höheren Selbst) geleitet wird, versucht die Seele einen Ausgleich zwischen zu viel und zu wenig Erfahrung zu schaffen und alles Erlebte in ein vollkommenes Gleichgewicht zu bringen. Dies war nur eine kurze Zusammenfassung der Kette von Ereignissen; wie sich diese Ereigniskette über die Zahlen offenbart, wollen wir im folgenden näher betrachten:

Die Zahl Eins im menschlichen Zyklus versinnbildlicht den göttlichen Funken, der immer noch EINS
ist mit dem ihn umschließenden Reich des Sonnenlogos. Es besteht vollkommenes Bewußtsein, und
das Leben ist in Harmonie mit allen Wesen, die in
Gott (dem Sonnenlogos, nicht dem Absoluten) vereint sind.

Mit der Zahl Zwei kommt der Fall des Menschen.
Das Seelenbewußtsein beginnt zu erwachen, und
das Bewußtsein des niedrigen Selbst befindet sich in
einer rezeptiven Entwicklungsphase. Die unteren
Ebenen erhalten hier ihr archetypisches Format,
das die Form der Vehikel bestimmt, die die Seele
und das höhere Selbst benutzen.

Mit der Zahl Drei fängt die Seele an, Bewußtsein sowohl des geistigen als auch des materiellen Bereiches
zu erlangen. Sie versucht ein Gleichgewicht zwischen Geist und Materie herzustellen, um sie zusammenzubringen. In dieser Phase vollzieht sich auch
die Teilung des Bewußtseins in männliche und weibliche Form. Sie regt zur Suche nach Einheit und
Ausgleich an durch bewußte Auseinandersetzung
mit einem Partner des anderen Geschlechts, um
Leben und kreativen Ausdruck hervorzubringen.

Die Vier weist auf das dreifache Bewußtsein hin, das
in die Form eines Körpers übergeht. Der Mensch
steht nun aufrecht vor uns und trägt den Keim seines göttlichen Selbst in sich, der die Prüfungen der
Erde erwartet, um zu Entfaltung gelangen zu können. Das Kreuz symbolisiert die Prüfungen und
Opfer, die auf ihn zukommen werden. Vier ist die
Zahl für Form und Erde.

In der Zahl Fünf herrscht das Bewußtsein der Sinne und des Geistes über die Seele. Fünf ist die Zahl, die für Erfahrung, freien Willen und Lektionen steht, die durch völliges Sich-Hineinfallenlassen in die niederen Vehikel gelernt werden müssen. Sie führt zum Erwachen des Bewußtseins hin. Fünf ist die Zahl des Menschen.

Nachdem der Mensch nun viele Leben durchlebt und viele Erfahrungen gesammelt hat, begreift er allmählich mit der Zahl Sechs, daß es einen Sinn im Leben gibt. Der Mensch beginnt für seine Handlungen Verantwortung zu übernehmen; er macht erste Schritte auf das höhere Selbst zu (das sich jedoch noch auf der untersten Stufe oder im Ruhezustand befindet). Von nun an strebt er nach oben.

Die Zahl Sieben symbolisiert das Gleichgewicht und die Beherrschung der unteren Bereiche. Die weiblichen und männlichen Energien (Yin und Yang) befinden sich in einem harmonischen Fluß zwischen intuitiver Empfänglichkeit und selbstbewußtem Handeln. Der Mensch erlangt nun Weisheit und fängt an, seine Aufmerksamkeit dem höheren Gesetz zuzuwenden.

Als Gegengewicht zur Sieben, die für Meisterschaft und Balance auf der Ebene der Erde steht, verkörpert die Acht den Rhythmus und das Gleichgewicht der Ewigkeit. Auf dieser Ebene schwingt sich der Mensch auf das Gesetz des Geistes ein und handelt in seinem Leben stets danach. Das höhere Gesetz herrscht im Himmel und auf Erden. Acht bedeutet Autorität und macht den Menschen zu einem Führer, der nach göttlicher Weisung handelt.

 Neun ist die Zahl des Neuen Zeitalters. Sie steht für den göttlichen Mensch auf Erden. Das Überbewußtsein hat nun die Führung übernommen und seine Anweisungen fließen auf die Erde herab. Neun symbolisiert das Erreichen und die Vollendung der Perfektion während unseres Aufenthaltes auf Erden.

Dies ist natürlich nur eine kurze, stichwortartige Zusammenfassung des Potentials, das in jeder Zahl steckt. Der Leser möge sich mit diesen Ideen innerlich und in Meditation weiter intensiv beschäftigen, um sein Verständnis dieser Entfaltungsstadien weiter zu vertiefen.

Vielleicht kann auch die folgende kleine Skizze zusätzlich Klarheit schaffen. Der Fluß der Zahlen macht das Absteigen des göttlichen Funkens in die Welt der Materie deutlich; mit dem Erwachen des Bewußtseins beginnt dann der Aufstieg oder die Evolution, mit der wir uns zum göttlichen Bewußtsein hinbewegen.

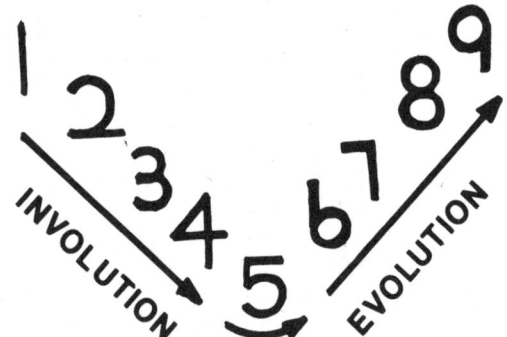

Abb. 7

An diesem Punkt wurde mir schon oft eine äußerst sinnvolle Frage gestellt: Weshalb begeben wir uns von einem rein spirituellen Seinszustand auf die materielle Existenzebene hinab, nur um nachher wieder zum Geist zurückzukehren? Diese essentielle Frage hat auch mich in den ersten Jahren meiner Beschäftigung mit diesem Thema gequält. Die Antwort darauf kann ich nur nach bestem Wissen und Gewissen meines derzeit erreichten Bewußtseinsgrades geben – Änderungen vorbehalten im Falle von ERLEUCHTUNG!

Unsere wahre Identität ist die eines göttlichen Funkens. Der göttliche Funken entstammt dem Körper Gottes und ist ein dreiseitiges Abbild seines Schöpfers. Der göttliche Funken trägt zwar bereits ein einfaches Bewußtsein von Gott in sich, jedoch noch keines vom Universum. Er zieht Atome von allen Ebenen an, um Bewußtsein auf allen sieben Ebenen zu erlangen. Nach vielen, vielen Millionen von Jahren und einer Lebensspirale nach der andern wird irgendwann einmal die Persönlichkeit und die Seele überwunden; die Erfahrungen dieser Attribute des Selbst prägen sich dem göttlichen Funken ein. Demnach tritt der göttliche Funke am Ende der Evolutionsspirale auf dem Planeten Erde mit *göttlichem* Bewußtsein PLUS *Selbst*-Bewußtsein hervor. Der göttliche Funke ist aufs engste mit dem sich bewegenden Atom verbunden, deshalb sind auch wir ein Teil dieses Bewußtseins.

Wurde erst einmal der gesamte Kreislauf auf diesem Planeten durchlaufen, so wird der Zyklus auf den anderen Planeten wiederholt, bis der ganze Kreislauf dieses Sonnensystems abgeschlossen ist. Dann kann sich die neu entwickelnde Gottheit vielleicht daranmachen, sich gemeinsam mit dem Sonnenlogos auf ihre Rolle als Gott vorzubereiten. Vielleicht funktioniert dies mit Hilfe der Willenskraft, dann der Weisheit und schließlich der Liebe.

Hat es nun diese untergeordnete Gottheit in diesem Sonnensystem zur Meisterschaft gebracht, so kann sie danach noch für eine andere große Wesenheit in einer anderen Galaxie eingesetzt werden. Irgendwann ist die Mission dann schließlich erfüllt. Das sich bewegende Atom hat auf seiner Reise alle Ebenen und Strahlenbahnen vollständig durchlaufen und beginnt nun, um eine größere Sonne zu kreisen. Dabei projiziert es seine eigene gedachte Form in den Weltraum und wird so selbst zum

Schöpfer (zu einer großen Wesenheit)! »Wißt Ihr denn nicht, daß Ihr Götter seid?«

Mein Gefühl zum jetzigen Zeitpunkt sagt mir, daß von der Welle göttlicher Funken, die sich heute auf Erden befinden, viele Millionen von Menschen immer noch im Dunkel des kollektiven Bewußtseins leben. Viele sind kurz davor, zu einem individuellen Bewußtsein ihrer eigenen Persönlichkeit zu erwachen, und bei manchen erwacht auch schon das Seelenbewußtsein. Andere bewußte Seelen, die als schon weiter fortgeschrittene Schüler und Lehrer des Lichts dienen, sind – in den meisten Fällen – Wesen, die von einem anderen Planeten auf die Erde gekommen sind, um bestimmte Dinge zu lehren und ganz spezielle karmische Lektionen zu Ende zu bringen.

Durch die numerologische Betrachtung des von uns in diesem Leben gewählten Namens und Geburtsdatums wird jedem von uns die Möglichkeit an die Hand gegeben, bestimmte Potentiale, Hindernisse und Gelegenheiten, denen wir begegnen werden, zu erkennen. Durch weisen Umgang mit diesen Kenntnissen können wir unser persönliches Wachstum beschleunigen und unser Schicksal leichter erfüllen.

Die folgenden Kapitel sind dazu gedacht, Ihnen bei Ihrer Suche nach Ihrem Selbst mehr Klarheit zu verschaffen. Wir konzentrieren uns dabei auf die Numerologie, damit Sie es auf dieser speziellen Erdenspirale in Ihrer Umgebung zur Meisterschaft bringen können.

III

Die Schwingungsaspekte
der Zahlen 1 – 9

Unsere gesamte Erlebenswelt besteht aus dem ständigen Reagieren auf bestimmte Schwingungsmuster oder derem Erzeugen. Diese Muster können miteinander harmonieren oder sich gegenseitig stören. Jeder Körper auf unseren sieben Bewußtseinsebenen hat einen ganz spezifischen Schwingungsbereich.

Jeder Planet, Sonne, Erde und alles Leben auf ihr hat seine eigene Schwingung. Durch die Wechselwirkung, die Spannung und das Zusammenwirken dieser verschiedenen Schwingungsmuster entwickeln wir uns.

Jede Zahl hat ihre eigenen, ganz speziellen Merkmale oder Schwingungscharakteristika, doch in jeder Zahl sind drei Grundtendenzen erkennbar: das aktive (Yang, männlich), das passive (Yin, weiblich) und das ausgleichende Prinzip (Harmonie). Im folgenden wollen wir uns diese Grundtendenzen jeder Zahl genauer ansehen.

Individualität (Wille)

1

Aktiv: eigenwillig, dominant, egoistisch, arrogant; stellt eigene Bedürfnisse über die von anderen, ohne Rücksicht auf persönliche Folgen; prahlerisch, impulsiv.

Passiv: abhängig, unterwürfig; hat Angst, Entscheidungen zu treffen oder die Initiative zu ergreifen; störrisch, zögernd.

Ausgeglichen: willensstark und ehrgeizig, mit Rücksichtnahme auf andere; mutig; Organisator-Führer-Pionier-Charakter; Einzelwesen mit eigenständigen Ideen.

Um zwischen ihren Extremen ein Gleichgewicht zu finden, muß die Eins lernen, sich auf die Zahl Zwei einzuschwingen, deren Hauptlektion lautet:

Kooperation (Friede)

2

Aktiv: aufdringlich, willkürlich, rücksichtslos, lästig, taktlos, radikal, unehrlich; übersieht Einzelheiten; stiftet Uneinigkeit.

Passiv: schwankend, mürrisch, verschlagen, mäkelig; geht zu sehr auf Details ein und bringt darüber nichts zustande; unfähig, Stellung zu beziehen.

Ausgeglichen: diplomatisch, anpassungsfähig; kann unterschiedliche Meinungen und Gruppen auf eine Linie bringen; taktvoll, sanft; sammelt zuerst Informationen über das Pro und Kontra einer Streitfrage und bezieht dann erst Stellung.

Die Zwei kann sich leicht zu sehr von den Ansichten und Bedürfnissen anderer beeinflussen lassen und muß deshalb zur Herstellung ihres Gleichgewichtes lernen, sich auf die Zahl Drei einzuschwingen, deren Hauptlektion lautet:

Selbstausdruck (Kreativität)

3

Aktiv: oberflächlich, extravagant; liebt Klatsch; ist eingebildet; hat eine übertriebene Vorliebe für kostspieligen Schnickschnack und einen ausgefallenen Geschmack; mag nicht das Praktische.

Passiv: kann sich nicht konzentrieren; gering entwickeltes kreatives Ausdrucksvermögen; asexuell, schwermütig, phantasielos.

Ausgeglichen: Gabe der Rede; kreativ und künstlerisch; intuitiv, fröhlich, gesellig, begeisterungsfähig; geschmackvolle Kleidung und Erscheinung.

Der kreative Ausdruck der Drei kann entweder unentwickelt bleiben oder solche übertriebenen spontanen Formen annehmen, daß er für die Empfänger, für die er bestimmt war, zu sehr aus dem üblichen Rahmen fällt, um Anerkennung zu finden. Um mit sich eins zu werden und ihre kreativen Fähigkeiten wirklich zum Ausdruck zu bringen, muß die Drei mit der Vier mitschwingen, deren Grundprinzip lautet:

Disziplin (Arbeit)

4

Aktiv: eigensinnig; denkt eingleisig; intolerant; zu ernst; schroff; wenig sensibel und gefühlsbetont; arbeitet zu viel.

Passiv: faul; verschließt sich neuen Methoden; engstirnig; muß zuerst den praktischen Nutzen sehen, bevor neue Ideen akzeptiert werden können; kämpft gegen Intellektualismus.

Ausgeglichen: loyal, konsequent, geduldig; erfüllt eine Aufgabe gut und hält sich an die Fakten; gut organisiert, sparsam, integer.

Die Vier neigt zu Faulheit oder zu einer zu festgefahrenen, einseitigen Art und Weise, ihre Lebensfragen anzugehen. »Arbeit, Arbeit, niemals Spiel, macht Hans abgestumpft und still.« Deshalb sollte sich die Vier auf die Zahl Fünf einschwingen, deren Hauptbotschaft lautet:

Freiheit (Wandel)

5

Aktiv: rastlos; setzt sich über moralische Werte hinweg; verantwortungslos; nervös; neigt zu Maßlosigkeit (besonders in bezug auf sinnliche Genüsse); hat zu viele Interessen; ignoriert Regeln und Gesetze.

Passiv: hat Angst vor dem Neuen oder Veränderung; braucht eine Regel für jede Verhaltensweise; leidet unter sexueller Verwirrung; lernt nicht aus Erfahrungen; unsicher.

Ausgeglichen: progressiv; hat vielseitige Begabungen und die unterschiedlichsten Freunde; ist neugierig; strebt nach Freiheit; schnell, flexibel, abenteuerlich, energisch; reist gerne.

Die Fünf neigt dazu, sich zu sehr in die Erfahrungen hineinfallen zu lassen oder Angst vor Erfahrungen zu haben und zu schnell weiterzugehen, ohne die Bedeutung begriffen zu haben. Die Fünf kann von der Sechs lernen, die Dinge im richtigen Verhältnis zu sehen und ihr Gleichgewicht zu finden:

Verantwortung (Dienst am Nächsten)

6

Aktiv: kümmert sich zu sehr um die Probleme anderer, selbstgerecht; macht sich zu viele Sorgen; führt gern das Regiment im Haus; streitsüchtig; überkonventionell; leicht aus der Fassung zu bringen.

Passiv: quält sich selbst; steht anderen nur ungern zu Diensten; interessiert sich wenig für Familie und Heim; ständiger Nörgler; ängstlich; lädt sich zu viel auf (ob echt oder eingebildet).

Ausgeglichen: hat ein harmonisches Zuhause; dient der Menschheit; ist uneigennützig, geschmackvoll, gewissenhaft, fair; sucht emotionale Ausgeglichenheit in sich selbst und anderen.

Die Sechs neigt entweder dazu, Verantwortung zu ernst zu nehmen oder sie zu meiden wie die Pest. Sie ist oft ein Opfer ihrer eigenen emotionalen Unausgeglichenheit und kann ihre Schwachpunkte am besten durch das Streben nach den Eigenschaften der Sieben ausgleichen, die da sind:

Weisheit (Distanz)

7

Aktiv: äußerst kritisch; zu analytisch; intellektueller Dünkel und Selbstgefälligkeit; hinterlistig, reserviert, exzentrisch, nörglerisch.

Passiv: skeptisch; mit Minderwertigkeitskomplexen behaftet; zynisch; suppressiv; kalt; denkt lieber als zu handeln; durchtrieben; neigt zu gefühlsmäßigem Rückzug; verschwiegen.

Ausgeglichen: exzellenter Analytiker; sucht nach den tieferen Wahrheiten; technisch geschickt; ansprechend; hat Glauben; kann eine mystische und intuitive Ader entwickeln, wenn auf Höheres eingestimmt; hat ein stoisches Temperament; ist scharfsinnig und gelassen.

Die Sieben neigt dazu, sich zu sehr an einer intellektuellen Sichtweise festzubeißen oder aber Angst vor geistiger Entwicklung und neuen Ideen zu haben. Sie muß lernen, ihre Ideen durch Einsatz und Hinführung zum eigentlichen Zweck mit Hilfe der Schwingung der Acht in die Praxis umzusetzen.

Autorität (Macht)

8

Aktiv: übersteigerter Ehrgeiz, um eine Führungsrolle oder Macht zu erlangen; empfindet kalte Verachtung für andere; ist extrem materialistisch; fordert Anerkennung; liebt es, sich zur Schau zu stellen; nutzt andere aus.

Passiv: hat Angst vor Versagen; ist unfähig, eine Führungsrolle zu übernehmen; hat ein schlechtes Urteilsvermögen; schmiedet Intrigen; verhält sich respektlos gegenüber Autoritäten; ist unredlich in geschäftlichen Dingen; geht nachlässig mit Geld um.

Ausgeglichen: hat Führungsqualitäten; schätzt Reichtum; erfolgreich; gute Menschenkenntnis; selbstbewußt; leitet die Geschäfte mit Rücksichtnahme auf andere.

Die Acht fürchtet entweder Macht und Geld oder mißbraucht sie. Eine Acht, die noch kein höheres Verständnis der Dinge erlangt hat, benutzt andere, um ihre eigennützigen Ziele zu erreichen und kann ihnen dabei viel Leid zufügen. Um eine Balance zwischen ihren Extremen zu erlangen, tut die Acht am besten daran, von der Neun zu lernen:

Altruismus (Mitgefühl)

9

Aktiv: unpraktisch, launenhaft, überidealistisch; intolerant gegenüber den Meinungen anderer; zu großzügig; indiskret, extrem anarchistisch.

Passiv: orientierungslos; leichtgläubig; wird leicht von anderen ausgenutzt; deprimiert, gleichgültig, pessimistisch in bezug auf die Welt und die Zukunft.

Ausgeglichen: inspiriert; eingestimmt auf die Konzepte des Neuen Zeitalters; mitfühlend, großzügig, künstlerisch begabt; strebt nach der Gemeinschaft und Harmonie aller Menschen dieser Welt; ist perfektionistisch; arbeitet daran, ein Gruppenbewußtsein aufzubauen.

Die Neun kann sich leicht in großen Idealen und Gruppenangelegenheiten oder Weltfragen verlieren. Sie sehnt sich häufig danach, ihr eigenes Selbst aufzugeben und sich ganz dem selbstlosen Weg des Neuen Zeitalters zu verschreiben. Die Neun sollte darauf achten, ihrem möglichen Verlust der eigenen Persönlichkeit durch Einstimmung auf die Schwingung der Zahl Eins – der *Individualität* – ausgleichend entgegenzuwirken.

Ein Wort zu den Meisterzahlen

Manche Numerologen bezeichnen die Zahlen 11, 22 und 33 als Meisterzahlen. Meinen Nachforschungen und persönlichen Erfahrungen zufolge glaube ich, daß diese Zahlen mit Sicherheit ein höheres Potential und eine stärkere Schwingung haben.

Oft wird die Bezeichnung »Meisterzahlen« jedoch mißverstanden als Hinweis darauf, daß die durch eine dieser Zahlen charakterisierte Person ein Meister aus dem Kreise der planetarischen Führer sei, der sich als aufgestiegene Seele (Hierarchie) inkarniert habe. Oder aber es wird angenommen, eine mit einer Meisterzahl in Verbindung stehende Person sei eine Art furchteinflößender Führer, der in seinem Bewußtseinsschatz über irgendwelche magischen Kräfte und eine geheimnisvolle metaphysische Aura verfüge. Doch dies ist nur selten wirklich der Fall.

Es ist sicher möglich, daß eine oder mehrere dieser hierarchisch aufgestiegenen Seelen sich dazu entschließen, sich für einen ganz bestimmten Zweck zu inkarnieren, und daß ihr Name oder ihr Geburtsdatum Meisterzahlen aufweist. Doch wir können sicher nicht davon ausgehen, daß es sich bei jedem, der mit diesen Zahlen geboren wird, um eine solche Seele handelt.

In den meisten Fällen deutet das Vorkommen von Meisterzahlen jedoch darauf hin, daß sich eine ältere Seele dazu entschlossen hat, in dieses Leben zu treten, um einen wichtigen Beitrag für die Menschheit zu leisten – sei es nun auf spiritueller, wissenschaftlicher, medizinischer, religiöser, erzieherischer, politischer oder technischer Ebene.

Häufig lassen Meisterzahlen auf eine alte Seele schließen, die in den vor vielen Lebenszeitaltern bestehenden, klassischen esoterischen Schulen ausgebildet wurde und nun zurückkehrt, um sich zu manifestieren oder spezielle Methoden für das Neue Zeitalter zu lehren, wie etwa Heilen, Entwicklung von medialen Fähigkeiten oder Phantasiereisen.

Nur in sehr seltenen Fällen kann das Vorkommen einer Meisterzahl auf eine dynamische Seele hinweisen, die sich dieses Mal – von einem anderen Planeten oder einem anderen Sonnensystem kommend – auf der Erde inkarniert, um ein ganz bestimmtes Schicksal oder eine bestimmte Mission zu erfüllen.

Viele alte und bedeutende meisterliche Seelen hingegen haben Namen und Geburtsdaten ohne Meisterzahlen; wir sollten also darauf achten, das Ganze nicht überzubewerten.

Meine persönlichen Studien haben mich zu dem vorsichtigen Schluß kommen lassen, daß, wo auch immer die Meisterzahlen auftauchen, die stärkere Schwingung erst dann voll zur Entfaltung gelangen kann, wenn das Bewußtsein der Seele erwacht ist. Häufig werden bestimmte Gaben durch göttliche Gnade verliehen; tatsächlich kann es jedoch vorkommen, daß die Person, die im Besitz der Gabe ist, in diesem Leben noch nicht angefangen hat, diese bewußt auszubilden und die spirituellen Gesetze näher kennenzulernen.

Personen, bei denen Meisterzahlen im Namen oder Geburtsdatum vorkommen, zeichnen sich im allgemeinen durch besondere Führungsqualitäten und große Inspiration aus, die sie abheben vom kollektiven Bewußtsein. Da diese Zahlen eine intensivere Schwingung und Wirkung haben, haben die durch sie ausgezeichneten Menschen eine höhere Verpflichtung in diesem Leben zu erfüllen, zum Beispiel können höhere Selbstdisziplin und eine Läuterung des Bewußtseins gefordert sein.

Bis die dazu erforderliche Läuterung und Erweckung des Seelenbewußtseins erfolgt, stehen diese Menschen eher unter dem Schwingungseinfluß der reduzierten Zahlen, das heißt der 2 statt der 11, der 4 statt der 22 und der 6 statt der 33.

Tendenziell haben die Meisterzahlen folgende Eigenschaften:

Offenbarung

11

Aktiv: fanatisch; kult- und sekteninteressiert; übereifrig; hat wenig Bezug zur praktischen Wirklichkeit; greift andere Meinungen an; nutzt mediale Fähigkeiten oder göttliche Gaben für eigennützige Zwecke aus.

Passiv: kann seine Inspiration nicht auf die Wirklichkeit anwenden; kann keine Kritik vertragen; apathisch; hat Angst vor stärkeren Energien und Veranlagungen; überempfindlich gegenüber der Reaktion anderer Menschen.

Ausgeglichen: mit besonderen Fähigkeiten ausgestattetes Medium oder Hellseher; strebt nach Ausdruck des höheren Bewußtseins; kann die spirituelle Wahrheit mit der materiellen Ebene vereinigen; phantasievoll; visionäre Führungspersönlichkeit.

Die Elf schwebt weit oben in den Wolken und sollte stets bestrebt sein, ihre Träume auf festem Boden zu bauen. Um andere wirklich zu überzeugen und eine Veränderung in der Welt zu bewirken, sollte sich die Elf näher mit den Eigenschaften der Zweiundzwanzig beschäftigen und sich diese zu eigen machen:

Heilige Ordnung
22

Aktiv: neigt zur Überbewertung der eigenen Person; übertreibt Erzählungen; handelt vorschnell; ärgert sich über mangelnde Anerkennung; mißbraucht Weisheit oder Macht.

Passiv: apathisch gegenüber den Bedürfnissen anderer Menschen; kann im Extremfall gesteigertes Bewußtsein zu kriminellen Zwecken oder schwarzer Magie nutzen; nicht in der Lage, sich den Bedürfnissen einer Gruppe anzupassen.

Ausgeglichen: kann höhere Weisheit in organisatorische Führung einfließen lassen; hat sich selbst und ihre Umgebung im Griff; stellt das Allgemeinwohl über den persönlichen Stolz; praktischer Mystiker.

Die Zweiundzwanzig ist oft allzusehr mit der Erfüllung ihres Schicksals und ihrer Mission beschäftigt und übersieht dabei gern die kleinen menschlichen Bedürfnisse ihrer Mitmenschen. Bei der Arbeit läßt sie häufig die menschliche Komponente außer acht und kann deshalb viel von der Dreiunddreißig lernen, deren Haupteigenschaft heißt:

Dienst an der Menschheit
33

Aktiv: setzt sich mit viel Energie für den Dienst am Nächsten ein; intolerant gegenüber andersartigen Moralvorstellungen und Meinungen; zu gefühlsbetont; unfähig, sich den Bedürfnissen anderer Menschen anzupassen.

Passiv: überfürsorglich; rebellisch; entzieht sich Situationen, bei der Verantwortung zu übernehmen ist; sucht Anerkennung; schraubt eigene Interessen zurück, um Harmonie zu wahren.

Ausgeglichen: verständnisvoll; gute Beraterpersönlichkeit (häufig mit medialen oder spirituellen Fähigkeiten ausgestattet); setzt sich für das Wohl der Allgemeinheit ein; eine Art kosmische Vater-/Mutter- oder Beschützerfigur; verbreitet Harmonie im Familien- und Arbeitsleben.

Die Dreiunddreißig hat häufig ein starkes Ego-Bedürfnis, zu beweisen, wie hart sie arbeitet, um anderen zu helfen (siehe auch bei 33 als Lebenszahl). Dies kann sich zu einem übersteigerten Märtyrerkomplex auswachsen, wenn es außer Kontrolle gerät. Die Dreiunddreißig kann viel vom Idealismus der Elf und von der intellektuellen Praxisnähe der Zweiundzwanzig profitieren, um ihre Arbeit im richtigen Licht zu sehen.

IV

Was Sie sich in diesem Leben ausgesucht haben

Die wichtigsten Daten für die numerologische Auslegung des Geburtsdiagramms sind das Geburtsdatum und die zahlenmäßige Aufschlüsselung des Geburtsnamens. Der Namen gibt Aufschluß über Charakter, Begabungen und Schwächen einer Person sowie über vielfältige Möglichkeiten der Selbsteinschätzung. All dies wollen wir im nächsten Kapitel näher behandeln. Zunächst wollen wir uns mit der Bedeutung des Geburtsdatums befassen.

Das Geburtsdatum wird durch die Seele und das höhere Selbst des auf die Welt kommenden Kindes bestimmt. Jede Mutter weiß aus Erfahrung, daß es dann zur Geburt kommt, wenn das Kind bereit ist. Es ist richtig und gut, daß die Seele den Moment wählt, denn die Lebenszahl weist auf die Umstände, Gelegenheiten, Herausforderungen und das Schicksal hin, die dieses Leben Ihnen zur Weiterentwicklung Ihrer Erfahrungen bringen wird. Die Lebenszahl gibt Aufschluß darüber, was das Schicksal für Sie auf Lager hat. Wie wir hingegen auf das Leben reagieren, hängt von den Zahlenwerten unseres Namens, unserem freien Willen und von der inneren Haltung ab, die wir infolge der Auseinandersetzung mit den Lebensereignissen einnehmen. Wenn wir die Leitlinien, die uns die Numerologie an die Hand gibt, richtig nutzen lernen, bieten sie geeignete Hilfsmittel, um zu einem höheren Bewußtsein zu gelangen. Durch geschickten Umgang mit diesen Hilfsmitteln kann jeder sich selbst und sein Leben besser verstehen lernen. Das Verständnis aber bildet die Ausgangsbasis für wirkungsvolles Handeln; und richtiges Handeln befreit uns vom Rad des Karmas und der Wiedergeburt, indem es die Evolution unserer Seele fördert und ihr höhere Ebenen und Spiralen zugänglich macht.

Die Lebenszahl

Wir wollen uns nun einmal genau ansehen, wie man die Lebenszahl erhält. Die Lebenszahl ergibt sich aus der Quersumme des gesamten Geburtsdatums, das heißt Tag, Monat und Jahr der Geburt, die wiederum auf eine einstellige Zahl reduziert wird (außer wenn es sich um eine Meisterzahl handelt). Die Lebenszahl für das Geburtsdatum 21. Juli 1931 wird zum Beispiel folgendermaßen errechnet:

$$21 \quad 7 \quad 1931 \; = \; 2{+}1{+}7{+}1{+}9{+}3{+}1 \qquad = \quad 24$$
$$= \; 2{+}4 \quad = \quad 6$$

$$\text{oder:} \quad \begin{matrix} (3) & (7) & (5) \\ 21 & 7 & 1931 \end{matrix} \; = \; (15) \; = \; 1{+}5 \; = \; 6$$

oder:

$$\begin{aligned} & 21 \\ & 7 \\ & \underline{1931} \\ & 1959 \; = \; 24 \; = \; 6 \end{aligned}$$

Ein anderes Beispiel: 12. November 1934

$$12 \quad 11 \quad 1934 \; = \; 1{+}2{+}1{+}1{+}1{+}9{+}3{+}4 \qquad = \quad 22$$

$$\text{oder:} \quad \begin{matrix} (3) & (11) & (8) \\ 12 & 11 & 1934 \end{matrix} \; = \; 22$$

oder:

$$\begin{aligned} & 12 \\ & 11 \\ & \underline{1934} \\ & 1957 \; = \; 22 \end{aligned}$$

Im letzten Beispiel ergibt die Quersumme 22, und da dies eine Meisterzahl ist, wird sie nicht weiter reduziert. Ergibt sich eine 11 oder 22 aus Tag, Monat oder Jahr der Geburt, so wird sie im allgemeinen aus Berechnungsgründen in dieser Form belassen.

Noch ein Beispiel: 10. Januar 1908

$$
\begin{array}{cccll}
10 & 1 & 1908 & = 1{+}0{+}1{+}1{+}9{+}0{+}8 & = 20 \\
& & & = 2{+}0 \quad = \quad 2 &
\end{array}
$$

$$
\begin{array}{llll}
& (1) & (1) & (9) \\
\text{oder:} & 10 & 1 & 1908 \quad = \quad (11) \quad = \quad 11
\end{array}
$$

oder:
$$
\begin{array}{r}
10 \\
1 \\
\underline{1908} \\
1919 \; = \; 20 \; = \; 2{+}0 \; = \; 2
\end{array}
$$

In diesem Beispiel ergibt sich die Zahl 11 nur aus einer der drei Berechnungsarten. Da sie jedoch einmal auftaucht, sollte die Schwingung der 11 als möglicher Einflußfaktor mit in Betracht gezogen werden. Eine Aussage über die Stärke ihres Einflusses kann jedoch erst gemacht werden, wenn man das persönliche Zahlendiagramm insgesamt betrachtet.

1 als Lebenszahl

Ein Mensch, der die Eins als Lebenszahl gewählt hat, ist in dieses Leben gekommen, um Individualität, Selbstvertrauen und den richtigen Ausdruck des Willens zu lernen, und zwar sowohl des menschlichen als auch des göttlichen Willens. In vielen Fällen werden solche Menschen in Familien hineingeboren, in denen entweder der Vater oder die Mutter oder beide sehr dominierend und unnachgiebig sind und sich ständig einmischen. Dies führt schon früh zu Spannungen und Konflikten zwischen dem Willen des Kindes und dem der Eltern. Der

Höhepunkt des Unmutes wird meist zwischen dem 15. und 25. Lebensjahr erreicht, und nachdem das Kind die häusliche Umgebung verlassen hat, kommt es erst einmal zu einer Rebellionsphase. Ein Mensch mit der Lebenszahl Eins muß lernen, daß Auflehnung um der Auflehnung willen – ein Lebensstil, der darin besteht, stets die Gegenposition zu beziehen – nicht unbedingt zu Unabhängigkeit und eigenverantwortlichem Handeln führt.

Mit Erreichen des dreißigsten Lebensjahres beginnt der Mensch mit der Lebenszahl Eins dann meist, seine rebellische Haltung aufzugeben und sie durch die in ihm erwachende Unabhängigkeit zu ersetzen. Da er inzwischen gelernt hat, seine eigene Identität zu schätzen, beginnt er nun auch der Individualität anderer in größerem Maße Beachtung zu schenken. Erst jetzt kann er mit anderen kooperieren und wachsen.

Es kann jedoch auch vorkommen, daß die Eltern sich dem Wachstum und den persönlichen Interessen eines Kindes mit der Lebenszahl Eins gegenüber völlig gleichgültig verhalten. Dies erzeugt ein Gefühl der Unzulänglichkeit bei dem Kind, was zur Folge haben kann, daß es in späteren Jahren große Schwierigkeiten hat, die Initiative zu ergreifen.

In einem späteren Kapitel werden wir ausführlich auf die karmischen Einflüsse in der Numerologie eingehen. Wir wollen hier nur darauf hinweisen, daß bei jeder Zahl im Namen und Geburtsdatum auch eine karmische Note oder tiefere karmische Bedeutung mitschwingt. Hätten wir in früheren Leben nicht auf irgendeine Weise ein Ungleichgewicht erzeugt, so wären wir wahrscheinlich heute nicht hier, sondern bereits auf nicht-stoffliche Existenzebenen fortgeschritten.

Häufig treffen Menschen mit der Lebenszahl Eins auf Betreuer, Pfarrer, Lehrer, Verwandte oder Ehepartner, mit denen es zu starken Willenskonflikten kommt. (Die Eins sollte sich dabei stets darüber im klaren sein, daß die Spannung und Wut, die in diesen Konflikten herauskommt, ihre eigene Person widerspiegelt). Wie ihr säet, so werdet ihr ernten! Die karmische

Bedeutung dieses Wortes trifft auch auf alle folgenden Lebens-zahlen zu. Die Eigenschaften, die uns bei anderen besonders auffallen, sind wahrscheinlich diejenigen, die wir in einem oder mehreren früheren Leben selbst hatten. Jetzt ist der Zeitpunkt gekommen, Hartnäckigkeit und Eigensinn durch Kooperation und Harmonie auszugleichen.

Eine Eins, die den unbewußten Willenskonflikt nicht gelöst hat, heiratet häufig eine extrem eigensinnige Person mit äußerst starkem Willen. Die Folge ist, daß sie nun solange beschimpft, eingeschüchtert oder ignoriert wird, bis sie anfängt, ihren »ei-genen Weg zu gehen«. Leider muß es in vielen Fällen erst zum Tod des Ehepartners oder zur Scheidung kommen, damit die Eins lernt, was Selbstvertrauen ist und damit sie erkennt, daß sie in der Lage ist, auf eigenen Füßen zu stehen.

Mit der Annäherung der Menschen an das Neue Zeitalter und mit dem gesteigerten Bewußtsein, die dieses Zusammen-treffen erfordern wird, werden die esoterischen und tieferen Deutungen der Numerologie immer wichtiger. Damit ist auch eine wichtige Nuance der Lebenszahl Eins in den letzten Jahren immer stärker in den Vordergrund gerückt, und zwar die Einstimmung des menschlichen Willens auf den göttlichen Willen.

Viele Suchende auf dem Weg zum Licht, die schon weiter fortgeschritten sind, haben einen bewußten Wendepunkt in ihrem Wachstum erreicht, an dem sie sich dazu entschieden haben, ihr Leben in Einklang mit dem göttlichen Plan und dem göttlichen Willen zu bringen: »Nicht mein, sondern Dein Wille geschehe«. Die höhere Schwingung der Zahl Eins sym-bolisiert den göttlichen Willen oder den Willen des Vaters im Himmel. Wir alle haben früher oder später eine schwierige Übergangsphase mit Willenskonflikten durchzumachen, aber Menschen mit der Zahl Eins (es muß nicht unbedingt nur die Lebenszahl sein) haben im allgemeinen einen regelrechten Kampf durchzustehen.

Nicht selten muß eine solche Person erst vierzig, fünfzig

Jahre oder noch älter werden, bevor sie sich zum ersten Mal wirklich von dem Unwillen und den inneren Widerständen freimachen kann, die von einem Leben mit einem dominierenden Elternteil, insbesondere dem Vater oder eventuell auch dem Ehepartner herrühren (auch wenn der dominierenden Elternteil die Mutter war, so ist der Ausdruck des Willens doch eine Urform männlicher Energie und meist kommt es zu einem Konflikt mit Gott als Vaterfigur). Das Alter spielt dabei kaum eine Rolle, nur sind die Verhaltensmuster mit höherem Alter meist eingefahrener. Der Suchende ist auf jeden Fall glücklich und froh darüber, wenn er dann wirklich zu einem höheren Bewußtsein hinsichtlich seines Selbstvertrauens und seiner Stärke gefunden hat.

Vielleicht hat sich der Suchende in der letzten Zeit näher mit Metaphysik und Esoterik beschäftigt und sich bemüht, den göttlichen Willen zu erkennen und ihm Folge zu leisten. Im Bewußtsein mag dies gut und schön sein, doch im Unterbewußtsein sagt sich die Seele vielleicht: »Jetzt bin ich gerade erst dabei, meinen eigenen Willen kennenzulernen, und soll mich schon wieder einem anderen Willen (dem göttlichen) unterwerfen?« Das heißt, im Unterbewußtsein wütet ein Kampf, und es wird weiter versucht, ein Gleichgewicht zwischen den verschiedenen Willenskräften herzustellen. Je weiter wir uns auf der Bewußtseinsspirale nach oben bewegen, desto tiefer müssen wir ins Unterbewußtsein hinabgehen, um Konflikte und karmische Blockaden zu lösen. Und der Kampf ums Gleichgewicht geht weiter.

Hat die Eins ein ausgeglichenes Zahlenbild, so wächst sie möglicherweise in einer Umgebung auf, die ihr viel Unterstützung bietet und ihrer Selbstachtung sehr zuträglich ist. Da dieser Mensch bereits früh in seinem Leben oder sogar schon in einem früheren Leben ein Gleichgewicht erreicht hat, ist er sicher und selbstbewußt und damit frei, ein produktives Leben zu führen.

Menschen mit der Eins als Lebenszahl sind in dieses Leben

gekommen, um ihrer inneren Bestimmung zum Führer und Pionier Folge zu leisten. Sie sind dabei unabhängig, und am besten überläßt man sie ihren Aufgaben. Häufig entwickeln sie sich zu Firmeninhabern, Direktoren, leitenden Angestellten, Managern oder Aufsichtspersonen. Sie tendieren dazu, starre Ansichten und feste Gewohnheiten zu entwickeln. Es fällt ihnen schwer, sich anderen unterzuordnen und Befehle auszuführen, und sie werden leicht herrisch und schulmeisterlich (nicht gerade ihre Schokoladenseite).

Originalität, Erfindungsreichtum und Mut zeichnen die Eins aus, doch können diese Eigenschaften zu unterschiedlichen Formen von übersteigertem Selbstbewußtsein und Egozentrik ausarten. Haben Sie als Eins einmal ein Ziel ins Auge gefaßt, so fällt es Ihnen leicht, sich ganz darauf zu konzentrieren. Auf der anderen Seite muß die Eins sich davor in acht nehmen, ständig neue Projekte in Angriff zu nehmen, die sie dann nach kürzester Zeit langweilen und von ihr nicht zu Ende geführt werden. Suchen Sie den Grund hierfür ruhig bei Ihrem übertriebenen Ehrgeiz.

Ehrgeiz ist eine Ihrer Hauptantriebskräfte, und Sie sind fest entschlossen, Erfolg zu haben und etwas zu leisten. Es belebt Sie geradezu, Hindernisse und Beschränkungen zu überwinden, und wenn Sie erst einmal gelernt haben, mit anderen zu kooperieren, ohne dabei Ihre Identität zu verlieren, kann nur der Himmel Ihrer Leistungsfähigkeit noch Grenzen setzen.

Taucht eine Eins im persönlichen Zahlenbild auf, so haben wahrscheinlich Widder und Löwe irgendwo im Geburtshoroskop dieser Person einen starken Einfluß.

2 als Lebenszahl

Menschen, die sich in diesem Leben die Zahl Zwei als Lebenszahl ausgesucht haben, werden häufig in Familien geboren, in denen ein Elternteil oder beide zu Kleinlichkeit und Kritik neigen und prinzipiell anderer Meinung sind. Das Kind wird selten für seine Taten gelobt und bekommt wenig Unterstützung zu spüren. In vielen Fällen wird diesem Kind gesagt, es hätte es eigentlich noch besser machen können, es hätte eine Eins statt einer Zwei in der Klassenarbeit schreiben oder beim Wettlauf als Erster statt als Dritter ins Ziel kommen können. Ein solches soziales Umfeld kann das Selbstbewußtsein untergraben und dazu führen, daß der Mensch später unfähig wird, Kritik zu ertragen. Geringstenfalls hat es jedoch zur Folge, daß die Zwei Schwierigkeiten damit bekommt, Entscheidungen zu treffen – aus Angst, die Entscheidung könnte falsch sein.

Sehr häufig werden Menschen mit der Lebenszahl Zwei besonders während der Schulzeit und im Teenageralter zur Zielscheibe von Kritik oder scheinbar ungerechtfertigtem und völlig aus der Luft gegriffenem Tratsch. Dies kann sogar soweit gehen, daß diese unangenehmen Anschuldigungen zu gesellschaftlicher Bloßstellung ausarten. Oft sind die Anschuldigungen unwahr, und das Opfer fragt sich: »Warum sagen sie das nur über mich?« Möglicherweise bekommt dieser Mensch nun dieselbe Engstirnigkeit und Kleinlichkeit zu spüren, die er in einem oder mehreren früheren Leben selbst gelebt hat.

Reagiert die Zwei mit Wut, Kränkung oder Rachegelüsten darauf, so setzt sie das karmische Muster fort. Man sollte sich stets ins Gedächtnis rufen, daß die Kritik von dem Gegenüber kommt und damit *sein* Problem ist. Wenn Sie negativ darauf reagieren, wird dies auch zu Ihrem Karma, und Sie stellen eine Verbindung zwischen sich und dem Aufhetzer her. Es ist besser, für sich selbst zu lernen, wie man sich freimacht von Voreingenommenheit, Selbstgerechtigkeit und der Neigung, an anderen herumzukritisieren.

Ist die Zwei ausgeglichen, so kann sie ein geborener Diplomat sein, der Veränderungen durch Überzeugung zustande bringt statt durch Gewalt. Häufig ist eine Zwei in den mittleren Geschäftsetagen zu finden, da ihr die Dynamik der Eins fehlt.

Erreicht eine Zwei trotzdem eine leitende Position, so geschieht dies meist durch Einfluß, Diplomatie und Finesse. Sie helfen anderen geschickt dabei, ihre Ziele zu erreichen und arbeiten lieber und besser in der Gruppe als als Einzelkämpfer.

Die Zwei hat eine besondere Begabung dafür, Gruppen oder Menschen mit divergierenden Meinungen zusammenzubringen und kompromißbereit zu machen. Ihre Fähigkeiten kommen besonders dann zur Geltung, wenn es um die Ausführung einer Idee geht, die in einem anderen Kopf geboren wurde. Die Zwei sollte bei all ihren Unternehmungen stets auf die Details achten. Häufig macht die Zwei die wirkliche Arbeit für diejenigen, die dann später in den Schlagzeilen auftauchen. Dieser geduldige Dienst zahlt sich jedoch aus, denn jede echte Anstrengung wird eines Tages im Lauf des Schicksalrades belohnt.

Die esoterische Funktion der Zwei besteht im Öffnen der Tür zwischen Himmel und Erde. Menschen mit einer Zwei als Lebenszahl haben eine besondere Fähigkeit dafür, das, was ihnen ihre innere Stimme sagt, in ihrer alltäglichen Erfahrungswelt umzusetzen. Sie sind am glücklichsten, wenn die Tür zur Seele aufgestoßen wurde und das höhere Licht in ihr Leben strömen kann.

Wenn die Zwei im Zahlenbild einer Person auftaucht, haben im allgemeinen Jungfrau, Waage oder Skorpion einen starken Einfluß im Geburtshoroskop.

3 als Lebenszahl

Die Eins steht für aggressive, männliche Energie, die Zwei für die intuitive, weibliche Seite. Im nächsten Schritt versucht die Drei, das männliche und das weibliche Prinzip zu vereinigen und aus dieser Verbindung Kreativität und Selbstausdruck entstehen zu lassen.

Menschen mit der Drei als Lebenszahl findet man häufig

in der Unterhaltungsbranche, im Bereich der bildenden Künste, in den öffentlichen Medien, im Verkauf, Kunsthandwerk, in Schriftstellerberufen und ähnlichem. Sie sind in dieses Leben gekommen, um kreativ zu arbeiten, Schönheit und Harmonie zu verbreiten und ihrem Selbst Ausdruck zu verleihen. Die Entfaltung ihrer kreativen Fähigkeiten und die Möglichkeit, diese in ihrem Leben zur Geltung zu bringen, ergibt sich für viele wie von selbst. Dies trifft besonders auf diejenigen zu, bei denen das gesamte Zahlenbild auf Ausgeglichenheit und Fluß hindeutet. In vielen Fällen werden solche Menschen in Familien hineingeboren, in denen sie auf ziemliche Widerstände, Behinderungen oder Gleichgültigkeit in bezug auf ihre künstlerischen oder kreativen Fähigkeiten treffen.

Es kann sein, daß die Drei in einem oder mehreren früheren Leben besondere Fähigkeiten entwickelte, diese jedoch nicht zu höchster Virtuosität ausgebildet hat oder mit dieser Begabung zu nachlässig umgegangen ist. Noch einmal wird der Drei in diesem Leben diese Fähigkeit verliehen, doch dieses Mal werden ihr Steine in den Weg der Entwicklung gelegt. So soll sie lernen, diese Gabe angemessen zu achten, zu schätzen und sie mit Hingabe zu nutzen. Schauen wir uns folgende Beispiele an:

Ein junges Mädchen möchte unbedingt Klavierspielen lernen und hat bei einem Test in der Schule auch große Begabung bewiesen. Doch ihre Familie hat wenig Geld, und die Eltern können sich kein Klavier leisten.

Oder ein junger Mann tut sich durch ein außerordentliches Talent zum Theaterspielen und Singen hervor. Doch er hat einen Vater, der von der Kultur der alten puritanischen Arbeitsethik geprägt ist und für den der Gedanke, sein Sohn könne ein verweichlichter, unterwürfiger Künstler werden, einen Schlag für sein männliches Ego bedeutet. Deshalb wird der Sohn eingeschüchtert und dazu gezwungen, »männlichen« Beschäftigungen nachzugehen.

Oder noch ein Beispiel: ein dreijähriges Kind malt mit den

Fingern ein besonders farbenfrohes, symbolhaftes und ästhetisch ansprechendes Bild. Unglücklicherweise hat es sich dazu die neuen Küchenschränke ausgesucht und wird deshalb für seine kreative Leistung hart bestraft. Dies führt dazu, daß es in der Folge spontane Kreativität mit Strafe und Schmerz assoziiert und es deshalb Jahre dauern kann, bis diese wieder hervorbricht.

Alles schöpferische Tun hat seinen Ursprung in der Freisetzung der schöpferischen Kraft, der Kundalini. Dieselbe kreative Energie, die im körperlichen Akt der Schöpfung (dem Geschlechtsverkehr) zum Ausdruck kommt, wird auch auf andere Ausdrucksebenen geleitet und äußert sich dann als Kreativität bei der Arbeit, künstlerische Kreativität, intellektuelle Kreativität oder Kreativität der Seele. Sehr häufig werden das Erwachen der sexuellen Neugierde und das damit verbundene Erproben in der frühen Kindheit mit Schuldgefühlen, Scham, Peinlichkeit, Strafe oder Verwirrung assoziiert. Denn all diese Dinge, wie das Untersuchen des eigenen Körpers oder das »Doktorspielen« mit anderen Kindern, sexuelle Belästigung, Anmache durch ein Familienmitglied, Petting und Vorspiel oder mit Schuldgefühlen verbundene frühe sexuelle Beziehungen hinterlassen ihre Spuren in Form von Angst, Schuld, Scham oder Verwirrung in der unterbewußten Einstellung gegenüber Kreativität auf sexuellem Gebiet.

Wenn der erwachsene Mensch dann in seinem späteren Leben ein neues kreatives Projekt in einem anderen Bereich (Arbeit, Kunst, Seele) in Angriff nimmt, werden die alten unterbewußten Konflikte reaktiviert, und er reagiert auf diesen unterbewußten Stimulus möglicherweise durch frühzeitiges Abbrechen des Projektes. Eine Drei mit diesem inneren Konflikt neigt dazu, auf einer Vielzahl von Ebenen kreativ zu werden, sich jedoch nirgends besonders hervorzutun. Sie kann zum Beispiel mehrere unvollendete Bilder, Gedichte, Glasmalereien oder jegliche Art von anderen künstlerischen Objekten bei sich zu Hause herumliegen haben. Je weiter und höher wir auf der

Bewußtseinsspirale voranschreiten, desto tiefer gehen wir in unser Unterbewußtsein hinab, um tief verwurzelte Blockaden zu lösen. Dieser Konflikt mit der Kreativität kann auch bei Personen auftauchen, bei denen die Drei an einer anderen Stelle des persönlichen Zahlenbildes vorkommt, sei es nun als Persönlichkeitszahl oder als Zahlenwert für die Buchstaben des Namens, als Geburtstag, -monat oder ähnliches. Natürlich gilt dieser Grundsatz auch für die kreativen Komponenten aller anderen Zahlen.

Als Drei müssen Sie lernen, die Gesetze der kreativen Energie eingehend zu untersuchen und darauf hinzuarbeiten, sie vernünftig in Übereinstimmung mit allen anderen Faktoren Ihres Bewußtseins fließen zu lassen. Aus esoterischer Sicht ist die Drei das gesprochene Wort (»Am Anfang war das Wort«), das verkörperte Bewußtsein Christi (siehe auch Abschnitt über die Drei als Zahl für das integrierte Selbst). Menschen mit der Lebenszahl Drei sind die Herolde und Wortführer, die die Menschheit auf das Anbrechen des Neuen Zeitalters durch die erleuchtende Inspiration ihrer Arbeit vorbereiten, trotz der unterbewußten Konflikte, die sie zu überwinden haben. Doch wenn sie dies geschafft haben, ist ihr Leben die reine Wonne. Sie sind die geborenen Gastgeber und können viel vom Kontakt mit anderen Suchenden und kreativ Tätigen profitieren. Eine ausgeglichene Drei ist phantasievoll, inspiriert und in der Lage, tiefe Gefühle zum Ausdruck zu bringen. Sie hat eine besondere Begabung für den Umgang mit Sprache, sollte jedoch darauf achten, nicht in Kleinlichkeit und Oberflächlichkeit zu verfallen. Fehlgeleitet, oder vielleicht sollte ich sagen »ungeleitet«, neigt die Drei dazu, endlose Reden zu führen, ohne dabei etwas auszusagen. Sie muß lernen, mit ihren Energien zu haushalten und ihre Begabungen nicht zu weitläufig zu verstreuen. Häufig findet man eine Drei in »In«-Gruppen oder dem Jetset. Wenn sie nicht mit sich im Gleichgewicht ist, neigt sie dazu, ihr Talent zu vergeuden und sich in Maßlosigkeit, Luxus und Pseudo-Kultiviertheit zu ergehen.

Taucht die Drei im persönlichen Zahlenbild auf, so haben Schütze oder Waage häufig einen starken Einfluß im Geburtshoroskop.

4 als Lebenszahl

Menschen, die die Vier als Lebenszahl haben, sind die Arbeiter dieser Welt. Sie müssen sich mit Fleiß und Hingabe darum bemühen, ihre Ziele zu erreichen. In den meisten Fällen wird ihnen nichts geschenkt, sondern sie müssen es sich durch eigene Anstrengung verdienen. Dies könnte dadurch erklärt werden, daß sie in einem oder mehreren früheren Leben zu Faulheit oder Arbeitsscheu neigten. Ist dies der Fall, so tun sie nur ungern die anstehende Arbeit und werden dabei leicht gereizt.

Sträuben sie sich dagegen, die Lektion der Vierer-Schwingung zu lernen, so bevorzugen sie das Unkonventionelle und weigern sich, Gebräuchen oder sozialen Normen Respekt zu zollen. Sie verabscheuen nichts so sehr wie Routine und systematisches Vorgehen und möchten Arbeiten, bei denen man jede Einzelheit genau beachten muß und die monoton sind, am liebsten anderen überlassen. Dies führt dazu, daß diese Menschen ständig nach Ausflüchten aus ihren Verpflichtungen suchen. Mit einer solchen Einstellung kann eine Vier zwar auch einen gewissen Erfolg erreichen, doch irgendwann stürzt das ganze Kartenhaus zusammen. Und dann muß sie wieder von vorne anfangen, Schritt für Schritt, Stein auf Stein, um eine fundierte Grundlage für den dann wohlverdienten Erfolg zu schaffen.

Ist die Vier in sich ausgeglichener, so zeichnet sie sich durch Loyalität, Eifer und Hingabe bei der Arbeit aus. Delegiert man eine Arbeit an sie, so führt sie sie zur 150%igen Zufriedenheit aus. Sie kann gut mit Geld umgehen und neigt dazu, immer etwas auf der hohen Kante zu haben, aus Angst, mittellos zu werden. Kommt sie zu Reichtum, so hat sie sich dies stets durch harte Arbeit und Ausdauer verdient.

Menschen mit der Lebenszahl Vier wollen Fakten sehen, und man muß ihnen vor Beginn eines neuen Projektes stets die praktische Seite aufzeigen. Sie fühlen sich zu Verwaltungsarbeiten hingezogen, aber auch zu Ingenieurberufen oder zum handwerklich-technischen Bereich. Ihre Einstellung gegenüber dem Leben ist eher konservativ und bewahrend; man muß ihnen zuerst ganz genau das Warum und Wieso einer Sache erklären, bevor sie bereit sind, ein Risiko einzugehen.

Im Leben der Vier spielen Ehre und Würde eine große Rolle. Sie hilft gerne allen, die Hilfe nötig haben, doch aufgrund ihres konservativen Wesens hat sie selbst nur wenig Freunde und Verbündete – zugegebenermaßen eine etwas seltsame Kombination von Persönlichkeitsmerkmalen. Hat die Vier eine übergeordnete oder leitende Funktion, so erwartet sie von ihren Untergebenen genausoviel Hingabe und Leistungsbereitschaft wie von sich selbst und wird leicht tyrannisch und rechthaberisch, was im Extremfall zu persönlicher Härte ausarten kann.

Sie neigt gewiß nicht dazu, die Dinge oberflächlich zu sehen, und sollte sich deshalb bemühen, das Leben etwas leichter zu nehmen. Dies wird besonders in ihrer Sorge um finanzielle Sicherheit deutlich.

Aus esoterischer Sicht ist eine erleuchtete Vier in dieses Leben gekommen, um die Form für die Ausführung des göttlichen Plans auf Erden zu schaffen. Hat sie einmal die wirkliche Aufgabe ihrer Seele erkannt, so ist die Vier ein wahrhaft inspirierter Lichtarbeiter. Sie muß jedoch lernen, geduldig und tolerant mit den erwachenden Massen umzugehen.

Taucht die Vier im Zahlendiagramm einer Person auf, so spielen wahrscheinlich Stier und/oder Steinbock eine dominante Rolle im Geburtshoroskop.

5 als Lebenszahl

Die Fünf ist in dieses Leben gekommen, um das Angebot an Erfahrungen, welche das Erdenleben zu bieten hat, eingehender wahrzunehmen. Am meisten profitiert sie dabei vom Kontakt mit anderen Menschen. Deshalb sollten Personen mit dieser Lebenszahl alles daransetzen, soviel wie möglich mit jeglicher Art von Menschen zusammenzukommen.

Die Fünf bringt Wandel, Bewegung, Reisen und Gelegenheiten. Oft werden Kinder mit der Lebenszahl Fünf in Familien hineingeboren, in denen der Vater berufsbedingt häufig den Ort wechseln muß. Ein gutes Beispiel hierfür wäre eine Diplomatenfamilie, bei der das ständige Umziehen zum Alltag gehört. Wenn nicht in der Kindheit, so wird sich doch früher oder später für eine Fünf die Gelegenheit zu einem Ortswechsel, zu Reisen und zu Möglichkeiten bieten, in die Welt hinauszugehen und diese zu erforschen.

Am meisten lernt die Fünf vom Kontakt mit anderen Menschen, und sie hat viel zu lernen. Die karmische Note, die hier mitschwingt, deutet darauf hin, daß die Fünf in einem oder mehreren früheren Leben intolerant und voller Vorurteile gegenüber Menschen einer bestimmten Nationalität, ethnischen Gruppe, religiösen Sekte oder politischen Überzeugung war. Aller Wahrscheinlichkeit nach waren Menschen mit der Lebenszahl Fünf in vorangegangenen Leben stark intellektuell geprägt und bildeten sich in ihrem Elfenbeinturm sehr starre, elitäre Vorurteile darüber, zu welcher Schicht Menschen innerhalb der Gesellschaft zählten. Dieses Mal hat ihre Seele und ihr höheres Selbst sie dazu veranlaßt, in eine Situation hineingeboren zu werden, die sie in gewisser Weise dazu zwingt, mit Menschen zusammenzukommen, die sie zum Teil überhaupt nicht leiden können! Ihnen wird diesmal die Chance geboten, mit jeglicher Art von Menschen zusammenzutreffen, mit Reichen, Armen, Andersgläubigen, Menschen anderer Rassen, Weltanschauungen, Hautfarbe, politischer, philosophischer, moralischer, ethischer Einstellung, wirtschaftlicher und sozialer Stellung. Aus dieser starken Dichotomie *muß* die Fünf einfach etwas lernen.

Nehmen wir einfach einmal an, die Fünf sei dieses Mal mit

einem ausgeprägten Vorurteil gegenüber Isländern auf die Welt gekommen. Möglicherweise ergibt es sich, daß sie als Kind oder später irgendwohin zieht, wo sie Isländer als Nachbarn hat. Es stellt sich heraus, daß das Kind der Isländer das einzige in der ganzen Nachbarschaft ist, das ungefähr gleichaltrig ist. Mit der Zeit entwickelt sich eine Freundschaft aus dem täglichen Zusammenleben. Die Fünf ißt isländisches Essen, spielt mit isländischem Spielzeug, lernt die isländische Geschichte und Familientraditionen kennen. Früher oder später merkt sie, daß Isländer Menschen wie alle anderen sind: es gibt gute und vielleicht auch weniger gute. Das einzige, was dabei zu lernen war, ist, die Menschen als das anzunehmen, was sie sind. Erfahrung ist der beste Lehrmeister, und man sollte ihr nicht aus dem Weg gehen.

Ist die Fünf aus dem Gleichgewicht, so kann sie zum einen dazu neigen, ein bißchen von allem auszuprobieren und daraus nichts zu lernen. Sie wird dann oberflächlich und ist nicht in der Lage, eine länger andauernde oder verantwortungsvolle Beziehung einzugehen. Im anderen Extremfall neigt die Fünf dazu, sich so tief in eine Erfahrung zu verstricken, daß sie nicht mehr in der Lage ist, sich daraus zu befreien und etwas Neues auszuprobieren. In dieser Hinsicht neigen Menschen mit dieser Lebenszahl wirklich zu Extremen.

Darüber hinaus tendiert die Fünf in gewisser Weise zu Maßlosigkeit. Sie bemüht sich zu lernen, wann der ausgeglichene Zustand erreicht ist, der einem sagt, daß man jetzt genug aus einer Erfahrung gelernt hat und es nun darum geht, woanders weiterzumachen. Doch ist die Fünf unausgeglichen, so sucht sie Impulse und Stimulation durch Sexualität, Alkohol, Drogen oder andere sinnliche Genüsse. Auch hier zeigt sich, daß das Leben einer Fünf in besonderem Maße dazu angetan ist, zwischen Extremen hin- und herzuschwanken.

So mancher Suchende, der sich mit dem Neuen Zeitalter beschäftigt, hat früher ein Leben in Askese, Abstinenz und Armut geführt, möglicherweise als Nonne oder Mönch vergangener Religionen oder esoterischer Sekten. In jenem Leben wurde der Kontakt zu anderen als Ausdruck menschlicher Begierden und Schwächen vermieden. Doch jetzt hat er sich dazu entschieden, als Fünf wieder auf die Welt zu kommen, um das wettzumachen, was er früher an Erfahrung versäumt hat; und er ist nun hin- und hergerissen zwischen seinen starken angestauten körperlichen Bedürfnissen und den Geboten und Moralvorschriften von Kirche, Gesellschaft und Familie.

Die Aufgabe der Fünf in diesem Leben besteht darin, in sich das richtige Gleichgewicht im Hinblick auf einen angemessenen Ausdruck ihrer sinnlichen und sexuellen Bedürfnisse zu finden. Sie neigt dazu, entweder soziale Normen zu mißachten und zu verletzen oder sich ängstlich an die Vorschriften zu halten (seien es nun religiöse, soziale oder gesellschaftliche), um ihre Begierde unter Kontrolle zu halten. Es ist auf jeden Fall faszinierend, Menschen mit dieser Lebenszahl zu beobachten.

Hat die Fünf einmal einen ausgewogenen Lebensstil gefunden, so kann sie die gesellschaftlichen Normen respektieren und dabei gleichzeitig ihren eigenen Lebensstil auf unabhängige und unaufdringliche Weise weiterführen.

Die Zahl Fünf steht für den Menschen und den freien Willen. Doch die Fünf symbolisiert gleichzeitig auch die dualistisch entgegengesetzte Kraft zur Freiheit, nämlich das göttliche Gesetz. Wer auf der Suche nach der esoterischen Weisheit der Zahl Fünf ist, wird mit der Zeit merken, daß die Richtung angemessenen Handelns von der inneren Stimme gewiesen wird, und wird lernen, der Stimme des Dharma zu folgen.

Dharma ist ein komplexer Begriff der östlichen Weisheit. Ungefähr übersetzt versteht man darunter die Handlung einer Person, die für sie in diesem Moment ihrer Entwicklung genau richtig ist. Würde sie in diesem Moment auch nur etwas anders handeln, würde dies ein Ungleichgewicht erzeugen (zuviel – zuwenig) und damit mehr Karma. Wenn wir auf die Stimme des Dharma hören, leitet es uns so, daß das Karma auf äußerst wirkungsvolle Weise ausgeglichen wird. Um aber die Stimme

70

des Dharma ständig hören zu können, müssen wir lernen, unser Leben, unsere Persönlichkeit und unsere Seele in Balance zu bringen und der direkten Weisung des höheren Selbst zu unterstellen.

Wann immer die Fünf in der Numerologie auftaucht, haben Zwilling oder Löwe einen starken Einfluß im Geburtshoroskop.

6 als Lebenszahl

Die Sechs hat sich ein Leben ausgewählt, das gekennzeichnet ist von Häuslichkeit, Verantwortung und Dienst am Nächsten. Eine der größten Herausforderungen für die Sechs besteht darin, emotionales Gleichgewicht und Sicherheit zu finden. Sie wird häufig in eine Familie hineingeboren, bei der zwischen Vater und Mutter Uneinigkeit und Disharmonie herrschen, was in vielen Fällen zu Trennung oder Scheidung führt. Diese Spannungen hinterlassen im unbewußten Gedächtnis des Kindes ihre Spuren in Form von starker emotionaler Unsicherheit.

Menschen mit der Lebenszahl Sechs haben häufig Schwierigkeiten, der Verantwortung, die Heim und Familie an sie stellen, gerecht zu werden. In vielen Fällen heiraten diese Personen mehr als einmal in ihrem Leben. Die tiefere karmische Bedeutung der Lebenszahl Sechs ist, daß diese Menschen auch in einem oder mehreren früheren Leben Schwierigkeiten mit Heim, Familie und der Beziehung zum Ehepartner hatten. Vielleicht waren sie verantwortungslos oder unnachgiebig und fügten den Menschen in ihrer nächsten Umgebung Leid zu. In diesem Leben muß die Sechs nun in dem Maße emotional leiden, wie sie bei früheren Gelegenheiten selbst Leid verursacht hat.

Doch kann die Lebenszahl Sechs auch eine harmonische Ehe anzeigen, die ein ganzes Leben lang hält. Man sollte beim Analysieren jedes Einzelbereiches stets das persönliche Zahlenbild in seiner Gesamtheit betrachten. Die Sechs ist im allgemeinen dieses Mal auf die Welt gekommen, um anderen zu dienen. Sie ist am besten mit sich im Einklang, wenn das, was sie für die anderen Menschen tut, deren Leben direkt zugute kommt. Bei Priestern, Ärzten, Krankenpflegern und -schwestern, Lehrern, Vertrauenspersonen, Therapeuten und Sozialarbeitern spielt häufig die Sechs im persönlichen Zahlenbild eine wichtige Rolle. Beruflich neigt eine Sechs eher dazu, eine Helfer- oder Beraterfunktion zu erfüllen, als sich in stark wettbewerbsträchtigen Berufen durchsetzen zu wollen.

Die karmische Schwingung dieser Zahl deutet darauf hin, daß dieser Mensch in einer früheren Existenz dazu neigte, mit dem Leben von anderen Menschen rücksichtslos und brutal umzugehen. Es kann sein, daß er andere intellektuell eingeschüchtert oder seine Macht mißbraucht hat, um sie zu verunsichern und unter Kontrolle zu halten. Die Sechs ist nun noch einmal hier, um für einen Ausgleich zu sorgen, indem sie anderen hilft und für sie Sorge trägt.

Der Idealismus und der Wunsch, anderen zu helfen, führt dazu, das die Sechs immer ganz genau zu wissen glaubt, was für andere am besten ist. Sie sollten als Sechs jedoch aufpassen, daß man Ihre Großzügigkeit und Hilfsbereitschaft nicht ausnutzt und Ihnen allzuviel aufbürdet. Dies geschieht deshalb gerne, weil man Ihre unterbewußte karmische Erinnerung daran, daß Sie andere irgendwann während einer vergangenen Existenz oder vielleicht sogar in diesem Leben vernachlässigt haben, leicht ausnutzen kann. Durch Ansprechen Ihres Schuldgefühls bringen diese Menschen Sie dazu, daß Sie sich zum Geben verpflichtet fühlen.

Sie werden als Sechs hart arbeiten müssen, um in Ihrem Heim Ruhe zu finden, doch sind Sie einmal zufrieden, wird Ihre Umgebung geschmackvoll und harmonisch sein.

Die Sechs kann alles erreichen, wenn sie anderen Menschen ernsthaft hilft und dient. Menschen mit der Lebenszahl Sechs sind ausgesprochen gute Berater, sei es nun als hilfsbereiter Nachbar oder Psychiater. Sie sind ausgezeichnete Helfer, wenn es darum geht, Körper, Gefühle, Geist und Seele zu heilen. Oft sehen sie sich selbst gerne als Märtyrer. Doch können sie auch Werkzeug für einen höheren Zweck sein und sich selbst für die Menschheit aufopfern, also wirklich Märtyrer im wahrsten Sinn des Wortes sein, die edelmütig alles, was sie haben, herschenken.

Taucht die Sechs im Zahlenbild einer Person auf, haben meist Krebs oder Fische starken Einfluß im Geburtshoroskop.

7 als Lebenszahl

Die Menschen, die den Lebenspfad der Sieben gewählt haben, sind ständig auf der Suche nach einem tieferen Verständnis ihrer selbst und der Welt um sie herum. Sie analysieren, forschen und versuchen, an versteckte Information heranzukommen, egal zu welcher Tätigkeit sie sich berufen fühlen.

Sie haben aus früheren Leben einen ungeheuren Weisheitsschatz angesammelt und tendieren stark zu einem vergeistigten, intellektuellen Leben. Für manche ist eine höhere Bildung oder berufliche Spezialisierung jedoch dieses Mal überhaupt nicht oder nur schwer möglich. Wahrscheinlich haben Menschen mit der Lebenszahl Sieben schon viele Male die intellektuelle Richtung eingeschlagen, und das Leben möchte sie dieses Mal dazu anhalten, ihr Wissen in die Praxis umzusetzen und nicht noch einmal den geistigen Weg zu wählen. Es kann jedoch auch sein, daß die Sieben dieses Mal darum kämpfen muß, das richtige Verhältnis und den Sinn der Rolle des Intellekts im Wachstumsprozeß des Bewußtseins zu begreifen.

Meist neigen Menschen mit der Lebenszahl Sieben eher zu einem einzelgängerischen Dasein und zu Selbstbeobachtung und Zurückhaltung. Sie finden ihre Kraft in sich selbst und wenden sich nur ungern an andere um Hilfe oder Rat. Da sie fachlich meist sehr spezialisiert sind, verlieren sie leicht den Blick für die kleinen menschlichen Bedürfnisse und die Fähigkeit, alltägliche Ereignisse im Zusammenleben mit anderen

Menschen leichten Herzens zu genießen. Lieber verstecken sie sich hinter einer Maske oder spielen eine Rolle, als sich auf die triviale Ebene des Alltäglichen herabzulassen.

Die Hingabe und Wissenschaftlichkeit, mit der die Sieben vorgeht, lassen sie viel vollbringen und damit beträchtlichen Erfolg erzielen. Besonders wichtig ist, daß die Sieben eine Balance zwischen Mitgefühl und Sensibilität gegenüber anderen Menschen und ihrem Wissen findet. Diese Kombination führt zu höherer Weisheit und regt an zu einem tieferen Vordringen in den Bereich der okkulten Mysterien und metaphysischen Lehren.

Hat die Sieben erst einmal Zugang zu den inneren Wirklichkeiten gefunden, so versucht sie – auch wenn es noch so schwierig ist – den tiefsten Geheimnissen des Menschen und des Kosmos auf den Grund zu kommen. Je mehr wir uns dem Bewußtsein des Neuen Zeitalters annähern, desto mehr tauchen Menschen mit der Lebenszahl Sieben in dieser Zeit auf, um eine ganz besondere spirituelle Gabe oder Lehre weiterzugeben.

Handelt die Sieben jedoch sich selbst zuwider, so kann sie leicht skeptisch und zynisch gegenüber dem Leben werden. Sie gibt sich dann mit Vorliebe rhetorischen Spielchen und der Sophisterei hin.

Die tiefere karmische Bedeutung der Sieben deutet darauf hin, daß in vergangenen Lebensmustern zuviel Wert auf Intellektualität gelegt wurde. In dieser Inkarnation muß die Sieben lernen, auch das Herz und die Gefühle in ihr Leben zu integrieren. Schafft sie dies, so stehen ihr alle Türen und Wege zu einem enormen spirituellen Wachstum offen! Sieben ist die Zahl der Meditation, Introspektion und Selbstbeobachtung. Dies sind die Zugänge, über die ihre mystische Seite erweckt werden kann.

Die Sieben neigt dazu, ihre intellektuellen Fähigkeiten als Macht- und Kontrollmittel zur Beherrschung von anderen anzusehen. Sie kann andere Menschen mit ihrer starken Argumentationsfähigkeit und ihrer kühlen Darstellungsweise der Tatsachen leicht einschüchtern. Kommt ihr ihr Ego und ihr Stolz in die Quere, so wird sie leicht hinterlistig und verschlagen.

Sind Sie eine Sieben, so ist Stolz und Würde eine natürliche Eigenschaft Ihres zurückhaltenden Wesens, und Ihre vorsichtige Haltung macht Sie bei der Auswahl Ihrer Freunde sehr wählerisch. Von sich aus neigen Sie eher dazu, Ihren eigenen Ideen und Ihrem eigenen Urteil zu trauen. Wenn Sie auch noch Ihrer Intuition folgen, kommen dabei kraftvolle Entscheidungen von großer Tragweite zustande, die es Ihnen ermöglichen, Ihre Ziele zu erreichen.

Taucht die Sieben im persönlichen Zahlenbild auf, so sind meist Skorpion und/oder Wassermann im Geburtshoroskop dominant.

8 als Lebenszahl

Die Acht ist in dieses Leben gekommen, um mit Macht, Autorität und Geld umzugehen. Acht ist die Schwingung einer wohlorganisierten Managerpersönlichkeit. Als Lebenszahl deutet sie im allgemeinen auf Erfolg und Führungsqualitäten hin.

Menschen mit der Lebenszahl Acht suchen sich häufig Familien aus, in denen Vater, Mutter oder beide sehr autoritär sind. Oder das Kind wird in eine Familie hineingeboren, die einem strengen religiösen, ethischen oder geistigen Dogma anhängt. Deshalb tendiert die Acht meist dazu, um ihre eigene Richtung und Autorität zu kämpfen.

In jungen Jahren ärgert sich die Acht sehr, wenn sie es mit inkompetenten Autoritätspersonen zu tun hat, macht jedoch, was von ihr verlangt wird, weil diese das Zepter führen! Als Acht sagen Sie gerne: »Das könnte ich aber besser!«, und wahrscheinlich haben Sie sogar recht. Als karmischer Zusammenhang könnte hier mit hereinspielen, daß Sie wahrscheinlich in einem oder mehreren früheren Leben Ihre Autorität aus finanziellem Interesse, Egoismus oder Stolz mißbraucht haben. Deshalb bekommen Sie nun in Ihrer Jugend zu spüren, was es heißt, am unteren Ende der Leiter zu stehen, und müssen für den Mißbrauch Ihrer Führungsrolle bezahlen. Ist die Acht mit sich im reinen, so hat sie ein unheimliches Geschick darin, mit einem Blick das Potential in anderen Menschen genau abzuschätzen. Manchmal nutzt sie dies für ihre eigenen Zwecke aus, um rein egoistische Ziele zu erreichen. Doch im allgemeinen sind die Menschen mit dieser Lebenszahl ausgezeichnete Geschäftsführer und Manager, die es aufgrund dieser Fähigkeit besonders gut verstehen, mit den Angestellten und dem Personal umzugehen.

Die Acht strebt nach Statussymbolen, die für Erfolg stehen: großes Haus, teures Auto, exklusive Reisen und Kleidung, Mitgliedschaft in einem Club oder was immer in ihrer Kultur dazu gehört. Sie muß erfolgreich *erscheinen*.

Im persönlichen Zahlenbild einer Frau deutet die Acht als Lebenszahl auf eine berufliche Karriere oder eine stark beruflich ausgerichteten Lebensweg hin. Das heißt jedoch nicht, daß sie die Rolle der Ehefrau und Mutter verachtet, sondern nur, daß sie das Bedürfnis hat, sich selbst in der äußeren Welt zu bestätigen. In den meisten Fällen kam es in der frühen Kindheit oder durch den Einfluß eines Elternteils dazu, daß das Kind seine weibliche Seite verleugnet und unbewußt eine starke männliche Prägung ausgebildet hat. Dies macht es ihr möglich, in ihrer Fachrichtung mit ihren Kollegen zu konkurrieren und Erfolg zu haben.

Mit dem Eintreten des Neuen Zeitalters gewinnt die Schwingung der Acht einen neuen Bedeutungsaspekt hinzu. Menschen mit der Lebenszahl Acht werden im Neuen Zeitalter die Führer sein, doch müssen sie sich hierzu von der göttlichen Energie leiten lassen und Autorität ausüben, die auf dem universellen Gesetz beruht. Anstatt zu manipulieren und Angst davor zu haben, anderen beim Erlangen der eigenen Autorität behilflich zu sein, werden diese Menschen im Neuen Zeitalter ihre Macht dazu benutzen, die besonderen Fertigkeiten und die Autorität in anderen Menschen wachzurufen, und damit ihren Beitrag zum Aufbau und Entstehen von Städten, Regierungen und Kulturen leisten, die vom göttlichen Geist beseelt sind.

Die unbewußte Acht macht andere von sich abhängig, um Kontrolle und Herrschaft auszuüben. Die bewußte Acht hingegen hat nie Angst davor, daß andere ihr ihre Stellung wegnehmen könnten, denn sie weiß, daß sie dadurch, daß sie anderen dabei hilft, Vertrauen und Autorität in sich selbst zu finden, gleichzeitig ihre eigene Entwicklung vorantreibt.

Die Menschen mit der Acht als Lebenszahl sind in diese Inkarnation gekommen, um den richtigen Wert und die richtige Verwendung von Geld zu begreifen. Geld fliegt ihnen leichter zu als jeder anderen Zahl. Doch sind Reichtum und Ansehen das einzige, wonach sie streben, wird es ihnen solange unter den Händen zerrinnen, bis sie ein ausgewogenes Verhältnis dazu gewonnen haben.

Sind Sie eine Acht, so sollten Sie darauf gefaßt sein, daß Ihnen leitende Funktionen und Führungspositionen angeboten werden. Große Industriebetriebe, multinationale Unternehmen und Regierungspositionen ziehen die Acht ganz besonders an. Die Verwirklichung der Träume anderer nach bester Managermanier ist das, was Ihnen am meisten liegt.

Taucht in Ihrem persönlichen Zahlendiagramm eine Acht auf, so ist meist Steinbock in Ihrem Geburtshoroskop dominant.

9 als Lebenszahl

Die Menschen mit der Lebenzahl Neun sind die Träumer und Planer des Neuen Zeitalters. Idealismus, Toleranz und Mitgefühl mit anderen Menschen sind ihnen angeboren. Sie träumen von Perfektion in der Gesellschaft, Ehe und ihrer eigenen Person. Manchmal sind sie nahezu naiv in ihrer enthusiastischen Erwartung des Guten, das da kommen wird.

Konfrontiert mit den nackten Tatsachen unserer nun nicht gerade vollkommenen Welt zerbricht dieser kindliche Idealismus und kann in den späten Teenagerjahren und im frühen Erwachsenenalter in bitteren Zynismus und im Extremfall in Anarchismus umschlagen. Die Neun wird oft von Menschen ausgenutzt, die ihren blinden Idealismus als Lockmittel verwenden, um etwas erledigt zu bekommen, und sie dann nachher einfach wieder fallen lassen. Es wird nicht einfach sein, aber Sie als Neun sind dieses Mal auf die Welt gekommen, um dieses Ideal von der perfekten Welt hochzuhalten. Zum rechten Zeitpunkt werden Ihnen andere zu Hilfe kommen und mit Ihnen gemeinsam versuchen, das wahre Reich Gottes auf Erden zu schaffen.

Neun ist die Vollendungszahl, und Sie haben damit einen äußerst wichtigen Wendepunkt in Ihrem Bewußtsein erreicht. Die Zeit ist nun reif, einen großen Entwicklungszyklus zu Ende zu bringen und sich für einen neuen Umlauf auf der Spirale des Bewußtseinswachstums vorzubereiten. Dies bedeutet, daß die Neun auch in diese Inkarnation gekommen ist, um den materiellen Dingen dieser Welt den Rücken zu kehren. Klammert sich die Neun an irgend etwas Geringeres als das Unendliche, so wird sich dies mit der Zeit wie ein Klotz am Bein auf dem Weg ihrer Entwicklung auswirken. Die metaphysische Spruchweisheit: »Laß los, laß Gott machen« ist für keine Zahl so zutreffend wie für die Neun.

Klammern Sie sich aus Sicherheitsgründen an materielle Dinge, so werden Ihnen diese Dinge wahrscheinlich nach und nach durch Schicksalsschläge entzogen, bis Sie lernen, Ihre Sicherheit in sich selbst zu suchen.

Nehmen wir einmal an, Sie brauchen viel Geld und Besitz, um sich sicher zu fühlen. Nun kann es sein, daß plötzlich die Börse nachgibt oder Ihr Grundbesitz wertlos wird. Oder wenn Sie Ihre ganze Sicherheit über Ihren Ehepartner beziehen, kann es zur Scheidung oder sogar zum Tod des geliebten Menschen kommen. Je hartnäckiger und ängstlicher man sich an etwas klammert, desto mehr Leiden wird man im Leben erfahren. Eine Neun, die sich dickköpfig und mit aller Kraft an Dinge klammert, wird möglicherweise den Tod von geliebten Menschen, schwere Krankheiten, finanzielle Einbußen, Unfälle, Scheidungen oder ähnliches erleben müssen. Wenn ihr Leiden dann am größten ist, wird sie sich endlich an ihre Seele und ihr höheres Selbst um Hilfe wenden und dadurch Gleichmut und Ausgewogenheit erlangen.

Doch dies heißt keinesfalls, daß das Leben der Neun immer von Leiden erfüllt sein muß. Für diejenigen, die loslassen gelernt haben, hält das Leben häufig einen großen Schatz an Überraschungen aus Gottes Hand bereit. Da die Neun eine Vollendungszahl ist, wird ihr Leben oft reich an Abenteuern, Begegnungen mit seltsamen und wunderbaren Menschen, besonderen Ereignissen und unerklärlichen Zufällen sein und voller Phantasie, künstlerischem Schaffen und Kreativität. Hat das unbedingte *Bedürfnis* erst einmal aufgehört zu existieren, werden Ihnen die Dinge von allen Seiten nur so zufließen. Aufgrund des hohen Maßes an Bewußtsein, das die Neun bereits erreicht hat, neigt sie stark dazu, zwischen emotionalen Hochgefühlen und tiefen Depressionen hin- und herzuschwanken. Haben Sie als Neun erst einmal gelernt, Ihrem inneren Licht zu folgen, wird dieses Berg- und Talfahrtsyndrom verschwinden und Sie werden ein erfülltes Leben voller Überraschungen genießen können.

Taucht die Neun im persönlichen Zahlenbild einer Person auf, so sind meist Wassermann oder Fische im Geburtshoroskop dominant.

11 als Lebenszahl

Der Lebenspfad der Elf verläuft auf ähnliche Weise wie der der Zwei, und beide sollten deshalb im Zusammenhang gelesen werden. Es gibt jedoch einige Unterschiede. Die Elf fühlt sich häufig zu Bewegungen und Organisationen hingezogen, die idealistische Ziele verfolgen. Bei einem ausgewogenen Zahlenbild, in dem auch andere Krafteinflüsse wirksam werden, kann die Elf die Aufmerksamkeit der Öffentlichkeit auf sich lenken und zu großem Einfluß gelangen. Viele Menschen mit der Lebenszahl Elf sind in seelsorgerischen, therapeutischen, heilenden Berufen oder im esoterisch-metaphysischen Bereich tätig und können ein ausgezeichneter Kanal für das Licht sein. Sehr oft fühlen sie sich zu Gruppen und Organisationen hingezogen, die sich mit Theater, Religion, Kommunikation, Politik, Umweltschutz oder Esoterik beschäftigen. Wächst ihr Eifer über den kritischen Punkt hinaus, so hängen sie fanatischen Sekten und Kulten oder anderen extremen Randgruppen an.

Auf der Suche nach dem Ideal geht der Elf leicht die einfühlsame Rücksichtnahme auf andere und das Feingefühl verloren. Ist dies der Fall, so kann es vorkommen, daß sie genau die Menschen abschreckt, die sie gerade inspirieren will. Für eine Elf ist es besonders wichtig, stets ein leuchtendes Beispiel der Wahrheit zu sein. Sie muß ihrer Inspiration und Intuition vertrauen und folgen, dabei jedoch stets im Kontakt bleiben mit den anderen Bewußtseinsebenen.

Menschen unter der Schwingung der Zahl Elf müssen sich darauf konzentrieren, ihr häusliches und materielles Leben gut zu organisieren und in Ordnung zu halten, damit Offenbarung und konstruktive Organisation Hand in Hand gehen können und der Kontakt zur Erde nicht verlorengeht.

22 als Lebenszahl

Das Lebensmuster der 22 gleicht dem der Vier, und es wäre deshalb empfehlenswert, dieses Kapitel noch einmal durchzulesen. Doch es *gibt* natürlich Unterschiede zwischen den beiden. Als 22 haben Sie ein unheimliches Talent für Organisation und Aufbau von Institutionen, die Teil der höheren hierarchischen Ordnung sind. Obwohl Sie diese Arbeit vielleicht gar nicht leiten, leisten Sie doch einen wesentlichen Beitrag zum Erfolg des Ganzen, auch wenn Ihre Rolle nach weltlichen Gesichtspunkten unbedeutend erscheinen mag.

Mit Heranrücken des Neuen Zeitalters werden sich die Menschen wieder mehr mit der Schaffung von Städten, Regierungen, spirituellen Institutionen, Kunstzentren und Bildungs- und Begegnungsstätten befassen, bei denen versucht wird, die bewußte Kooperation zwischen Mensch und höherer Ordnung, Sonnenlogos und Devas (Engeln) wieder herzustellen. Menschen mit der Lebenszahl 22, deren spirituelles Bewußtsein bereits erwacht ist, arbeiten (oft unwissentlich) für die Schaffung der Grundlagen dieser Institutionen des Neuen Zeitalters. Sie müssen jedoch ihre geistige Kraft in Harmonie mit ihrem Körper, ihren Gefühlen und ihrer Seele nutzen. Wenn es ihnen gelingt, alle Ebenen spirituell auszurichten und zu disziplinieren, können sie zu den wichtigsten Begründern, Baumeistern und Führern dieser Welt werden.

33 als Lebenszahl

Das Leben der 33 hat in vielen Punkten Ähnlichkeit mit dem der Sechs. Die Beschreibungen zu beiden sollten deshalb parallel gelesen werden. Die 33 ist auf die Welt gekommen, um der Menschheit auf besondere Art und Weise zu dienen und sich Gruppen oder Institutionen anzuschließen, die sich hauptsächlich darum bemühen, das Leid der Menschen auf dieser Welt zu verringern. In vielen Fällen haben Menschen mit der Lebenszahl 33 in einem früheren Leben einer Gruppe angehört, die andere Menschen auf dieser Welt frustriert, verwirrt oder ihnen Leid und Schmerzen zugefügt haben. Demzufolge kommen sie dieses Mal beladen mit einem starken inneren Drang zu helfen auf die Erde zurück. Sind sie mit sich selbst nicht im Einklang, so ist ihnen dieser Helfertrieb unangenehm oder sogar verhaßt, weil sie in ihrer selbstgerechten Art davon ausgehen, keine Fehler begangen zu haben.

Menschen mit der Lebenszahl 33 haben häufig äußerst komplexe und tiefsitzende emotionale Konflikte zu lösen, bevor sie in der Lage sind, anderen wirklich zu dienen und zu helfen. Natürlich müssen sie zuallerst einmal ihre eigene Selbstgerechtigkeit einsehen. Erst wenn eine Harmonie hergestellt ist, die vom Herzen ausgeht, können sie zu wirklich guten Heilern, Beratern und Lehrern werden. Erst dann vermögen sie wirklich, den Kummer und das Leid, das so viele Menschen auf diesem Planeten heutzutage überfällt, zu lindern.

Persönliche Jahre, Monate, Wochen und Tage

Die persönlichen Jahre wiederholen sich in Neunjahreszyklen. Mit jedem neuen Neunjahreszyklus werden dem Menschen neue Umstände geboten, um auf eine höhere Windung der Bewußtseinsspirale zu gelangen. Diese Vorstellung ist zuerst nur schwer nachvollziehbar. Jeder Neunjahreszyklus bietet uns viele Gelegenheiten, um uns selbst besser zu verstehen und mehr Weisheit zu erlangen. Stellen wir uns den Herausforderungen, die uns im Laufe eines Neunjahreszyklus geboten werden. Überwinden wir diese, so bieten sich uns neue Möglichkeiten auf unserem Lebensweg. Kämpft man jedoch gegen bestimmte Umstände an, ignoriert sie oder reagiert völlig unverhältnismäßig darauf, wird man immer wieder in eine ähnliche Situationen geraten. Es ist deshalb sehr nützlich, sich über diese Zyklen im klaren zu sein. Um schneller auf höhere Bewußtseinebenen zu gelangen, kann es von unschätzbarem Wert sein, zu wissen, in welchem persönlichen Jahr man sich gerade befindet.

Um herauszufinden, unter welcher Zahlenschwingung Ihr persönliches Jahr steht, addieren Sie Tag und Monat Ihres Geburtstages und die Jahreszahl des jeweiligen Jahres, für das Sie die Aussage treffen wollen. Zur Berechnung wollen wir wieder das Geburtsdatum aus den vorherigen Beispielen verwenden und erhalten damit folgende persönlichen Jahre:

```
3   7   5
21  7   1931   =   Lebenszahl 6 (persönliches Jahr =
                   6er-Jahr)

3   7   6
21  7   (1932)  =   persönliches Jahr = 7er-Jahr

3   7   7
21  7   (1933)  =   persönliches Jahr = 8er-Jahr

3   7   3
21  7   (1956)  =   persönliches Jahr = 4er-Jahr

3   7   6
21  7   (1977)  =   persönliches Jahr = 7er-Jahr

3   7   7
21  7   (1978)  =   persönliches Jahr = 8er-Jahr
```

Wollen Sie Ihren persönlichen Monat herausfinden, so zählen Sie einfach den jeweiligen Monat zu der Zahl hinzu, unter der Ihr persönliches Jahr steht. Für das obige Geburtsdatum wäre damit zum Beispiel der Mai 1977 ein persönlicher 3er-Monat: 7 (persönliche Jahreszahl für 1977) + 5 (Mai ist der fünfte Monat des Jahres) = 12 = 1 + 2 = 3.

Wie mit allem Neuen werden Sie mit der Zeit immer vertrauter und geübter in diesen Dingen werden.

Auch Ihren persönlichen Tag können Sie leicht durch Addieren des jeweiligen Tages zur persönlichen Monatszahl erhalten. So wäre zum Beispiel der 17.5.1977 ein 2er-Tag für die Person mit obigem Geburtsdatum, denn wir zählen 7 (persönliche Jahreszahl) und 5 (Kalendermonat) zusammen und addieren dazu 8 (1 + 7 = Datum des gewünschten Tages). Daraus ergibt sich: 7 + 5 + 8 = 20 = 2.

Meisterzahlen werden nach der schon weiter oben in diesem Kapitel bei der Lebenszahl beschriebenen Methode behandelt.

Benutzen Sie zur Erklärung der Bedeutung der Zahlen, unter denen der persönliche Monat und der persönliche Tag stehen, die folgenden Ausführungen über das persönliche Jahr und schwächen Sie diese in geeigneter Form für die Bedeutung eines Monat oder eines Tages etwas ab.

Man sollte sich stets über seine persönlichen Jahre genau im klaren sein, denn dieser Neunjahreszyklus ist einer der wichtigsten Zyklen, die das Bewußtsein beeinflussen.

Besondere Beachtung sollte man jeweils den Jahren schenken, die unter einer Zahl stehen, die der Lebens-, Persönlichkeits- oder Seelenzahl, einer karmischen Zahl und einer Spannungszahl entsprechen. Wie man auf die Zahlenschwingung des jeweiligen persönlichen Jahres reagiert, ist sehr bezeichnend dafür, wie weit man bei der Evolution des inneren Bewußtseins bereits vorangekommen ist. Lesen Sie einfach die folgenden Erläuterungen zum persönlichen Jahr unter der Schwingung der Zahl 1 durch, um eine genauere Vorstellung über den unbewußten Ursprung von Blockierungen und Abwehrhaltungen zu bekommen.

Persönliches 1er-Jahr

Mit dem 1er-Jahr beginnt eine neue Phase von neun Jahren im Gesamtzyklus der persönlichen Jahre. Es ist eine Zeit, in der Ideen, Hoffnungen und Träume in die Tat umgesetzt werden sollten. Im 1er-Jahr eröffnen sich uns häufig beruflich oder geschäftlich neue Möglichkeiten und Wege. Oder ein Umzug an einen neuen Wohnort steht ins Haus. Da mit dem 1er-Jahr der Zyklus neu anläuft, ist es äußerst wichtig, jetzt die Dinge in Bewegung zu setzen! Wenn Veränderungen im 1er-Jahr hinausgezögert oder Entfaltungsmöglichkeiten nicht wahrgenommen werden, kann leicht der ganzen Neunjahresphase der Wind aus den Segeln genommen werden. Es ist äußerst schwierig, sich von einer apathischen oder lustlosen Haltung freizumachen, die man sich während eines 1er-Jahres angewöhnt hat.

Dies ist das Jahr, in dem Sie sich die Ziele stecken sollten, die Sie in den darauffolgenden Jahren erreichen wollen, und in dem Sie beginnen sollten, auf diese zuzuarbeiten. Dieses Jahr bietet sich besonders zur Expandierung Ihres Geschäfts oder zum Vordringen in völlig neue Bereiche Ihres Berufszweigs an. Sehen Sie in Ihrer gegenwärtigen Beschäftigung keine Zukunft mehr, so ist es jetzt an der Zeit, sich nach neuen Möglichkeiten auf dem Markt umzusehen.

Das persönliche Jahr unter der Zahlenschwingung Eins verstärkt die männlichen Energien in uns. Der Schwerpunkt liegt auf Individualität, Aggressivität, Mut und Selbstvertrauen. Bei einem Mann ruft das 1er-Jahr unterbewußte Erinnerungen und Konflikte aus seiner frühen Kindheit wach, insbesondere solche, die mit der Entwicklung seiner Männlichkeit zusammenhingen. Konflikte mit seinem Vater, seinen Brüdern, mit Lehrern, dem Pfarrer oder mit seiner eigenen Männlichkeit, die ihren Ursprung in ganz frühen Jahren (oder sogar vor der Geburt) haben, kommen jetzt hoch. Sind sie erst einmal an die Oberfläche gelangt, so fließen sie in den Strom des Alltagsbewußtseins ein.

Nehmen wir zum Beispiel einen Jungen, der einen Vater hatte, welcher eigentlich keine Kinder wollte und nicht in der Lage war, seinem Sohn Vertrauen und Rückendeckung in den entscheidenden Phasen seiner Männlichkeitsentwicklung zu bieten, also im ersten Schuljahr, in der Pubertät, beim Fußballspielen oder Spielen von anderen, typisch männlichen Spielen, seinem ersten Job und so weiter.

Als Erwachsener bietet sich diesem Jungen, der inzwischen ein Geschäftsmann geworden ist, eine ausgezeichnete Gelegenheit, ein neues geschäftliches Unternehmen in Angriff zu nehmen. Bewußt mag er sowohl von seiner beruflichen Qualifikation als auch von seiner Intelligenz her in der Lage sein, damit Erfolg zu haben. Unterbewußt jedoch will er sich möglicherweise immer noch für die fehlende Unterstützung an seinem Vater rächen, indem er ihm nicht die Befriedigung geben will, seinen Sohn erfolgreich zu sehen. Deshalb findet der Sohn im Unterbewußtsein Gründe dafür, das Projekt hinauszuzögern, und macht entscheidende Fehler, die ein todsicheres Geschäft zum Mißerfolg werden lassen. Es braucht schon ein fortgeschrittenes Bewußtsein, um einer solchen Aversion gegen Wachstum entgegenzuwirken.

Das 1er-Jahr zieht Aktivitäten und Situationen an, die uns dazu zwingen, uns mit den Yang-Konflikten (männlichen Konflikten) in unserem Innern auseinanderzusetzen. Sind solche Konflikte vorhanden, so nehmen wir häufig eine feindliche, anmaßende oder abwehrende Haltung ein. Oder aber die passiven Einflüsse der Eins gewinnen die Oberhand und äußern sich in Form von Gleichgültigkeit, Lethargie und hartnäckigem Widerstand gegenüber neuen Möglichkeiten. Wir wollen nun für einen kurzen Augenblick von den spezifischen Charakteristika des 1er-Jahres abschweifen.

Nehmen Sie dieses Jahr zum Anlaß, sich näher mit den unterbewußten Ursprüngen der Konflikte in Ihrem Leben zu befassen. Ein hilfreiches Instrument dabei ist das progressive Zahlenbild (das im Kapitel IX noch näher erläutert wird). Erlebt ein Mensch ein besonders traumatisches Jahr, in dem seine Persönlichkeit schwer erschüttert und sein psychischer Gesamtzustand unerträglichen Spannungen unterworfen wird, so empfiehlt es sich, das progressive Zahlenbild nach weiteren Faktoren zu überprüfen, die hier eine Rolle spielen könnten: Persönlichkeitszahl, Seelenzahl, persönliche Jahreszahl und Gesamtzahl. Suchen Sie im progressiven Zahlenbild vor allem während der Schlüsseljahre der Persönlichkeitsentwicklung nach ähnlichen Kombinationen oder nach der Zahl, die über die Art des Konflikts Aufschluß geben könnte: Ehe, finanzielle Unabhängigkeit oder Schwierigkeiten mit männlicher oder weiblicher Energie. Aus dem Zahlenbild ergeben sich im Normalfall bestimmte Jahre, die wichtiger waren als andere.

Wenn Sie sich an diese Richtlinie halten, kann der Verstand dazu übergehen, sich auf Erinnerungen zu konzentrieren, die Aufschlüsse über den Ursprung und das Entstehen von unterbewußten Blockierungen und Abwehrhaltungen geben können.

Nach diesem kurzen Exkurs wollen wir zu unseren Auslegungen zu der 1 als persönlicher Jahreszahl zurückkehren. Im Zahlenbild einer Frau bedeutet ein 1er-Jahr, daß ihr Animus, das heißt der männliche Teil ihres Gesamtwesens, wach wird. War ihr Leben vor Beginn des 1er-Jahres eher passiv als aktiv, so wird sie wahrscheinlich in diesem Jahr eine unabhängigere Haltung einnehmen. Handelt es sich um eine Frau, die bereits ihren fünften ätherischen Zyklus (von 28 – 35 Jahre) erreicht hat oder älter ist, jedoch ihre eigene Identität noch nicht ganz gefunden hat, so wird sie oft in einem 1er-Jahr damit beginnen, aus ihrem bisherigen Leben auszubrechen. Sie kann sich zum Beispiel dazu entschließen, eine Arbeit anzunehmen, in Selbsterfahrungsgruppen aktiv zu werden, was ihr bisher von ihrer Familie versagt wurde, eine Geschäftslizenz, etwa als Immobilienmaklerin, zu erwerben, oder sie kann einfach nur aufhören, in ihren Denkweisen den gesellschaftlichen und familiären Normen zu folgen und sich ihrer eigenen intellektuellen Stärke bewußter zu werden. Welchen Weg auch immer sie wählen mag, all diese Möglichkeiten bedeuten positives Wachstum und sollten auf keinen Fall aus irgendeinem Schuldgefühl heraus unterdrückt oder unterlassen werden.

Dies kann natürlich in einer Ehe zu gewissen Reibungen führen, da ihre stärker gewordene Yang-Energie (männliche Energie) ihrem Ehemann als Bedrohung erscheinen mag, besonders wenn er sich selbst gerade in einer Situation befindet, in der sein männliches Selbstwertgefühl geschwächt ist, etwa durch eine in die Sackgasse geratene Karriere oder durch finanzielle Einbußen im Geschäft. Es empfiehlt sich, die persönliche Jahresschwingung des Ehepartners und seine anderen wichtigen persönlichen Zahlen zu ermitteln. Aus der Analyse müßte dann eigentlich klarwerden, was beide Partner aus dieser Erfahrung lernen und wie sie als Team besser zusammenarbeiten können. Bisweilen merkt eine Frau, wenn sie ihr neu gefundenes Selbstbewußtsein und ihre Unabhängigkeit lebt, daß sie mit jedem neuen Jahr des Zyklus weniger mit ihrem Ehepartner gemein hat. Ihre Interessen haben sich geändert, und sie wird wahrscheinlich vor eine wichtige Entscheidung in bezug auf ihren zukünftigen Lebensweg gestellt werden. Was ich hier herausstreichen möchte, ist, was für starke Auswirkungen ein 1er-Jahr haben kann. Das Unterbewußtsein und die Seele wissen, daß es Zeit für eine Veränderung ist, doch häufig ist die Person noch nicht dazu in der Lage, den Gewohnheiten und psychischen Bedürfnissen, die solange das Ganze getragen haben, die Stirn zu bieten.

Achten Sie auch in jedem Jahr auf die Zahlenschwingungen des persönlichen Monats. Januar bis März (im 1er-Jahr also persönliche Monate 2, 3 und 4) sind gefühlsbetont und eignen sich besonders dafür, neue Beziehungen einzugehen, ein umfassenderes Bewußtsein zu erlangen und eine neue Basis zu schaffen. Im April (dem persönlichen 5er-Monat) bieten sich neue Gelegenheiten zur persönlichen Entwicklung und zu einem wichtigen Durchbruch in Ihrem Leben. Der Mai kann ebenfalls emotional betont sein, zum Beispiel durch Ansprüche von seiten der Freunde und der Familie. Bei der Kombination 1er-Jahr und persönlichem 6er-Monat (Mai) kann es zum Ausbruch unterschwelliger Spannungen in einer Ehe oder in engen persönlichen Beziehungen kommen.

Die Sommermonate (persönliche Monate 7, 8 und 9) eignen sich besonders zur Introspektion, zum Bilanzziehen, zum Angehen neuer Ziele und zum Abschiednehmen von alten Gewohnheiten und festgefahrenen Einstellungen der Vergangenheit, die Ihrem jetzigen Bewußtseinsgrad nicht mehr entsprechen. Im September, gegen Ende des Jahres schließlich, werden sich wahrscheinlich neue Gelegenheiten bieten, bei denen Sie Ihre neuen Erfahrungen ausprobieren und sich freimachen können, um Ihre neugesetzten Ziele zu verfolgen.

Persönliches 2er-Jahr

Das persönliche 2er-Jahr ist die Zeit, in der das gehegt und gepflegt werden sollte, was im ersten Jahr gesät wurde. Wenn das erste Jahr des Zyklus neue Ideen und Möglichkeiten eröffnet hat, so sollte dieses Jahr weitere Entwicklungen und Verfeinerungen in dieser Richtung bringen. Haben Sie jedoch im letzten Jahr hartnäckig Widerstand gegenüber neuen Impulsen geleistet, so sollten Sie sich in diesem Jahr auf harte Proben im Gefühlsbereich gefaßt machen, die Sie zwingen werden, zu den Wurzeln Ihres Gefühlslebens vorzudringen, um dort Blockierungen und Komplexe zu lösen. Kooperation mit sich selbst und mit nahestehenden Personen ist das Schlüsselwort dieses Jahres. Lassen Sie sich notfalls ruhig von hilfsbereiten Menschen helfen, um soviel wie möglich zu erreichen. In einem 2er-Jahr geht es eher darum, Dinge anzunehmen und mit anderen zu teilen als darum, sich mit aller Gewalt seinen eigenen Weg zu bahnen.

Die Zahl 2 hat eine starke Yin-Schwingung (weibliche Energie), was eine Verstärkung der intuitiven, empfänglichen, gefühlsbetonten Seite bedeutet. Bei einer Frau können in einem 2er-Jahr die unterbewußten Konflikte in bezug auf die weibliche Komponente stimuliert werden, das heißt, ihre Konflikte mit ihrer Mutter, Schwester, ihren Tanten, Lehrerinnen, weiblichen Autoritätspersonen, der Rolle der Frau in der Gesellschaft oder ihrer eigenen Weiblichkeit. Intensive Begegnungen auf der Gefühlsebene stehen in diesem Jahr im Vordergrund. Bestehen unterschwellige emotionale Ungereimtheiten, wird die Person besonders Beziehungen mit Menschen anziehen, bei denen es unerläßlich ist, sich diesen Problemen zu stellen und sich mit ihnen auseinanderzusetzen. Vielleicht trifft sie einen Mann, dem es wie noch keinem anderen gelingt, ihr Herz anzusprechen. Es entsteht ein Moment tiefen Empfindens und emotionalen Vortastens. Plötzlich merkt sie vielleicht, daß sie nicht dazu fähig ist, die Tiefe ihrer empfundenen Gefühle zu ergründen oder gar ausdrücken. Sie überlegt sich daraufhin, ob es in ihrer Vergangenheit irgendwelche Schlüsselerlebnisse gab, die diese Verhärtung oder Unterdrückung von tiefempfundenen Gefühlen bewirkt haben könnten. Vielleicht ist sie ja verheiratet, oder er ist verheiratet und sie nicht. Dies kann einen ganzen Wust von gesellschaftlich oder religiös bedingten seelischen oder gefühlsmäßigen Konflikten auslösen. Bei der Lösung des Problems bekommt sie einen Bezug zu ihren Gefühlen und kann so rasch ihr gefühlsmäßiges Gleichgewicht wiederherstellen. Gefühlsmäßige Begegnungen während eines Jahres unter der Zahlenschwingung 2 können ein fast unerträgliches Ausmaß an Leiden und Qualen mit sich bringen.

Oder vielleicht wurde eine Frau in eine Familie hineingeboren, die lieber einen Jungen gewollt hätte. Als Kind wird sie unbewußt versuchen, dem Wunsch der Eltern zu entsprechen, indem sie sich stark mit der männlichen Seite identifiziert, und im Laufe ihres Heranwachsens wird sie in Schlüsselmomenten stets ihre eigene Weiblichkeit – vielleicht ohne es zu merken – verleugnen.

Erreicht das Mädchen nun das Pubertätsalter, so beginnt es sowohl emotional als auch körperlich heranzureifen. Ein Teil des Reifeprozesses besteht im Annehmen und in der Anpassung des Astralkörpers oder der emotionalen Seite. Diese Zeit ist oft von Launenhaftigkeit und Auseinandersetzungen im häuslichen Bereich, in der Schule, mit den Freunden und im gesellschaftlichen Bereich gekennzeichnet. Die innere Zerrissenheit und das Gefühlstrauma können so stark werden, daß sie versucht, ihre gefühlsmäßige Seite zu unterdrücken, zu verleugnen oder ganz abzulehnen und damit einen Teil dessen zu verleugnen, was sie nun einmal ist: eine Frau. In anderen Worten ausgedrückt, ist dies einfach eine teilweise Verleugnung ihrer weiblichen Seite.

Beziehungen, die während eines 2er-Jahres zustande kommen, fördern meist die Umstände im Leben einer Person – besonders wenn sie schon älter als 29 ist -, die ihr dabei helfen, sich ihre emotionalen Blockaden einzugestehen, bei gutem Willen etwas davon freizusetzen und sich zu öffnen für Methoden oder Menschen, die ihr behilflich sein können, deren unbewußte Ursprünge zu erkennen und sich davon zu lösen.

Befindet sich ein Mann in einem 2er-Jahr, so wird auch in ihm die Anima oder weibliche Energie stärker ins Bewußtsein gerufen. Das kann besonders irritierend für Männer sein, die dazu erzogen wurden, ihre Gefühle stets unter Kontrolle zu haben und denen solche weiblichen Anwandlungen, gemeinhin »weibliche Intuition« genannt, äußerst unangenehm sind. Ein Mann sollte sich in diesem Jahr immer wieder ins Gedächtnis rufen, daß ihm durch das Annehmen seiner weiblichen Seite nichts von seiner Männlichkeit verlorengeht, denn in Wahrheit wird ein Mann häufig erst dadurch, daß er lernt, seine weibliche Intuition und gefühlsmäßige Seite zu akzeptieren und sich damit wohlzufühlen, zu einem richtigen Mann. Das 2er-Jahr ist die Zeit, in der man der höheren Intuition vertrauen und ihr folgen sollte, denn sie führt uns zu Erfolg und Vollendung.

Das 2er-Jahr ist auch die Zeit, in der man auf Details und Feinheiten achten sollte. Die Dinge sind nun durch den Impuls des ersten Jahres in Bewegung gesetzt, und das Ganze sollte nun noch einmal auf kleine Mängel hin überprüft und, wo nötig, korrigiert werden.

Es kann sein, daß während eines 2er-Jahres viel über Sie getratscht wird und Sie viel Kritik von anderen einstecken müssen. Keiner kann beurteilen, ob dies zu recht oder zu unrecht geschieht. Die Zeit eignet sich jedoch besonders dafür, sich Ihre eigenen Rachegelüste oder Ihren Hang, ein Urteil über andere zu fällen, einzugestehen. Haben Sie in diesem oder in anderen Leben Kritik gesät, so fallen dieselben Umstände nun auf Sie zurück. Denken Sie stets daran, wenn andere grundlos über Sie klatschen oder Gerüchte verbreiten, daß dies *Ihr* Karma ist. Wenn Sie zulassen, daß dies auf Sie Einfluß hat, werden Sie ebenfalls in dieses Karma verwickelt. Streben Sie danach, Mißverständnisse zu vermeiden und eine Gruppenatmosphäre zu schaffen, die von Kooperationsgeist geprägt ist.

Januar bis März (persönliche Monate 3, 4 und 5) bringen neue Menschen und Gelegenheiten, die Ihnen das Erreichen der von Ihnen angestrebten Ziele erleichtern können. Vom späten Frühjahr bis in den Juli hinein können die Dinge etwas heikel werden, und man sollte persönlichen Beziehungen besondere Aufmerksamkeit schenken. Besonders im Juli sollte man besonnen vorgehen und lernen, nichts zu forcieren. Von August bis zum Jahresende werden Ihre tiefsten Wünsche und Hoffnungen langsam Früchte tragen, wenn Sie das Wissen und die Weisheit der Schwingung des 2er-Jahres richtig genutzt haben.

Persönliches 3er-Jahr

Das 3er-Jahr ist im allgemeinen erfüllt von Kreativität, neuen Ideen und Ausdruck der eigenen Persönlichkeit. Die neue Energie des ersten Jahres fließt in das Jahr unter der Zahlenschwingung 2 ein und bringt das Produkt ihrer Vereinigung hervor.

Dieses Jahr eignet sich sowohl für Männer als auch für Frauen besonders dafür, auf allen Ebenen zwischen ihren Yin- und Yang-Kräften für wechselseitige Ergänzung zu sorgen. Seien Sie willens, auch Ihre unbewußten Verhaltensweisen ans Tageslicht kommen zu lassen, die ein Aufeinanderprallen der beiden Energien hervorrufen können – und Sie werden sehen, wie sich Ihr Leben entfaltet!

Das 3er-Jahr ist reich an Kreativität, die sich sowohl im beruflichen als auch im häuslichen Bereich, im Hinblick auf Ihre Fertigkeiten oder auch auf Ihr inneres Wachstum äußern kann. In diesem Jahr werden auch verborgene Ängste und Schuldgefühle im Zusammenhang mit frühen sexuellen Erfahrungen wach. Lesen Sie dazu noch einmal das Kapitel über die 3 als Lebenszahl durch.

Dies ist das Jahr, in dem Sie endlich Schluß machen können mit dem Zaudern und verstärkt die Ausbildung Ihres Talents und Ihrer kreativen Fähigkeiten in Angriff nehmen können.

Dies kann auch ein fruchtbares Jahr für das Entstehen von neuen Freundschaften und sozialen Kontakten sein. Für »Singles« besteht eine große Wahrscheinlichkeit, daß dieses Jahr neue Kontakte mit dem anderen Geschlecht zustande kommen. Ihr natürlicher Charme hat dann die größte Ausstrahlung, wenn Sie mit sich selbst zufrieden sind. Vermeiden Sie oberflächliches Getue und seichte Gespräche, damit Ihre tieferen Neigungen zum Vorschein kommen. Sie neigen im allgemeinen eher dazu, Ihre Energie zu sehr zu verstreuen. Sie täten deshalb gut daran, mehr Selbstdisziplin zu entwickeln. Seien Sie vorsichtig und überlegen Sie sich immer genau, was Sie schreiben oder sagen wollen, und versuchen Sie dabei Ihr Bestes zu geben. Dieses Jahr kann sich gut eignen, um Artikel und Bücher zu schreiben, Reden in der Öffentlichkeit zu halten oder in den Medien aktiv zu werden; und jetzt sollten Sie sich einen Markt für Ihre Ideen suchen.

Ein Mensch, der sich gerade in einem 3er-Jahr befindet, braucht viel Lob und Anerkennung und genießt es deshalb, wenn er Freunde um sich hat, die ihn bewundern. In diesem Jahre Freunde zu verlieren, vielleicht sogar noch den engsten, kann großen Schaden im Gefühlsleben eines Menschen anrichten. Als Folge davon kann er sich zu maßlosem Luxus, Komfort und oberflächlichen Kontakten mit Menschen hinwenden.

Dieses Jahr beginnt im Januar (persönlicher 4er-Monat) sehr geschäftsorientiert. Das ist eine gute Zeit, um seine aus der Inspiration geborenen Gedanken und Ideen zu Papier zu bringen, die sich zu einem späteren Zeitpunkt möglicherweise sehr wohl zu Geld machen lassen. In den folgenden beiden Monaten können die sozialen Interessen aktiviert werden und neue, faszinierende Menschen treten wahrscheinlich in Ihr Leben. April bis Juni ist eine gute Zeit, um ein bißchen in sich zu gehen und Ihr Leben zu ordnen. Diese Monate können für Menschen, die sich mit Lichtarbeit beschäftigen, sehr erfüllende Meditationen bringen. Im Juli sollten Sie sich mit Volldampf ins Leben stürzen. Wahrscheinlich ist dies seit langem der günstigste Augenblick überhaupt für Vergnügen, Freundschaften, einen kreativen Durchbruch oder das Zusammentreffen mit einem potentiellen Ehepartner. Auch für Eltern, die sich Kinder wünschen, ist jetzt der Moment besonders günstig.

Persönliches 4er-Jahr

Im 4er-Jahr geht es darum, die Ärmel hochzukrempeln und sich auf die anstehende Arbeit zu konzentrieren.

Beruf, Karriere und Lebensplanung sind jetzt wichtig. Nun ist es Zeit, eine solide Grundlage für den nächsten Schritt in Ihrem Leben zu schaffen. Sie brauchen auch ein sicheres Einkommen und sollten deshalb jetzt darauf hinarbeiten, daß dies sowohl in der Gegenwart als auch in der Zukunft gesichert ist. Geben Sie Ihr Bestes und versuchen Sie, sich nicht über Ihre Arbeit zu beklagen – denn es könnte sein, daß Sie von jemandem genau beobachtet werden, der aufgrund seiner Position in der Lage ist, Ihnen in Zukunft weiterzuhelfen. Wenn Sie wirklich nach objektiver Einschätzung zu dem Schluß kommen, daß Sie in einer Sackgasse gelandet sind, eignet sich dieses Jahr dafür, eine neue berufliche Richtung einzuschlagen. Es ist jedoch bestimmt kein Jahr, um auf der faulen Haut zu liegen.

Das Jahr unter der Schwingung der Zahl 4 bietet viele Gelegenheiten dafür, der Arbeit in unserem Leben größeres Gewicht zu geben. Es kann Ihnen zum Beispiel die Möglichkeit geboten werden, das zu tun, was Sie schon immer in Ihrem Leben machen wollten. Heutzutage ist die Rolle des Ernährers keineswegs mehr auf die Männer beschränkt, sondern wird häufig auch von Frauen übernommen; diese Aussagen beziehen sich deshalb sowohl auf Frauen wie auf Männer.

Für viele Familien bedeutete die Geburt eines Kindes – besonders in Rezessionszeiten, wenn es schon so schwierig genug war, genügend Geld nach Hause zu bringen und die Familie im Grunde schon vollständig war – häufig eine zusätzliche Belastung und Sorge. Dies kann im Unterbewußtsein eines solchen Kindes tiefe Wunden hinterlassen. Es hat möglicherweise immer das Gefühl, der Familie zur Last zu fallen. Außerdem fühlt es sich dafür schuldig, daß es den Vater zusätzlich unter Druck setzt, härter zu arbeiten, um Essen und Kleidung für den unerwarteten Nachzügler zu gewährleisten. Oder das Kind schreibt sich unbewußt die Schuld dafür zu, daß der Vater eine Chance verpaßt hat, eine bessere Arbeit (oder eine Arbeit, die ihm Spaß macht) anzunehmen, weil er sich für das sichere Einkommen des alten Arbeitsplatzes entschieden hat, um für seine Kinder sorgen zu können.

Wird dieser Mensch nun erwachsen und geht seiner beruflichen Karriere nach, so wird sich ihm irgendwann einmal die einmalige Chance bieten, sich wirklich hervorzutun oder an die Spitze zu gelangen. Es kann dann sein, daß er sich diese Gelegenheit entgehen läßt, weil er sich unbewußt dafür bestrafen will, daß er seinem Vater damals die Chance, beruflich weiterzukommen, verpatzt hat.

Es gibt viele Familien, in denen entweder der Vater oder die Mutter viele Überstunden macht, damit ein Einkommen gewährleistet ist, daß einen angenehmen Lebensstandard ermöglicht. Das Kind nimmt es seinen Eltern womöglich übel, daß es in den ersten Lebensjahren so wenig Zuwendung und Liebe bekommt. Jahre später, wenn es dann selbst Gelegenheit bekommt, im Beruf durch höheren Arbeitsaufwand weiterzukommen, schaltet sich seine unbewußte Erinnerung daran ein, die mit harter Arbeit Gefühle von Ablehnung assoziiert. Wenn dieser unterschwellige Konflikt nicht gelöst wird, kann das Gefühl des Unbehagens überhandnehmen. Kommt es wirklich dazu, so weist mit großer Wahrscheinlichkeit einer der Vorgesetzten dieses Menschen ganz ähnliche Verhaltensmuster auf wie dessen Eltern.

Dies sind zwei mögliche Formen von unbewußten Konflikten, mit denen wir uns möglicherweise während eines persönlichen 4er-Jahres (bisweilen auch während eines persönlichen 8er-Jahres) auseinandersetzen müssen. Die gleiche unbewußte Dynamik kann sich auch während des im folgenden beschriebenen Übergangs im Bewußtseinswandel vollziehen.

Im Laufe eines persönlichen 4er-Jahres kann (besonders nach dem 29. Geburtstag) eine innere Stimme in uns erwachen, die uns verstärkt dazu drängt, die Arbeit zu finden, die unserer Seele entspricht, und ihr nachzugehen. Wir befinden uns in einem Zustand freudiger und gleichzeitig banger Erwartung des Durchbruchs. Aufgrund des unterbewußten Schuldgefühls wehren wir uns jedoch gegen die Enthüllung. Wir empfinden ein eindeutiges inneres Drängen, das vom Wunsch, den Weg der Seele zu finden, herrührt, doch bleibt er weiterhin im Dunkeln. Erst wenn die unbewußten Widerstände erkannt, angenommen und gelöst werden, kann sich uns die Seele in einem 4er-Jahr eröffnen und uns ein eindeutiges Ziel und eine klare Richtung weisen. Das Schicksal, das die Seele für uns vorgesehen hat, zeichnet sich nun deutlicher ab, und auch die Arbeit, die wir dafür leisten müssen, wird nun klarer erkennbar. Möglicherweise werden wir zu Organisationen hingeführt, die sich öffentlich mit dem Studium der okkulten, esoterischen oder mystischen Lehren beschäftigen.

In den meisten Fällen jedoch wird der neu inspirierte Mensch, dem die Erleuchtung zuteil wurde, mitsamt seiner höheren Weisheit auf ganz unscheinbare, weltliche Aufgaben zurückverwiesen. Die größte Prüfung besteht nicht darin, sich mit anderen Suchenden in New-Age-Zentren und bei New-Age-Veranstaltungen zu treffen und darüber zu diskutieren, wie bewußt und erleuchtet jeder schon ist – nur weil er zufällig mal ein Buch von Edgar Cayce gelesen oder mediale und/oder heilende Fähigkeiten bei sich entdeckt hat. Die wirkliche Prüfung besteht darin, die Wahrheit direkt in unsere kleine Alltagswelt hineinzutragen und das Licht zu leben, wo wir auf die Ignoranz, Angst, Ressentiments und Skepsis stoßen, die so tief im Herzen und Verstand des Bewußtseins der Masse verwurzelt sind. Das Jahr unter der Schwingung der Zahl 4 ist das Jahr, in dem wir den Impulsen folgen sollten, die direkt aus der Seele kommen. Dadurch wird unsere Bewußtseinsarbeit mit größerer Leichtigkeit vorangetrieben.

Im Januar kann das Jahr mit einem solchen Aktivitätsschub beginnen, daß man meinen könnte, Sie würden schon bald den Superjob bekommen oder bis Ende des Jahres im siebten Himmel sein. Doch die nächsten vier Monate bringen viel Unruhe im persönlichen/emotionalen Bereich. Achten Sie jedoch darauf, in Ihrer Leistung nicht nachzulassen, denn hinter den Kulissen können sich für Sie günstige Umstände zusammenbrauen. Ab Juni müssen Entscheidungen getroffen werden, und es stehen Dinge ins Haus, die Ihnen wichtige Türen für Ihre Karriere öffnen können. Hat sich in Ihrer beruflichen Situation in diesem Jahr nichts verändert und Sie sind unzufrieden damit, so ist es jetzt an der Zeit, daß Sie ein bißchen in sich gehen und sich einer genauen Prüfung unterziehen. Seien Sie offen und ehrlich mit sich selbst und versuchen Sie herauszufinden, was in *Ihnen* Sie dazu bewogen hat, den Zug zu verpassen.

Persönliches 5er-Jahr

Fünf ist die Zahl des freien Willens, des Menschen, des Verstandes und der fünf Sinne. Als Gegengewicht zum freien Willen symbolisiert die Fünf gleichzeitig das göttliche Gesetz. Sie können das göttliche Gesetz ignorieren, dagegen ankämpfen oder mit ihm arbeiten. Finden Sie dieses Jahr das göttliche Gesetz in sich selbst; lassen Sie es jetzt in sich wachsen. Lassen Sie das Dharma stärker fließen (eine kurze Erklärung des Begriffes Dharma finden Sie unter dem Abschnitt über die 5 als Lebenszahl).

Dieses Jahr bringt Ihnen Wachstum, Veränderung, Vergnügen und Freiheit. Eine aufregende Zeit! Dieses Jahr besteht die Aussicht, auf Reisen zu gehen; packen Sie deshalb die Gelegenheit beim Schopf und begegnen Sie Menschen in fernen Ländern. Neue Gedanken tauchen in Ihrem Kopf auf, und Sie können viel davon profitieren, Bücher über neue Philosophien und alle möglichen sonstigen Themen zu lesen. Viele Menschen fühlen sich in diesem Jahr besonders zu okkulten und parapsychischen Phänomenen hingezogen.

Die beruflichen Veränderungen, die Sie im 4er-Jahr eingeleitet haben, tragen nun Früchte. Seien Sie nicht überrascht, wenn Ihnen dieses Jahr einen Umzug beschert. Neue Freunde treten in Ihr Leben. Lassen Sie Ihrer Intuition und Ihrer Neugierde freien Lauf. Sie können dieses Jahr viel Neues dazulernen.

Doch auch innere Unruhe, Impulsivität und Ungeduld beschert Ihnen dieses Jahr; nutzen Sie diese nervöse Energie und leiten Sie sie in konstruktive Bahnen. Wenn die zeitliche Koordinierung stimmt, ist die Chance, in Ihrer Entwicklung voranzukommen, ausgezeichnet.

Das beschleunigte Tempo der Aktivitäten und Erfahrungen bringt Ihnen allerdings nicht nur schöne Erlebnisse, sondern stellt Sie auch vor Prüfungen und Versuchungen. Im 5er-Jahr treten Sinnlichkeit und Sexualität stärker in den Vordergrund; die Flucht aus der Wirklichkeit hin zu sinnlichen Genüssen erscheint eine verlockende Alternative zur Verantwortung.

Während des 5er-Jahres wird das Bedürfnis, uns von unserer Vergangenheit freizumachen, immer stärker. Moralische, ethische, religiöse oder soziale Umstände ergeben sich, die von uns verlangen, bei ganz anderen Gruppen, Bewegungen oder Aktivitäten mitzuwirken als denen, die uns als Kind in frühen Jahren von unseren Eltern und unserer Umgebung vorgeführt wurden. Der reife Erwachsene ist im Zwiespalt, ob er lieber bei einer neu entdeckten Gruppe mitarbeiten soll, die ihm viele neue Anreize zu bieten scheint, oder sich an die ihm bewußten oder unbewußten Regeln und Gesetze halten soll, die ihm in seiner Kindheit beigebracht wurden. Nehmen wir als Beispiel eine Frau, deren Eltern für ihre konservative politische Einstellung bekannt waren und die einen Mann kennenlernt, der sehr liberal eingestellt ist. Die gegensätzlichen Gefühle in ihr, ihre Bewunderung für den Mann, ihre konservative Erziehung, der Einfluß der Eltern, ihr politisches Bewußtsein und all die anderen Dinge, die in eine Beziehung mit hereinspielen, bringen sie in eine schwierige Lage. Am Anfang ist die liberale Philosophie verführerisch und verlockend für sie. Doch unbewußt hat sie vielleicht Angst davor, daß ihre Eltern sie ablehnen und ihr ihre Liebe entziehen, sie finanziell nicht mehr unterstützen oder daß sie sie damit in eine peinliche Lage bringt. Sie wird durch diese Situation damit konfrontiert, daß sie sich selbst darüber klarwerden muß, welche politische Überzeugung ihr wirklich näher steht.

Mit großer Wahrscheinlichkeit ergeben sich in diesem Jahr viele Situationen im Zusammenhang mit Sexualität und Moral, in denen Sie nicht wissen, wie Sie sich entscheiden sollen. Vielleicht fühlen Sie sich zwischen Faszination und Verlangen einerseits und Bestürzung und Gewissensbissen andererseits hin- und hergerissen. Was auch immer die Herausforderung sein mag, die Zeit ist reif, um sich von den Fesseln dogmatischer Lehren, ikonoklastischer Einschüchterung, ideologischer Komplexe und gesellschaftlicher Zwänge freizumachen, damit Ihre eigene innere Stimme die Führung übernehmen kann.

Fünf ist die Zahl, die für voll ausgelebte Erfahrungen steht, deshalb sollten Sie dieses Jahr sehr aktiv sein. Es kann jedoch vorkommen, daß man sich allzusehr hinreißen läßt oder aber das Ganze zu leicht nimmt und nichts von den Lektionen lernt, die dieses Jahr bietet. Lassen Sie bei den Erfahrungen, die Sie machen, Ihre Weisheit auch ab und zu ein Wörtchen mitreden, und das Leben wird Ihnen für noch intensivere Begegnungen offenstehen.

Das Jahr beginnt mit einer starken inneren Unruhe, die nach Veränderung drängt. Vielleicht bekommen Sie das Gefühl, in Ihrer Ehe oder Beziehung zu eingeengt oder gefangen zu sein. Dies könnte im April zu starken Spannungen führen. Es ist immer schwierig, zu entscheiden, wann man eine Beziehung lieber beenden sollte. Laufen Sie vor Ihrem Karma davon, produzieren Sie Karma oder sind Sie dabei, sich davon freizumachen? Der Sommer verspricht lauter aufregende Erlebnisse und Abenteuer in allen Lebensbereichen. Neue Türen können sich nun auftun. Versuchen Sie nicht zu ungeduldig zu sein, und forcieren Sie nichts. Durch übertriebenen Optimismus unterlaufen Ihnen nur unnütze Fehler, wenn es darum geht, die richtigen Entscheidungen zu treffen. Die letzten drei Monate des Jahres eignen sich besonders gut dafür, die gesammelten Erfahrungen mit einfließen zu lassen in ein sich neu formierendes Gebilde, nämlich einen Lebensweg, der vom höheren Selbst bestimmt ist und nur noch der Richtung folgt, die von der inneren Stimme gewiesen wird.

Persönliches 6er-Jahr

Der Schwerpunkt liegt dieses Jahr auf Heim, Ehe, Verantwortung, Dienst am Nächsten, Opfer und Lösung der persönlichen Widersprüche. Das 6er-Jahr bietet im allgemeinen wenig Zeit dafür, Ihre persönlichen Bedürfnisse zu befriedigen. Freunde und Nachbarn kommen zu Ihnen und fragen Sie um Rat; bei der Arbeit scheint sich überhaupt nichts zu tun; die Kinder sind häufiger krank, streiten mehr und brauchen Ihre Zuwendung. Rechnungen über Rechnungen flattern Ihnen ins Haus, die Verwandten scheinen lästiger denn je, unerwartete Reparaturen fallen an, und der Ehepartner läßt an Kooperationsbereitschaft auch zu wünschen übrig. Machen Sie sich nichts draus, nicht *alles* läuft schief.

In dieser Phase des Bewußtseinswachstums wird Ihr Altruismus auf die Probe gestellt. Sie erreichen in dieser Zeit am meisten, wenn Sie die Bedürfnisse anderer vornan stellen und jeweils die gerade bestehende Krise beseitigen. In dieser Zeit verfällt man leicht in die Rolle des falschen Märtyrers. »Seht nur, was ich alles für andere getan habe! Und was hat man nun davon? Undank ist der Welten Lohn!« Solche Worte hört man häufig von Menschen, die gerade ein 6er-Jahr durchmachen. Machen Sie kein Drama daraus, und tun Sie, was von Ihnen verlangt wird. Jetzt geht es darum, uneigennützig zu dienen. Passen Sie jedoch auf, daß andere Ihre Hilfsbereitschaft nicht ausnützen.

Es ist sehr gut möglich, daß Sie einen Menschen in Not treffen, den Sie in einem früheren Leben ignoriert oder abgelehnt haben. Nun ist die Zeit gekommen, Ihr Konto auszugleichen.

Wenn schon vorher unterschwellige Spannungen in der Ehe bestanden, wird das 6er-Jahr diese noch verstärken. Das mag nicht gerade angenehm sein, aber nun ist es an der Zeit, den Ursachen auf die Spur zu kommen. In einem 6er-Jahr werden häufig Ehen beendet, sei es durch Scheidung oder Trennung, oder aber ein wirklicher Neuanfang ist möglich auf einer höheren Stufe von Liebe und mit stärkerer gegenseitiger Zusammenarbeit. Alte Familiengeschichten aus der Mottenkiste Ihrer Kindheit werden noch einmal lebendig und lösen sich dann im Nichts auf. Schauen Sie sich die Konflikte, die Sie als Kind mit Ihren Eltern hatten, noch einmal genau an, und Sie werden entweder bei sich selbst oder bei Ihrem Ehepartner ganz ähnliche Züge oder irritierende Eigenschaften feststellen wie bei Ihren Eltern. Was die Gefühle betrifft, kann dieses Jahr für Sie sehr schmerzlich sein, da schlimme Kindheitserinnerungen wach werden. Haben Sie keine Angst davor, Tränen zu vergießen; Katharsis ist eine der besten Methoden seelischer Reinigung.

Im Jahr unter der Schwingung der Zahl 6 sollten Sie nach Harmonie in Ihren eigenen vier Wänden streben und sich an den angenehmen kleinen Dingen des Familienlebens erfreuen. Leben Sie alleine, so wird dieses Jahr Ihr Wunsch nach Gemeinschaft, Familie oder Ehe stärker werden. Das Nachdenken über alte Zeiten und vergangene Liebesbeziehungen kann es zu einem einsamen Jahr machen. Sie können launisch und depressiv werden, wenn Sie dem allzu lange nachhängen und nicht versuchen, auch die Gründe und Ursachen zu erforschen. Es ist sehr gut möglich, daß in dieser Zeit wieder einer Ihrer Bewunderer aus dem hektischen 5er-Jahr auftaucht, der Ihnen plötzlich besonders gut gefällt und mit dem Sie sich anschicken, eine dauerhaftere Beziehung einzugehen. Dieses Jahr kann sich auch gut dazu eignen, Ihre Wohnung neu oder umzugestalten, damit sie Ihr erwachendes Selbst auch widerspiegelt. Sollten Sie künstlerisch oder kreativ begabt sein, so sollten Sie jetzt Ihr Talent nutzen.

Viele werden sich an Sie um Rat wenden; benutzen Sie Ihr Verständnis und Ihre Einsicht, um diesen suchenden Menschen zu größerer Harmonie zu verhelfen. Bei Menschen, die eine besondere mediale oder spirituelle Ader haben, wird diese häufig in einem 6er-Jahr geweckt. Bei vielen herausragenden Medien spielt die Zahl 6 im persönlichen Zahlenbild eine große Rolle, und sie behaupten, daß die Genauigkeit ihrer Aussagen und ihre Empfangsbereitschaft in einem 6er-Jahr viel höher ist. Halten Sie an Ihrem Idealismus fest und versuchen Sie, die Ungerechtigkeiten, die um Sie herum geschehen, nicht allzu kritisch zu beurteilen. Versuchen Sie zuerst, vor der eigenen Haustüre zu kehren und mit Ihren eigenen ungerechten Verhaltensweisen ins reine zu kommen. Das ist immer ein schwieriges Unterfangen. Im Vergleich zu dem bunten Treiben des 5er-Jahres erscheint das 6er-Jahr eher langweilig, doch jedes Jahr bringt sein Gutes, und wenn Sie lernen, mit den Schwingungen der Jahre innerhalb des Neunjahreszyklus zu arbeiten, werden Sie die Vorteile jedes Jahres erkennen.

In den ersten drei Monaten dieses Jahres können Ihre Beziehungen und Geschäfte mit der äußeren Welt ziemlich zäh vorangehen. Suchen Sie den Schlüssel zur Entwicklung in sich selbst. Diese Zeit eignet sich gut dafür, Ihre emotionalen Bindungen wieder einmal unter die Lupe zu nehmen. Sie eignet sich auch dafür, sich noch einmal über Ihre Motive und Absichten klarzuwerden. Von April bis August nimmt Ihre Aktivität zu, und Ihre persönlichen Verpflichtungen erreichen im Herbst und in den frühen Wintermonaten ihren Höhepunkt. Eine schwierige Beziehung kann zwischen September und dem Jahresende in eine Sackgasse geraten. Stabile Beziehungen können sich vertiefen und inniger werden.

Persönliches 7er-Jahr

Das 7er-Jahr ist ein Jahr für Meditation, Introspektion, Selbstbeobachtung und zur Findung des inneren Gleichgewichts. Es ist besonders förderlich für die Ergründung philosophischer Fragen und für die intellektuelle Suche nach dem Wesen des Kosmos, der Welt, des Menschen und der eigenen Person. Möglicherweise führt Sie Ihre Suche nach Selbsterkenntnis zu tieferen religiösen, psychologischen, wissenschaftlichen oder metaphysischen und esoterischen Studien. Nach welcher Methode auch immer Sie dabei vorgehen, so werden Sie doch stets von Natur aus den Zugang zu den großen Mysterien des Lebens suchen. Dieses Jahr kehrt Ruhe in Ihr Leben ein nach der hektischen Aktivität und dem wilden Aufruhr des 5er- und 6er-Jahres.

In vieler Hinsicht ist es ein einsames Jahr, und da Sie nun schon mal eine gewisse Zeit mit sich alleine verbringen werden, können Sie genausogut lernen, sich in Ihrer eigenen Haut wohlzufühlen. Sie wollen Ruhe haben und versuchen, Krach und laute Ansammlungen von Menschen zu meiden. Auf Ihre Mitmenschen können Sie einen abgehobenen, reservierten und gleichgültigen Eindruck machen. Es kann leicht zu Mißverständnissen kommen, wenn Sie sich nicht bewußt darum bemühen, auf andere Rücksicht zu nehmen.

Jetzt ist die Zeit gekommen, eine höhere Bewußtseinsebene zu erschließen. Personen, die sich schon viele Jahre mit dem Bereich des persönlichen Wachstums beschäftigt haben, kann in diesem Jahr eine Erleuchtung von innen zuteil werden, die den Weg des Schicksals plötzlich klar abzeichnet und kosmische Hinweise auf den Sinn des Lebens liefert. Jetzt könnte es zur

Offenbarung und Entfaltung der inneren geistigen Gaben kommen, wenn Sie still sein und auf die leise innere Stimme hören können.

Jedesmal, wenn wir uns auf der Bewußtseinsspirale weiter nach oben bewegen, tauchen wir gleichzeitig auch tiefer in die Urgründe unserer unbewußten Motivation hinab. Einige der Überreste und Trümmer, die in den letzten Jahren aufgewühlt wurden, können jetzt noch einmal an die Oberfläche kommen. Lassen Sie sich auf Ihrer Suche nach dem inneren Frieden weder durch Verdrängung noch durch Verwirrung beirren. Um Sie herum mag das Meer noch so tosen, doch die Segel sind jetzt in Ihre Richtung gesetzt, und wenn Sie sich ganz der Führung Ihrer inneren Stimme anvertrauen, werden Ihnen die bedrohlichen Strömungen allgemeiner Skepsis, Zweifel und Entmutigung nichts anhaben können.

Benutzen Sie die ersten beiden Monate dieses Jahres dafür, sich ganz freizumachen von den emotionalen Überbleibseln des gerade beendeten 6er-Jahres. Der Rest des Jahres sollte damit verbracht werden, sich ganz auf das höhere Selbst und Ihre Umwelt einzustimmen. Genießen Sie das Erwachen des inneren Lichts, das nun reichlich fließt.

Persönliches 8er-Jahr

Im 8er-Jahr stehen Aufstieg, gesellschaftlicher Status, Finanzen, Führungsqualitäten, Macht, Autorität und berufliche Interessen im Vordergrund. Wenn Sie sich im 7er-Jahr damit beschäftigt haben, Ihr Leben bewußt in Ordnung zu bringen, dann sollten Sie jetzt eigentlich bereit dazu sein, sich mit größerem Selbstbewußtsein und innerer Stärke wieder ins gesellschaftliche Leben zu stürzen. Nun ist es an der Zeit, die neugefundene Wahrheit und das Licht uneingeschränkt zu leben.

In diesem Jahr wird die Welt um Sie herum Ihr Potential und Ihre Fähigkeiten erkennen. Dies bringt Ihnen Beförderungen, sozialen Aufstieg und Anerkennung für das bisher Geleistete.

Bewegen Sie sich jedoch langsam und vorsichtig mit dieser neuerworbenen Macht und Autorität. Häufig meinen Menschen im 8er-Jahr, schon seit langem eine Anerkennung oder Beförderung verdient zu haben. Die innere Feindseligkeit und der Unmut, der von verletztem Stolz herrührt, haben schon lange vor sich hin gebrodelt. Wenn Ihnen nun schließlich die Anerkennung zuteil wird, müssen Sie aufpassen, daß Ihr Stolz und Ihr Ego Sie nicht zu unbesonnenen Racheakten verführen. Lassen Sie sich in diesem Jahr nicht vom bösen Einfluß des falschen Stolzes leiten, sondern verstärken Sie Ihre natürliche Gabe zur Inspiration und Führung anderer Menschen.

Andererseits kann Ihnen die dunkle Schwingung der Acht in diesem Jahr auch Frustration im Umgang mit Autorität bringen. Ständig scheinen Ihnen Mitarbeiter, Ihr Partner, Freunde oder Verwandte einen Strich durch die Rechnung machen zu wollen. Immer widersprechen sie Ihnen in allen Dingen, ob es nun um die Art und Weise des Eierbratens oder um die Kosmologie des Himmels geht. Beobachten Sie Ihre Reaktion in solchen Streitsituationen. Sie gibt Ihnen Aufschluß darüber, an welchem Punkt Sie sich weiterentwickeln können: Versuchen Sie, immer alles besser zu wissen, weigern Sie sich, zuzuhören, nicken Sie höflich, kritisieren aber hinterher alles oder zitieren Sie endlos viele Bücher als Beweis für Ihre These, so kann irgend etwas nicht stimmen. Es ist an der Zeit, etwas flexibler zu werden und auch bereit zu sein, von anderen etwas anzunehmen. Es ist an der Zeit, sich freizumachen von der Beherrschung durch Institutionen, von gesellschaftlichen und familiären Zwängen und unterbewußter Tyrannei. Sehen Sie sie als das, was sie sind, und entspannen Sie sich.

Dieses Jahr bietet Ihnen die Möglichkeit, die Gebote einer höheren Autorität zu erkennen und nach ihnen zu leben. Macht sollte ausgeglichen werden durch Mitgefühl und Rücksichtnahme auf andere. Dies rechtfertigt jedoch nicht die Überschreitung der gesellschaftlichen Gesetze. Es könnte jedoch bedeuten, daß Sie sich aktiv daran beteiligen müssen, dem göttlichen Gesetz wieder zu seinem Platz im Leben der Menschen zu verhelfen.

Vielleicht beginnen Sie, die kirchliche, politische und gesellschaftliche Autorität anzuzweifeln. Die Vorgesetzten oder Chefs in Ihrer Abteilung oder Ihrem Geschäft werden Ihren Zorn zu spüren bekommen. Dieses Jahr will Sie daran erinnern, daß der Mißbrauch von Macht und Autorität, der Ihr Blut bei anderen so sehr in Wallung bringt, nur Ihr eigenes Wesen widerspiegelt. Mit großer Wahrscheinlichkeit haben Sie sich in einem oder mehreren früheren Leben genau dieses Vergehens schuldig gemacht.

Schon als Kind hatten Sie früh einen Hang dazu, sich gegen alle möglichen Formen von Autorität aufzulehnen, etwa gegen strenge religiöse Tabus, die Art, wie Sie essen mußten, Kleidungsvorschriften, Eltern mit einer strengen moralischen, politischen, ethischen oder gesellschaftlichen Überzeugung oder gegen Lernzwang (siehe auch 8 als Lebenszahl).

Der richtige Umgang mit Geld ist in diesem Jahr besonders wichtig. Sie sollten zu erkennen versuchen, daß mit Geldtransaktionen ein angemessener Energieaustausch einhergeht. Sie können dieses Jahr mehr verdienen und höhere Einkünfte erzielen. Konzentrieren Sie sich also auf Ihr Gespür dafür, was die Mark wert ist.

Viele Schüler des Lichts haben eine Abneigung gegen das Geldverdienen, besonders dann, wenn das Geld mit spiritueller Arbeit verdient wird. Beschäftigen Sie sich mit den Gesetzen des Wohlstands-Bewußtseins und arbeiten Sie Ihre Schwierigkeiten damit auf. Zur Schaffung des Neuen Zeitalters wird Geld vonnöten sein, solange wir in einer Geld-Gesellschaft leben. Verschaffen Sie sich Geld nur aus reiner Macht-, Geld- oder Habgier, wird es Ihnen möglicherweise so schnell, wie Sie es verdient haben, wieder durch die Finger rinnen. Geld hingegen, das durch eine produktive, von Intuition und innerer Stimme geleitete Tätigkeit erworben wurde, kann sich vermehren und noch höheren Gewinn bringen, wenn Sie dabei die unternehmerischen Gesetze des Neuen Zeitalters berücksichtigen. Das Schlüsselwort heißt: »Verhältnismäßigkeit«. Seien Sie sich bewußt, was Ihre Arbeit wert ist.

Persönliches 9er-Jahr

Mit diesem Jahr geht ein Neunjahreszyklus zu Ende und damit auch eine bestimmte Art und Weise zu leben. Gleichzeitig eröffnet es die Aussicht auf einen Neubeginn und eine bessere Lebensweise. Die Schwingung der Zahl 9 schließt alle Schwingungen der vorangegangenen Zahlen mit ein, das heißt, daß dieses Jahr eine bunte Mischung von allen möglichen Ereignissen bringen wird. Sie befinden sich am Ende eines Zyklus, und mit wenigen Ausnahmen eignet sich dieses Jahr deshalb nicht besonders für Neueröffnungen von Geschäften, Eheschließungen, berufliche Veränderungen oder neue Beziehungen. Wenn Sie trotzdem meinen, Veränderungen in Angriff nehmen zu müssen, sollten Sie auf jeden Fall die günstigere Zeit nach September des 9er-Jahres abwarten.

Es ist hingegen eine ausgezeichnete Zeit, um Ihre psychische Gesamtverfassung gründlich unter die Lupe zu nehmen und sich von alten Resten und Überbleibseln Ihrer Wachstumsprozesse und persönlicher Durchbrüche während der letzten Jahre des Zyklus zu befreien. Ich meine damit zum Beispiel unreife Emotionen, negatives Denken und andere restriktive Verhaltensmuster. In dieser Zeit kann es besonders einfach sein, sich von negativen Einstellungen freizumachen, wenn Sie mit dem Zyklus gehen.

Die Menschen, die sich hartnäckig an die Vergangenheit klammern, können es dieses Jahr sehr schwer haben. Die Zeit ist reif, sich von alten Dingen zu lösen. Was jetzt zurückgelassen werden sollte und trotzdem mit in den neuen Zyklus hineingeschleppt wird, wird dann zur Last.

Das 9er-Jahr ist voll von Stimmungsumschwüngen und unerwarteten Ereignissen. In Freundschaften, Ehen und Beziehungen, in denen es schon ein Weile gekriselt hat, wird in diesem Jahr abgerechnet. Der Verlust einer geliebten Person kann alte Wunden wieder aufreißen und Anlaß zu innerer Suche sein. Seien Sie offen dafür, mit Beziehungen Schluß zu machen, die nichts mehr mit den Veränderungen, die Sie in Ihrem Leben durchmachen, gemein haben. Lassen Sie neue Kontakte und Bekanntschaften Ihr Leben bereichern, damit dem Lebensfluß neue Energie zugeführt wird.

In diesem Jahr können egoistische Gefühle losgelassen werden (siehe auch das Kapitel über die 9 als Lebenszahl) und die altruistische Inspiration unseres intuitiven Geistes an die Oberfläche kommen. Das 9er-Jahr kann unsere Intuition und künstlerische Inspiration deutlich beflügeln. Auch die mediale Sensibilität ist in diesem Jahr deutlich erhöht. Versuchen Sie, mit sich selbst ins reine zu kommen und sich für den neuen Zyklus bereitzumachen.

Der restriktive, reinigende Einfluß des 9er-Jahres dauert bis Ende September. Haben Sie sich bis zu diesem Zeitpunkt wirklich darum bemüht, sich von den nicht mehr zu Ihnen passenden, gefühlsmäßigen Relikten freizumachen, dann können die darauffolgenden drei Monate eine wundervolle Zeit der Freiheit, der uneingeschränkten Entfaltung und des Genießens bedeuten.

Persönliches 11er-Jahr

Das persönliche 11er-Jahr steht unter einer ähnlichen Schwingung wie das 2er-Jahr. Ein erweitertes religiöses, mystisches und mediales Bewußtsein kann Personen in diesem Jahr ins Rampenlicht oder in eine einflußreiche Position bringen. Dies ist ein Jahr, in dem man seine verborgenen spirituellen Gaben entwickeln kann. Dieses Jahr bringt Inspiration, Originalität, Erfindungsreichtum und erhöhte Wahrnehmung. Fanatismus und Übereifer sollten vermieden werden.

Persönliches 22er-Jahr

Das persönliche Jahr unter der Zahlenschwingung 22 hat viel mit dem 4er-Jahr gemein. Es öffnet uns das Tor zu einem tieferen Verständnis dessen, was unsere Seele anstrebt. Es bietet uns Gelegenheit, in größerem Umfang zu dienen. Benutzen Sie diese Zeit, um den Anweisungen Ihrer Seele Struktur und Form zu geben.

Persönliches 33er-Jahr

Das 33er-Jahr gleicht in vieler Hinsicht dem persönlichen Jahr unter der Zahlenschwingung 6. Es kann von Ihnen ein sehr schwieriges Opfer zum Wohle Ihrer Seele erfordern. In diesem Jahr sollten Sie für die Bedürfnisse anderer Menschen da sein, wo auch immer dies von Ihnen verlangt wird.

Persönliche Monate und Tage

Wie man bestimmt, unter welcher Zahlenschwingung ein persönlicher Monat oder Tag steht, haben wir schon weiter oben in diesem Kapitel beschrieben. Ich gebe hier keine näheren Erläuterungen zum persönlichen Monat und Tag, da dieses Thema ausführlich in dem Numerologiebuch von Campbell behandelt wird, das wir hier zur weiterführenden Lektüre empfehlen. Einzelheiten brauchen wir hier nicht, da Sie inzwischen bestimmt schon in der Lage sind, den allgemeinen Trend eines Monats oder Tages zu erkennen, indem Sie bei der Lebenszahl und dem persönlichen Jahr nachlesen und das Ganze dann entsprechend abschwächen, um den allgemeinen Trend für den jeweiligen Monat oder Tag zu bekommen. Auch am Ende der Abschnitte über die einzelnen persönlichen Jahre sind wir jeweils kurz auf die Bedeutung der Monate eingegangen.

Persönliche Wochen

Ein zyklisches Muster, auf das andere Autoren nicht eingehen, das wir jedoch sehr hilfreich finden, ist der Wochenzyklus. Die persönliche Woche wird unabhängig vom persönlichen Monat und Tag bestimmt, hängt jedoch aufs engste mit dem persönlichen Jahr zusammen. Wollen Sie herausfinden, in welcher persönlichen Woche Sie sich gerade befinden, müssen Sie die Zahl des persönlichen Jahres als Ausgangspunkt nehmen und zu ihr die reduzierte Zahl der betreffenden Woche addieren. Die Woche vom 26. Juni bis 2. Juli 1977 ist zum Beispiel die 26. Kalenderwoche des Jahres 1977. Zählen Sie nun die Zwei und die Sechs zusammen (2 + 6 = 8), und Sie erhalten die Zahl Acht. Addieren Sie nun die Acht zu Ihrer persönlichen Jahreszahl. Es ist wichtig, den persönlichen Wochenrhythmus im Auge zu behalten. Ich habe die Erfahrung gemacht, daß er für die Beratung von Menschen, die gerade vor einer Entscheidung stehen, sehr nützlich sein kann.

V

Die Weisheit in Ihrem Namen

Jeder Numerologe hat seine eigene Terminologie und Interpretationsmethode für die Bedeutung des Namens. Alle schauen sich die Vokale extra, die Konsonanten extra und die Kombination von beiden an. Doch hier endet die Gemeinsamkeit bereits. Das mag für Menschen, die sich zum ersten Mal mit Numerologie beschäftigen, verwirrend sein; bedenken Sie jedoch, daß jedes System eine etwas andere Variante darstellen kann und nur in sich selbst stimmig sein muß. Suchen Sie sich zu Ihrer Erbauung einfach das Beste von jedem heraus.

In diesem Kapitel möchte ich Ihnen eine weitere Interpretationsvariante für den ganzen Geburtsnamen vorstellen. Meine Methode ist das Ergebnis von Anregungen und Erkenntnissen, die ich 1974 anläßlich einer Veranstaltung meiner lieben Freundin und langjährigen esoterischen Lehrerin Dr. Neva Dell Hunter gewonnen habe. Seit dieser Zeit habe ich darüber weiter intensiv nachgeforscht, meditiert und mich von meiner Intuition zu diesem Thema leiten lassen. Das Ergebnis sind Ausführungen zu jeder Zahl in bezug auf Persönlichkeit, Seele und integriertem Selbst.

Wenn in diesem Buch von »Persönlichkeit« die Rede ist, so verstehen wir darunter das kleine Selbst, das jeder von uns benutzt, um sich in dieser Lebensspanne zu manifestieren. Die Persönlichkeit ist die Synthese der Aktivität, die mit Hilfe der vier Ausdrucksformen des niedrigen Selbst – nämlich der körperlichen, ätherischen, astralen (emotionalen) und mentalen (intellektuellen) – an den Tag gelegt wird.

Die Seele ist für uns unser inneres Selbst, das reich an zeitloser Weisheit ist und den gesammelten Erfahrungsschatz all unserer bisher gelebten Leben verkörpert. Es ist die Seele, die mit Hilfe der Ausdrucksmittel der Persönlichkeit nach Weiterentwicklung strebt. Die Seele ist darauf aus, ein Gleichgewicht herzustellen und die Erfahrungen auf dieser Welt abzuschließen, damit sie freiwerden kann, um sich in noch höhere Sphären, zu anderen Planeten oder Sonnensystemen emporzuschwingen.

Unter integriertem Selbst verstehen wir den idealen oder höchsten Seinszustand, den wir in diesem Leben erreichen können. Es ist jedoch nicht dasselbe wie das höhere Selbst. Allerdings spürt man bei einer Person, die das integrierte Selbst lebt, daß sie sich voll und ganz der Führung durch das höhere Selbst anvertraut hat. Wenn die Persönlichkeit die Energie der Seele vollständig und harmonisch integriert hat, verschmelzen diese beiden Kräfte zu einem erleuchteten Daseinszustand.

Mit dem Heranrücken des Wassermann-Zeitalters nimmt die allgemeine Bewußtheit der Menschen auf diesem Planeten in verstärktem Maße zu. Die meisten Menschen mit einem höheren Bewußtseinsgrad streben danach, sich von ihren persönlichkeitsbedingten Blockaden und Komplexen freizumachen. Eine kleinere Schar von bewußten Menschen beginnt inzwischen auch damit, die Integration der Seele in die Persönlichkeit zu vollziehen. Wenn dies gelingt, wird es mit der Zeit immer mehr Menschen geben, die das integrierte Selbst als göttliche Menschen auf Erden leben werden.

Die Persönlichkeitszahl ist der zentrale Punkt, über den sich Ihre Persönlichkeit ausdrückt. Nicht vergessen: die Persönlichkeitszahl wird durch Zusammenzählen aller Zahlenwerte der Konsonaten Ihres ganzen Geburtsnamens ermittelt. Jede dieser einzelnen Zahlen spielt eine Rolle und beeinflußt das Ganze. Es ist wie bei Ihrem Geburtshoroskop: Ihr Sonnenzeichen kann ein anderes als Ihr Mondzeichen sein. Beide spielen eine wichtige Rolle. Doch alle sind Energien des Sonnensystems (der

Planeten und der Tierkreiszeichen). Die Energie fließt durch bestimmte Brennpunkte, wie etwa das Sonnenzeichen, den Aszendenten oder die Punkte, an denen Planeten stehen.

Bisweilen arbeiten wir im Leben mit *allen* möglichen Zahlenschwingungen, sei es nun unseren eigenen, denen der Zyklen des Universums oder denen einer anderen Person. Trotz dieser umfassenden Erfahrungen konzentriert sich unsere Energie immer wieder auf Schlüsselzahlen. Diese zentralen Zahlen haben einen großen Einfluß darauf, wie unsere Persönlichkeit, unsere Seele und unser integriertes Selbst sich anderen mitteilt.

Die Seelenzahl enthüllt uns die ganz spezielle Schwingung, die die Seele durch die Persönlichkeit in diesem Leben betont. Es ist das Energiemuster, das die Seele gemeinsam mit dem höheren Selbst für den für dieses Leben vorgesehenen Entwicklungsprozeß am besten hält. Die Seele kennt die Einflüsse aller Zahlenschwingungen, doch konzentriert sie sich aufgrund ihrer großen Weisheit auf ein für dieses Leben wesentliches Schwingungsmuster.

Die Zahl für das integrierte Selbst gibt uns eine ideale Ausdrucksform vor. Nur ganz wenige von den heute unter uns lebenden Menschen haben dieses Potential für das Erreichen eines erleuchteten Zustandes erreicht. Es ist der individualisierte Ausdruck des höheren Selbst, der sich dann manifestiert, wenn die Seele und die Persönlichkeit ihre Energien verschmelzen zu einer synergetischen Integration des höheren Selbst. Der Einfluß dieser Zahl bleibt bis zu einer solchen Integration in gewisser Weise zwar im Dunkeln, wird jedoch vor der Vereinigung der Seele mit der Persönlichkeit bisweilen in etwas verzerrter Form spürbar. Die Aktivitäten und persönlichen Neigungen, die darauf zurückzuführen sind, scheinen mehr mit Persönlichkeitsmerkmalen als mit einem erleuchteten Zustand zu tun zu haben.

Bei der Deutung von Zahlen sollten Sie sich stets vor Augen führen, daß es um viel mehr geht als darum, den entsprechenden Abschnitt über die Zahl im Buch nachzulesen. Zuerst sollte man sich einen intuitiven Gesamtüberblick über das ganze Zahlenbild einer Person verschaffen, bevor man sich auf die Einzelheiten stürzt. Besonders, wenn Sie mit diesem Kapitel arbeiten, sollten Sie stets im Gedächtnis behalten, daß sowohl die Seelenzahl als auch die Zahl des integrierten Selbst sich über die Persönlichkeit ausdrücken.

Einen Menschen mit der Seelenzahl 1, der die 5 als Persönlichkeitszahl hat, würde man zum Beispiel anders beurteilen als einen Menschen mit der Seelenzahl 1 und der Persönlichkeitszahl 7. Die Energie *hinter* der Persönlichkeit (Seele) beeinflußt die nach außen gerichteten Ausdrucksformen der Persönlichkeit durch zarte Impulse und feine Anregungen. Lassen Sie sich von der höheren Intuition leiten, um zu Ihrer eigenen Art und Weise der Synthese und Deutung des persönlichen Zahlenbildes zu finden.

Um die Zahlenwerte eines Namens zu bekommen, werden erst einmal den Buchstaben des Alphabets bestimmte Zahlenwerte zugeordnet.

1	2	3	4	5	6	7	8	9
A	B	C	D	E	F	G	H	I
J	K	L	M	N	O	P	Q	R
S	T	U	V	W	X	Y	Z	

Bilden Sie nun die Summe der Zahlenwerte des vollen Geburtsnamens (alle Vornamen + Nachnamen)*. Zählen Sie jeden Namen für sich zusammen und reduzieren Sie den erhaltenen Wert dann wieder auf eine einstellige Zahl (außer den Meisterzahlen). Addieren Sie nun die einstelligen Zahlen jedes Namens miteinander und reduzieren Sie die Summe wieder auf eine

---

* Anm. d. Ü. für deutsche Namen: Ä wird behandelt wie AE, Ö wie OE, Ü wie UE, ß wie SS.

einstellige Zahl. So erhalten Sie die Zahl des integrierten
Selbst.

Gehen Sie nun nach derselben Methode nur mit den Vokalen
vor. Vokale sind natürlich A, E, I, O und U, aber auch Y wird als
Vokal behandelt. Die Summe der Zahlenwerte der Vokale des
gesamten Namens ergibt, auf eine einstellige Zahl reduziert,
die Seelenzahl.

Unter Verwendung derselben Methode für die Konsonanten
allein erhalten Sie die Persönlichkeitszahl.

Als Beispiel wollen wir für die folgenden beiden Namen
zeigen, wie Vokale, Konsonanten und der volle Name nach
ihren Zahlenwerten aufgeschlüsselt werden.

J A M E S	E A R L	C A R T E R	J U N I O R
1 1 4 5 1	5 1 9 3	3 1 9 2 5 9	1 3 5 9 6 9
12 = 3	18 = 9	29 = 11	33 = 33
6 = 6	6 = 6	6 = 6	18 = 9
6 = 6	12 = 3	23 = 5	15 = 6

1. 10. 1924

(1) (1) (7)

Zahl des integrierten Selbst = 56 = 11   (3 + 9 + 11 + 33)

Seelenzahl = 27 = 9   (6 + 6 + 6 + 9)

Persönlichkeitszahl = 20 = 2   (6 + 3 + 5 + 6)
    (man beachte auch, daß die Gesamtsumme der einzelnen
    Konsonanten 56 = 11 ergibt)

Lebenszahl = 9 = 9   (1 + 1 + 7)

Vielleicht möchten Sie das Buch kurz durchblättern, um herauszufinden, ob die persönlichen Zahlen des ehemaligen ameri-

kanischen Präsidenten Carter seine Persönlichkeit auch treffend beschreiben. Hier nur ein kurzer Exkurs. Sie werden sicher bemerkt haben, daß seine Lebenszahl und seine Seelenzahl übereinstimmen. Der 2. November 1976, der Tag seiner Wahl, war ein 9er-Tag. Der 20. Januar 1977, der Tag seiner Einsetzung ins Amt, war ebenfalls ein 9er-Tag. Man könnte die Aussage wagen, daß seine persönlichen Zahlen ihn geradezu für dieses Amt vorbestimmt haben. Aufgrund all der Neunen, die in seinem Namen und in Zusammenhang mit seiner Wahl auftauchen, könnte man leicht mutmaßen, daß er in diesem Leben die Aufgabe hatte, viele Dinge in der amerikanischen Politik zu einem Ende zu bringen. Die Neun als Seelenzahl zeichnet ihn als einen Menschen aus, der empfänglich ist für die feinen Schwingungen und Impulse des intuitiven Bewußtseins und des Idealismus des Neuen Zeitalters.

Welcher politischen Überzeugung auch immer man sein mag, so kann man doch als Suchender auf dem Weg zum göttlichen Licht einen entscheidenden Beitrag zum allgemeinen Bewußtseinswachstum leisten, wenn man den politischen und sonstigen Führern dieser Welt bisweilen Gedanken der Liebe und des Lichtes sendet.

Nun ein weiteres Beispiel, das Ihnen den ganzen Aufschlüsselungsprozeß noch einmal vor Augen führen soll.

M A D O N N A	L O U I S E	C I C C O N E
4 1 4 6 5 5 1	3 6 3 9 1 5	3 9 3 3 6 5 5
26 = 8	27 = 9	34 = 7
8 = 8	23 = 5	20 = 2
18 = 9	4 = 4	14 = 5

16. 8. 1958

(7) (8) (5)

Zahl des integrierten Selbst = 24 = 6   (8 + 9 + 7)

116

Seelenzahl = 15 = 6   (8 + 5 + 2)

Persönlichkeitszahl = 18 = 9   (9 + 4 + 5)

Lebenszahl = 2 (11)   (7 + 8 + 5)

Der Leser wird vielleicht die Zahlen dieser starken und exzentrischen Sängerin untersuchen wollen, um mehr Einblick in ihr Leben und ihre Eigenarten zu gewinnen.

Wenn Sie die Lebenszahl 1 + 6 + 8 + 1 + 9 + 5 + 8 = 38 = 11 (2) untersuchen, wird die 11 noch offensichtlicher. Eine Untersuchung der individuellen Spannungszahlen (siehe Seite 258 ff.) 2 – 6 (4), 2 – 9 (7) und 6 – 9 (3) wirft zusätzliches Licht auf ihre innere Unausgewogenheit und ihre Konflikte.

Wenn Sie neugierig sind, können Sie sich als Beispiel nun irgendeine Person des öffentlichen Lebens herausgreifen, deren vollen Geburtsnamen und Geburtstag Sie kennen, und mit Hilfe der nachfolgenden Erläuterungen überprüfen, ob das, was die Zahlen sagen, mit dem, was über diese Person bekannt ist, übereinstimmt.

Auf den folgenden Seiten wird nun ausführlich beschrieben, was die Zahlen Ihres Namens bedeuten.

Die Persönlichkeitszahl

1 als Persönlichkeitszahl

Ihre Persönlichkeitszahl steht für Individualität, Selbstvertrauen und Originalität. Sie werden zu jeder Sache, die Sie anfangen, einen Beitrag leisten. Sie werden von einem starken Willen angetrieben, und wenn Sie ein klares Ziel vor Augen haben, können Sie enorm produktiv sein. Ohne eine solche feste Vorgabe ist Ihre Begeisterung nicht gerade überwältigend, und Sie geben sich mit mittelmäßigen Lösungen zufrieden. Ein Mensch mit der Persönlichkeitszahl 1 neigt zu Ichbezogenheit und möchte in allen Dingen die Nase vorn haben. Wenn die Dinge nicht so laufen, wie er sich das vorstellt, kann er leicht egoistisch und aufsässig werden.

Mit größter Wahrscheinlichkeit werden Sie es in Ihrer Kindheit mit dominierenden Eltern (Vater, Mutter oder beide) zu tun gehabt haben. Lesen Sie zum besseren Verstehen auch bei dem Abschnitt über die 1 als Lebenszahl nach; die erfahrungsmäßigen Verhaltenskomponenten sind sehr ähnlich wie bei der Persönlichkeitszahl. In der Rebellionsphase können Ihre Eigenbrötlerei und Ihre Aggressivität sehr nervig sein. Es fällt Ihnen schwer, sich anderen unterzuordnen, und vielleicht gehen Sie sogar soweit, sich den Wünschen der Gruppe, der Sie angehören, entgegenzustellen, nur um Ihre eigene Identität zu behaupten. Sie verstecken Ihre Unsicherheit hinter einer draufgängerisch und selbstbewußt wirkenden äußeren Erscheinung. Sie geben gerne Anweisungen und hören anderen zwar zu, nehmen jedoch selten Rat von ihnen an, weil Sie doch wirklich nur Ihren eigenen klaren Überzeugungen trauen können, oder? Sind Sie einmal überzeugt von einer neuen, besseren Methode für irgend etwas, sind Sie Feuer und Flamme für diese Sache und können damit die Menschen um Sie herum schnell begeistern. Ihr natürlicher Drang, an die Spitze zu gelangen, läßt Sie nach Positionen streben, in denen Sie als Berater, Führer und Autoritätsperson fungieren können.

Wurde das Selbstvertrauen eines Menschen mit der Persönlichkeitszahl 1 in den frühen Kindheitsjahren erschüttert, so leidet er meist unter Antriebslosigkeit und mangelndem Selbstvertrauen und weint verpaßten Gelegenheiten nach, die das Glück oder die Umstände ihm einfach nicht gegönnt haben. Menschen mit dieser Persönlichkeitszahl geben lieber mit ihren Fähigkeiten an, anstatt diese produktiv einzusetzen. Eine total passive Lebenseinstellung kann sich dann bei diesen Menschen entwickeln, die dazu führt, daß sie sich selbst gar nichts mehr zutrauen und es lieber ihrem Ehepartner, ihren Eltern, der

Gesellschaft oder der Regierung überlassen, für ihre Bedürfnisse zu sorgen.

In der Kommunikation mit anderen sind Sie ziemlich offen, häufig geistreich, würdevoll und zur Sache kommend. Sie haben lieber wenige enge Freundschaften mit jeweils einer Person als viele oberflächliche Bekanntschaften. Sie sind fordernd, versuchen aus der Routine auszubrechen und sind gern in Gesellschaft von anderen Draufgängern. Im Extremfall kann Ihr ichbezogenes Wertsystem sogar Rechtfertigungen dafür finden, andere auszunutzen und sich um der eigenen Kreativität willen ohne Rücksicht das zu holen, was Sie wollen.

Am besten tun Sie sich mit einem Ehepartner oder engen Freund zusammen, der ebenfalls einen starken Willen hat, Ihnen beisteht und Geduld hat. Trotz all des Tamtams um Ihre Eigenständigkeit brauchen Sie die Sicherheit einer festen Beziehung, um das Beste aus Ihrem Leben zu machen. Wenn in der Beziehung etwas schief läuft, neigen Sie zu plötzlichen Wutanfällen, brutaler Schonungslosigkeit und hartnäckigem Schweigen. Meist erholen Sie sich jedoch schnell und werden wieder Sie selbst. Wenn Sie unsicher sind, neigen Sie zu Pedanterie in bezug auf Sauberkeit, Vorschriften und geringfügigem Kleinkram. Sie brauchen Zuneigung und können Ihrem Partner auch ohne Einschränkung Zuneigung schenken. In Liebesbeziehungen machen Sie keine langen Umschweife und gehen mit zielstrebiger Leidenschaftlichkeit vor. Da ist wenig Zeit für oberflächliches Geplauder und Feinsinnigkeit. Loyalität und Anziehungskraft sind zwei der wichtigsten Punkte für eine befriedigende Beziehung mit Ihnen.

Wenn Sie mit sich selbst nicht im reinen sind, können Sie leicht tyrannisch, herrisch und sogar brutal im Umgang mit den Menschen werden, die Ihnen am nächsten stehen.

Am besten können Sie sich in Berufen oder Tätigkeitsbereichen entfalten, in denen Sie viel Freiheit haben, um Ihre Originalität zur Geltung zu bringen, und unabhängig sind. Es ist schwierig für Sie, Anweisungen von anderen entgegenzunehmen, deshalb wäre ein eigenes Geschäft oder eine freiberufliche Tätigkeit für Sie wohl am besten geeignet. Forschungsreisende, Erfinder, Manager, Designer, Entertainer, Inhaber von kleinen Betrieben und Geschäften und Sportler sind typische Menschen für die Persönlichkeitszahl 1.

Vom Wesen her sind diese Personen eher robust und gesund. Die Gesundheit kann jedoch durch zuviel Arbeit ohne Zeiten der Ruhe und Entspannung gefährdet werden. Sie neigen dazu, die Grenzen Ihrer unbändigen Energie zu überschätzen. Menschen mit dieser Persönlichkeitszahl leiden häufig unter Kopfschmerzen und Arthritis. Die Eins steht für eine starke männliche Energie und bedeutet im Zahlenbild einer Frau einen starken Animus.

2 als Persönlichkeitszahl

Die Zahl 2 steht für Kooperation, Diplomatie und Taktgefühl. Sie gehen sehr subtil vor und bereiten die Dinge hinter den Kulissen vor, um Ihre Ziele zu verwirklichen. Sie kommen über Diplomatie zum Erfolg, nicht durch gewaltsames Erzwingen bestimmter Umstände. Menschen mit der Persönlichkeitszahl 2 fällt es leicht, sich veränderten Umständen anzupassen und sich auf Menschen mit unterschiedlichem sozialen, politischen, religiösen oder ethnischen Hintergrund einzustellen. Sie sind in Ihrem Element, wenn Sie verständnisvoll und ehrlich mit vertrauenswürdigen Freunden und Bekannten umgehen können.

Es ist sehr wahrscheinlich, daß Sie in Ihrer frühen Kindheit auf viel Kritik und Kleinlichkeit um sich herum gestoßen sind (vergleiche auch den Abschnitt über die Lebenserfahrungen der Menschen mit der Lebenszahl 2, denn die Lebenszahl und die Persönlichkeitszahl haben häufig ganz ähnliche Implikationen). Dies hat Sie zu einem äußerst empfindlichen Menschen werden lassen, dessen Nervensystem besonders auf Spannungen und Meinungsverschiedenheiten reagiert. Es besteht der unbewußte Wunsch, Reibereien zu vermeiden, der sich nach außen dadurch manifestiert, daß Sie überall, wo Sie hinkommen, Harmonie stiften wollen. Es muß jedoch gesagt werden, daß dies nicht der *einzige* Grund ist, weshalb Sie nach Harmonie streben; einer der Hauptgründe jedoch ist der unbewußte karmische Druck. Sie versuchen nun einen Ausgleich zu schaffen für die Vergehen, die Sie in einem früheren Leben begangen haben, als Sie andere mit scharfer Zunge zurechtgewiesen haben. Vielleicht wundern Sie sich manchmal, wieso Sie plötzlich unerwartet ins Kreuzfeuer der Kritik geraten.

Sie sind von Ihrem Wesen her ein eher geselliger Mensch und sind gerne mit anderen Menschen zusammen. Es verletzt Sie tief, wenn Sie mißverstanden oder wegen Meinungsverschiedenheiten abgelehnt werden. Ihre Angst davor, wie andere reagieren oder was Sie von Ihnen denken könnten, ist eine negative Einstellung, mit der Sie sich auseinandersetzen und von der Sie sich freimachen sollten. Es kann Ihnen nur guttun, wenn Sie zu den Reaktionen anderer Menschen mehr Distanz gewinnen und sie einfach unkritisch akzeptieren. Zusätzlich zu Ihrer Überzeugungskraft eignen Sie sich Fakten an und zitieren diese gerne im Gespräch. Bisweilen verstecken Sie hinter dieser Aufzählung von Informationen Ihre Zweifel an Ihren eigenen intellektuellen Fähigkeiten. Ansonsten benutzen Sie die Fakten geschickt und korrekt, um Ihre Verhandlungsposition zu stärken. Im schlimmsten Falle kann es vorkommen, daß Sie Daten manipulieren, um Ihre These zu stützen.

Menschen mit der Persönlichkeitszahl 2 machen häufig einen eher gelassenen, unentschiedenen Eindruck im Vergleich zu aggressiveren Typen, doch dahinter steckt oft eine wilde Entschlossenheit, hartnäckig Widerstand zu leisten.

Ihr Äußeres mag zwar sanft und ruhig erscheinen, doch hinter all der Freundlichkeit und dem Lächeln verbirgt sich ein Hauch von männlicher Kraft und Zähigkeit. Versucht man Ihnen einen Strich durch die Rechnung zu machen, so können Sie plötzlich sehr gerissen und berechnend reagieren, um das zu bekommen, was Sie wollen. Andere können den Eindruck gewinnen, Sie seien scheinheilig und heuchlerisch. Wenn Sie eine solche Tendenz bemerken, sollten Sie darauf achten, sich nicht noch mehr zurückzuziehen und zu isolieren und in Selbstmitleid zu versinken.

Ihr Charme und Ihr Auftreten ziehen Menschen an, die gerne etwas für andere tun. Sie wissen, daß Sie Erfolg haben werden, weil Sie tief in Ihrem Innern daran glauben, daß das Gute über das Böse siegen wird. Sie haben eine Gabe dafür, Menschen anzuziehen, mit deren Hilfe die Dinge wirklich gemacht werden. Während Menschen mit der Persönlichkeitszahl 1 eher aggressiv sind und an die Spitze gelangen wollen, findet man diejenigen mit der Persönlichkeitszahl 2 eher eine Stufe weiter unten, da sie ihre Stärke daraus beziehen, andere in ihrer Führungsrolle zu unterstützen. Das heißt nicht, daß sie nicht ebenfalls ganz oben mitmischen können, sondern nur, daß ihr Drang, dorthin zu gelangen, sich weniger offensichtlich äußert.

Im persönlichen Umgang sind diese Menschen meist locker und unbeschwert. Treibt man es mit ihnen jedoch zu bunt, können sie verächtlich und rachsüchtig werden. Ihre natürliche Begabung, beide Seiten einer Medaille zu sehen, zeichnet sie zum geborenen Verhandlungsführer und Friedensstifter aus. Die Zwei erwacht zum Leben, wenn sie die Rolle des Vermittlers spielen kann, und arbeitet ständig darauf hin, zwischen opponierenden Parteien Einigkeit zu erzielen.

Als Mensch mit der Persönlichkeitszahl 2 lieben Sie gesellschaftliche Aktivitäten, einschließlich der dafür unerläßlichen Spiele und Regeln. Sie fühlen sich am wohlsten in einer Ehe, Sie das Verständnis des Partners brauchen und sich allein unwohl fühlen. Wahrscheinlich wählen Sie sich einen eher ruhigen, zurückhaltenden und hilfsbereiten Partner aus, der im häuslichen Bereich Ordnung und Sauberkeit liebt. In Liebesdingen ist die Zwei sehr empfänglich für kleine Details sowohl beim Partner als auch im Hinblick auf die ganze Atmosphäre.

Sie genießt die Leichtigkeit und Faszination eines zärtlichen Intermezzos. Schon kleine Dinge, wie ein winziger Makel am Körper des Partners oder ein tropfender Wasserhahn, können den Zauber des Moments brechen und die Zwei in ihrem Lustempfinden stören. Als Eltern sind Menschen mit der Zwei als Persönlichkeitszahl geduldig und rücksichtsvoll, doch wenn Unstimmigkeiten auftauchen, können sie anfangen, herumzukritisieren und wegen Kleinigkeiten herumzumeckern.

Kennzeichnenderweise findet man die Zwei häufig in Berufen, die etwas mit Politik, Öffentlichkeitsarbeit, Statistik, Psychologie, Parapsychologie oder technischen und religiösen Fragen zu tun haben. Sie arbeitet am besten in Gruppen. Die Zwei symbolisiert eine sehr weibliche Energie und deutet deshalb im Zahlenbild eines Mannes auf eine starke Anima hin.

Aufgrund ihrer Vorliebe für Streitgespräche neigt die Zwei häufig zu Heiserkeit, Hals- und Schilddrüsenerkrankungen. Auch das Gehirn und das Nervensystem der Zwei sind sehr empfindlich; deshalb reagieren Menschen mit dieser Persönlichkeitszahl gefühlsmäßig stark auf schrille und laute Geräusche, was zu nervösen Störungen führen kann. Im Extremfall können sich unter einer negativen Schwingung der Zahl 2 Gallenblasenentzündungen und Krebserkrankungen entwickeln.

3 als Persönlichkeitszahl

Die Drei steht für Freude, Schönheit und Selbstaudruck über Worte oder Kreativität. Ihrem natürlichen Auftreten nach sind Sie als Drei fröhlich, unterhaltsam und gesellig. Sie sind der geborene Gastgeber und haben gerne Freunde um sich herum. Menschen mit dieser Persönlichkeitszahl fühlen sich in der Welt der Phantasie und Kreativität zu Hause; im Gespräch benutzen sie gerne bildhafte Ausdrücke und Übertreibungen und ziehen es vor, über die langweiligen Alltagsereignisse hinwegzusehen.

Die Drei ist eher optimistisch veranlagt und voller Hoffnung in bezug auf die Zukunft. Als Drei können Sie leicht Leben in eine langweilige Party bringen und die düstere Stimmung vertreiben. Doch passen Sie auf, daß Sie Ihre vielen potentiellen Gaben nicht zu breit verstreuen, sonst könnten Sie leicht oberflächlich und affektiert wirken.

Sie lieben die angenehmen Dinge des Lebens und fühlen sich auf natürliche Weise zu einem großzügigen Lebensstil hingezogen. Bisweilen können Sie einen etwas ausgefallenen Geschmack haben. Sind Sie mit sich selbst im Einklang, hilft Ihnen Ihre künstlerische Ader dabei, sich ein geschmackvolles Zuhause zu schaffen. Wenn jedoch Luxus, Bequemlichkeit und Maßlosigkeit für Sie wichtiger werden als produktive Kreativität, können Sie sich leicht in oberflächlichen, egozentrischen und quälenden Gedanken verlieren.

Als Drei wurde Ihnen die Gabe der Rede mit in die Wiege gelegt, und wenn Sie sie zu nutzen wissen, können Sie flüssig reden und dabei witzig und faszinierend sein. Andererseits sind Sie auch durchaus in der Lage, viel zu viel zu reden und nur wenig damit auszusagen. Worte sind für Sie eine natürliche Ausdrucksform Ihrer kreativen Persönlichkeit. In der Kindheit hatten Sie es oft mit Menschen und Situationen zu tun, die Ihre Möglichkeiten des Selbstausdrucks und Ihre angeborenen Talente behinderten (lesen Sie hierzu auch unter »3 als Lebenszahl« nach, da die Lebenszahl und die Persönlichkeitszahl oft sehr ähnliche Implikationen haben).

Eine unsichere Drei ist oberflächlich und rastlos bei ihrer Suche nach tieferem Wissen. Sie muß lernen, sich zu disziplinieren, um den Kern der Weisheit, der unter der Oberfläche verborgen ist, zu erfassen. Wenn sie rastlos ist, kann sie leicht den neuesten Moden und Verrücktheiten verfallen. Vermeiden Sie solche negativen Erfahrungen. Ist die Drei nicht in der Lage, sich produktiv zu fühlen, so kann sie das Gefühl dafür verlieren, was sie anderen wert ist. Dies kann zur Folge haben, daß sie sich isoliert und in Beziehungen zu anderen distanziert und möglicherweise nicht einmal mehr einen warmen zwi-

124

schenmenschlichen Kontakt aufrechterhalten kann. Unter ihrem fröhlichen, gutmütigen Äußeren verbirgt sich eine dramatische Selbstüberschätzung. Sind Sie als Drei aus dem Gleichgewicht geworfen, so sind Sie zu großen melodramatischen Gefühlsausbrüchen in der Lage, bei denen Sie sich über Ihre Enttäuschungen und Verletzungen auslassen. In die richtigen Bahnen geleitet, kann Sie Ihr Selbstwertgefühl zu großen Taten und Zielen emportragen und Ihnen ein hohes Maß an Prestige einbringen.

Als Drei sind Sie ein guter Freund für andere, und auch für Sie selbst sind Freunde sehr wichtig. Sie fühlen sich am wohlsten in einer Gemeinschaft und brauchen immer jemand um sich herum. Sie sind vertrauenswürdig, obwohl Sie bisweilen vergessen, was Sie irgendwann einmal gesagt haben. Besonders wohl fühlen Sie sich in Gesellschaft von Menschen des anderen Geschlechts, und für diese sind Sie auch äußerst attraktiv.

Als ewiger Romantiker verstricken Sie sich immer wieder in abenteuerliche Affären. Ihr Leben ist voll von unglaublichen und faszinierenden Erfahrungen. Sind Sie im erzieherischen, schriftstellerischen oder beratenden Bereich tätig, so können Sie aufgrund dieser vielfältigen Erfahrungen auf einen reichen Anekdotenschatz zurückgreifen. Sie haben eine schnelle Auffassungsgabe, müssen jedoch lernen, Ihre praktischen Fähigkeiten zu entwickeln, um einen Ausgleich für Ihre blühende Phantasie zu schaffen. Zusammen mit anderen stabilisierenden Einflüssen in Ihrem Zahlenbild (zum Beispiel 8ern und/oder 4ern) können Sie in Berufen und Geschäftsbereichen, in denen eine reiche Phantasie gefragt ist, ziemlich erfolgreich werden.

In der Liebe mag es die Drei gerne bunt um sich herum und liebt fröhliche Wortgefechte. Es liegt in ihrer Natur, dem Partner Freude bereiten zu wollen, und sie kann sich deshalb gut auf seine kleinen Marotten einstellen. Angenehmes Licht, Musik und rücksichtsvolles Eingehen auf den Partner tragen dazu bei, eine Stimmung zu schaffen, die das Gesamterlebnis noch schöner macht.

Harmonie auf der Gefühlsebene ist eine Grundvoraussetzung für jede längere Beziehung oder Ehe. In der Liebe und Ehe können Sie äußerst liebevoll und aufopferungsfähig sein, doch können Sie ziemlich störrisch werden, wenn man Ihnen dafür keine Anerkennung zollt. Ihr Heim ist mit künstlerischem Geschmack eingerichtet und strahlt viel Wärme aus, so daß sich Gäste bei Ihnen sofort wie zu Hause fühlen. Die Drei liebt Frieden und Harmonie im privaten Bereich und wählt sich im allgemeinen eher einen Partner, der stark und verantwortungsbewußt ist.

Menschen mit der Persönlichkeitszahl 3 fühlen sich zu Berufen hingezogen, die etwas mit Kunst, Medien, Verkauf, Rechtswesen, Erziehung, Sozialarbeit, Kirche, Schönheit, Schmuck, Unterhaltung, Reisen und vielem anderen zu tun haben.

Im Hinblick auf die Gesundheit steht die Zahl 3 für die Stimme und die Sexualorgane, die beide kreative Körperfunktionen symbolisieren. Bestehen auf sexuellem Gebiet Schuldgefühle oder Verwirrung, so neigt die Drei zu Störungen dieser Organe. Wenn die Gefühle durcheinander sind, kann es zu plötzlich auftretenden Nierenbeschwerden kommen. Unterbewußte Konflikte stören das Gleichgewicht zwischen Yin und Yang, zwischen Anima und Animus.

4 als Persönlichkeitszahl

Die Schwingung der Zahl 4 steht für Loyalität, Hingabe, Würde, Ehrlichkeit und harte Arbeit. Von Natur aus neigen Sie dazu, die von Ihnen verlangte Arbeit ordentlich und methodisch auszuführen. Sowohl zu Hause als auch in der Gemeinschaft und im Beruf streben Sie danach, eine solide Grundlage zu schaffen; dies bringt Ihnen im Gegenzug Achtung ein.

Die Vier nimmt sich nicht viel Zeit für Spaß und Vergnügungen und geht die Lösung der ihr gestellten Aufgabe am liebsten allein an. Dies kann jedoch zu einem Fehler werden, denn Sie können dadurch leicht in einen eingleisigen Trott verfallen, und wahrscheinlich sind Sie sowieso schon eine Person, der es äußerst schwer fällt, ihre Gewohnheiten zu ändern. Möglicherweise wurde in Ihrer frühen Kindheit von den Menschen um Sie herum zuviel Wert auf Arbeit gelegt (lesen Sie zur näheren Erläuterung Ihrer Persönlichkeit auch unter dem persönlichen 4er-Jahr nach). Was Geldangelegenheiten und persönlichen Besitz betrifft, sind Sie eher geizig und sehen sich in manchen Situationen bereits in einer finanziellen Notlage, wenn dies noch gar nicht gerechtfertigt erscheint.

Das Symbol der Vier ist das Quadrat. Das englische Wort dafür ist »square«, was als Eigenschaftswort für einen Menschen jedoch auch »altmodisch oder spießig« heißen kann. Wenn irgend jemand Sie zu einem Spießer gemacht hat, dann Sie selbst. Wenn Sie sich von den Umständen stark eingeschränkt fühlen, können Sie ziemlich lautstark reagieren. Ihre Wut staut sich meist über eine lange Zeit hinweg an und bricht dann plötzlich mit aller Macht heraus: Rums! Wenn Ihnen Ihre Arbeit nicht gefällt, so bekommen es alle Leute um Sie herum zu spüren. Erhalten Sie für Ihre Arbeit kein Lob oder keine Anerkennung, so leidet Ihr Selbstbewußtsein darunter, und Sie können ziemlich eifersüchtig und neidisch auf andere werden, die mehr zu bekommen scheinen als sie verdient haben. Die allgemeine Einstellung eines Menschen mit der Persönlichkeitszahl 4 ist eher konservativ, und er ist häufig intolerant, ja sogar feindselig gegenüber Menschen, die sich anscheinend im Leben nicht besonders anstrengen wollen. Sparsamkeit, Ordentlichkeit und Vorsicht sind Eigenschaften, die in Ihrer Prioritätenliste ganz oben stehen. Einen großen Teil Ihres Selbstwertgefühles beziehen Sie über die von Ihnen vollbrachten Leistungen und die Errungenschaften Ihrer Familie. Besitz, eine gehobene gesellschaftliche Stellung und Erfolg sind für Ihre persönliche Sicherheit von großer Bedeutung. Es ist unwahrscheinlich, daß Sie irgendwelche Risiken eingehen, die diese Sicherheit gefährden könnten, solange Ihre unterbewußten Instinkte aktiv sind.

Sie sind stolz auf Ihre Arbeit. Leider hindert Sie das nicht daran, die Arbeit anderer zu kritisieren und sich dabei nicht einmal einzugestehen, daß Ihre eigene Arbeit vielleicht keinen Deut besser ist. Sie sind kein Mensch, der Zeit verplempert; meist werkeln Sie irgend etwas im Haus, am Auto oder wo sonst Not am Mann ist, herum. Sie mögen Routine. Phantasie ist nicht gerade Ihre starke Seite. Ihre praktische Ader, organisatorische Sicherheit, technische Geschicklichkeit und Geschäftigkeit sind es, die Sie im Leben weiterbringen.

Am wohlsten fühlen Sie sich, wenn Sie für ein Unternehmen oder eine Sache arbeiten, in die Sie Ihr volles Vertrauen setzen und der Sie Hochachtung entgegenbringen können. Auch um anderen Menschen zu helfen, geben Sie gerne Ihr Bestes – was jedoch andere dazu verleiten kann, Ihre Dienste auszunutzen. Sie sind standhaft, ehrlich und im allgemeinen zuverlässig.

Es fällt Ihnen nicht leicht, mit anderen Menschen zusammenzusein und oberflächlich zu plaudern. Aufgrund Ihrer starren Haltung haben Sie ganz eigenwillige Vorstellungen davon, was gut und böse ist, und sind nicht gerade tolerant gegenüber Menschen, die Sie der letzteren Kategorie zuordnen. Wenn Ihre solide Ausgangsbasis erschüttert wird, können Sie konfus und hilflos werden. Der schnellste Weg, wie Sie unter diesen Umständen reagieren können, ist für Sie Verteidigung, Argumentation und Hartnäckigkeit.

Geht man bei einer Vier mit logischen Argumenten und Geduld vor, so kann eine Lösung im Guten gefunden werden – besonders wenn sie praktisch ist. Sie sind kein Mensch, der sich Hals über Kopf in Dinge hineinstürzt, und dies gibt Ihnen normalerweise ein Gefühl der Sicherheit. Doch viele selbstverschuldete Eigentore hat sich die Vier eingehandelt, weil sie große Gelegenheiten ausgelassen hat.

Es ist nicht leicht für Sie, spontan die Freuden des Lebens zu genießen. Daran müssen Sie arbeiten! In Liebesdingen sind Sie feurig, doch halten Sie Ihre Leidenschaft stets unter Kontrolle. Sie sind loyal und lieben die Beständigkeit, sowohl was den

Partner als auch was die Vorgehensweise betrifft. Sie fühlen sich unwohl, wenn es darum geht, Rollen zu spielen und in Masken zu schlüpfen, nur um einen geeigneten Partner zu finden.

In der Ehe finden Sie Trost und Sicherheit. Als Mann helfen Ihnen eine schöpferische Ehefrau und Kinder dabei, Ihr Ego aufzubauen. Wenn Sie stolz auf diejenigen sind, die unter Ihrem Schutze stehen, fällt es Ihnen leicht, treu zu sein und Opfer zu vollbringen. Bisweilen kennen Sie kein Pardon und führen das Regiment mit preußischer Disziplin. Ein angenehmes Zuhause und Familienleben ist ein gutes Entspannungsmittel für Sie, das Ihnen hilft, sich von der Anspannung und vom Streß Ihrer Arbeit zu erholen.

Berufe, die mit der 4er-Schwingung harmonieren, sind zum Beispiel: Elektriker, Handwerker, Maurer, Apotheker, Drogist, Wissenschaftler, Bauer, Zoologe, Botaniker, Bankkaufmann, Militärbediensteter, Buchhalter, Büroangestellter oder Polizist.

Gesundheitliche Probleme, mit denen die Vier besonders häufig zu kämpfen hat, sind zum Beispiel Neuralgien, Arterienverkalkung, Sehnenscheidenentzündung, Knochenbeschwerden, Rückenschmerzen und Haarausfall (der bei Männern zu Kahlheit führen kann).

5 als Persönlichkeitszahl

Die Fünf umgibt ein Hauch von Veränderung, Unruhe, Neugierde, Sinnlichkeit und Freiheit. Sie ist geistreich, sorglos, geht gerne auf Reisen und lernt gerne neue Leute kennen. Nichts geht ihr mehr gegen den Strich als Monotonie, und sie ist stets eine Quelle nervöser Spannung, die nach einem Ventil sucht. Die Fünf ist gerne unter Leuten und liebt Ereignisse, bei denen es um Geschwindigkeit, Wettbewerb und Spannung geht.

Ihr sehnlicher Wunsch nach Veränderung wurde Ihnen als Fünf mit in die Wiege gelegt; dies ist ein ausgezeichneter Impuls für Ihr persönliches Wachstum. Allerdings müssen Sie sich auch Zeit nehmen, um aus den gemachten Erfahrungen und Lektionen zu lernen und sie zu verarbeiten (siehe zur näheren Erläuterung auch den Abschnitt über die 5 als Lebenszahl). Ihre Hemmungslosigkeit kann Sie manchmal in Schwierigkeiten bringen und zu Mißachtung der Gesetzes- und Moralvorschriften führen. Nichts leichter für Sie, als vor Ihren Problemen davonzurennen und sich übermäßig sinnlichen Genüssen hinzugeben (Drogen, Alkohol, Essen oder Sexualität).

Damit kommen wir auf eine andere ausgeprägte Neigung der Menschen mit der Persönlichkeitszahl 5 zu sprechen. Wenn sie unsicher sind, neigen sie dazu, dieselben Erfahrungen auf fast kindische Art und Weise immer und immer wieder zu machen, ohne aus der Erfahrung selbst irgend etwas zu lernen. Sie möchten gerne, daß das Leben so bleibt, wie es ist, und haben Angst davor, in die nächste Lernphase hineinzuwachsen. Diese Menschen lieben es, ständig unterwegs zu sein, und es ist deshalb schwer für sie, Bindungen an Menschen und Orte über längere Zeit aufrechtzuerhalten. Als Fünf sehen Sie das Leben als ein Glücksspiel an, und Risiken einzugehen ist Ihr Sport. Wahrscheinlich beschäftigen Sie sich ab und zu oberflächlich mit philosophischen und religiösen Fragen, doch im allgemeinen dringen Sie dabei nicht allzu tief vor; Sie ziehen eine unorthodoxe Weltanschauung vor.

Sie können geschickt mit Worten und Ideen jonglieren, und es fällt Ihnen deshalb leicht, sich mit den verschiedensten Menschentypen und Gruppen zu treffen und sofort als einer von ihnen zu gelten – ganz gleichgültig, um welche Gruppe auch immer es sich handeln mag.

Die Fünf ist fasziniert von den Ereignissen um sie herum, und möchte lieber mitten im Trubel sein als ausgeschlossen zu bleiben. Im allgemeinen ist die Fünf progressiv, unabhängig und anpassungsfähig. Wenn irgend etwas Sie als Fünf überhaupt zurückhält, dann ist es die Tatsache, daß Sie so viele verschiedene Begabungen haben, daß es Ihnen manchmal schwerfällt, sich auf eine bestimmte Sache zu konzentrieren.

Konfrontiert mit Verzögerungen oder Situationen, die sich nur zäh entwickeln, können Sie leicht ungeduldig und miesepetrig werden. Am unwohlsten fühlen Sie sich, wenn Sie es mit der 4er-Schwingung zu tun haben und bis zu einem gewissen Grad auch mit der 7er-Schwingung.

Die Fünf liebt die Gesellschaft des anderen Geschlechts und ist im allgemeinen sowohl von Freunden als auch von Freundinnen umgeben. Sie sind kein Mensch, der bei anderen sehr in die Tiefe geht, und es behagt Ihnen auch nicht, wenn jemand versucht, Ihre Psyche zu ergründen. Nicht so sehr deshalb, weil Sie Angst davor haben, er könnte tief verborgene Geheimnisse aufdecken, sondern eher, weil Sie oft selbst nicht besonders tief in sich hingeschaut haben und nicht wegen Ihres Mangels an Tiefe bloßgestellt werden wollen. Deshalb ist die Fünf im allgemeinen sehr geschickt darin, mit Hilfe von blitzschnellen, geistreichen Einwürfen und schlagfertigen Antworten von Themen abzulenken, die ihr unangenehm sind (siehe auch unter dem Abschnitt über die 5 als Lebenszahl, welche anderen Charakterzüge sie noch aufweisen kann).

In der Liebe bevorzugen Sie Flirts, Vergnügen und Wechsel. Als Fünf lieben Sie die sexuelle Vielfalt sowohl in bezug auf Partner als auch auf Praktiken. Manchmal führt Sie Ihre Neugierde in exzentrische oder gar perverse Bereiche. Es ist schwer, Sie festzuhalten, doch solange Sie da sind, haben Sie viel zu geben.

In der Ehe brauchen Sie einen großen Freiraum für Ihre vielseitigen Interessen. Die Fünf liebt Aktivität und einen vielseitig begabten Partner. Sport und Aktivitäten im Freien und in der Natur sind wichtig für Ihr körperliches Wohlbefinden und Ihre Fitneß. Für eine Fünf ist es nicht leicht, sich den Anforderungen einer Familie und eines Zuhauses zu stellen; doch wenn sie zufrieden ist, kann sie ein amüsanter Partner voller Überraschungen sein.

Berufe, die der Fünf entsprechen, sind zum Beispiel: Entertainer, Beamter, öffentlicher Redner, Vertreter, Reiseveranstalter, um nur einige zu nennen. Wenn Sie in einem Büro tätig sind, werden Sie oft Gelegenheiten suchen, um Ihren Schreibtisch verlassen und mit Ihren Mitarbeitern reden zu können. Reiseleiter, Angestellter, Ladenbesitzer und Verkäufer in Läden mit einem vielfältigen Warenangebot, Sportler und Zirkusartist sind weitere Berufe, zu denen sich eine Fünf hingezogen fühlen könnte. Es gibt eine breite Palette von Möglichkeiten für die geschäftige Fünfer-Persönlichkeit.

Gesundheitliche Probleme der Fünf können sich in Störungen der Sinnesorgane (Augen, Ohren, Haut) äußern. Auch nervöse Beschwerden können auftauchen, wenn Sie immer hyperaktiv sind. Durch übermäßigen Genuß von Alkohol, Speisen und so weiter kann es zu Leber-, Nieren- und Darmbeschwerden kommen.

6 als Persönlichkeitszahl

Die Schwingung der Sechs bedeutet Verantwortung, Dienst am Nächsten, Häuslichkeit und Schaffung gefühlsmäßiger Harmonie. Als Sechs wandern Ihre Gedanken automatisch hin zu anderen Menschen und den Bedürfnissen der Menschen, die Ihnen am nächsten stehen. Wo auch immer jemand in Not ist, möchte die Sechs eingreifen und helfen, denn sie ist rücksichtsvoll und mitfühlend. Sie liebt den Komfort, harmonische Umgebung, braucht jedoch keinen Luxus, um zufrieden zu sein.

Als Sechs sind Sie zurückhaltend, können jedoch in Gesellschaft von neuen Bekannten abwechselnd mißtrauisch und naiv sein. Eine Sechs strengt sich nach Kräften an, im Rahmen der gesellschaftlichen Konventionen zu leben, doch wenn es die unmittelbare Situation erfordert, weicht sie auch vom üblichen Muster ab. Wenn Sie sich gefühlsmäßig bedroht fühlen, können Sie alle Logik vergessen und Ihre Handlungen fast bis zur Irrationalität verteidigen. Die Sechs hat eine außerordentliche Gabe dafür, sich geistig und gefühlsmäßig in die Vorstellungs- und Gefühlswelt einer anderen Person hineinzuversetzen. Positiv genutzt, hilft dieses Einfühlungsvermögen vielen Freunden einer Sechs über schwierige Zeiten hinweg. Auf der negativen, dunklen Seite kann dieses Einfühlungsvermögen auch ganz geschickt zur Manipulation anderer Menschen genutzt werden, indem ihre Unsicherheit verstärkt wird. Als Sechs sind Sie in gewisser Weise ein Märtyrer und haben einen Hang dazu, wie Don Quijote für aussichtslose Sachen zu kämpfen.

Die Sechs kann hypersensibel auf negative Gefühle in ihrer Umgebung reagieren, was bei ihr Gefühle von Niedergeschlagenheit und Mutlosigkeit auslösen kann. Sie sind als Sechs in der Lage, tiefe Zuneigung zu empfinden und Opfer zu bringen, doch manchmal verhüllen Sie durch die Bindung an andere Menschen nur Ihre eigene tiefe Unsicherheit. Die tiefsitzende Angst macht sich bisweilen in Form von Wutanfällen Luft, wenn Ihr Liebespartner Ihnen nicht die Ihrer Meinung nach zustehende Treue, Zuneigung und Aufmerksamkeit entgegenbringt.

Menschen mit der Persönlichkeitszahl 6 sind die geborenen Berater, wenn sie erst einmal ihre eigenen Probleme gelöst haben oder wenigstens gelernt haben, ihre eigenen inneren Konflikte soweit aus dem Spiel zu lassen, daß sie sich ganz auf die Sorgen des Freundes einstellen können. Es fällt ihnen schwer, tatenlos zuzusehen, wenn sie jemand leiden sehen. Doch geben Sie als Sechs acht, daß diejenigen, denen Sie helfen wollen, nicht von Ihnen abhängig werden oder Ihnen Ihre ganze Energie abziehen.

Das Pflichtgefühl gegenüber anderen Menschen scheint eine Ihnen ureigene Wesensart zu sein. Wenn Sie lernen, selbstlos und ohne Reue zu dienen, haben Sie eine gute Chance, einen großen Pluspunkt zum Ausgleich Ihres Karmas zu verdienen.

Die Sechs lebt aus dem Herzen heraus und hat ein ganz starkes Gefühl dafür, was richtig oder falsch ist. Wenn irgendwo Unrecht getan wird, sind Sie unerbittlich und verlangen eine gleichermaßen faire Behandlung für alle Menschen dieser Erde. Manche werden Ihre Hilfsbereitschaft als Schwäche auslegen.

Sie sind beleidigt, wenn man Sie falsch versteht, und können andere leicht durch Gekränktsein und Kleinlichkeit in bezug auf Trivialitäten bestürzen.

Freunde sind sehr wichtig für Sie, und ein erfrischender Abend unter Gleichgesinnten kann Ihre Stimmung ungeheuer heben. Sie lassen sich leicht von dem Lob und der Anerkennung, mit denen andere Sie überhäufen, beeinflussen. Die Sechs ist traditionsverbunden und fühlt sich wohl mit Menschen, die dies ebenfalls sind. Oft glauben Sie zu wissen, was das Beste für das Wohl anderer Menschen ist. Wenn diese Tendenz überhandnimmt, können Sie leicht herrisch und lästig werden, weil Sie sich in Dinge einmischen, die Sie nichts angehen.

In Liebesbeziehungen sind die Menschen mit der Persönlichkeitszahl 6 gefühlvoll, einfühlsam und beschützend. Sie sind idealistisch und brauchen Harmonie im Gefühlsbereich, um Sexualität genießen zu können. Kommen Zweifel in der Beziehung auf, so können sie possessiv und auf absolut irrationale Weise eifersüchtig werden.

Im allgemeinen eignen Sie sich gut für das häusliche Leben. Ja, Sie brauchen es geradezu, um sich in allen anderen Bereichen des Selbstausdrucks sicher bewegen zu können. Sie sind ein guter Versorger, und Ihr natürliches Bestreben, anderen Freude bereiten zu wollen, bringt Sie dazu, die geliebten Personen mit Luxusgegenständen, Geschenken und sonstigen Dingen sowie Ihrer Liebe zu überschütten. Die Harmonie im Privatleben kommt vielleicht erst nach der ersten Ehe (siehe hierzu ebenfalls die 6 als Lebenszahl), ist jedoch erst einmal der richtige Partner gefunden, kann das Zuhause zu einer Quelle der Freude für alle werden, die dort ein- und ausgehen.

Besonders im Einklang mit der 6er-Schwingung stehen unter anderem folgende Berufe: Krankenschwester, Pfleger, Lehrer, Berater, Therapeut, Künstler, Musiker, Arzt und sonstige Berufe, die mit Kosmetik, Schmuck, Kleidung oder Ernährung zu tun haben.

Die Sechs leidet leicht unter Magenbeschwerden, bedingt

durch zu viele Sorgen, Probleme und Ängste. Wenn sie Ablehnung erfährt, kann es auch zu Herz- oder Gallenbeschwerden kommen.

7 als Persönlichkeitszahl

Die Schwingung der Zahl 7 weist auf Intellektualität, Skepsis, Weisheit, Distanz und Zurückhaltung hin. Ihre Weisheit liegt in der Erinnerung an alles, was Sie bisher waren, und wenn Sie Trost suchen, ziehen Sie sich lieber in sich selbst zurück, als sich an andere zu wenden.

Ihre Persönlichkeit strahlt einen starken Sinn für Selbsterkenntnis aus. Ihrem Temperament nach sind Sie kritisch und unnachgiebig und haben eine sehr festgelegte Meinung über Handlungsweisen anderer Menschen. Die Menschen in Ihrer Umgebung erfassen Ihre Überzeugungen im allgemeinen intuitiv; wenn eine so starke Persönlichkeit, wie Sie es sind, auftritt, sind Worte nicht immer notwendig. Sie haben ein Talent dafür, anderen zu vermitteln, Sie seien unfähig, genau zu verstehen, was jemand anderes sagt; dies läßt die anderen unvorsichtig werden und macht es ihnen schwer, Sie in Ihrer Meinung zu beeinflussen. Im Gegensatz hierzu sind Sie selbst ein tiefgründiger Denker und wissen, wie Sie mit Kraft und Mut Ihre Überzeugungen anderen rüberbringen können. Sie sind ein logisch denkender Mensch, kopfbetont, ehrlich und schwer davon zu überzeugen, von der einmal eingeschlagenen Linie abzuweichen.

Die Sicherheit Ihrer Überzeugungen macht Sie reserviert und zurückhaltend, wenn es um Situationen geht, bei denen das Gefühl mit hereinspielt. In künstlerischer Hinsicht sind Sie sehr viel weniger kreativ als viele andere Persönlichkeitstypen. Ihre Originalität liegt im Bereich des Denkens. Wird die Sieben zu intellektuell, so kann sie sich in aussichtslose Sachen verstricken oder die praktischen Faktoren völlig übersehen. Ein mangelndes Gefühl für das praktisch Machbare kann Ihre beruflichen Ambitionen beeinträchtigen und läßt Sie unfähig erscheinen, den Angestellten und Mitarbeitern ein Gefühl von Originalität oder Selbstwert zu vermitteln. In persönlichen Beziehungen ziehen Sie es vor, Abstand zu halten oder indifferent zu bleiben; Sie spüren häufig, daß Sie durch eine zu enge emotionale Bindung eher verletzt werden könnten.

Ihr Geist ergründet gerne die Mysterien des Lebens, Todes, Universums und nahezu jede andere Frage oder jedes andere Problem, das Ihre Aufmerksamkeit erregt. Sie gehen Ihr Leben äußerst wissenschaftlich an und messen bisweilen dem verstandesmäßigen Wissen zu große Bedeutung bei, was Sie arrogant und snobistisch macht. Menschen mit der Persönlichkeitszahl 7 können ungeheure Weisheiten ans Licht bringen, wenn sie bereit sind, eine Verbindung herzustellen zwischen der Tiefe ihrer Intuition und ihrem vernunftmäßigen Wissen.

Ihre Disziplin und Kopfbetontheit hindern Sie daran, außergewöhnliche oder leichtsinnige Momente im Leben voll zu genießen. Sie mögen keine lauten Feste und Parties. In der Öffentlichkeit haben Sie ein würdevolles und selbstbewußtes Auftreten, was Ihnen im Normalfall Achtung für Ihre Leistungen einbringt. Bei Gesprächen über Ihnen vertraute Angelegenheiten sind Sie überzeugend und gelassen; geht es jedoch um andere Themen, so können Sie auch mal ganz impulsive Äußerungen machen und bereuen diese dann oft später.

Sie haben es nicht gern, wenn man Sie nach persönlichen Dingen fragt, genießen es jedoch, intime Einzelheiten über andere Menschen herauszufinden. In den dunkeln Winkeln Ihres Geistes sind noch einige karmische Überreste vorhanden, die Sie jedoch in Ihrem Unterbewußtsein vergraben lassen wollen. Dies macht Sie bisweilen mißtrauisch gegenüber den Motiven anderer Menschen und manchmal sogar zynisch.

Die Sieben geht die Liebe fast genauso ernst an wie die restlichen Dinge ihres Lebens. Eine intellektuelle Beziehung mit dem Partner ist ein wichtiger Bestandteil für ihre Liebesbeziehungen. Wenn die kühle äußere Hülle erst einmal durch

Vertrauen durchbrochen wurde, ist die Sieben treu und zu tiefen Gefühlen in der Lage. Ihre Liebe ist dauerhaft und echt.

Geistige Kompatibilität ist eine wichtige Eigenschaft, die die Sieben von ihrem Ehepartner erwartet. Es kann schwierig sein, eine Sieben zum Vater, zur Mutter oder zum Ehepartner zu haben, weil sie immer wieder ihrem Hang nachgeben wird, sich in ihr eigenes Innenleben zurückzuziehen.

Berufe, die der Sieben am besten entsprechen, sind: Wissenschaftler, jegliche Art von Analytiker, *Schriftsteller*, Lehrer, Pädagoge und Forscher. Die Sieben liebt es einfach, sich mit jedem Thema, für das sie sich gerade interessiert, eingehender zu befassen und fördert dadurch häufig viele neue Erkenntnisse zutage.

Gesundheitliche Beschwerden der Sieben sind gestörte Drüsenfunktionen, Bauchspeicheldrüsen- und Milzprobleme und bei extrem zynischen und bitteren Personen auch Krebs.

8 als Persönlichkeitszahl

Acht ist die Schwingung des finanziellen Erfolges, der Macht, der Führungsqualitäten und der Fähigkeit, ganz oben in der Geschäftswelt mitzumischen. Haben Sie die Persönlichkeitszahl 8, so sind Sie ein Mensch, der die Welt des Wettbewerbs liebt und der sich am wohlsten fühlt, wenn er für ein erfolgreiches Unternehmensprojekt verantwortlich ist.

Die Acht ist eine starke Persönlichkeit, der sowohl von anderen Führungspersonen als auch von untergeordneten Mitarbeitern großer Respekt entgegengebracht wird. Als Acht werden Sie von einem starken inneren Willen angetrieben, doch darüber hinaus verfügen Sie über ein gutes Einschätzungsvermögen, was wann angebracht ist, und dies ermöglicht es Ihnen, genau im richtigen Moment ein taktvolles Gesicht aufzusetzen und so die Dinge gemacht zu bekommen. Sie sind materialistisch orientiert, und vage philosophische Mutmaßungen üben keinen besonderen Reiz auf Sie aus. Sie haben ein Talent dafür, sich – wann immer Sie wollen – spontan für etwas zu begeistern und sogar eine absolute Leidenschaft dafür zu entwickeln.

Die Menschen mit der Persönlichkeitszahl 8 haben einen ganz ausgeprägten, unabhängigen Glauben an ihre Fähigkeit, mit jeder Situation, sei es nun privat oder beruflich, fertigzuwerden. Sie neigen zu einer eher konservativen Geisteshaltung und haben zum Teil ziemlich festgelegte Ansichten in bezug auf Menschen, die nicht derselben Überzeugung sind wie sie selbst.

Die Acht hat ihren Einfluß ihrer Selbstkontrolle zu verdanken. Das heißt, als Acht ist Ihr Erfolg proportional zu dem Maß an Selbstdiziplin, die Sie üben. Wenn Sie doch einmal ins Stolpern geraten sollten, und dies ist nicht oft der Fall, dann ist es, weil Sie es mit der Disziplin zu weit treiben und das Schicksal zu sehr herausfordern.

Die Acht hat ein sehr feines Gespür dafür, aus welchen Beweggründen heraus andere Menschen etwas tun. Dies macht Sie als Acht zu einem ausgezeichneten Manager, kann Sie jedoch auch dazu verleiten, andere Menschen zu Ihrem persönlichen Vorteil auszunutzen (vergleiche auch den Abschnitt über die 8 als Lebenszahl, der näheren Aufschluß über das Verhältnis der 8 zur Autorität gibt).

Sie haben einen ziemlich ausgeprägten Stolz und benutzen diesen häufig als Deckmäntelchen, unter dem Sie Ihre tieferen Gefühle verstecken. Sie zögern, jegliche Art von Zärtlichkeit zu zeigen, aus Angst, andere könnten es Ihnen als Schwäche auslegen. Dies könnte einen Verlust an Prestige bedeuten und Ihrem Image als knallharte Wettbewerbsnatur abträglich sein, das die Grundlage für Ihren Erfolg bildet. Wenn Sie sich jedoch allzu sehr vom Gefühlsbereich abschnüren und zu abgestumpft werden, können Sie auf andere Menschen einen feindseligen, mürrischen oder gar furchterregenden Eindruck machen.

Ihr Mangel an Rücksichtnahme kann Sie skrupellos werden lassen, und es kann soweit gehen, daß Sie andere Menschen nur noch als etwas ansehen, das Sie für Ihre Zwecke nutzen können. Diese Neigung ist zurückzuführen auf ein tiefes inneres Mißtrauen gegenüber Ihrem eigenen Selbst, das Sie gegenüber anderen Menschen übertrieben mißtrauisch reagieren läßt und es unmöglich macht, mit dem Problem rational umzugehen.

Die im Bewußtseinsprozeß voranschreitende Acht lernt, daß Geld allein zum Zwecke des Reichtums und der Macht dem Selbst einen großen Preis abfordert. Wenn Sie nur aus reiner Habgier nach Geld streben, werden Sie ganz unerwartete Rückschläge einstecken müssen und es mit Kräften zu tun bekommen, die sich Ihrem Willen entgegenstellen. Eine Folge dieses inneren Tumultes wird sein, daß Sie sich immer stärker der neuen Gesetze der Manifestation und des Managements bewußt werden. Sind Sie erst einmal in Einklang mit Ihrer Autorität, so beweisen Sie die wahre Beherrschung Ihres Selbst und der Situationen. Haben Sie schließlich Ihre innere Harmonie hergestellt, wird Ihr Leben von Integrität, Einfluß und Erfolg gekennzeichnet sein.

Die Acht braucht ein Ziel vor Augen, egal für was auch immer sie sich interessiert. Sogar in der Freizeit ist sie leistungsorientiert. Entspannung ist deshalb äußerst wichtig für ihr Wohlbefinden, danach fühlt sie sich wieder wie neugeboren.

Menschen mit der Persönlichkeitszahl 8 suchen manchmal Liebesbeziehungen und sexuelle Erlebnisse, um ihr angeschlagenes Selbstbewußtsein wieder aufzumöbeln. Dies kann besonders bei Männern der Fall sein, bei denen es in beruflicher Hinsicht gerade nicht besonders gut läuft. Eine Acht sucht sich einen Partner, der einen ähnlich starken Ehrgeiz hat. Was die Sexualität betrifft, so kann die Acht leicht zu Monotonie neigen; sie ist zwar zu kurzen leidenschaftlichen Ausbrüchen in der Lage, doch der Zauber verfliegt schnell, und schon sind die Gedanken wieder bei der Arbeit.

Als Lebensgefährten sucht sich die Acht einen tüchtigen Partner aus. Sie genießt die Vorzüge eines bequemen Lebensstils, darunter auch die Statussymbole als Aushängeschild für ihren Erfolg. Ist sie mit sich selbst nicht im reinen, so kann sie zum Haus- und Familientyrann werden.

Besonders geeignete Berufe für einen Menschen mit der Persönlichkeitszahl 8 sind: Börsenmakler, leitender Angestellter, Geschäftsführer, Leiter wohltätiger Einrichtungen, Ingenieur, Sportler, Manager und Berufschullehrer.

Gesundheitliche Probleme, die bei der Acht besonders häufig auftreten, sind: Magengeschwüre, Darmbeschwerden, Arterienverkalkung und Bluthochdruck.

9 als Persönlichkeitszahl

Die Zahl 9 steht für Großzügigkeit, Opfer, Toleranz, Idealismus und Altruismus. Menschen mit dieser Persönlichkeitszahl sind die Träumer und Optimisten, die die Welt mit Hoffnung und Zuversicht erfüllen.

Sie leben als Neun in einer inneren Welt der Ideen, Ideale und Träume. Es ist schwer für Sie, praktisch vorzugehen; obwohl Sie nicht nach materiellem Besitz streben, scheinen Sie alles zu haben, was Sie brauchen. Sie sind ein Idealist mit einem aufbrechenden Bewußtsein für die Notwendigkeit in dieser Welt nach einem breiteren intuitiven Denken, nach Ausdruck der tieferen Gefühle und nach mehr humanistischer Wissenschaft. In der Geschäftswelt fühlen Sie sich nicht zu Hause, außer sie bietet Ihnen die Möglichkeit, sich für eine große Sache zum Wohle der Menschheit einzusetzen.

Ihrem Wesen nach sind Sie künstlerisch, mystisch und poetisch. Die Neun zeichnet sich auch durch einen gesunden Sinn für Bescheidenheit aus, da sie sich bewußt ist, daß höhere kosmische Kräfte in ihrem Leben und im Universum wirksam sind. Ihr Verstand arbeitet mehr mit allgemeinen Prinzipien als mit Details. Sie lassen sich leicht gefühlsmäßig beeindrucken und sind großzügig, was andere Menschen leicht dazu verleitet, Ihnen Ihre Zeit und Energie zu stehlen. Sie müssen lernen, Groll, Neid- und Rachegefühle zu überwinden, indem Sie vergeben und loszulassen lernen (siehe zum besseren Verständnis auch unter dem Abschnitt über die 9 als Lebenszahl).

Die extreme emotionale Sensibilität der Neun kann zu Launenhaftigkeit und Depressionen führen. Ihre Stimmung kann von »himmelhoch jauchzend« bis »zu Tode betrübt« gehen; Zeiten absoluter Hochstimmung und Freude voll hektischer Aktivität wechseln sich ab mit Perioden extremer Lust- und Antriebslosigkeit. Wenn die Gefühle ins Negative abrutschen, neigen Sie dazu, das Leben zu ernst zu nehmen und sich nicht von der Ursache Ihrer Sorgen freimachen zu wollen. Sie werden ängstlich und unsicher. Lernen die Menschen mit der Persönlichkeitszahl 9 erst einmal, loszulassen und sich dem Fluß des höheren Bewußtseins zu übergeben, sind sie erleuchtete und inspirierte Wegbereiter des Neuen Zeitalters.

Sie werden Gelegenheit dazu bekommen, zu reisen und das Leben hautnah zu erfahren. Sobald Sie die Gruppe, der Sie angehören wollen, und die Richtung, die Sie in diesem Leben einschlagen wollen, gefunden haben, werden Sie unbegrenzt Gelegenheit dazu haben, sich in den Dienst dieser Sache zu stellen. Ihr Bewußtsein wird mit der kommenden Welle der Veränderung auf Erden weiter wachsen müssen. Sie können diese Welle intuitiv kommen spüren, genauso wie den ungewissen Moment der Ruhe vor dem größten Sturm. Wenn Sie keine Angst vor den Veränderungen haben, dann können Sie zu einem höheren Bewußtsein erwachen und die Menschen durch inspirierte Kunst, Musik, Bücher, esoterische Weisheit oder Führung auf die kommenden Veränderungen vorbereiten.

Sie haben viel Leid, Enttäuschungen, den Verlust geliebter Menschen erfahren und vielleicht sogar Krankheiten durchmachen müssen. Es war nicht einfach für Sie, doch wenn das Erwachen der Seele und die Führung durch höhere Kräfte Ihre Persönlichkeit erreicht, wird Ihre ichbezogene Zukunftsausrichtung einem umfassenderen Verständnis der kosmischen Zusammenhänge weichen. Wenn Sie danach streben, auf dieses Ziel hinzuarbeiten und sich von Ihrer Bindung an die Welt zu lösen, wird Ihre Rolle mit der Zeit immer klarer erkennbar werden.

Sie haben gerne Freunde, die tiefsinnig, manchmal unkonventionell und idealistisch sind. Eine Neun kann sich leidenschaftlich in ein Ideal verlieben, doch sobald die Seifenblase durch den Stachel der Wirklichkeit geplatzt ist, taucht sie wieder ein ins Leben; ein neuer idealer Partner ist auf dem Weg zu Ihnen – halten Sie sich bereit. Sie suchen bei Ihrem Liebespartner Sympathie und Anerkennung und können im Gegenzug sehr viel von sich geben.

Menschen mit der Neun als Lebenszahl können es in der Ehe schwieriger haben als andere, nicht etwa weil der Kosmos sie mit einem Fluch belegt hätte, sondern weil sie immer nach Idealen suchen. Allzuoft ist die Neun enttäuscht, wenn sie entdeckt, daß der Partner doch nicht das war, was sie sich vorgestellt hatte. Vielleicht entsprechen Sie selbst gar nicht dem Idealbild, das Sie von sich haben. Die Neun sucht Liebe und Sicherheit, doch sie wird solange Unglück erfahren, bis sie wirklich gelernt hat »loszulassen und Gott machen zu lassen«.

Berufe und Beschäftigungen, die der Neun besonders entsprechen, sind: inspirierter Künstler, Schriftsteller, Reformer, öffentlicher Redner, Forschungsreisender, Erfinder, Geistlicher und Berufe im Modebereich und im humanitären Bereich.

Die Neun hat gesundheitlich besonders unter ihren starken Gefühlsschwankungen zu leiden, die den Gesamtzustand des Körpers schwächen und insbesondere zu Verdauungsproblemen und nervösen Beschwerden führen können.

11 als Persönlichkeitszahl

Menschen mit der Persönlichkeitszahl 11 haben vieles gemein mit der Zweierpersönlichkeit, die an dieser Stelle noch einmal einer eingehenden Betrachtung unterzogen werden sollte. Einige Unterschiede bilden sich jedoch heraus, wenn das Potential der Elf zu vollem Bewußtsein erwacht ist. Bei der Elf ist der Wunsch, der Menschheit zu dienen und Versöhnung und Frieden in die Welt zu bringen, noch ausgeprägter. Die Schwingung der Elf liefert den Impuls, der die Personen mit dieser Persönlichkeitszahl schließlich in Positionen bringt, in denen sie beträchtlichen Einfluß und öffentliche Berühmtheit erlangen. Wenn Ehrgeiz und persönlicher Eigennutz die altruistischen Ziele durchkreuzen, kann der Person von der breiten Masse Ablehnung entgegenschlagen. Bei vielen berühmten Politikern, religiösen Führern, Entertainern und Gelehrten spielt die Elf eine wichtige Rolle im persönlichen Zahlenbild. Wie schon in einem früheren Kapitel angedeutet, ist auch interessant, daß Präsident Carter die Elf als Schwingung für sein integriertes Selbst und die Zwei als Persönlichkeitszahl hat.

Die Elf verfolgt ihre Ideen mit Nachdruck, kann dabei jedoch manchmal leicht die menschliche Note vergessen, die den Idealismus erst in die Tat umsetzt. Menschen mit dieser Persönlichkeitszahl können fanatisch von einer Sache überzeugt werden und beim Versuch, die Welt zu verbessern, die Gefühle anderer Menschen verletzen. Im Extremfall kann es soweit gehen, daß sie die Menschen hinters Licht führen und unehrlich werden.

22 als Persönlichkeitszahl

Die Persönlichkeit der 22 ist der Vier sehr ähnlich, deshalb sollte an dieser Stelle noch einmal alles über diese Schwingung nachgelesen werden. Menschen mit dieser Persönlichkeitszahl fühlen sich oft zu Organisationen und großen Bewegungen hingezogen, die darauf hinarbeiten, das umfassendere kosmische Schicksal der Menschheit Gestalt annehmen zu lassen. Doch das Selbst dieser Menschen kann bisweilen habgierig oder machtgeil werden oder sich von dunklen Kräften beeinflussen lassen, die durch Entzweiung, Verwirrung und Verunsicherung die Kontrolle über die Menschen erringen wollen.

Ist die 22 jedoch mit sich selbst im Einklang, so ist sie in der Lage, die Menschen zu vereinen und mit ihnen darauf hinzuarbeiten, das Neue Zeitalter auf Erden Einzug halten zu lassen. Es kann sein, daß sie zuerst viele niedrige und unwichtige Arbeiten machen muß, doch dies kann eine Prüfung sein, die ihr Bescheidenheit und Achtung für diejenigen lehrt, die später diese kleinen Arbeiten unter der Leitung der erleuchteten 22 ausführen werden.

Menschen mit dieser Persönlichkeitszahl haben das Gefühl, eine höhere Verantwortung zu haben, und können, bis sich ihnen der Weg zu einem höheren Bewußtsein eröffnet hat, häufig mit einem ausgeprägten Gefühl ihrer eigenen Wichtigkeit herumstolzieren, ohne wirklich etwas vorweisen zu können.

33 als Persönlichkeitszahl

Die 33er-Persönlichkeit gleicht in vielem der Sechs (vergleiche deshalb noch einmal den Abschnitt über die 6 als Persönlichkeitszahl). Die Menschen mit dieser Persönlichkeitszahl spüren das Leiden der Erdenbevölkerung und fühlen sich deshalb zu Institutionen und Organisationen hingezogen, die sich mit Erziehung, Gesundheit, Beratung und ähnlichen Dingen beschäftigen, die etwas mit Dienst am Nächsten zu tun haben. Sie sind sehr oft in der Forschung zu finden, wo sie nach besseren Möglichkeiten suchen, um die Menschen zu heilen. Viele Menschen mit der 33 als Persönlichkeitszahl merken derzeit, daß sie ganz spezielle mediale oder intuitive Fähigkeiten haben, die sich ihnen im Bemühen, sowohl die esoterische als auch die physische Anatomie des Menschen besser zu verstehen, enthüllen. Ihr Beitrag wird mehr Licht auf die inneren geistigen Gaben und auf die traditionellen Heilungs- und Beratungsmethoden werfen.

Man findet die 33 jedoch auch in lehrenden Tätigkeiten und in fast allen sonstigen Lebensbereichen, doch wo immer sie auch arbeitet, trägt sie durch ihr Bestreben, das Leid dieser Welt zu verringern, zu einer besseren Welt bei.

Die Seelenzahl

1 als Seelenzahl

Die Seele unter der Schwingung der Zahl 1 arbeitet fleißig, um ihre Persönlichkeit mit dem göttlichen Willen in Einklang zu bringen. Sie haben als Eins einen starken inneren Drang, sich auf Ihre ganz eigene Art und Weise in vieler Hinsicht schöpferisch auszudrücken. Ist Ihre Seele eher unruhig, so können Sie davon ausgehen, daß Ihre Verhaltensweisen und Charaktereigenschaften denen der Menschen mit der Persönlichkeitszahl 1 sehr ähnlich sind. In jeder Situation wollen Sie die Sache gleich selbst in die Hand nehmen und glauben, für jedermanns Krise die richtige Lösung parat zu haben. Doch dies ist eine Eigenschaft, die eher bewundernswert als praktisch ist.

Die Intensität Ihrer starken Willenskraft kann den Eindruck erwecken, Sie hätten keinerlei Gefühlsregungen. Dies gilt besonders für die Menschen, deren Persönlichkeitszahl 7, 4 oder 8 ist. Sie glauben in starkem Maße an die Rechte des einzelnen, da Sie häufig Mißbrauch von Autorität erlebt haben.

Mit der 1 als Seelenzahl haben Sie eine hohe Einschätzung Ihrer eigenen Bedeutung; Sie *sind* wichtig und wenn Sie ausgeglichen sind, gibt Ihnen dies das Selbstvertrauen, das für gute Leistungen unerläßlich ist. Doch ist der Fluß durch Ihre Persönlichkeit unterbrochen, kann diese Selbsteinschätzung zu Selbstgefälligkeit und Intoleranz gegenüber Menschen ausarten, die Sie für unterlegen halten. Lange zuvor haben Sie diese Schwingung gewählt, weil sie Ihnen das Vertrauen und die Entschlußkraft gibt, die für innovative Taten und Erneuerung nötig ist. Dies hat zur Folge, daß Sie von Natur aus ungeduldig mit Menschen sind, die sich Veränderungen entgegenstellen.

Dieses Leben wird Ihnen mehr als die durchschnittliche Anzahl an gewollten Kontakten bringen. Jetzt ist die Zeit gekommen, um auch den Willen in anderen zu akzeptieren; lernen Sie, die beiden Willenskräfte zu vereinen und auf ein gemeinsames

Ziel zu richten. Haben Sie erst einmal eine gesunde Einstellung gegenüber Ihrem eigenen Willen gewonnen, werden Sie es kaum mehr nötig haben, sich mit dem Niveau anderer zu vergleichen oder zu konkurrieren. Ihr höheres Niveau ist sowieso der beste Erfolgsindikator!

Sie sind in diese Inkarnation gekommen, um aktiv zu werden. Sie werden oft allein auf weiter Flur sein, denn um Sie herum sind viele, die ein passives Leben leben, Reaktion der Aktion vorziehen. Wie Sie diese intensive Seelenenergie allerdings kanalisieren und ausdrücken, hängt in hohem Maße von Ihrer Persönlichkeitszahl ab. Mit einer 7er-Persönlichkeit sind Sie wahrscheinlich ein äußerst origineller Denker; mit einer 8er-Persönlichkeit ersinnen Sie möglicherweise neue Geschäftsmethoden oder Möglichkeiten, Geld zu verdienen. Sie haben den Elan, viel zu vollbringen. Es ist wichtig für Sie, trotz möglicher Egokonflikte mit anderen innovativen Menschen zusammenzuarbeiten.

2 als Seelenzahl

Wenn Ihre Seelenzahl 2 ist, so deutet der Schwerpunkt Ihres Bewußtseins auf Kooperation, Gemeinschaft und die Notwendigkeit, mit anderen harmonisch zusammenzuarbeiten. In welchem Bereich diese Kooperation hauptsächlich stattfinden sollte, läßt sich am besten an der Persönlichkeit ablesen, über die die Zwei ihren Willen ausdrückt. Die wichtigsten Bewußtseinsbrücken, die Sie in diesem Leben zu schlagen haben, ist zum einen die Brücke zwischen Himmel und Erde und zum anderen diejenige zwischen der spirituellen und der materiellen Welt. Besonders wichtig ist es für die Menschen mit dieser Seelenzahl, sich jeden Tag ein bißchen Zeit und Ruhe zu gönnen, um zu meditieren. Durch die Meditation beginnen Sie mit dem Bau der festeren Brücke einer Kooperation zwischen dem höheren Selbst und der Persönlichkeit. Lernen Sie, auf die innere Stimme Ihrer höheren Intuition zu hören.

Die Schwingung der Zwei ist weniger aggressiv als die der Eins, Sie werden deshalb eher auf dem Verhandlungswege als durch Gewalt ans Ziel kommen. Sie achten darauf, daß Ihnen bis zum entscheidenden Moment niemand in die Karten schaut. Aufgrund Ihres Diskretionsvermögens werden andere mit viel Macht ausgestattete Menschen sich auf Sie stützen, wenn es darum geht, hinter den Kulissen verantwortungsvolle Aufgaben zu erfüllen und Einfluß geltend zu machen. In welchem Bereich auch immer Sie tätig sind, Sie werden Gelegenheit dazu bekommen, andere Menschen zusammenzubringen und die Welt durch Ihren Beitrag einen zu helfen. Bisweilen hindert Sie Ihr Taktgefühl daran, Ihre wahren Gefühle auszusprechen. Die Zwei ist eine Schwingung der Geduld, doch wenn Sie mit den Menschen um sich herum zu nachsichtig sind, kann Ihnen völlig unvermutet beträchtlicher Schaden zugefügt werden.

Die Menschen mit dieser Seelenzahl können ihre angeborene und bereits beträchtliche spirituelle und mediale Sensitivität durch eingehendes Studium der symbolischen und metaphysischen Wissenschaften noch weiter erhöhen. Insbesondere könnten sie davon profitieren, sich mit den Künsten der Symboldeutung zu befassen, zum Beispiel mit Tarot, Numerologie, Astrologie, Handlesen, Kabbala, I Ging, Traumdeutung oder ähnlichem. Menschen mit der 2 als Seelenzahl entwickeln sich oft zu ausgezeichneten Hellsehern oder Medien.

Als Zwei fühlen Sie sich in einem harmonischen Zuhause wohl; Sie genießen zwar die Freuden von Geld und Ruhm, doch Sie sind nicht über die Maßen ehrgeizig und streben sie nur um ihrer selbst willen an.

Sie dürfen dem, *was* andere über Sie sagen und Ihnen antun, nicht allzuviel Gewicht beimessen, sondern sollten sich darauf konzentrieren, *welchen Eindruck* es bei Ihnen hinterläßt. Decken Sie die Unstimmigkeit in Ihrem Inneren auf, die die unfreundliche Kritik und die verletzenden Bemerkungen angezogen hat, und machen Sie sich frei davon. Bitten Sie Ihr höheres Selbst darum, Ihnen bei der Aufdeckung dieser Unstimmigkeit zu helfen, und arbeiten Sie dann gewissenhaft darauf hin, diese Tendenzen und Schwachpunkte Ihres Wesens aus der Welt zu schaffen. Sie werden sich im besten Licht sehen, wenn Sie Ihre Probleme mit Distanz betrachten, und Kritiker werden bald Ihre Ruhe als Harmonie erkennen.

3 als Seelenzahl

Die Seele unter der Schwingung der Drei ist bemüht, Freude, Hoffnung und Schönheit für alle auszudrücken. Sie genießt die angenehmen Seiten des Lebens und strebt danach, sich eine schöne, bunte Umgebung zu schaffen, in der es ihr möglich ist, sich zu verwirklichen. Ihr Naturtalent liegt als Drei im kreativen Ausdruck, und die Arbeit, Hobbies oder sonstigen Beschäftigungen in Ihrem Leben legen Zeugnis davon ab, wie Sie jedem Ding und jeder Situation in Ihrem Leben eine ganz spezielle Note verleihen.

Für die Drei ist es von Vorteil, sich eingehend mit den Energiemustern des Yin und Yang zu beschäftigen. Sie sind besonders geschickt im Erkennen, *was* in einer kritischen Situation nötig ist, um Harmonie und Gleichgewicht zu erzeugen. Sie wissen intuitiv, wie Sie am besten die Bedürfnisse anderer Menschen befriedigen können und sind der geborene Gastgeber.

Menschen mit der Drei als Seelenzahl sind Künstler im Bereich der Farben, Worte oder der Musik. Viele Künstler mit dieser Seelenzahl dringen zu inneren Bewußtseinsebenen vor und produzieren spirituell oder kosmisch beeinflußte Kunst, wie zum Beispiel die Darstellung von Symbolen, die aus der Seele stammen, Muster innerer Körperenergien wie Aura oder Chakren oder musikalische Kompositionen, bei denen das innere Bewußtsein mitschwingt.

Sie sind dieses Mal auf die Welt gekommen, um das Wort zu benutzen. Sie müssen sich gewissenhaft darum bemühen, sich von Ihren unterbewußten Blockaden freizumachen, die Sie daran hindern, das Wort zu seiner vollen Entfaltung gelangen zu lassen. Lassen Sie Ihrer Rede eine starke Inspiration aus Ihrem Herzen vorausgehen. Machen Sie Ihren Geist frei vom Zweifel und Widerstand gegen die Führung durch Ihre Seele. Das gesprochene Wort, das aus dem Herzen kommt, hat heilende Wirkung und kann für die Menschen um Sie herum von ungeahntem Nutzen sein. Der wichtigste Ort, an dem Sie Ihre Fortschritte ausprobieren sollten, ist Ihr Zuhause und der Kreis der Ihnen nahestehenden Menschen.

Sie reagieren mit dem Herzen auf das Leben und können deshalb leicht verletzt werden; doch da Sie eine Quelle von stetem Optimismus sind, kann Sie nichts lange unten halten. Sie sind unterhaltsam und lieben Menschen, Tiere und Kinder. Das Leben in der Gemeinschaft und enge Freunde sind sehr wichtig für Ihr Wohlbefinden.

Wenn Sie wissen wollen, über welchen Kanal Sie Ihr kreatives Potential am besten nutzen können, müssen Sie Ihre Persönlichkeitszahl zu Rate ziehen. Sogar das Nach-Innen-Schauen ist für Sie auf schöpferische Weise natürlich. Wenn Ihre Persönlichkeitszahl 7 ist, wird sich Ihr kreatives Talent eher wissenschaftlich äußern, ist sie hingegen 8, so kann es sein, daß Sie in der Werbe- oder Verkaufsbranche sehr originelle Arbeit leisten.

4 als Seelenzahl

Die 4er-Seele lernt den Wert einer gut ausgeführten Arbeit zu schätzen. Sie sind bekannt für Ihre Verläßlichkeit und Ihren Stolz auf Ihre Arbeit. Wenn Sie an die Arbeit, die Sie machen, glauben, sind Sie bereit, viel Energie und persönliche Zeit dafür zu opfern. Die Menschen mit dieser Seelenzahl setzen sich für das Wohl von anderen ein, auch wenn das bedeutet, daß sie viel von ihren eigenen Zielen dafür aufgeben müssen.

Wenn Sie die 4 als Seelenzahl haben, werden Sie immer stärker das Bedürfnis verspüren, die Arbeit zu finden, zu der Ihnen Ihre innere Stimme rät. Sie werden einen tiefen inneren

Drang spüren, die Arbeit zu finden, die wirklich für Sie geschaffen ist, die Sie verrichten können wie kein anderer und mit der Sie dem göttlichen Plan dienen können. Diese innere Überzeugung kann Sie zu Arbeiten veranlassen, mit denen Sie nicht gerade Lorbeeren ernten oder große Popularität erlangen, doch am Ende könnte die Seele nicht glücklicher sein als durch die Erfüllung der vorbestimmten Berufung. Niemand anderes kann Ihnen dies abnehmen oder Ihnen dabei helfen. Zwar *können* andere Menschen Ihnen den Weg weisen und Ihnen die Erfahrungen, die Sie durchgemacht haben, näher beleuchten, doch die eigentliche Arbeit, zu der Ihre innere Stimme Sie drängt, müssen Sie ganz allein vollbringen. Wenn Sie sich der Führung durch Ihre Seele und das höhere Selbst anvertrauen und die äußeren Prüfungen bestehen, werden Lehrmeister der inneren Ebenen sich Ihrer Führung annehmen. Um dies vorzubereiten, ist es jedoch nötig, daß Sie sich freimachen von Ihrem Selbst, von Ehrgeiz, Stolz, Schlampigkeit, Faulheit und all den anderen Eigenschaften, die einer perfekten Arbeit im Wege stehen.

Die Vier hat eine natürliche Begabung zum Verwalten und erfüllt die Anweisungen ihrer Vorgesetzten stets peinlich genau. Passen Sie auf, daß man Sie nicht in die Irre führt. Sie gehen bei Ihrer Arbeit methodisch und sorgfältig vor und sind stolz auf gute Ergebnisse. Das einzige, was man Ihnen dazu noch empfehlen könnte, ist eine etwas offenere Einstellung gegenüber Flexibilität und Veränderung.

Sie sind loyal, und Ihre Familie und Ihre Freunde können sich auf Sie verlassen. Menschen mit der Seelenzahl 4 sind treue Lebensgefährten, doch können sie Schwierigkeiten haben, Empfindungen und Gefühle zu erwidern. Sie halten nichts von Lügen oder jeglicher Art von Täuschungsmanövern und sind enttäuscht von Menschen, die auf Spielchen und Schmeicheleien hereinfallen. In Situationen, in denen List und Tücke gefragt sind, verhält sich die Vier eher unbeholfen.

Wenn Sie einmal ein Ziel vor Augen haben, verfolgen Sie es

mit großer Zähigkeit und Ausdauer. Manchmal verstecken Sie Ihre eigene Unsicherheit hinter Arbeitswut. Dies kann zwanghaft werden, und Sie sollten sich deshalb darum bemühen, sich Ihrer unterschwelligen Unsicherheit bewußt zu werden und sich von ihr freizumachen. Ebenso wie den Menschen mit der Seelenzahl 3 wird Ihnen die Läuterung Ihrer Seele zu neuem inneren Frieden verhelfen.

5 als Seelenzahl

»Freiheit über alles!« schreit das Herz der Menschen mit der Seelenzahl 5. Mitten im Leben zu stehen ist für Ihre Evolution in dieser Inkarnation von zentraler Bedeutung. Sie sind dieses Mal hier, um das Leben in all seiner Vielfalt kennenzulernen und wenn die Fünf Ihre Seelenzahl ist, ist es besonders wichtig, daß Sie jede Lektion aus jeder Erfahrung in sich aufnehmen, verstehen und dann abhaken, um für weiteres Wachstum offen zu sein.

Freiheit ist eine Grundvoraussetzung für freien Willen. Mit Hilfe des freien Willens können wir uns entscheiden, ob wir das göttliche Gesetz ignorieren, herausfordern oder mit ihm kooperieren wollen. Die Seele ist an diesem kritischen Punkt hin- und hergerissen zwischen dem, was das Gesetz des höheren Selbst von ihr fordert, und den Wünschen der Persönlichkeit oder des niedrigen Selbst. Jetzt kommt es darauf an, mit seinen niedrigen Begierden durch die Prüfung des Lebens ins reine zu kommen. Die Versuchungen des Fleisches sind groß; die Versuchungen des Geistes und seine Wünsche sind stärker geworden und fordern die Seele heraus. Nun ist die Zeit gekommen, um die Lektion der Begierde zu lernen, das heißt, die Begierden des niedrigen Selbst hinter sich zu lassen und auf das höhere Selbst zu hören. In gewisser Weise ist es Zeit, sich vom Körper zu lösen.

Wenn Sie dies verstanden haben, werden Sie nicht länger nach Beherrschung der Seele durch den Geist streben oder nach sinnlichen Erlebnissen zur persönlichen Befriedigung des niedrigen Selbst. Viel eher werden Sie die Gesetze des Annehmens lernen. Das heißt, Sie werden lernen, das göttliche Selbst um geeignete Erfahrungen anzurufen, diese Gelegenheit anzunehmen und sie in liebevoller Dankbarkeit gegenüber dem Schöpfer, der uns mit allem Erlebenswerten versorgt, zu nutzen. Dann werden Sie ganz von allein den Wunsch entwickeln, diese Erfahrungen zur Ehre des Schöpfers anzuwenden und sie auf eine Art und Weise mit anderen Menschen zu teilen, die diesen dabei hilft, ebenfalls zu einem höheren Bewußtsein zu erwachen. Ihre starke Seite hierbei ist Ihr Eifer.

Die ungeheuer breite Palette von Interessengebieten, mit denen sich die Menschen mit der Seelenzahl 5 beschäftigen, macht sie als Lehrer und Dozenten unentbehrlich; dadurch, daß sie beim Unterricht ihre eigenen Erfahrungen etwa in Form von Anekdoten mit einfließen lassen, machen sie ihn lebendig und witzig. Sie ziehen in der Welt herum und arbeiten dabei mit den verschiedensten Klassen und Rassen der Menschheit. Einen großen Teil ihrer Weisheit verdanken sie nicht wissenschaftlichen Studien, sondern dem direkten Kontakt mit Menschen unterschiedlichster Lebensbereiche. Dieser Kontakt läßt sie flexibel, progressiv, rastlos und bestrebt danach bleiben, in eine weitere Wachstumsphase einzutreten.

Ihre Pflicht als Fünf ist es auch, andere an Ihrem Wachstum teilhaben zu lassen. Es wird für Sie nicht einfach sein, sich intensiv auf andere Menschen einzulassen; doch Sie sollten lernen, jede Beziehung lange genug aufrechtzuerhalten, bis Sie die ganze Lektion, die diese Beziehung beinhaltet, für sich gelernt und mit der anderen Person geteilt haben. Seien Sie stolz auf die Kraft und das Wissen, welche Sie mit anderen teilen können.

6 als Seelenzahl

Der Leben der Seele unter der Schwingung der Zahl 6 konzentriert sich vor allem auf Heim, Familie und den Kontakt mit

engen Freunden und geliebten Personen. Sie arbeiten am besten, wenn Sie die Ihnen übertragene Verantwortung mit anderen teilen können. Die Sechs ist zu tiefen Gefühlen in der Lage
und macht sich Sorgen um diejenigen, die durch familiäre oder
private Umstände unnötig leiden. Sie sind spontan bereit, anderen zu helfen, wenn man Sie darum bittet. Es ist Ihr Einfühlungsvermögen, das jede Ihrer Beziehungen kennzeichnet.

Die Leute fühlen sich in Ihrer Gegenwart wohl und können
sich mit ihren Problemen und Sorgen vertrauensvoll an Sie
wenden. Wahrscheinlich liegt das daran, daß Sie der geborene
Berater sind. Viele Menschen mit dieser Seelenzahl öffnen
bereits ihre innere Wahrnehmung als Berater für andere Menschen – in Zukunft werden es noch mehr sein. Viele davon sind
in der Lage, in der Akasha-Chronik zu lesen und so den Menschen zu helfen, Traumen früherer Leben zu erkennen, die
noch heute ihr Unterbewußtsein beunruhigen. Hat Ihr Bewußtsein Ihnen noch keinen Zugang zum Akashawissen eröffnet, sind Sie sehr wahrscheinlich trotzdem in der Lage, sich in
das Bewußtsein eines anderen Menschen hineinzuversetzen
und ihm dabei zu helfen, sich von seinen Sorgen zu befreien.

Ehe und Heim sind für Ihr uneingeschränktes Harmoniege-
fühl von höchster Bedeutung. Sie suchen den perfekten Partner
und können enttäuscht sein, wenn Sie plötzlich irgendwelche
Fehler bei ihm entdecken. Oft streben Personen, die sich intensiv mit Metaphysik beschäftigen, eine solche Verbindung an;
doch viel wahrscheinlicher ist es, daß Sie sich einen Lebensgefährten ausgewählt haben, der gegenüber den Bestrebungen
Ihrer Seele nicht gerade positiv eingestellt ist oder sie vielleicht
sogar völlig ablehnt. Doch es steckt ein Sinn hinter diesem
Wahnsinn.

Sie haben sich Ihren Partner oder Ihre Partnerin aus einem
ganz bestimmten Grund ausgesucht. Wenn Sie beide in allem
zusammenpassen würden, wäre es nur allzu einfach, sich zu
sagen: »Ach, wie inspiriert und perfekt sind wir doch.« Dies
könnte sogar stimmen, doch allzu häufig gleiten solche Paare in

eine selbstgerechte Haltung ab und klopfen sich nur noch gegenseitig auf die Schultern – und das war dann das Ende ihres Wachstums. Gibt es jedoch auf einigen Ebenen gewisse Reibungspunkte, so können beide Partner, wenn sie ehrlich sind und es wirklich wollen, rasch wachsen. Jeder hilft dem anderen, oft in den schwierigsten Situationen, seine Bedürfnisse besser zu erkennen und zu definieren. Wenn Sie nur Schwäche sehen und vorschnell rebellieren, vergeben Sie sich möglicherweise eine große Chance zur persönlichen Entfaltung.

Auf der Verstandesebene sind Sie offen und flexibel, doch Ihrem Lebensstil und Ihrem Gefühlsleben nach sind Sie eher konservativ und traditionell. Sie möchten alle Ungerechtigkeiten um Sie herum ausgleichen und alles Unrecht, das die Menschheit seit Urzeiten zu erleiden hat, wieder gutmachen. Aller Wahrscheinlichkeit nach haben Sie in diesem Leben eine gute Chance, vielen Menschen zu helfen.

7 als Seelenzahl

Sie sind am liebsten mit sich selbst allein, um die tief in Ihrem Herzen und Ihrer Seele verborgene Ruhe und Weisheit zu suchen. Sie erholen sich am besten, wenn Sie sich Zeit und Ruhe zur Meditation und Introspektion gönnen. Es ist gut, sich diese Zeit zu nehmen, um, wie die Philosophen zu sagen pflegten, »sich selbst zu erkennen«. Tief in Ihrem Innern liegt ein großer Wissensschatz verborgen, der Ihnen bei Ihrem persönlichen Wachstum zustatten kommen kann. Sie sind in dieses Leben gekommen, um sich an diesen Schatz zu erinnern und ihn zu nutzen und die tiefsten Geheimnisse der Menschheit und des Kosmos ans Licht zu bringen.

Die Seele unter der Schwingung der Sieben lernt nun, ihre rationelle Seite, das heißt den konkreten Verstand des niedrigen Selbst, nicht völlig, aber doch lange genug auszuschalten, um zu hören, was der universelle Verstand ihr mitzuteilen hat. Dem konkreten Verstand muß geduldig beigebracht werden, daß seine eigentliche Rolle darin besteht, zu warten, um das zu hören und zu verdauen, was die Stimme des höheren Verstandes ihm zu sagen hat. Wahre Meditation besteht einzig und allein darin, ruhig auf die Stimme der Seele und des höheren Selbst zu lauschen. Der Verstand wird dem alle möglichen Widerstände und Hindernisse in den Weg legen, um nur ja nicht die Kontrolle, die er seit ewigen Zeiten ausgeübt hat, zu verlieren. Dies heißt jedoch nicht, daß der logische Verstand zu verachten wäre, sondern nur, daß er gemeinsam mit Seele und universellem Verstand genutzt werden sollte.

Sie haben eine Vorliebe dafür, tief in psychologische, religiöse, wissenschaftliche, philosophische oder metaphysische Fragen einzusteigen, um den tiefsten Mysterien der Menschheit und des Kosmos auf den Grund zu kommen. Die 7er-Seele verfügt oft über eine enorme innere Weisheit oder spirituelle Gabe. Bestimmt werden Sie der Aufforderung Ihrer Seele freudig Folge leisten, diese außergewöhnliche geistige Gabe zu erkennen und zum Ruhme Gottes und zum Nutzen der Menschheit zu entwickeln. Der Lärm und Tumult der hektischen äußeren Welt macht Sie nervös und stört Sie bei Ihrer Suche nach Weisheit. Bisweilen werden Menschen mit dieser Seelenzahl von denen, die ihnen am nächsten stehen, als abweisend und gefühllos empfunden. Möglicherweise müssen Sie sich gewissenhaft darum bemühen, anderen Menschen Ihre Weisheit auf eine unterhaltsame und einfache Art und Weise nahezubringen. Sie haben eine hohe Meinung von Ihrer Weisheit, was sich manchmal als Arroganz äußern kann. Sie fühlen sich gar nicht wohl, wenn Sie aus reiner Höflichkeit Small talk machen müssen.

Es tut Ihnen als Sieben gut, viel in der freien Natur zu sein, damit Sie Ihre Batterien aufladen können. Sie ändern Ihre Meinung und Ihren Lebensstil nur langsam. Zu lernen, Ihre Gefühle auszudrücken und ihnen zu trauen, wird für Sie nicht einfach werden. Es ist deshalb wichtig, daß Sie Ihre unterbewußten Gefühlsblockaden überwinden, damit Sie zu den Quellen Ihrer Intuition vordringen können.

Ihre Entfaltungsmöglichkeiten sind dort am besten, wo es um Macht, Geld, Management oder materielle Herausforderungen geht. Wenn Sie lernen, die Gesetze der Manifestation anzuerkennen und mit ihnen zu arbeiten, wird Ihnen Geld für wohltätige Zwecke zufließen. Wenn Sie nur zu Ihrem persönlichen Nutzen nach Geld streben, wird es Ihnen genauso schnell, wie Sie es gewonnen haben, wieder unter den Händen zerrinnen.

Nehmen Sie Ihre Einstellung gegenüber Geld genau unter die Lupe. Bedeuten Besitz und Reichtum für Sie mehr als alle anderen Werte im Leben? Fühlen Sie sich denjenigen, die weniger haben als Sie, überlegen? Hat materieller Reichtum irgendeinen Einfluß auf Ihre Einstellung gegenüber Freunden und Bekannten? Sobald eine Acht lernt, sich von ihrem Wunsch nach Geld freizumachen und den universellen Fluß erkennt, wird sie soviel davon haben, wie sie nur braucht. Man braucht keine Existenz- oder Verlustangst zu haben. Wenn man lernt, Geld in Liebe zum göttlichen Spender und in Liebe zu allen, die am universellen Fluß teilhaben, zu geben und zu verwenden, wird man selbst in das göttliche Gesetz der Versorgung miteingeschlossen.

Die Acht strebt nach Macht. Die Gesetze der Manifestation gelten auch für den Drang nach Herrschaft. Sobald Sie lernen, sich von Ihrem egoistischen Machtbestreben freizumachen, wird die Welt plötzlich erkennen, daß Sie ja wirklich mächtig sind. Und dann wird eine höhere Kraft Ihre Führung übernehmen und Ihnen durch die vielen komplexen Entscheidungen hindurchhelfen, die nötig sind, um ein echter geistiger Führer des Neuen Zeitalters zu werden.

Sie haben das Durchhaltevermögen, Selbstbewußtsein und die Zuversicht, alles zu erreichen, was Sie sich vornehmen. Sie sind großzügig gegenüber Menschen, die es Ihrer Meinung nach verdient haben, geben jedoch keine Almosen. Sie verachten Schwäche und Ineffizienz. Sie haben Gelegenheit dazu, Ihre

Fertigkeiten weiterzugeben und es anderen dadurch zu ermöglichen, ebenfalls Selbstvertrauen zu entwickeln und berufliche Kompetenz zu erlangen. Sie haben ein außergewöhnliches Talent für das Erkennen des Potentials in anderen Menschen. Das Leben wird Ihnen die Chance bieten, zu bestimmen, auf welche Weise Sie diese Gabe nutzen wollen, ob zu Ihrem eigenen Vorteil oder um wirklich das Potential in anderen Menschen erwecken zu helfen.

Sie haben eine eindeutige Begabung, leitende Funktionen in Großunternehmen oder großen Organisationen zu übernehmen. Ihre innere Berufung kann Sie ins Geschäftsleben, in den sozialen Sektor, in die Welt der Arbeit oder der Regierung führen. Egal wo Sie Ihren Einsatzbereich finden: Sie werden die Dinge in die Hand nehmen und durch Ihre Anstrengung die Situation so verändern, daß sie später deutlich besser aussieht. Sie haben die nötige Vision, um Ihre Führungsrolle so zu erfüllen, daß die Voraussetzungen für das Kommen des Neuen Zeitalters geschaffen sind.

9 als Seelenzahl

Sie müssen lernen, sich von jeglichen Bedürfnissen freizumachen; erst dann wird Ihnen alles zufallen, was Sie sich nur wünschen können. Sie sind in diese Inkarnation gekommen, um Gott und den Menschen zu dienen, in welcher Funktion auch immer es das höhere Selbst von Ihnen verlangt. Lernen Sie zu visualisieren, wie Sie im Sinne des höheren Selbst wohl handeln sollten. Wenn Sie dann Ihre Lebensaufgaben erfüllen, werden Sie sehr bald merken, daß Sie sich ganz von selbst in Übereinstimmung mit Ihrer inneren Führung befinden.

Die Neun träumt von einer Welt, in der es keine Mißverständnisse gibt, keine Kritik, keine Angriffe auf das Ego und keine anderen Gründe für Unstimmigkeiten und Mißtrauen. Es ist möglich, an einer solchen Welt teilzuhaben, doch muß man dafür lernen, sich von den menschlichen Charaktereigenschaften freizumachen, die solchen Uneinigkeiten zugrunde liegen. Sie sind jemand, der die Chance hat, den Weg zu weisen, indem er diesen Traum *lebt*. Wie können Sie sich freimachen von all diesen Dingen? Dadurch, daß Sie sich bildlich vorstellen, Sie würden sich losschneiden von allen Komplexen und Verstrikkungen der Persönlichkeit. Darüber hinaus kann der Reinigungsprozeß dadurch beschleunigt werden, daß Sie lernen, zu vergeben und Gnade anzunehmen, was Ihnen die Loslösung weiter erleichtert.

Die Neun als Seelenzahl verleiht Ihnen ein tolerantes, einfühlsames und verständnisvolles Wesen. Menschen mit dieser Seelenzahl entwickeln sich oft zu inspirierten Künstlern, Dichtern, Erfindern oder Medien. Wenn die Persönlichkeit einmal nicht mehr das höhere Bewußtsein verzerrt, können Sie ganz klare, intuitive und prophetische Fähigkeiten entwickeln. Ihr großzügiges, emotionales Wesen kann Sie aufgrund Ihrer fast ungebrochenen Naivität in äußerst schwierige Situationen bringen.

Befriedigung in der Liebe ist nicht leicht für Sie zu finden, da Sie nach und nach lernen, sich zu einer unpersönlichen, universellen Liebe hinzubewegen. Vielleicht erleichtert Ihnen das Wissen, daß Ihre Erfüllung am Ende weit größer sein wird als alles, was Ihnen im sterblichen Bereich geboten werden könnte, das Leiden Ihrer Persönlichkeit. Beim Versuch, sich völlig von Ihrer Persönlichkeit freizumachen, werden Ihre Gefühle noch einmal schwer durcheinandergeraten.

Die Neun träumt von einer utopischen Welt. Obwohl die gegenwärtige Weltlage alles andere als perfekt ist, sollten Sie Ihr Träume keinesfalls aufgeben. Ihre Botschaft und Ihre Inspiration könnten sehr wohl der Funken sein, der auf viele andere überspringt und sie dazu veranlaßt, das Anbrechen eines Neuen Zeitalters bewußt mitzugestalten.

Folgen Sie Ihrer Intuition, folgen Sie Ihren Träumen, und die Welt wird Ihnen folgen.

11 als Seelenzahl

Die Seelenzahl 11 hat viel Ähnlichkeit mit der Seelenzahl 2, deshalb sollten Sie an dieser Stelle diesen Abschnitt noch einmal durchgehen. Menschen mit der Seelenzahl 11, deren Seelenbewußtsein bereits erwacht ist, besitzen die Fähigkeit, auf den inneren Ebenen zu arbeiten und bewußt Informationen mit zurückzubringen, die sinnvoll angewandt werden können. Sehr leicht können sie jedoch so sehr nach innen gekehrt sein, daß sie in der konkreten Alltagswelt keinen Fuß mehr auf den Boden bekommen. Die Zahl 11 ist im persönlichen Zahlenbild vieler hervorragender Sensitiver und Medien vorherrschend. Sie können bewußt mit Deva-Wesen oder Führern der inneren Ebenen kommunizieren und dadurch Wissen oder Führung vermitteln.

Ihr Idealismus kann so mit Eifer überladen werden, daß Ihnen beim Versuch, anderen zu helfen, der Kontakt zum einzelnen Menschen verlorengeht. Haben Sie einmal Ihr Ziel erkannt, so sind Sie überzeugt davon, daß es kein besseres gibt, und sind deshalb nicht immer besonders tolerant bei Ihrem Versuch, die Welt zu verändern.

Die Zahl 11 ist eine stark kinetische Energie, die Ihnen zu einem leichten Zugang zu Ihrer Intuition und zu großem Erfindungsreichtum verhilft. Sie haben eine besondere Fähigkeit zur Inspiration der Massen, und wenn Sie einmal gelernt haben, mit den Füßen auf dem Boden zu bleiben, finden Sie sich möglicherweise in einer herausragenden Stellung wieder.

22 als Seelenzahl

In der 22 als Seelenzahl verbinden sich die Eigenschaften der Seelenzahl 4 mit dem Idealismus der Elf und der gestaltenden Disziplin der Vier. Diese Kombination macht Sie zu einem inspirierten Träumer und Erbauer der Welt. Eine erleuchtete 22 kann ohne Schwierigkeiten die Botschaften der ätherischen und inneren Ebenen verstehen und das Fundament für die goldenen Städte des Neuen Zeitalters legen.

Hat die 22 erst einmal diese Bewußtseinsstufe erreicht, kann sie die Kräfte der inneren Ebene nutzen und bewußt kontrollieren. Sie erkennt andere Lichtarbeiter und arbeitet gemeinsam mit ihnen auf inneren und äußeren Ebenen auf die Erfüllung des Erdenplanes hin. Ihr geistiger Weitblick und ihre Disziplin ermöglichen es ihr, Teil der Kräfte zu sein, die die Entwicklung der Menschheit mitformen.

Vor Ihrer inneren Berufung sind Sie als 22 wahrscheinlich allen möglichen Beschäftigungen in den verschiedensten Bereichen nachgegangen. Tief in Ihrem Herzen wissen Sie, daß Sie eine wichtige Seele sind, die eine meisterliche Aufgabe zu vollbringen hat, und vielleicht wundern Sie sich manchmal, warum die Welt um Sie herum dies noch nicht erkannt hat. Bis Sie sich durch intensive Beschäftigung mit den höheren Weisheitslehren und deren Anwendung das Recht erworben haben, Ihre wahre Aufgabe zu erkennen, tendieren Sie zu Minderwertigkeitsgefühlen. Sie unterschätzen Ihren Wert und schränken damit Ihre eigenen Fähigkeiten ein.

33 als Seelenzahl

Zusätzlich zu den Eigenschaften der Seelenzahl 6 besitzen die Menschen mit der 33 als Seelenzahl die Fähigkeit, als Berater und Lehrer nicht nur für Einzelpersonen, sondern für das kollektive Bewußtsein zu wirken. Für die bewußte 33 kann dies Zugang zur Akasha-Chronik und inneren Quellen bedeuten. Als Vorbereitung empfiehlt es sich, sich eingehend und ernsthaft mit den Geheimlehren und der Weltgeschichte aus esoterischer Sicht zu beschäftigen. Durch das Studieren dieser Dinge können Sie zur Wiederbelebung verschütteter Erinnerungen alter Kulturen und der Erde beitragen.

Das integrierte Selbst

1 als Zahl des integrierten Selbst

Sie sind in Einklang mit dem göttlichen Willen und folgen dem Rhythmus sowohl der göttlichen als auch der menschlichen Aspekte des Willens. Inzwischen haben Sie gelernt, mit allen Brüdern und Schwestern zusammenzuarbeiten und haben es nicht mehr nötig zu dominieren. Auch lassen Sie sich nicht mehr von Willensäußerungen anderer Menschen, mit denen Sie es zu tun haben, einschüchtern.

Das heißt jedoch nicht, daß Sie sich mit jedem, der Ihnen über den Weg läuft, hundertprozentig wohlfühlen. Wir müssen einräumen, daß manche Schwingungen nicht völlig kompatibel sind. Es heißt nur, daß Sie eine gesunde Achtung vor der anderen Person haben, nicht mehr wütend auf sie sein müssen und auch kein Urteil mehr über sie zu fällen brauchen.

Ihr ausgeprägter Sinn für Originalität und Innovation kann viele andere inspirieren; Ihr Wunsch ist es, Originalität in allen Menschen zu wecken, mit denen Sie zusammenkommen. Sie haben den größten Erfolg, wenn Sie an vorderster Front für eine Sache kämpfen. Man wird von Ihnen verlangen, daß Sie die Rolle eines Führers, Leiters oder Managers übernehmen. Ihre Konzentrations- und Vorstellungskraft sind äußerst ausgeprägt; und die anderen wissen das. Sie sind streng, was Gewohnheiten und Verhalten anbelangt, sind jedoch bereit, sich zu verändern, um weiter wachsen zu können. Haben Sie sich einmal Ihr Ziel gesteckt, so können Sie aufgrund Ihres zielgerichteten Vorgehens Ihre Arbeit zügig zu Ende führen.

2 als Zahl des integrierten Selbst

Sie bewegen sich mit großer Selbstverständlichkeit zwischen den beiden Welten – der inneren und der äußeren. Durch die Leichtigkeit, mit der Sie sich der Quellen der inneren Ebenen bedienen, haben Sie die Gabe, auf fast unheimliche Weise die Ereignisse vorauszusehen, die Ihr Leben und das Leben der Menschen, die Ihnen am nächsten stehen, beeinflussen werden. Sie sind in der Lage, zu erkennen, was die inneren Ebenen von Ihnen wollen, und können auf den äußeren Ebenen dementsprechend handeln.

Ihnen ist die Rolle des Vermittlers zugedacht, der den Menschen auf Erden die göttlichen Dekrete überbringt. Außerdem ist es Ihre Aufgabe, als Friedensstifter und Schlichter zwischen uneinigen Parteien zu fungieren. Sie versuchen eher durch subtile Überredung als durch gewaltsames Vorgehen die Ruhe wiederherzustellen. Durch den Charme, den Sie dabei ausstrahlen, fühlen sich andere in Ihrer Gegenwart meist sehr wohl.

Sie können Zärtlichkeit und Zuneigung schenken und brauchen dasselbe von anderen. Ihre angeborene Intuitionsgabe läßt Sie immer genau wissen, was die anderen gerade brauchen – sei es nun ein freundliches Wort oder ein bunter Frühlingsstrauß. Sie arbeiten am besten im Team mit anderen Menschen und können durch Gruppenbewußtsein viel für Ihr persönliches Wachstum profitieren.

3 als Zahl des integrierten Selbst

Sie sprudeln meist nur so vor Freude und verbreiten Ihre frohe Botschaft durch Worte, Musik, Malerei oder Schreiben. Ihre Inspiration und lebhafte Phantasie sind besonders dazu geeignet, mehr Licht in eine düstere Welt zu bringen. Sie können den Menschen wichtige Lehren vermitteln, weil Sie in der Lage sind, sie in klare Gedanken und einfache Sprache zu fassen. Sie haben die Zeit des Zögerns und der Hemmung Ihrer Kreativität überwunden. Dadurch können Sie jetzt Ihre kreativen Interessen in alle Richtungen fließen lassen, in die Sie von höherer Stelle geführt werden.

Durch das bisher Gelernte können Sie harmonisch im Kräf-

tefeld der männlichen und weiblichen Polarität hin- und her-
fließen. Die natürliche Gabe, im Einklang mit diesen Kräften
zu sein, verleiht Ihnen ein Verständnis, das es Ihnen ermöglicht,
anderen Menschen zu helfen, wenn Sie merken, daß sie aus dem
Gleichgewicht geraten sind. Ihre künstlerische und kreative
Arbeit hat einen starken Einfluß auf die Stimulation der oberen
Chakren und hebt so die menschlichen Bestrebungen auf eine
höhere Ebene.

Ihre natürliche Integrität und fröhliche Ausstrahlung wirken
wie Balsam. Mit Freunden sind Sie ehrlich und geduldig. Wenn
Ihr kreatives Feuer in die Bereiche der höheren Chakren ange-
hoben wird, werden Sie vielleicht merken, daß Ihr Sexualtrieb
nachläßt. Betrachten Sie es als ein Wachstum statt als einen
Verlust; Sie werden durch eine gesteigerte Kreativität oberhalb
der sexuellen Ebene dafür entschädigt.

4 als Zahl des integrierten Selbst

Sie wissen, worin die Arbeit besteht, die Ihnen Ihre innere
Stimme aufgibt, und erfüllen gern die Rolle, die für Sie im
großen Plan vorgesehen ist. Bisweilen werden Sie vielleicht von
anderen Menschen dazu aufgefordert, mal eine Pause einzule-
gen und sich zu vergnügen – doch ist diesen nicht bewußt,
wieviel Freude es Ihnen macht, die Ihnen zugeschriebene Aufgabe nach bestem Wissen und Gewissen zu erfüllen.

Die Vier hat auf dieser Bewußtseinsstufe Zugang zum universellen Plan und kann dadurch erkennen, welches Schicksal
für die Erde vorgesehen ist. Durch höhere Inspiration können
Menschen, deren integriertes Selbst unter der Schwingung der
Vier steht, zu den Formgestaltern auf Erden werden, die dabei
mithelfen, das Reich Gottes auf Erden zu schaffen.

Sie können von Natur aus gut organisieren, doch Ihre systematische und methodische Vorgehensweise kann anderen, die
unter einer schnelleren Zahlenschwingung stehen, als zu um-
ständlich vorkommen. Wenn Sie sich einmal einen bestimmten

Termin gesetzt haben, arbeiten Sie fieberhaft, um Ihr Projekt rechtzeitig abschließen zu können. Ihre Arbeit spiegelt das wider, was Ihr Wort und Ihr Vertrauen bedeuten; Sie sind stolz auf das, was Sie tun, und dies macht sich in Ihrer ganzen Arbeit bemerkbar.

Sie sind bekannt für Ihre Verläßlichkeit, Ihr Durchhaltevermögen und Ihre schnelle Auffassungsgabe für Fakten und deren effektive Nutzung. Selbstkontrolle und Disziplin spielen eine wichtige Rolle in Ihrem Leben, und von anderen erwarten Sie dasselbe.

5 als Zahl des integrierten Selbst

Sie haben sich endlich wirklich von den Fesseln des Lebens befreit und leben Ihren absoluten Zustand der Freiheit, überschäumend vor Glück. Sie haben gelernt, daß Freiheit durch einfaches Befolgen des göttlichen Gesetzes entsteht. Die Versuchungen der Sinne und die List des niedrigen Verstandes sind überwunden; Ihr Bewußtsein hat mittlerweile die inneren Sinne erweitert und die Neugierde des intuitiven Verstandes vergrößert. Durch Projektion Ihres Inneren nach außen können Sie in der ganzen Welt herumreisen und alle möglichen Ereignisse auf vielen verschiedenen Ebenen erleben.

Ihre Fähigkeit zu einer erweiterten sinnlichen Wahrnehmung macht Sie zu einer unschätzbaren Quelle für neue Ideen, rasche Problemlösungen und alternative Vorschläge, wie man im Hinblick auf die unzähligen Veränderungen und Herausforderungen des Neuen Zeitalters vorgehen soll. Sie werden Gelegenheit dazu haben, zu reisen und Leute unterschiedlichster Herkunft und Überzeugung kennenzulernen. Ihr Talent zur Umsetzung dieser menschlichen Begegnungen in Geschichten macht Sie zu einem höchst überzeugenden Lehrer und Dozenten.

Sie spüren die Führung durch Ihr Dharma und können sich so jeder Lebenserfahrung voll Vertrauen hingeben und mit freudiger Erwartung jedem Ereignis, das da kommmen mag, entgegensehen.

6 als Zahl des integerierten Selbst

Sie verstehen jetzt die Rolle, die Sie sich ausgesucht haben, um der Menschheit zu dienen. Jeden Tag erfüllt die Freude darüber, daß Sie anderen Menschen beistehen können, Ihr Herz mit Dankbarkeit für diese Gelegenheit, Gott und der Menschheit zu dienen. Dies mag zwar mit vielen Stunden harter Arbeit und geringer materieller Entlohnung verbunden sein, doch die Mühen selbstlosen Dienstes am Nächsten schlagen sich äußerst positiv in der karmischen Bilanz nieder.

Familie, Heim und enge Freunde sind für Sie das Wichtigste im Leben. Sie streben in Ihrem Leben nach hohen Idealen, die viele Menschen nicht einmal akzeptieren können, geschweige denn es einen Versuch wert erachten, nach ihnen zu leben. Sie wollen ein ideales Zuhause und einen idealen Lebenspartner. Wenn der Mensch unter der Schwingung der Sechs seine Seele voll in die Persönlichkeit integriert hat, hat er auch gelernt, sich selbst und andere zu akzeptieren; erst dann werden die Ideale wirklich für ihn erreichbar.

Sie sind der geborene Berater und Führer und werden manchmal auch als kosmische Mutter oder kosmischer Vater bezeichnet. Sie leisten großzügig Hilfe, wo immer es not tut, und haben gelernt zu geben, ohne etwas dafür zurückzuerwarten. Sie können davon profitieren, wenn Sie Ihre Kenntnisse über Musik, Farben und Schwingungen erweitern und dies miteinfließen lassen, wenn Sie andere Menschen in Gefühlsfragen beraten.

7 als Zahl des integrierten Selbst

Ihre innere Wahrnehmung und Ihre meditative Natur ermöglichen es Ihnen, einen weiten Blick in die Zukunft der Menschen

zu werfen. Ihre tiefe Erkenntnis bringt Sie dazu, über philosophische Fragen nachzudenken und daraus Konzepte zu entwikkeln, die im wahrsten Sinne des Wortes ihrer Zeit voraus sind.
Oft wird es Ihnen so vorkommen, als stünden Sie mit Ihren
Ideen alleine da, doch es wird immer ein paar geben, die Ihre
fortschrittlichen Konzepte nachvollziehen können. Machen Sie
sich jedoch darauf gefaßt, daß man Ihnen nur ab und zu Anerkennung dafür zollen wird.

Sie sind am liebsten mit sich allein, sollten sich jedoch mehr
darum bemühen, Ihre Gedanken mit anderen zu teilen. In
abstrakten Fragen können Sie ein überzeugender und deutlich
artikulierender Redner sein. Ihre geistigen Interessen sind geprägt von wissenschaftlichem Geist und methodischem Vorgehen. Besonders liegt Ihnen eine spezialisierte Arbeit wissenschaftlicher, abstrakter oder metaphysischer Natur.

Sie arbeiten still hinter den Kulissen und bereiten die Menschen unter der Schwingung der Vier und der Acht mit dem
nötigen Weitblick auf die konkrete Arbeit vor, denn Sie können
langfristige Pläne klar überblicken und die praktischer orien-
tierten Menschen auf die Zukunft vorbereiten.

8 als Zahl für das integrierte Selbst

Viele Menschen sehen in Ihnen ganz selbstverständlich einen
Führer und respektieren Ihre Entscheidungen. Sie haben gelernt, Autorität im Einklang mit der höheren Kraft, die Sie
leitet, und dem göttlichen Plan auszuüben. Das Leben wird Sie
automatisch in Positionen heben, in denen Sie als Autorität
auftreten oder gar das Kommando führen müssen. Solange Sie
sich nur von der höchsten Quelle leiten lassen, wird Ihr Erfolg
keine Grenzen kennen.

Sie sind ein lebendiges Beispiel dafür, wie man die Gesetze
der Manifestation durch geeignete schöpferische Imagination,
Vertrauen auf die göttliche Hilfe, Dankbarkeit für das Erhaltene und Anwendung zum Wohle der Menschheit umsetzen

kann. Sind Sie einmal in diesem Fluß drinnen, werden all Ihre mystischen und spirituellen Bedürnisse genau zum richtigen Moment auftauchen. Sie sind ein Meister auf allen Ausdrucksebenen, und Sie werden Gelegenheit dazu bekommen, vielen anderen dabei zur Seite zu stehen, ebenfalls auf das Gute hinzuwirken.

Sie stellen Ihr Können und Ihre Führungsqualitäten aus freien Stücken in den Dienst der Menschheit, um eine bessere Welt zu schaffen. Die Acht wird oft hinzugerufen, wenn eine Situation völlig verfahren ist und ein neuer Führer nötig ist, um den Karren wieder aus dem Dreck zu ziehen. Nichts ist Ihnen lieber, als solch eine Herausforderung anzunehmen und anderen gleichzeitig die Gelegenheit zu geben, den Glauben an sich selbst und das Vertrauen in ihre Fähigkeiten wiederzugewinnen.

9 als Zahl des integerierten Selbst

Sie sind an einem Wendepunkt in Ihrem Bewußtsein angelangt, denn Sie hatten nun die Gelegenheit, die Botschaft jeder Schwingung meisterlich zu erlernen – was es Ihnen möglich macht, nun als universeller Helfer zu dienen. Eine schwierige Situation: Sie müssen lernen, *in* dieser Welt, aber nicht *von* dieser Welt zu sein. Ihre Intuition stimmt sich ab auf den utopischen Plan, der jetzt auf den inneren Ebenen in Vorbereitung ist. Sie werden an der Verwirklichung dieser Träume in unserer Welt beteiligt sein.

Wenn Sie einmal gelernt haben, sich von dem Bedürfnis nach Besitz, Macht, Reichtum und der Nachgiebigkeit gegenüber den Bedürfnissen Ihres niedrigen Selbst freizumachen, wird Ihnen alles von alleine in ausreichendem Maße zufließen. Sie lassen Menschen, die es verdienen, großzügig an Ihrer universellen Liebe und Ihren Gaben teilhaben. Helfen Sie anderen bei der Erfüllung ihrer Aufgaben. Helfen Sie den Armen und Behinderten und schenken Sie Trost den Mühseligen und Beladenen.

Die Schwingung der Neun bedeutet starke Intuition, Inspiration und künstlerische Begabung. Im Umgang mit Worten und in Ihrer Ausdrucksweise sind Sie poetisch und prophetisch. Ihr Sinn für Schönheit und Perfektion macht Sie zu einem Menschen, der nach den Sternen greift, und es besteht eine gute Chance, daß Sie einer der ersten werden, der einen erhascht.

11 als Zahl des integrierten Selbst

Sie werden den Gedanken nicht los, daß Sie ein ganz besonderes Schicksal zu erfüllen haben, um der menschlichen Rasse zu dienen. Niemand kann Sie von dieser Überzeugung abbringen, wenn Sie einmal den Weg erkannt haben. Gehen Sie jedoch mit Vorsicht und Diskretion vor, um von dem neugefundenen Weg nicht wieder abzukommen. Auch wenn die Anstrengungen noch so idealistisch sind, kann es bei der Arbeit mit dem Bewußtsein der Masse vorkommen, daß man auf Abwege gerät.

Die Menschen werden zu Ihnen kommen, um Rat zu suchen; Sie können Ihnen mit Logik und gesundem Menschenverstand gemischt mit intuitiver Einsicht helfen. Durch Ihre unpersönliche Sichtweise können Sie Lösungen für die Probleme anbieten, ohne selbst gefühlsmäßig involviert zu sein. Sie können die Möglichkeit zu einer beträchtlichen Verbesserung der Welt sehen und arbeiten ohne Unterlaß darauf hin, den nötigen Wandel herbeizuführen.

Mit großer Wahrscheinlichkeit werden Sie in der Öffentlichkeit ein gewisses Maß an Anerkennung gewinnen, doch Sie sind schon damit zufrieden, Ihre gottgewollte Rolle zu erfüllen, wie geringfügig diese für die Welt um Sie herum auch erscheinen mag.

22 als Zahl des integrierten Selbst

Sie haben wahrscheinlich in Ihrem Leben in vielen verschiedenen Positionen und Branchen gearbeitet und immer im Grunde

Ihres Herzens das Gefühl gehabt, daß Sie irgendwann einmal eine besondere Aufgabe zu erfüllen haben werden. Jetzt haben Sie angefangen, Ihre Rolle im großen Plan zu begreifen, und können nun mit der inneren Arbeit beginnen, die für Ihre Entwicklung während dieses Aufenthaltes auf der Erde vorgesehen ist. Sie sind in der Lage, den Erdenplan einzusehen, vielleicht sogar tiefer als die meisten Menschen. Durch diesen Zugang zum inneren Plan werden Sie zu einem der Erbauer künftiger Institutionen und Organisationen, die bald wieder mit der Hierarchie und den himmlischen Heerscharen darauf hinarbeiten werden, daß Gottes Plan auf Erden verwirklicht wird.

Zum richtigen Zeitpunkt werden Sie mit anderen Lichtarbeitern zusammengebracht werden. Sie werden sie an ihrer inneren Erleuchtung erkennen; und diese werden Sie erkennen. Sie sind wahrhaftig ein genialer Baumeister, dem Gelegenheit dazu geboten wird, am Aufbau einer neuen Welt mitzuwirken, Stein auf Stein, den göttlichen Plan mit jeder Kelle Mörtel weiter verwirklichend.

33 als Zahl des integrierten Selbst

Wenn Sie diese Stufe in Ihrem persönlichen Wachstum erreichen, werden Sie endlich von allen Fesseln befreit sein. Sie können der Menschheit nun ohne Einschränkungen dienen. Es ist, als würde ein langgehegter Traum Wirklichkeit werden. Sie werden bei einer Organisation oder einer Gruppe mitarbeiten, deren Aufgabe darin besteht, Tausende von Menschen zu betreuen und zu heilen. Sie werden wenig Zeit haben, an sich selbst zu denken; es drängt Sie nicht einmal mehr danach.

Es wäre eine weise Entscheidung von Ihnen, wenn Sie sich möglichst viel Wissen über den göttlichen Ursprung und die Geschichte der Menschheit direkt aus der Akasha-Chronik anzueignen suchen. Dies wird für Ihr Lehren und Beraten von Nutzen sein. Ein großer Teil Ihrer Arbeit wird mit der astralen oder emotionalen Ebene des Menschen zu tun haben. Es wäre deshalb ebenfalls sehr vorteilhaft für Sie, wenn Sie eingehende Kenntnisse über die esoterische Anatomie des Menschen, besonders im Hinblick auf die Gefühlsnatur, besäßen.

Die Ausdrucksebenen

Eine zusätzliche Aufschlüssung der Buchstaben Ihres Geburtsnamens liefert eine weitere Dimension für das Verständnis Ihrer Person. Die Buchstaben werden vier Gruppen zugeordnet, die dann Auskunft über die Grundtendenzen Ihres Charakters auf der intellektuellen oder geistigen Ebene, auf der Gefühlsebene, auf der körperlichen Ebene und auf der intuitiven oder spirituellen Ebene geben.

Die Zuordnung der Zahlenwerte zu jedem Buchstaben entnehmen Sie bitte der folgenden Tabelle:

Körper	D E M W						4
Gefühl	B I O R S T X Z						8
Geist	A G H J L N P						7
Intuition	C F K Q U V Y						7

= 26 Buchstaben des Alphabets

Ordnen Sie nun die Buchstaben Ihres vollen Geburtsnamens den jeweiligen Ebenen zu, und zählen Sie dann zusammen, wieviel Buchstaben Sie auf jeder Ebene haben. Diese Zahl gibt uns Aufschluß darüber, wie ein Mensch auf den vier Bewußtseinsebenen reagiert und funktioniert. Diese Aufschlüsselung ist besonders hilfreich, wenn man herausfinden will, wo die Berufung eines Menschen liegt und welcher Ehepartner, Lebensgefährte oder Beruf zu diesem Menschen paßt. Am Beispiel des Namens *Margaret Jane Pauley* (18 Buchstaben) wollen wir nun aufzeigen, wie Sie die Zahlen auf den verschiedenen Bewußtseinsebenen erhalten:

Körper	ME	E	E	4
Gefühl	RRT			3
Geist	AGA	JAN	PAL	9
Intuition			UY	2

= 18 Buchstaben

Wir sehen, daß die Namensträgerin in dieser Tabelle vier Buchstaben auf der körperlichen, drei Buchstaben auf der emotionalen, neun Buchstaben auf der geistigen und zwei Buchstaben auf der intuitiven Ebene hat.

Als Faustregel gilt folgendes:

Sind die meisten Buchstaben auf der körperlichen Ebene, so handelt es sich um einen praktischen Menschen, der die alltäglichen Probleme anpackt und dem die materiellen Dinge dieser Welt wichtig sind.

Menschen, die die höchste Anzahl von Buchstaben auf der Gefühlsebene haben, sind hingegen kreativ, künstlerisch und reagieren auf das Leben eher aus dem Bauch heraus als mit dem Kopf.

Liegt der Schwerpunkt auf der geistigen Ebene, so kann man davon ausgehen, daß die Person intellektuell ausgerichtet ist und ihren Kopf etwa für Geschäfte, Lehrtätigkeiten, Führungspositionen oder ähnliches verwendet.

Wenn sich jedoch der stärkste Einfluß auf der intuitiven Ebene zeigt, so ist das Bewußtsein wahrscheinlich eher spirituell und künstlerisch geprägt. Diese Menschen leben im allgemeinen in einer Welt des Idealismus und der Phantasie, falls nicht andere ausgleichende Faktoren in ihrem Zahlenbild eine solide Grundlage für diese abgehobenen Ideen bilden.

Der Leser wird bemerken, daß die Ausführungen auf den folgenden Seiten jeweils in drei anschaulich beschriebene *Phasen* aufgegliedert sind. Diese können als Richtlinien verwendet werden, anhand derer Sie einschätzen können, wie sich Ihre eigene Haltung manifestiert.

Merken Sie, daß Sie es irgenwo übertreiben, so können Sie das durch Selbstdisziplin oder andere Methoden, die Sie selbst am besten kennen, verändern. Durch die eingehende Beschäftigung mit diesen Tendenzen – wie sie die Numerologie aufzeigt – können Sie Eigenschaften von Zahlen entdecken, die eine neutralisierende Wirkung haben (siehe Kapitel III), und diese in Ihrem Leben nutzen, um Gleichgewicht und Harmonie wiederherzustellen.

Es folgt eine detailliertere Beschreibung der Bedeutung der Zahlen auf den verschiedenen Ausdrucksebenen. Es handelt sich dabei jedoch nur um einen eher skizzenhaften Abriß; der Leser wird deshalb gebeten, diese Einsichten noch zu ergänzen.

1 auf den Ebenen

KÖRPER

Aktiv: ist rastlos; liebt Sport und Wettkampf; fängt viele Dinge an, ohne sie zu Ende zu führen; ist hyperaktiv; mag keine Verzögerungen; hat Kopfschmerzen.

Passiv: zaudert; geht achtlos mit materiellen Dingen um.

Ausgeglichen: kann ein Wegbereiter oder Führer sein; ist schöpferisch, was seine Hobbies, Interessengebiete oder Arbeit betrifft; weiß, wie man bei anderen Interesse weckt und sie zu etwas anregt; mag Arbeit, die Vielfalt und Abwechslung verspricht.

GEFÜHL

Aktiv: ist launisch und emotional unausgeglichen; versucht die Gefühle anderer Menschen zu dominieren oder zu manipulieren; spielt gern den Rauhbautz; ist rastlos.

Passiv: hat Angst, sich auf emotionale Bindungen einzulassen; will Anerkennung ernten, ohne etwas dafür zurückzugeben; hat Schwierigkeiten, Gefühlen zu trauen.

Ausgeglichen: lernt gerne neue Leute kennen; ist begeistert; hält nichts von List und Tücke; ist optimistisch.

GEIST

Aktiv: muß Diskussionen und Streitgespräche gewinnen, um sein Ego aufzubauen; zwingt anderen seine Überzeugungen auf; ist dickköpfig.

Passiv: ist sich unsicher, wo er steht; trifft Entscheidungen, wenn es schon lange zu spät ist; läßt sich leicht von seinen eigenen Überzeugungen abbringen.

Ausgeglichen: ist ein origineller Denker; löst gern neue Probleme; ist ein Schnelldenker; hält sich an seine eigenen Meinungen und Überzeugungen.

INTUITION

Die Intuition schlägt ein wie ein Blitz; mit 4, 7 oder 8 auf der geistigen Ebene vertraut er wahrscheinlich lieber seinem logischen Scharfsinn als seiner Intuition; originelle Ideen müssen in die Tat umgesetzt werden; kann möglicherweise neue Richtungen weisen.

2 auf den Ebenen

KÖRPER

Aktiv: kann winzigen Details bei Kleidung, Arbeit und so fort zu großen Wert beimessen; wählt persönliche Gegenstände, um anderen zu gefallen oder sie zu beeindrucken; mag Sport, bei dem Strategie und nicht Kraft wichtig ist.

Passiv: hat nicht genügend Mut, um Eigeninitiative zu entwikkeln; möchte jede Einzelheit geklärt haben, bevor er zum nächsten Punkt übergeht; hängt aus Sentimentalität an altem, nutzlosem Plunder.

Ausgeglichen: arbeitet gut mit anderen zusammen, wenn es darum geht, eine Arbeit zu erledigen; kann die Bedürfnisse anderer klar erkennen; mag Fakten und Sachlichkeit; tanzt gerne und liebt künstlerische Hobbies.

GEFÜHL

Aktiv: ist empfindlich gegenüber Kritik; ist beim Reden impulsiv; meckert an anderen herum, wenn die Dinge nicht nach seinem Kopf laufen; ist stark befangen.

Passiv: neigt zu negativen Stimmungen; macht sich zuviele Sorgen; rückt mit dem, was er auf dem Herzen hat, nicht heraus; verläßt sich auf die Hilfe anderer; hat eine spitze Zunge.

Ausgeglichen: hat einen guten »Riecher« für die Einschätzung von Leuten und für das Treffen von Entscheidungen; ermutigt andere; wird schnell warm mit den verschiedensten Typen von Menschen; ist ruhig, geduldig und selbstbewußt.

GEIST

Aktiv: verstrickt sich in Einzelheiten; manipuliert die Statistik, um der eigenen Meinung Nachdruck zu verleihen; ist unnachgiebig, hat starre Vorstellungen; kann eine Maus zum Elefanten machen; verzerrt die Logik; ist rhetorisch begabt.

Passiv: will unterschiedliche Standpunkte nicht gelten lassen; ist intolerant und unfähig, seine persönlichen Ideen mitzuteilen; braucht die Rückendeckung von anderen, um seine Position vertreten zu können.

Ausgeglichen: kann das Für und Wider einer Frage fair erkennen; kann auf der Grundlage von Fakten eine Situation gut einschätzen und hat dabei auch ein gutes Gespür; hat einen großen Schatz an Wissen und Anekdötchen; ist logisch und sachlich; ist hart aber fair bei Entscheidungen.

INTUITION

Muß seiner Intuition und seinen Gefühlen aus dem Bauch heraus vertrauen lernen; ist medial begabt; hat ungewöhnliche Ideen und Visionen; ist empfindlich für die inneren Stimmungen des kollektiven Bewußtseins. Die Intuition kann dieser Person bei der Lösung ihrer persönlichen Konflikte helfen und ihr einen Hinweis darauf geben, wie sie mit den ihr nahestehenden Menschen besser kooperieren kann.

3 auf den Ebenen

KÖRPER

Aktiv: verstreut seine Talente in zuviele Richtungen; ist weder systematisch noch diszipliniert; legt zuviel Wert auf Sex; kann phantasievolle Ideen nicht in die Praxis umsetzen; hat ausgefallenen Geschmack in bezug auf Kleidung und Äußerlichkeiten.

Passiv: vergeudet seine Talente und kreativen Fähigkeiten; ist asexuell; kann Probleme mit den Fortpflanzungsorganen haben; hat Schwierigkeiten, Gefühle auszudrücken.

Ausgeglichen: hat eine wunderbare Stimme, ist künstlerisch und kreativ begabt; haßt Einschränkungen, mag schöne Kleidung und ein schönes Zuhause; liebt die Natur, natürliche Dinge und Reisen.

GEFÜHL

Aktiv: reagiert überempfindlich auf Kritik von seiten anderer an seiner Arbeit oder seinen Fähigkeiten; ist impulsiv; ist oberflächlich; unter Druck gesetzt, gewinnen die Gefühle über die Vernunft die Oberhand; hat wechselhafte Gefühle.

Passiv: versteckt seine Gefühle aus Angst vor Kritik; läßt seine Gefühle nicht heraus; ist unfähig, vorauszuplanen; ist lustlos; ist eitel in bezug auf eigene Kleidung und Gegenstände; reagiert überempfindlich auf Kritik, sei sie nun echt oder eingebildet.

Ausgeglichen: ist ausdrucksvoll und angenehm; ein guter Freund; verbreitet Freude; ist in privaten Dingen abenteuerlustig; arbeitet, um geschätzt zu werden; braucht Anerkennung; ist intuitiv.

GEIST

Aktiv: Ideen und Gedanken können zu phantasievoll sein, um praktischen Anwendungswert zu haben; ist unfähig, die Allgemeinheit von seiner persönlichen Ansicht zu überzeugen; entstellt Fakten durch eigene Empfindungen und Überzeugungen; hat kontroverse Ideen.

Passiv: ist phantasielos und langweilig; denkt die Dinge zu Ende, reagiert dann aber impulsiv; übertreibt Vorstellungen und Fakten, um seine Minderwertigkeitskomplexe zu kompensieren; ist verwirrt, wenn es um Gefühle geht.

Ausgeglichen: entwickelt Kreativität und Phantasie beim Denken; läßt seine Gefühle häufig bei Entscheidungen miteinfließen; ist nicht zu ernst; nimmt das Leben, wie es kommt; diskutiert philosophische Fragen und Konzepte lebendig und unbeschwert.

INTUITION

Kann intuitive und psychische Impulse auf künstlerische Weise umsetzen; ist ein inspirierter Künstler oder Redner; muß sexuelle Schuldgefühle überwinden, damit die Impulse durchkommen können. Diese Person kann über ihre Intuition herausfinden, wie ihr Talent am besten genutzt werden kann.

4 auf den Ebenen

KÖRPER

Aktiv: überarbeitet sich gerne; ist ein strenger Chef oder Vorgesetzter; überschätzt seine Fähigkeiten zur Kompensation seines geringen Selbstbewußtseins; nimmt Arbeit ernst; kann zuviel Wert darauf legen, *wie* etwas gemacht wird, und bekommt die Dinge dann nicht fertig.

176

Passiv: weigert sich hartnäckig, andere Arbeitsmethoden anzuerkennen; ist faul; hat das Gefühl, seine Arbeit sei unter seiner Würde; ist unkoordiniert; muß sich schwer anstrengen, seinen Körper zu disziplinieren.

Ausgeglichen: ist verläßlich, ein loyaler Angestellter; führt Anordnungen anderer zur höchsten Zufriedenheit aus; ist fähig; ist sparsam; verabscheut Verschwendung; macht seine Arbeit gut.

GEFÜHL

Aktiv: ist possessiv in bezug auf persönliche Beziehungen und Gegenstände; ist dominant; hält mit seinen Gefühlen hinter dem Berg; ärgert sich über Vorschriften und Autorität; hat Schwierigkeiten mit aggressiven Menschen.

Passiv: Wut staut sich langsam an und explodiert, wenn zu weit gegangen wird; haßt Einschränkungen; fühlt sich unwohl, wenn er emotionale Beziehungen nicht unter Kontrolle hat; vergißt Rücksichtnahme auf andere.

Ausgeglichen: ist treu, geduldig und kann die Negativität anderer überwinden; hat Schwierigkeiten, spontan Gefühle zu zeigen; ist großzügig; geht herzlich mit seiner Familie um.

GEIST

Aktiv: studiert lange und viel, um gut dazustehen; ist stolz auf seine Gedanken; muß Dinge sehen, um zu glauben; mag keine Spekulationen.

Passiv: hat starre, dogmatische Ansichten und Vorurteile; weigert sich, seine Meinung zu ändern, auch wenn die Fakten das Gegenteil beweisen; verpaßt oft Gelegenheiten durch allzulanges Zögern und Übervorsichtigkeit; ist neidisch auf diejenigen, die Erfolg haben.

Ausgeglichen: ist gewissenhaft, genau und analytisch; hat Führungsqualitäten; ist technisch begabt; kann ein Projekt von der Idee bis zum Endprodukt durchziehen.

Mystische und intuitive Erfahrungen sind ihm unangenehm; läßt sich nicht von der Inspiration leiten, außer es geht um praktische Dinge; hält sich an herkömmliche Religionen und Interessengebiete; hat Erfindungsgabe. Die Intuition kann Hinweise auf eine neue Karriere oder Arbeit liefern.

5 auf den Ebenen

Körper

Aktiv: ist ständig unterwegs; hält es bei keiner Arbeit lange aus und kann keine längerfristigen persönlichen Verantwortungen eingehen; sucht Zuflucht in Sex, Alkohol, Drogen oder Glücksspiel; hat nervöse Beschwerden; liebt das Risiko.

Passiv: hat Angst vor Veränderung; steht nicht gern im Rampenlicht; ist immer müde; hat Schwierigkeiten, neue Freunde kennenzulernen; hat sexuelle Probleme.

Ausgeglichen: ist handwerklich geschickt und körperlich tüchtig; mag Reisen und Menschen; hat Verkaufstalent; arbeitet am besten mit vielen Menschen in einer Gruppe; kann sich veränderten Umständen anpassen; ist ein guter Redner.

Gefühl

Aktiv: mag keine zu große emotionale Nähe; hat alle möglichen Abenteuer; kann Gefühle falsch darstellen; ist übertrieben offen und allzu schroff; braucht den Nervenkitzel des Risikos; ist gleichgültig gegenüber anderen Menschen.

Passiv: hat Schwierigkeiten, überlebte Beziehungen abzubrechen; benutzt andere und läßt sie dann links liegen; kann grausam und kalt sein und unfähig, Lebenserfahrungen zu genießen und etwas aus ihnen zu lernen; hat unvorhersehbare Ausbrüche.

Ausgeglichen: kann sich mit vielen verschiedenen Leuten wohlfühlen und umgekehrt; kann sich auf die verschiedensten Temperamente einstellen; versucht gerne, den Gefühlen anderer auf den Grund zu kommen und sie zu analysieren; ist ungeduldig; hat ständig wechselnde Stimmungen, die jedoch nie extrem sind oder lange andauern.

GEIST

Aktiv: kann Monotonie nicht ausstehen; führt andere gern hinters Licht; benutzt seinen Verstand, um weniger Schlaue auszutricksen; befaßt sich gern mit bizarren und ausgefallenen Themen; wechselt oft die Meinung.

Passiv: hat einen schwerfälligen Verstand; zieht Standardantworten und soziale Normen einem unabhängigen Denkvermögen vor; muß lernen, seinen Verstand zu disziplinieren; macht immer wieder das gleiche.

Ausgeglichen: ist flexibel, neugierig und geistreich; ein schneller Denker; muß aus der strengen Routine ausbrechen; beschäftigt sich mit einer Vielfalt von Themen, doch mit keinem besonders tief; hat eine rasche Auffassungsgabe.

INTUITION

Ist auf natürliche Weise mit dem göttlichen Gesetz in Einklang; muß auf die Stimme seines Dharma hören; zweifelt an seiner Intuition, benutzt sie allerdings manchmal, ohne es zu wissen; bemerkt viele interessante Vorkommnisse. Die Intuition kann Aufschluß über die wahren Motive neuer Freunde und Bekanntschaften geben.

6 auf den Ebenen

KÖRPER

Aktiv: kommt anderen in die Quere; macht sich zu viele Sorgen um eine Sache, anstatt sie einfach anzugehen; ist fordernd; hat einen schlechten Geschmack in bezug auf Kleidung und Wohnungseinrichtung.

Passiv: regt sich über alles auf, was an ihm selbst und an anderen nicht perfekt ist; geht immer den kürzesten Weg; überschätzt die eigene Wichtigkeit, um sein Ego zu stärken; ist meist körperlich eher schwach; sollte dringend etwas tun, um körperlich kräftiger zu werden.

Ausgeglichen: läßt oft eine künstlerische Ader erkennen; sucht sich meist einen Beruf aus, in dem er anderen Menschen helfen und zu Diensten sein kann; übernimmt gerne Verantwortung; mag Haustiere und Pflanzen; setzt sich für das Wohl der Menschheit und für Gerechtigkeit ein.

GEFÜHL

Aktiv: mißt den kleinen Rückschlägen im eigenen Leben und in dem anderer Menschen zu große Bedeutung bei; erinnert sich länger als nötig an peinliche Situationen; ist emotional leicht verletzlich; ist nervös und reizbar.

Passiv: hat Angst vor möglichen Mißgeschicken und Unglücksfällen; kann hypochondrisch sein; reagiert empfindlich, wenn man bestimmte persönliche Fragen anspricht.

Ausgeglichen: weiß effektiv mit den Problemen und Sorgen anderer Menschen umzugehen; verbreitet Harmonie im beruflichen und privaten Bereich; zeigt sich des Vertrauens, das andere in ihn setzen, würdig; ist äußerst integer und ruhig.

GEIST

Aktiv: reagiert empfindlich auf Kritik an seinen Ideen; trägt viel eingebildete und unnötige Last mit sich herum; läßt sich von den allgemeinen Problemen und dem Leiden in der Welt durcheinanderbringen; mischt sich in die Angelegenheiten anderer ein.

Passiv: ist absolut gleichgültig gegenüber den Situationen anderer Menschen; ist in seinem Denken ichbezogen; ist nicht in der Lage, Probleme effektiv zu lösen; ist lethargisch.

Ausgeglichen: geht effizient und selbstverständlich mit Verantwortung um; hat Geschick im Lösen von sowohl privaten als auch beruflichen Problemen.

INTUITION

Neigt zu herkömmlichen, religiösen Erfahrungen und Glaubensformen persönlicher Art; muß lernen, mehr seine eigenen Ideale auszudrücken und danach zu leben, als den Vorschriften anderer zu folgen; kann ein Schlüsselerlebnis haben, wie er der Menschheit am besten dienen kann. Die Intuition kann möglicherweise einen Hinweis auf die beste Art zu dienen liefern.

7 auf den Ebenen

KÖRPER

Aktiv: ist schüchtern, führt am liebsten ein zurückgezogenes Leben; neigt dazu, alle Ereignisse zu analysieren, statt sie einfach anzunehmen und zu genießen; zieht im Sport Einzelaktivitäten dem Teamsport vor; ist starr; akzeptiert nichts unbesehen.

Passiv: bereitet sich auf Unternehmungen nicht sorgfältig genug vor; braucht zu lange, um sich zu entscheiden; kann reserviert, grob und kritisch werden.

Ausgeglichen: geht bei der Arbeit analytisch und gewissenhaft vor; neigt seinem Wesen nach zu einer wissenschaftlichen Vorgehensweise; ist zurückhaltend, im allgemeinen konservativ und mag keine Menschenmengen und Lärm.

GEFÜHL

Aktiv: ist zurückhaltend und distanziert; hat Schwierigkeiten, neue Freundschaften zu schließen; hält sich bei gesellschaftlichen Anlässen lieber im Hintergrund; ist oft schlecht gelaunt.

Passiv: hat Schwierigkeiten, sich mit neuen Leuten zu unterhalten; läßt kaum etwas von seinen persönlichen Gefühlen und Erfahrungen heraus; treibt die Analyse von Gefühlen zu weit; unterdrückt seine eigenen Gefühle.

Ausgeglichen: hat tiefe und dauerhafte Gefühle, die er jedoch nicht einfach zeigen kann; ist loyal, diskret und vorsichtig; kämpft um eine Balance zwischen Denken und Fühlen.

GEIST

Aktiv: der analytische Verstand ist so stark, daß alles erst einmal über diesen geistigen Filter geht und damit wenig Raum für spontanes Erleben und Vergnügen bleibt; isoliert sich und lebt am liebsten ein zurückgezogenes Dasein; mißt persönlichen Überzeugungen eine zu große Bedeutung bei.

Passiv: wägt auf analytische Weise ab und handelt dann impulsiv; hält zu lange mit seinem Ärger zurück, wenn er sich intellektuell gedemütigt oder in Verlegenheit fühlt.

Ausgeglichen: ist ein ausgezeichneter Techniker, Wissenschaftler oder Analytiker in vielen Bereichen; hat eine Vorliebe dafür, Ideen und Situationen mit wissenschaftlicher Präzision und Sorgfalt zu prüfen und zu durchleuchten; kann Gedanken gut mitteilen, wenn es sich um ein ihm vertrautes Thema handelt; mag Ruhe und Frieden.

INTUITION

Hat Zugang zu tiefen kosmischen Mysterien des Universums und der Menschheit; ist der geborene Okkultist oder Metaphysiker; kann zum Vorkämpfer für eine göttliche Offenbarung werden; hat Erfindungsgabe und künstlerisches Talent. Die Intuition kann ihn zu inspirierender Literatur und neuen Ideen hinführen.

8 auf den Ebenen

KÖRPER

Aktiv: muß jede Situation dominieren; verwendet Geld zu egoistischen und habgierigen Zwecken; kann unehrlich sein; möchte beim Sport und anderen Hobbies immer der Beste sein; möchte Anerkennung ernten, auch wenn sie nicht verdient ist.

Passiv: hat keine Lust, Geld zu verdienen, oder ist nicht dazu in der Lage; hat Angst vor Führung und Verantwortung; will nicht von anderen abhängig sein.

Ausgeglichen: hat eine natürliche Begabung dafür, das Potential in anderen Menschen zu erkennen; hat Führungsqualitäten; weiß, wie man am besten Geld macht und es produktiv einsetzt; hat oft Erfolg als Leiter eines Großunternehmens oder in der Regierung; kann es zu beachtlicher Berühmtheit bringen.

GEFÜHL

Aktiv: will in allen Beziehungen dominant sein; neigt zu unvorhersehbaren Ausbrüchen; ist dickköpfig; gibt keine Fehler zu; ist sarkastisch und zynisch.

Passiv: hat Angst vor möglichen Verlusten und Mißgeschicken; ist gehemmt im Umgang mit Menschen, die ihm überlegen erscheinen; will sich den Anschein geben, nichts könne ihm etwas anhaben; braucht Erfolgssymbole zur Aufwertung seines Egos.

Ausgeglichen: hat tiefe und loyale Gefühle; nimmt in schwierigen Situationen das Ruder in die Hand; mag es, wenn er gebraucht wird; arbeitet hart für seine Familie.

GEIST

Aktiv: will in Streit oder Diskussion nicht unterliegen; will das Denken anderer Menschen dominieren; ist kämpferisch, eine starke Führungspersönlichkeit, offen und ehrlich.

Passiv: steht kurz vor dem Erfolg und macht dann logische Denkfehler; organisiert alles, aber zieht das Projekt dann nicht durch; hat einen übertriebenen Stolz, der nach Anerkennung schreit; wird illoyal, wenn er nicht bekommt, was ihm seiner Meinung nach zusteht.

Ausgeglichen: gutes Organisations- und Führungstalent mit scharfem Geschäftssinn und kommerziellem Denken; arbeitet hart, um Fähigkeiten und Profit zu mehren; ist ein ausgezeichneter Geschäfts- oder Finanzberater; arbeitet hart, um Erfolg zu haben.

Übernimmt gern die Rolle eines Führers in Kirchen, anderen religiösen Vereinigungen und/oder metaphysischen Organisationen; läßt Intuition direkt in Führungs- und Geschäftsentscheidungen mit einfließen; im besten Falle kann es sich um einen hochinspirierten Führer des Neuen Zeitalters handeln. Die Intuition kann ihm bei Entscheidungen und Organisations- oder Führungsfragen wertvolle Einsichten liefern.

9 auf den Ebenen

KÖRPER

Aktiv: wählt eher ruhige Berufe; ist Künstler und/oder Dichter; liebt es, sich bunt zu kleiden; hat gerne radikale und unkonventionelle Freunde; interessiert sich für eine bestimmte Arbeit, weil ihm die Ideale gefallen, die dabei verfolgt werden; ist unpraktisch.

Passiv: kann weitgefaßte Ideale begreifen; braucht Anleitung für die Detailarbeit; hat Schwierigkeiten, seine Ideale mit der aktuellen Wirklichkeit dieser Welt in Einklang zu bringen; leidet unter Gefühlsschwankungen, die ihn daran hindern, Dinge zu Ende zu führen.

Ausgeglichen: gestaltet seine Arbeit auf abwechslungsreiche, interessante Weise; arbeitet gern in Bereichen, in denen bestimmte Ideale angestrebt werden; ist großzügig und tolerant.

GEFÜHL

Aktiv: seine Gefühle schwanken ohne klar erkennbaren Grund zwischen absolutem Hochgefühl und Depression; Träume und Sorgen lassen das Bewußtsein nicht zur Ruhe kommen; ist emotional äußerst empfindlich; dramatisiert die Dinge oft allzusehr.

Passiv: läßt sich leicht entmutigen, wenn Anerkennung und Rückhalt fehlen; möchte die Aufmerksamkeit anderer Menschen erregen; hat Schwierigkeiten, seine persönlichen Gefühle mitzuteilen; Gefühle verwirren den Verstand; ist introvertiert.

Ausgeglichen: ist inspiriert und reagiert äußerst intuitiv; hat wechselnde Stimmungen; ist abwechslungsreich und poetisch; hat idealistische Vorstellungen in der Liebe; ist tolerant, mitfühlend und versucht, der Menschheit zu helfen.

GEIST

Aktiv: extremer Idealismus kann realistische Lösungen verhindern; muß lernen, mit den Füßen auf dem Boden zu bleiben; ist leichtgläubig; plant weit voraus; ist selbstlos, wenn es darum geht, Ideen zu entwickeln und Hilfe zu leisten.

Passiv: die Gedanken neigen dazu, in alle möglichen Richtungen zu wandern, was die Konzentration auf die gegenwärtige Arbeit erschwert; macht sich Sorgen, weil er die aktuelle Weltsituation nicht ändern kann; hat unkonventionelle Gedanken und Gewohnheiten.

Ausgeglichen: ist ein origineller und inspirierter Denker; hat visionäre Fähigkeiten; hat ein klares Bild davon, wie die Zukunft aussehen sollte, und kann andere dazu inspirieren, es Wirklichkeit werden zu lassen; liebt eher große Pläne und Ideale als die Detailarbeit.

INTUITION

Ist stark inspiriert und kann auf innere Bewußtseinsebenen und deren Symbolik zurückgreifen; muß lernen, sein Bewußtsein zu disziplinieren, um zu einem effektiven Kanal zu werden; sein Bewußtsein kann dazu beitragen, das anderer Menschen wachzurütteln. Die Intuition kann völlig neue Visionen liefern, wie man der Menschheit dienen und sie dazu bringen kann, nach Höherem zu streben.

0 auf den Ebenen

Haben Sie auf einer oder mehreren Ebenen keinen Buchstaben (es sind jedoch selten mehr als eine), so heißt dies nicht, daß Sie etwa körper-, gefühls-, geist- oder intuitionslos wären. Viel häufiger deutet es darauf hin, daß diese Person bewußt darauf hinarbeiten muß, Eigenschaften einer derart unbesetzten Ebene zu harmonisieren. Dieser Mensch blockiert unbewußt die Aufmerksamkeit, die diese Ebene braucht, und muß sich bewußt vornehmen, eine Methode zum effektiven Umgang mit dieser Ebene zu finden.

KÖRPER
möchte träumen und nachsinnen; vermeidet harte Arbeit, bei der die Hände mit der Erde in Kontakt kommen könnten, und körperliche Disziplin; wird schnell müde und gelangweilt.

GEFÜHL
hat sowohl Schwierigkeiten, seine Gefühle mitzuteilen als auch seine eigene emotionale Seite zu akzeptieren; hat wenig Geduld, Mitgefühl und Toleranz.

GEIST
kann nicht selbstbewußt argumentieren; mißtraut reiner, gefühlloser Logik und knallharten Fakten; ist wenig neugierig und wißbegierig gegenüber dem Leben.

INTUITION
mißtraut seiner Intuition und vagen abstrakten Eindrücken; stellt das eigene Ich in den Mittelpunkt seiner Glaubensstruktur; Meditation und andere Techniken der Bewußtseinserweiterung könnten ihm gut tun.

Mehr als neun Buchstaben

Manchmal kommt es vor, daß auf einer Ausdrucksebene mehr als neun Buchstaben stehen, zum Beispiel wenn es sich um sehr lange Namen handelt oder wenn die Person mehr als zwei Vornamen besitzt. Auch diesem Fall muß Rechnung getragen werden. Die zweistellige Zahl wird zur Deutung auf eine einstellige Zahl reduziert. Doch wird die Energiekonzentration auf der speziellen Ebene darauf hinweisen, daß dieser Mensch auf dieser Ebene im Leben Außerordentliches leisten wird. Auf der Körperebene kann es zum Beispiel bedeuten, daß ein großer Führer aus ihm werden kann; auf der Gefühlsebene ein Lehrer und Heiler oder Berater; auf der geistigen Ebene ein Genie auf irgendeinem speziellen Gebiet und auf der Intuitionsebene ein inspirierter Lehrmeister oder Erfinder.

Ausländische Namen

Gelegentlich kann es vorkommen, daß ein Mensch, der sich mit Numerologie beschäftigt, gebeten wird, das persönliche Zahlenbild für eine Person zu erstellen, die aus einem anderen Land stammt und deren Name in der jeweiligen Muttersprache ist. Dies kann unseren angehenden Numerologen anfänglich in gewisse Verlegenheiten bringen, da er sich wahrscheinlich nur mit dem deutschen Alphabet auskennt.

Wollen Sie ein persönliches Zahlenbild anhand von Geburtstag und Namen in der Fremdsprache erstellen, müssen Sie einfach für das ausländische Alphabet eine Tabelle nach dem pythagoreischen System von 1 bis 9 erstellen, wie wir es mit dem deutschen Alphabet zu Beginn dieses Kapitels vorgeführt haben. Dem ersten Buchstaben des Alphabets wird die Zahl 1 zugeordnet, dem zweiten die Zahl 2 und so weiter, bis allen Buchstaben des Alphabets der fremden Sprache ein Zahlenwert zugeordnet ist.

Mit den meisten Alphabeten müßte diese Methode eigentlich ohne Schwierigkeiten funktionieren und eine Angleichung an das pythagoreische System möglich sein, um die Zahlen mit Hilfe der Beschreibungen unter den jeweiligen Abschnitten dieses oder eines anderen Buches, das Sie sich vielleicht ausgesucht haben, interpretieren zu können.

Mit einigen Sprachen kann es dennoch ein bißchen verwirrend sein, da sie vielleicht außergewöhnliche Dialekte oder phonetische Strukturen aufweisen. In den meisten Fällen könnten Sie dann etwas Schwierigkeiten haben, selbst wenn Sie sich an die hier aufgeführten Anleitungen halten.

Einstweilen können Sie jedoch auch mit dem eingedeutschten (oder anglisierten) Namen ein aussagekräftiges Zahlenbild für das äußere Wesen, das innere Wesen und das vollendete Wesen erstellen (siehe hierzu Kapitel X).

Vom Umgang mit dem Karma

Die Karmalehre ist ziemlich komplex, und es würde den Rahmen dieses Buches sprengen, hier im Detail darauf eingehen zu wollen. Ich möchte deshalb in diesem Kapitel nur ein paar wesentliche Punkte herausgreifen, um die Bedeutung des Karmas, besonders im Hinblick auf die Deutung von Zahlen, klarer zu machen.

Der Begriff des Karmas steht in engem Zusammenhang mit der Reinkarnationslehre. Die Seele versucht, sich durch auf dieser Ebene gemachte Erfahrungen weiterzuentwickeln. In vielen aufeinanderfolgenden Zyklen inkarniert sich die Seele in eine Persönlichkeitsstruktur, lernt aus dem Leben, gewinnt mehr Weisheit dazu und zieht sich am Ende zur Introspektion auf die inneren Ebenen zurück. Die Persönlichkeit wiederum, die aus physischem Körper, Emotionalkörper und Mentalkörper besteht, stellt der Seele Vehikel zur Verfügung, damit sie mit den unteren Ebenen interagieren kann. Dieser Zyklus wiederholt sich immer wieder aufs neue, bis die Seele schließlich beginnt, die Oberhand über die niederen Vehikel zu gewinnen. Danach inkarniert sie sich nicht mehr im stofflichen Bereich, sondern drückt sich über unsichtbare Erscheinungsformen höherer Frequenzebenen aus.

Über die Persönlichkeit sammelt die Seele Erfahrungen, meistert nach und nach ihre Prüfungen und lernt ihre Lektionen. Eine symbolische Darstellungsweise dieser Lebensaufgaben ist die Numerologie. Das heißt jedoch nicht, daß es etwa nur neun einfache Lektionen zu lernen gäbe. Durch die gegenseitige Beeinflussung der Zahlen entstehen feine Nuancen und Vermischungen zwischen den Lebenserfahrungen; doch um der Klarheit und Definition willen wollen wir uns hier auf die wichtigsten Wachstumsphasen konzentrieren und uns deshalb nur mit den neun Grundzahlen befassen.

Ein Grundprinzip des Karmas ist die Kraft, die das Bewußtsein vorwärts drängt (sei es nun bei einer einzelligen Mikrobe, einem Tier, Menschen oder Engel), um in die nächste Phase kosmischen, universalen, planetarischen, sozialen, menschlichen, tierischen oder biologischen Wachstums einzutreten. Beim Menschen kommt dieses Prinzip in Form des menschlichen Willens zum Ausdruck. Es ist der Faktor Willen, der uns zu Entwicklung und Entfaltung mit Hilfe unserer Lebenserfahrungen drängt.

Ein zweites Grundprinzip des Karmas ist das Ursache-Wirkungsprinzip. »Wie ihr säet, so werdet ihr ernten« ist eine ständige Ermahnung an dieses Prinzip. Im Prozeß des Lernens gehen wir den Aufgaben, die uns gestellt werden, häufig aus dem Weg oder schießen über das Ziel hinaus. Dies führt zu einem Ungleichgewicht und läßt das Karma fortbestehen. Irgendwann erreichen wir dann durch intensives Lernen, Hören auf unsere innere Stimme und Einstimmung auf unsere Seele einen Gleichgewichtspunkt, an dem wir die Lektion verinnerlicht haben; danach herrscht Harmonie und Gleichgewicht. Haben wir erst einmal das dharmische Gleichgewicht erreicht, dann ist die Aufgabe erfüllt, und wir können uns zu neuen Erfahrungen aufmachen. Irgenwann einmal hat die Seele dann schließlich alles, was sie auf der Ebene der Erde lernen mußte, gelernt und alle Ungleichgewichte ausgeglichen. Dann ist die Seele frei vom Rad des Karmas und beginnt einen neuen Erfahrungszyklus auf einer höheren Stufe oder Bewußtseinsebene.

Fast jede Zahl im persönlichen Zahlenbild hat in gewisser Weise eine tiefere karmische Bedeutung. Jede Zahl weist auf potentielle Fähigkeiten und Unzulänglichkeiten hin. Wenn diese Aufgabe für unser Wachstum nicht wichtig wäre, hätten wir es uns anders ausgesucht. Allein die Tatsache, daß wir heute hier sind, weist schon darauf hin, daß wir immer noch damit zu tun haben, das Ungleichgewicht (Karma) auszugleichen.

Interessanterweise werden die wichtigsten karmischen Aspekte in der Numerologie durch die Zahlen deutlich, die im Geburtsnamen *nicht vorkommen*. Dadurch wird klar, wo ein spezifisches Ungleichgewicht besteht. Das Fehlen einer Zahl weist auf einen Lebensbereich hin, mit dem wir uns besonders beschäftigen müssen, um das hier vorhandene Ungleichgewicht auszugleichen. Manche Menschen glauben, daß eine Person, bei der keine Zahlen fehlen, kein Karma habe. Doch diese Denkweise stimmt nicht. Weiter unten in diesem Kapitel werden wir diesen Fall noch näher beschreiben und erklären.

Jede fehlende Zahl bedeutet eine karmische Lektion, die nicht gelernt wurde. In diesem Leben wird Ihnen nun die Gelegenheit dazu geboten, diese Situation zu ändern und einen Ausgleich zu schaffen. Das Fehlen einer oder mehrerer Zahlen weist einzig und allein darauf hin, daß Sie es in einem oder mehreren früheren Leben in einem Punkt zu weit getrieben haben oder die Ihnen gestellte Aufgabe nicht lösen konnten. Wie Sie bereits bemerkt haben werden, sprechen wir in diesem Buch häufig vom Gleichgewicht oder vom fehlenden Gleichgewicht (zuviel, zuwenig). In diesem Falle bezieht es sich auf den erfahrungsmäßigen Fortschritt. Wie bereits erwähnt, schwingt bei jeder Zahl des persönlichen Zahlenbildes eine tiefere karmische Bedeutung mit. Die fehlenden Zahlen können uns Aufschluß darüber geben, welchen karmischen Lektionen wir in diesem Lebenszyklus am meisten Aufmerksamkeit schenken sollten.

Mit Hilfe der Erläuterungen zu den fehlenden Zahlen werden Sie besser verstehen, auf welche Weise diese Zahlen Ihnen äußerst aufschlußreiche Hinweise auf das Wesen Ihres Charakters und Ihres Verhaltens geben können. Jede karmische Lektion wird einzeln behandelt.

Die in diesem Kapitel über Karma benutzten Ausführungen

unter den Punkten »aktiv« (zuviel) und »passiv« (zuwenig) sind dazu gedacht, dem Leser jene Bereiche aufzuzeigen, in denen die Dinge aus dem Gleichgewicht geraten sind und nun einer Harmonisierung bedürfen. Die Erläuterungen unter dem Punkt »passiv« *deuten* darauf hin, daß der *Sinn* dieser Lektion in einem oder mehreren früheren Leben wahrscheinlich nicht erkannt wurde oder nicht erkannt werden wollte. Der Abschnitt zu dem Punkt »aktiv« weist darauf hin, daß Sie es in dem von der Zahl symbolisierten Bereich zu weit getrieben haben. Lesen Sie einfach beide Abschnitte durch; Ihre innere Stimme wird Ihnen dann schon sagen, was auf Sie zutrifft.

Den einzelnen Beschreibungen der karmischen Lektionen folgt eine detaillierte Ausführung zu einem völlig neuen Ansatz, den Einfluß des Karmas zu deuten, nämlich mit Hilfe der karmischen Akkumulationszahl. Diese Zahl erhält man durch Addition der fehlenden Zahlen im Geburtsnamen. Die so erhaltene Summe wird nicht reduziert, außer sie ist größer als 22. Kommen zum Beispiel die 8, 4 und 3 im Geburtsnamen nicht vor, so ergibt sich daraus die karmische Akkumulationszahl 15 (8 + 4 + 3 = 15).

Die karmische Akkumulationszahl bringt häufig viele Aspekte früherer Persönlichkeiten zum Vorschein. Manche davon sind immer noch in Ihrem Unterbewußtsein vorhanden und scheinen bisweilen in Ihrer jetzigen Persönlichkeit durch. Durch bewußtes Erkennen dieser Eigenschaften kann man die negativen Aspekte in positive umwandeln und sie im jetzigen Leben nutzen, um zu größerer Entfaltung zu gelangen und ein erfüllteres Leben zu genießen. Wenn dies nicht gelingt, könnte die Last der Vergangenheit uns erdrücken und uns möglicherweise daran hindern, unsere Vorhaben und Ziele für diesen Lebenszyklus zu verwirklichen.

Erinnern Sie sich daran, daß diese Eigenschaften und karmischen Tendenzen sich über die Persönlichkeit äußern und je nach Persönlichkeitszahl auf unterschiedlichste Weise zum Ausdruck kommen können. Sie werden besonders ausgeprägt sein, wenn Spannungen mit anderen persönlichen Zahlen auftreten und während des persönlichen Jahres oder Monats unter der Schwingung der fehlenden, karmischen Zahl. Ich hoffe, Sie können von den in diesem Kapitel gegebenen Beschreibungen in hohem Maße profitieren; sie sollen Ihnen dabei helfen, die speziellen Lebensumstände, die Sie sich in diesem Leben ausgesucht haben, zu begreifen und auf harmonischere Weise mit ihnen fertigzuwerden.

Wir sind uns bewußt, daß die Erläuterungen in diesem Kapitel manchen Menschen möglicherweise aus der Fassung bringen oder sogar deprimieren können. Wir möchten deshalb nochmals daran erinnern, daß Karma selbstauferlegte Illusion ist. Und Illusion ist das Vorstadium zur Erleuchtung! Das erste Prinzip des Karmas läßt uns unangenehme Dinge bewußt werden, und die Seele rückt schließlich mit der Wahrheit heraus. Nutzen Sie Ihr Ungleichgewicht als Sprungbrett zum Wachstum, jetzt, in diesem Augenblick!

Die Ausführungen zu den karmischen Lektionen sollen keine Anklageschrift sein, und nicht jede Aussage in jeder Beschreibung muß zutreffen. Vielleicht bedarf nur eine winzige Kleinigkeit der Harmonisierung. Wenn Sie diese Erläuterungen zur Deutung der persönlichen Zahlen und des Lebens einer anderen Person benutzen, ist eine umsichtige Vorgehensweise geboten. Achten Sie auf Ihre gefühlsmäßigen und verstandesmäßigen Reaktionen, wenn Sie diese Abschnitte zu Ihrer eigenen Erbauung lesen. Wenn Sie ehrlich mit sich selbst sind, werden die Dinge, die zutreffen, eine Reaktion bei Ihnen auslösen. Die Dinge, die Sie gar nicht wahrhaben wollen oder abstreiten, sind wahrscheinlich diejenigen, die ganz besonders auf Ihr Leben zutreffen. Der wesentliche Punkt bei Ihrer Selbstanalyse besteht darin, einen ehrlichen, *objektiven Standpunkt* einzunehmen, von dem aus Sie Ihre gefühlsmäßigen und verstandesmäßigen Reaktionen beobachten können.

Karmische Lektionen

Karmische Lektion der Zahl 1

Aktiv: In früheren Leben neigten Sie dazu, den Willen einer oder mehrerer anderer Personen zu dominieren oder zu manipulieren. Das Problem dabei war eine zu starke Individualität, die einen Mangel an Rücksichtnahme erkennen läßt. Sie hatten Schwierigkeiten damit, anderen zu vertrauen und in einer Gruppe gemeinsam auf ein Ziel hinzuarbeiten.

Passiv: Sie konnten sich nicht auf Ihr Selbstvertrauen verlassen. Wenn es darum ging, Entscheidungen zu treffen, haben Sie auf andere gebaut und waren nicht bereit, die Entscheidung selbst in die Hand zu nehmen oder Gelegenheiten, die sich Ihnen boten, beim Schopfe zu packen. Sie waren neidisch auf andere, die entscheidungsfreudig und erfolgreich waren. Sie waren übertrieben konservativ und hatten Angst, Risiken einzugehen.

Gegenwärtige Ausgleichsmöglichkeit: Das Leben wird Sie mit Menschen konfrontieren, die einen starken Willen haben und mit denen Sie sich auseinandersetzen müssen, um Ihr eigenes Selbstvertrauen und eigene Meinungen entwickeln zu können. Sie werden vor viele Prüfungen gestellt werden, die dazu bestimmt sind, Ihre Individualität zu stärken; und wenn Sie diese Gelegenheiten nutzen, werden Sie merken, daß Sie immer mehr Achtung vor dem Willen und der individuellen Persönlichkeit anderer Menschen bekommen. Das ist der erste Schritt zur Kooperation zwischen Ihrem Willen und dem Willen anderer.

Karmische Lektion der Zahl 2

Aktiv: Ein früheres Lebensmuster, gekennzeichnet von Kritik, einer scharfen Zunge und Ungeduld ist es, worauf diese Lektion hindeutet. Es fiel Ihnen meist schwer, einträchtig mit anderen zusammenzuarbeiten, und Sie haben oft Uneinigkeit gestiftet; deshalb fanden Sie sich oft auf einsamem Posten. Auch zuviel Pingeligkeit und Mangel an Geduld scheinen dabei mitgespielt zu haben.

Passiv: Sie hatten in der Vergangenheit eine Tendenz dazu, Kleinigkeiten aus dem Weg zu gehen und eine nachlässige Haltung einzunehmen. Es war Ihnen gleichgültig, ob Sie Verabredungen einhielten, und Sie waren eindeutig rücksichtslos gegenüber anderen Menschen. Bei dem Versuch, anderen gefallen zu wollen, haben Sie Ihre eigene Identität verloren und damit auch das Bewußtsein Ihrer eigenen Meinungen und Überzeugungen.

Gegenwärtige Ausgleichsmöglichkeit: Das Leben wird Sie mit Menschen konfrontieren, die äußerst kritisch und engstirnig sind. Sie werden zur Zielscheibe scheinbar ungerechtfertigten Tratsches und zum Opfer der Gerüchteküche. Negativität wird Sie sowohl zu Hause als auch bei der Arbeit verfolgen; achten Sie mehr auf Einzelheiten und die kleinen menschlichen Bedürfnisse. Es wird Ihnen schwerfallen zu lernen, Ihre Zunge im Zaum zu halten und damit Ihre Negativität, Kritik und Neigung, über andere Menschen ein Urteil zu fällen, zu überwinden.

Karmische Lektion der Zahl 3

Aktiv: Aus früheren Leben läßt sich ein Hang zu Oberflächlichkeit, vergeudetem Talent und Gleichgültigkeit erkennen. Sie haben Ihre Kreativität für Ruhm, Reichtum oder ein bequemes Leben verschleudert. Sehr wahrscheinlich haben Sie Ihre kreative Energie für sinnliche Genüsse und Vergnügen genutzt. Sie neigten zu Übertreibung, Eifersucht und Kritik an den Talenten anderer.

Passiv: Ihr Lebensmuster aus früherer Zeit deutet darauf hin, daß Sie nicht bereit waren, Ihre kreativen Fähigkeiten zu entwickeln oder zum Ausdruck zu bringen. Anscheinend verstreuten Sie Ihr Talent eher zu breit. Sie hatten Schwierigkeiten, Ihre Gefühle und Gedanken anderen Menschen mitzuteilen. Sie hatten nur äußerst wenig Vertrauen in Ihr eigenes Potential und deshalb nur eine sehr geringe Meinung von sich selbst.

Gegenwärtige Ausgleichsmöglichkeit: Das Leben wird Ihnen dieses Mal genügend Herausforderungen für Ihren Selbstausdruck und für Ihre kreativen Fähigkeiten bieten. Sie werden sich in Situationen wiederfinden, in denen es unweigerlich nötig sein wird, die Hindernisse für Ihren Selbstausdruck aus dem Weg zu räumen. Vielleicht lispeln Sie, haben sonst einen Sprachfehler oder eine schlechte Körperhaltung, weil Sie sich ständig den Meinungen anderer Menschen beugen. Es wird schwierig für Sie sein, zum Theater oder zur Oper zu kommen oder den Beruf Ihrer Wahl zu ergreifen. In diesem Leben müssen Sie Ihre künstlerische Ader schätzen lernen und hart dafür *arbeiten*, um sie voll zur Geltung bringen zu können.

Karmische Lektion der Zahl 4

Aktiv: Sie haben in der Vergangenheit sehr hart gearbeitet; das hat Ihren Gesichtskreis und Ihren Horizont verengt. Sie sind dadurch sehr festgelegt, voreingenommen und dogmatisch geworden, und Sie weigern sich, neue Ideen oder Methoden auszuprobieren. Ihre Überzeugungen haben Sie daran gehindert, andere Menschen zu verstehen und haben Sie im Umgang mit den Menschen in Ihrem Umfeld streng und herrisch gemacht. Ihre Haltung war verbohrt und unnachgiebig.

Passiv: Sie hatten eine deutliche Abneigung gegen harte und methodische Arbeit. Sie zogen Bequemlichkeit und Komfort vor, möglichst ohne etwas dafür tun zu müssen. Dies läßt auf Faulheit schließen und auf eine Neigung, es sich immer so leicht wie möglich machen zu wollen. Sie haben Komplexe in bezug auf Verantwortung gegenüber Ihrem eigenen Wert.

Gegenwärtige Ausgleichsmöglichkeit: Glück und Erfolg werden Ihnen nicht in den Schoß fallen; Sie werden hart dafür arbeiten müssen, um sich Ihre Lorbeeren zu verdienen. Welche Unternehmungen auch immer Sie in Angriff nehmen, Sie werden wahrscheinlich zuerst eine ganze Reihe von verschiedenen Beschäftigungen ausprobieren müssen, bis Sie einen Beruf finden, in dem Sie sich wirklich wohl fühlen. Immer wenn Sie versuchen werden, den kürzesten Weg zu gehen, wird Enttäuschung oder schlimmer noch, totales Mißlingen die Folge sein. Sie müssen die Leiter zum Erfolg fest verankern und Stufe für Stufe erklimmen.

Karmische Lektion der Zahl 5

Aktiv: Hier haben wir ein früheres Lebensmuster vor uns, das von Verantwortungslosigkeit und einem sorglosen Lebensstil zeugt. Sie hatten eine Art Machoverhalten drauf, das etwa unter dem Motto stand »heute geliebt, morgen vergessen«. Es war für Sie schwierig, in persönlichen Beziehungen Verantwortungsbewußtsein zu entwickeln. Es fiel Ihnen anscheinend auch schwer, an einem Ort oder bei einer Arbeit zu bleiben. Mit großer Wahrscheinlichkeit neigten Sie zu sexueller Zügellosigkeit und Promiskuität. Außerdem scheinen Sie auch zu Maßlosigkeit im sinnlichen und emotionalen Bereich, wie übertriebenem Glücksspiel, Alkohol- oder Drogengenuß, tendiert zu haben. Eine Vorliebe für Mißachtung des Gesetztes scheint ebenfalls bestanden zu haben.

Passiv: Eine aus einem früheren Leben stammende Angst vor neuen Erfahrungen, Veränderungen und Fortschritt spielt bei dieser Lektion eine Rolle. Sie fühlten sich unwohl, wenn Sie sich mit anderen Menschen auseinandersetzen sollten; Sie hatten wenig Verständnis und Toleranz für die Belange anderer Menschen. Angst vor Sex oder Abneigung gegen Sexualität haben Sie in diesem speziellen Ausdrucksbereich unsicher gemacht. Enttäuschungen oder Rückschläge könnten Sie dazu veranlaßt haben, sich übermäßig sinnlichen Genüssen hinzugeben.

Gegenwärtige Ausgleichsmöglichkeit: Das Leben wird für Sie ständig etwas Neues auf Lager haben. Zum Beispiel werden Menschen unterschiedlichster Herkunft und philosophischer Überzeugungen Ihren Lebensweg kreuzen. Sie werden mit den verschiedensten Persönlichkeitstypen zu tun haben und in die unglaublichsten und verschiedenartigsten Erfahrungen und Situationen verwickelt werden, die bei Ihnen Verwirrung und Zweifel auslösen werden. Wenn Sie einmal lernen, die Menschen so zu nehmen, wie sie sind, wird es auch Ihnen leichter fallen, eine bequeme Verhaltensnorm zu finden und zu definieren, die sich an den inneren Gesetzen orientiert und nicht an den gesellschaftlichen Normen. Sie müssen sich bestimmten Situationen so lange aussetzen, bis Sie die Lektionen daraus wirklich begriffen haben. Andererseits müssen Sie auch wissen, wann es Zeit ist, sich von etwas zu lösen. Es ist außerdem wichtig, daß Sie sich von Ihren sexuellen Schuldgefühlen freimachen.

Karmische Lektion der Zahl 6

Aktiv: Sie waren eine ziemlich schwierige Person zum Zusammenleben und Teilen von Verantwortung. Gleichzeitig glaubten Sie jedoch, immer überall mitmischen zu müssen. Sie haben sich in das Leben anderer Menschen eingemischt und deren Gefühle manipuliert, um sich selbst sicher zu fühlen. Oft waren Sie als Ehepartner oder Vater/Mutter reizbar, streitsüchtig und giftig. Sie haben nicht gelernt, was es heißt, Vertrauen in einen anderen Menschen zu haben und Beziehungen auf gegenseitige Verantwortung zu bauen.

Passiv: Aus dem Bild, das sich aus Ihren früheren Leben ergibt, geht hervor, daß Sie sich geweigert haben, Verantwortung für sich selbst, Ihr Zuhause, Ihre Familie und andere Menschen zu übernehmen. Sie waren geliebten Personen gegenüber gleichgültig und haben ihnen wenig Rückendeckung geboten. Sie ärgerten sich darüber, für sie sorgen zu müssen, anstatt Ihrer eigenen Karriere oder Ihren eigenen Interessen nachgehen zu können. Sie haben viele Dinge begonnen, doch wenige davon auch zu Ende geführt, wie es eigentlich Ihre Pflicht gewesen wäre. Sie haben den Menschen, für die Sie verantwortlich waren, nicht die nötige Fürsorge und Pflege zukommen lassen. Gefühlsmäßige Labilität und Mißverständnisse scheinen die Folge zu sein.

Gegenwärtige Ausgleichsmöglichkeit: Das Leben hat Sie wahrscheinlich in einer Familie aufwachsen lassen, in der es Unstimmigkeiten und Spannungen zwischen den Eltern gab. Mit großer Wahrscheinlichkeit werden Sie mehr als eine Ehe in diesem Leben eingehen, wenn Sie nicht fähig sind, die Lektion jetzt zu lernen. Ihre Gefühle werden auf die Probe gestellt und solange strapaziert werden, bis Sie sich bereit erklären, den unbewußten Blockaden tief in Ihrem Innern ins Auge zu sehen und sich zu vergeben. Ihre Familie, Freunde und Nachbarn werden ständig Ihre Zeit und Energie oder Ihre Fähigkeit als Berater in Anspruch nehmen. Ehe und Familienleben werden Ihnen jede Menge unerwartete Opfer und Kompromisse abverlangen. Sie werden unter der Anpassung an Ihren Ehepartner und Ihre Familie ziemlich leiden. Lernen Sie, mit anderen Menschen zu kooperieren und die Verantwortungen des Lebens gemeinsam zu tragen; dann wird sich alles von allein lösen.

Karmische Lektion der Zahl 7

Aktiv: In Ihren früheren Leben haben Sie zuviel Wert auf intellektuelle Fähigkeiten und akademisches Wissen gelegt. Sie hatten sich in einigen Fachgebieten besonders spezialisiert, und als Gelehrter genossen Sie die Achtung und das Prestige, die Ihnen dafür entgegengebracht wurden. Die Folge davon war, daß Sie engstirnig, voreingenommen und äußerst sarkastisch gegenüber Gegenspielern oder Menschen wurden, die Ihrer Meinung nach unter Ihrem Niveau waren. Dies führte dazu, daß Sie das Gespür für das Menschliche und das Verständnis für alltägliche menschliche Belange verloren. Sie zogen es vor, hinter Ihrer Fassade erhabener Theorie zu leben, und es blieb dabei kaum etwas übrig vom gesunden Menschenverstand des kleinen Mannnes. Sie haben Ihre Gefühle durch übermäßiges Rationalisieren zum Schweigen gebracht und sind gegenüber Ereignissen des einfachen menschlichen Lebens skeptisch und zynisch geworden.

Passiv: Aus dem Muster Ihrer vergangenen Leben wird erkennbar, daß Sie zu seichtem Denken und einer oberflächlichen Lebensweise neigten. Sie waren nicht bereit, die Dinge ernst zu nehmen oder tiefer in die Geheimnisse des Lebens einzudringen, und dies hat ein Bedürfnis nach tieferer Erkenntnis zurückgelassen. Sie haben sich geweigert, Ihren Verstand zu methodischem, wissenschaftlichem Denken zu erziehen. Allerdings könnte es auch möglich sein, daß Sie in einer früheren religiösen Inkarnation, zum Beispiel als Nonne, Mönch oder Asket, große Enttäuschung erfahren haben. Möglicherweise hat Ihr Mangel an tieferer Weisheit Sie zum Aberglauben oder Glauben an falsche Heilslehren verführt.

Gegenwärtige Ausgleichsmöglichkeit: Das Leben wird Sie mit Umständen konfrontieren, die von Ihnen verlangen werden, Ihre Zweifel und Ihren Aberglauben über Bord zu werfen und zu einem fundierten Glauben zu finden, der sich auf geistiges Wissen und spirituelle Weisheit gründet. Sie müssen darauf hinarbeiten, den Verstand und die Intuition miteinander in Einklang zu bringen. Wenden Sie sich den tieferen Lehren der Spiritualität, der Wissenschaft, der Metaphysik, der Psychologie und des Kosmos zu. Auf Ihrer Suche werden Ihnen viele Widrigkeiten begegnen, die Sie dazu zwingen werden, sich eingehender mit der Wahrheit zu beschäftigen. Sie werden zu wahrem Glauben finden, sobald Sie sich erst einmal ein Grundwissen über die esoterischen Weisheitslehren angeeignet haben. Meditation, Introspektion und andere Methoden zur Erforschung der eigenen Person, die die Türen zu den inneren Ebenen öffnen, werden Ihnen auf Ihrer Suche nach der Auflösung der kosmischen Rätsel von Nutzen sein.

Karmische Lektion der Zahl 8

Aktiv: Die Zahl 8 als karmische Lektion weist auf einen früheren Mißbrauch an Macht und Besitz hin. Sie haben andere durch Einschüchterung dominiert und manipuliert. Möglicherweise haben Sie Ihr Vermögen vergeudet oder zur Beherrschung anderer Menschen benutzt. Dies ist eine starker Indikator für übertriebenen Stolz und persönlichen Ehrgeiz. Ihr Weg war der einzig mögliche, und es war streng verboten, davon abzuweichen. Sie legten zu großen Wert auf persönlichen Einfluß in Führungspositionen und gesellschaftlichen Kreisen. Auch Habgier ist ein Faktor, der eine Rolle gespielt haben könnte.

Passiv: In einem oder mehreren früheren Leben scheinen Sie sich geweigert zu haben, nach materiellem Reichtum zu streben. Sie waren nicht gewillt, Ihre Fähigkeiten zur Führung anderer Menschen und zur Verbesserung der Gesellschaft zu nutzen. Offenbar hatten Sie eine eindeutige Abneigung gegen Geld und brachten nicht den Mut auf, finanzielle Risiken einzugehen. Unfähigkeit und mangelnde Effizienz in geschäftlichen Dingen ist ebenfalls eine Möglichkeit. Sie wollten für niemanden außer sich selbst Verantwortung übernehmen. Dadurch haben Sie Aufstiegs- oder Entwicklungsmöglichkeiten verpaßt. Auch scheint es Schwierigkeiten gegeben zu haben, sich von einem autoritären Elternteil oder einer tief verwurzelten Doktrin, die Ihr Bewußtsein beherrschte, freizumachen.

Gegenwärtige Ausgleichsmöglichkeit: Das Leben wird Sie in Situationen versetzen, in denen Ihre Autorität ständig auf die

Probe gestellt wird. Sie werden es im Berufsleben mit unerträglichen Autoritätspersonen zu tun bekommen und an allen Ecken und Enden auf Machtmißbrauch und Unfähigkeit stoßen. Sie müssen lernen, für Ihre eigenen Geldangelegenheiten und Geschäfte Verantwortung zu übernehmen. Es kann sehr wohl passieren, daß Sie sehr viel Geld verdienen und es dann plötzlich wieder verlieren. Dieser Verlust wird Sie sehr schmerzen. Solange Sie dem Geld hinterherrennen, wird es Ihnen immer wieder entgleiten. Wenn Sie jedoch seinen Wert wirklich schätzen und es weise nutzen lernen, ist es leicht möglich, daß Sie im finanziellen Bereich sehr erfolgreich sein werden. Sie müssen offensichtlich lernen, Führung zu übernehmen, ohne herrisch dabei zu sein. Je reifer Ihre Führungsqualitäten werden, desto mehr Leute werden sich Ihrer Führung anvertrauen wollen.

Karmische Lektion der Zahl 9

Aktiv: Sie waren ein unpraktischer Idealist und Träumer, stets mit dem Kopf in den Wolken und nie in der Lage, etwas Greifbares zustande zu bringen. Ihr Geschmack war eher exzentrisch als gut; Ihre Großzügigkeit grenzte oft an Verschwendungssucht. Sie vergeudeten Ihr künstlerisches Talent durch nervöse Anspannung und Orientierungslosigkeit. In persönlichen Beziehungen waren Sie oft übersentimental und romantisch, was es anderen ermöglichte, Sie auszunutzen. Sie glaubten, Sie würden wegen Ihres goldenen Herzens geliebt, doch als Sie merkten, daß man Sie betrogen hatte, waren da nur noch Enttäuschung und Niedergeschlagenheit.
Passiv: Sie hatten Schwierigkeiten, mit Ihren persönlichen Gefühlen umzugehen und mit anderen Menschen eine gefühlsmäßige Beziehung einzugehen. Hinter Ihrem selbstlosen, unpersönlichen Auftreten versteckten Sie geschickt Ihre Unfähigkeit, persönliche Bindungen über längere Zeit aufrechtzuerhalten oder anderen Menschen Zuneigung und Liebe zu

schenken. Sie haben es gut gemeint, haben aber denjenigen, mit deren Leben Sie in jener Bewußtseinsphase in Kontakt kamen, wenig hinterlassen. Sie hatten wenig Mitgefühl mit dem Leiden anderern, da Sie häufig viel zu sehr mit Ihrem eigenen Leiden und Verlust beschäftigt waren. Sie waren nicht bereit, sich dem Ernst und Zynismus des Lebens zu stellen.

Gegenwärtige Ausgleichsmöglichkeit: Das Leben wird Ihnen im Gefühlsbereich eine traumatische Situation nach der anderen bescheren und damit Ihre Persönlichkeit solange unter Druck setzen, bis sie schließlich bei der Seele Rettung und Rat suchen geht. In den Bereichen Ehe, Berufsleben und Gesundheit werden Sie so manchen Rückschlag und Kummer erleiden müssen, durch den Ihr Herzzentrum allerdings geöffnet und Ihnen dadurch Gelegenheit geboten wird, Verständnis und Mitgefühl für das Leid zu entwickeln, das andere Menschen in ihrem Leben durchmachen müssen. Es könnte für Sie von Nutzen sein, in Gruppen oder Organisationen mitzuarbeiten, die sich um neue Wege in der Forschung, Metaphysik oder im Erziehungsbereich bemühen. Sie sind an einem schwierigen Wendepunkt angelangt, an dem es darum geht, sich von Ihrer Persönlichkeit freizumachen, damit Sie sich stärker auf den Ausdruck Ihrer Seele konzentrieren können.

Karmische Lektion der Zahl 0

Bedeutet nun die Tatsache, daß keine Zahlen im Geburtsnamen fehlen, daß kein Karma vorhanden ist? Zählen Sie nicht darauf! (Das Wortspiel war zufällig . . .). Wir alle sind hier, um unseren Teil zur Herstellung des Gleichgewichts beizutragen. Im allgemeinen bedeutet eine derartige Zahlenkonstellation einen Wendepunkt im Bewußtsein eines Menschen, der einen relativ harmonischen Punkt in seinem Wachstum erreicht hat. Er hat die Möglichkeit, aus sich selbst heraus zu wählen, wie er nun weiter vorgehen will, da ihm von keiner fehlenden karmischen Zahl eine spezifische Richtung vorgegeben wird. Nutzt er diese Wahlfreiheit nicht gut, kann er ein größeres Ungleichgewicht erzeugen und bei seiner nächsten Inkarnation wieder mit fehlenden Zahlen konfrontiert werden.

Die andere Möglichkeit ist, daß er sich noch weiter vom Ungleichgewicht entfernt, das Rad des Karmas verlassen und sich auf der Entwicklungsspirale weiter nach oben bewegen kann. Wenn sich eine solche Situation abzeichnet, bedeutet das Nichtvorhandensein von fehlenden Zahlen einfach, daß jede Lektion gelernt und dann in bezug zu den anderen Lektionen verstanden werden muß. Wird ein solches Verständnis bewußt angestrebt, tritt der ernsthaft Suchende in den Bereich der subtileren, esoterischen Erforschung der Zahlen ein. Am Ende der folgenden Ausführungen zur karmischen Akkumulation werden wir nochmals näher auf die Bedeutung von fehlenden Zahlen für unser Bewußtsein eingehen.

Stellenwert des Karmas

Achtung: Besonders Personen, die sich noch nicht lange mit Reinkarnation und Karma beschäftigen und Erläuterungen wie eben diese zur Beschreibung des karmischen Musters lesen, bekommen Angst und machen sich Sorgen, weil sie meinen, dies würde bedeuten, sie seien schuld an allem, was in den Erläuterungen zum Karma beschrieben wurde. Oder sie glauben vielleicht fälschlicherweise, daß dies das ganze Karma ist, mit dem sie es in diesem Leben zu tun haben.

Einige Verfasser von Numerologiebüchern behaupten, wir hätten neun Leben und würden jedesmal eine Lektion dazulernen. Doch diese Ansicht läßt sich durch keine verläßlichen Quellen stützen.

Aus meiner eingehenden Beschäftigung mit den Werken der großen Kenner der Akasha, wie zum Beispiel Edgar Cayce und neuerer Medien, zeichnet sich hingegen eine klare Linie ab, die darauf hinweist, daß wir viel *mehr* Leben haben. Der Verfasser ist zum gegenwärtigen Zeitpunkt mit einer Reihe von Medien persönlich und beruflich befreundet, die sich, soweit dies beurteilt werden kann, des Akashawissens erfolgreich bedienen und dadurch über ziemlich genaue Informationen verfügen. Aus allem bisher Erfahrenen geht hervor, daß die Anzahl der Leben *nicht* exakt begrenzt ist. Auch wenn es viele Ausnahmen geben kann, scheint der Durchschnitt für die meisten sterblichen Wesen bei 150 bis 250 Leben zu liegen. Deshalb kann es sein, daß wir am Ausgleich eines erst kürzlich entstandenen Ungleichgewichts arbeiten oder aber an einem, das schon viele, viele Leben lang in unserem Unbewußten geschlummert hat und erst jetzt hochkommt, um gelöst zu werden.

Wir haben diese Information hinzugefügt, um Ihnen das Verständnis zu erleichtern, nicht um Sie zu verwirren. *Wenn Sie irgend etwas von dem hier Gesagten beunruhigt, sollten Sie versuchen, sich von Ihrer inneren Stimme bei der Suche nach der Antwort leiten zu lassen.* Wahrscheinlich haben wir bei unseren Erklärungen manchen Aspekt übersehen, und Ihre eigene intuitive Einsicht kann dazu wertvolle Hinweise liefern.

Karmische Akkumulationszahlen*

1 als karmische Akkumulationszahl

Sie wollen die Dinge immer auf Ihre spezielle Art und Weise machen. Dies kann Sie aggressiv und manchmal fast militant erscheinen lassen. Ihr starkes Unabhängigkeitsgefühl und Selbstvertrauen machen es Ihnen schwer, Ratschläge anzunehmen, und Sie neigen dazu, mit Vorgesetzten uneins zu sein. Normalerweise sind Sie begeistert und impulsiv, doch hält Ihre Inspiration nie besonders lange an. Wenn irgend etwas nicht

---

* siehe auch Seite 192, Abschnitt 2.

sofort funktioniert, werden Sie leicht mutlos und behindern sich selbst durch eine negative, zögernde Haltung. Ein Grund für Ihre kurze Konzentrationsfähigkeit liegt darin, daß Sie zu abhängig von anderen Menschen waren oder sich durch diese haben dominieren lassen. Nun werden Sie unter großen Mühen lernen müssen, beharrlich am Ball zu bleiben, damit Sie Ihre Ziele erreichen können. Bis Sie soweit sind und diese Tendenzen überwunden haben, wird es Ihnen weiterhin schwerfallen, sich auf eine Sache zu konzentrieren und logisch zu denken.

Sie erfreuen sich von Natur aus allgemeiner Beliebtheit und werden eine Stellung einnehmen, in der Sie einen hohen Bekanntheitsgrad erreichen – und in der Sie Macht und Autorität über eine Reihe von Menschen ausüben werden. Es könnte sogar sein, daß Sie eine prominente Persönlichkeit werden und dadurch Gelegenheit erhalten, einen bleibenden Beitrag für die Gesellschaft zu leisten. Wenn Sie einmal gelernt haben, Ihre nervösen Energien konstruktiv in eine Richtung zu lenken, kann Sie fast nichts mehr von Ihrem Weg zu Ruhm und Erfolg abbringen.

Sie können in geschäftlichen Unternehmungen erfolgreich sein, wenn Sie Ihre Originalität, Genialität und Wendigkeit geschickt zu nutzen wissen. Dies kann sich jedoch von einem Moment zum anderen ändern, wenn Sie unbesonnen und impulsiv werden und dadurch ein einträgliches Geschäft zum Scheitern bringen oder eine Person beleidigen, die Ihnen hätte behilflich sein können. Ihre Abneigung gegen Kontrolle von oben wird Sie wahrscheinlich eine selbständige Tätigkeit anstreben lassen. Der Durchbruch im geschäftlichen Bereich wird jedoch erst *nach* vielen Rückschlägen kommen und sehr auf Kosten Ihrer Vitalität gehen.

Auch in Freundschaften läßt sich Ihre Individualität nicht verbergen. Sie machen, wozu Sie Lust haben, und Leute mit ähnlichen Interessen bleiben in Ihrer Nähe, um Ihre Geselligkeit zu genießen. Von Menschen mit unterschiedlichen Interessen trennen Sie sich schnell und bewegen sich weiter zu neuen

206

Bekanntschaften. Gehen Sie jedoch wirklich eine Bindung mit jemandem ein, so spielt gegenseitiges Vertrauen eine wichtige Rolle; Ihr Wort wird geschätzt und respektiert. Sie lernen gern viele neue Leute kennen und können in Gesellschaft dynamisch und unterhaltsam sein. Sie haben genaue Vorstellungen davon, was richtig und falsch ist und lassen sich nicht leicht von Ihrer Meinung abbringen.

In Liebesbeziehungen können Sie sehr wechselhaft sein. Suchen Sie eigentlich ständig nach einem neuen Partner? Und wenn Sie einmal meinen, den richtigen Partner gefunden zu haben, wollen Sie die Beziehung gleich dominieren. Deshalb wären Sie wahrscheinlich am besten beraten, sich einen Partner auszusuchen, der bereit ist, sich in vielen Dingen anzupassen und nicht allzu bestimmt auftritt. Ihre Gefühle können in Liebesaffären mit Ihnen durchgehen; Sie stürzen sich kopfüber hinein, ohne jemals groß über die möglichen Konsequenzen nachzudenken. Sie können heißblütig und leidenschaftlich sein, aber verlieren schnell das Interesse.

In der Ehe bemühen Sie sich sehr um eine befriedigende Partnerschaft. Doch Frieden und Harmonie wird sich nicht leicht einstellen; wahrscheinlich werden Sie sich doch schließlich mit einem Partner zusammentun, der ebenfalls einen starken Willen hat, Sie ständig herausfordert und ebenfalls die Hauptrolle spielen will. Als Vater oder Mutter sind Sie fordernd und streng, doch wollen Sie für Ihre Kinder nur die besten Möglichkeiten im Leben.

2 als karmische Akkumulationszahl

Sie sind fest entschlossen, die Probleme des Lebens zu lösen und Frieden und Harmonie zu finden. Sie versuchen, freundlich und rücksichtsvoll zu sein und erwarten dies auch von anderen. Sie sind bereit, anderen selbstlos zu helfen. Wenn Sie mit sich selbst im Einklang sind, sind Sie in Gesprächen mit anderen Menschen diskret und taktvoll und lösen Situationen mit diplomatischem Feingefühl. Aufgrund Ihrer Sensibilität reagieren Sie bereitwillig auf Freundlichkeit und Rücksichtnahme von anderen. Andererseits macht Sie dieser Helfertrieb zum perfekten Opfer, das von anderen Menschen, welche von Ihrer Hilfe abhängig sind, ausgenutzt wird, anstatt daß diese sich selbst um die Lösung ihrer Probleme kümmern. Wenn Sie verletzt sind, wenden Sie Ihre ganze Aufmerksamkeit Ihrer Arbeit zu und stürzen sich voll hinein, anstatt sich mit den emotionalen Konflikten auseinanderzusetzen.

Aufgrund dieser Kombination kann sich Ihr Bewußtsein spalten, und Sie wissen dann bisweilen nicht, wo es langgeht. Ihre äußere Persönlichkeit ist liebenswürdig und bereit, zu geben und zu nehmen, doch Ihre Überzeugungen sind tief verwurzelt. Ein größerer Kraftakt ist nötig, um Sie zur Änderung Ihrer Meinung zu bewegen. Ihr Humor ist oft von einer ernsthaften Ader durchzogen, die oft die Oberhand gewinnt. Sie sind sich der menschlichen Schwachheit und Verletzlichkeit bewußt und empfinden tiefes Mitgefühl. In einem Wortgefecht ergreifen Sie die Position der Gegenpartei, nur um das Gespräch zu beleben.

In geschäftlicher Hinsicht sind Sie nicht jemand, der zu kühnen und bahnbrechenden Entscheidungen neigt, sondern ziehen es vor, die Dinge abzuwägen und den eher konservativen Weg einzuschlagen. Sie streben nicht besonders nach materiellem Gewinn, doch haben Sie eine Art glückliche Hand mit materiellen Dingen, die Sie weiterbringt. Wenn Sie sich von zu viel Verantwortung und ausstehenden Entscheidungen in die Enge getrieben sehen, wollen Sie Zeit gewinnen, um noch die Meinung anderer dazu einzuholen. Das hat jedoch meist zur Folge, daß Sie den Anschluß verpassen. Sie beschäftigen sich lieber mit wirklicher Arbeit und persönlichen Problemen als mit der kommerziellen Seite des Ganzen. Die Erinnerung an Beherrschtwerden durch andere und große Verantwortung in jungen Jahren löst in Ihrem Unterbewußtsein eine Rebellion gegen allzu großen Druck aus. Das macht es Ihnen so schwer, sich zu einer Entscheidung durchzuringen.

Sie halten Freundschaften aufrecht, indem Sie mehr die Rolle eines Begleiters als eines Führers spielen. Durch Ihre Bereitschaft, stets für andere da zu sein, kommen viele Freunde zu Ihnen, um mit Ihnen ihre persönlichen Probleme zu besprechen. Was Sie auf keinen Fall wollen, sind Unstimmigkeiten; deshalb werden Sie alles Mögliche und Unmögliche unternehmen, um jemand anderen nur ja nicht gegen sich aufzubringen. Sie lösen aufkommende Konflikte eher auf diplomatischem Wege als mit Gewalt.

In Liebesbeziehungen sind Sie treu. Sie machen sich nichts aus Spielereien und Flirts! Liebesaffären gegenüber sind Sie konservativ, ja sogar spröde. Es ist leichter, eine einigermaßen funktionierende Beziehung weiterzuführen als sie zu beenden und damit bei dem Versuch, eine neue Beziehung einzugehen, Gefahr zu laufen, Verletzungen und Ablehnung zu erfahren. Sie suchen nach einem starken Partner, auf den Sie sich verlassen können und der Ihnen Rückenstärkung und Sicherheit vermittelt. Sie fühlen sich am wohlsten mit einem aggressiveren Partner, der im häuslichen Bereich das Kommando übernimmt. Sie versuchen andere Menschen auf taktvolle Art und Weise zu überzeugen und so den Frieden durch vernünftiges Gespräch aufrechtzuerhalten. Sie mögen Kinder, doch es wird zuviel Streit und Unstimmigkeiten mit ihnen kommen, wenn sie versuchen, Ihre Geduld auf die Probe zu stellen.

3 als karmische Akkumulationszahl

Tief in Ihrem Herzen hegen Sie den Wunsch, schöne Dinge und Freude in die Welt zu bringen. Während Ihrer ersten Lebensjahre werden Sie viel Frustration, Repression und/oder Behinderung Ihrer Talente erfahren, die Sie so gerne gemeinsam mit anderen ausleben wollen. Sie haben eine starke persönliche Ausstrahlung, die Künstler, Freigeister, Unzufriedene und allgemein kreative Menschen anzieht. Ihre Stimmungen wechseln schnell, doch gehen sie nie extrem auf und ab und halten auch nie besonders lange an. Diese mangelnde Kontrolle über Ihre Gefühle kann ein wesentlicher Grund dafür sein, daß der kreative Fluß bei Ihnen nicht lange genug anhält, um es wirklich zu Erfolg und Ruhm zu bringen. Sie verfügen über eine außergewöhnliche Phantasie und können Ereignisse geschickt und kunstvoll dramatisieren; nutzen Sie dieses Talent und schreiben Sie Bücher für die Sparte, die Ihnen am publikumswirksamsten erscheint.

Auch im kreativen und künstlerischen Bereich können Sie beruflich erfolgreich sein, allerdings eignen Sie sich weniger für die rein kommerzielle und technische Seite dieser Branche. Aller Wahrscheinlichkeit nach werden Sie viele verschiedene Berufe ergreifen, bevor Sie einen finden, der Ihnen passend erscheint. Ihre persönlichen Angelegenheiten und Stimmungen lenken Sie immer wieder von der Routine Ihrer Arbeit ab. Sie scheinen dann geistig abwesend und weit weg von Ihren Kollegen zu sein, und Ihr Vorgesetzter ist geneigt, Sie zu rügen, weil Sie mit dem Kopf nicht bei der Sache sind, die Sie eigentlich tun sollten.

Sie lieben es, mit anderen Menschen zusammenzusein und gesellschaftlich zu verkehren, und Freunde stellen einen wichtigen Faktor in Ihrem Leben dar. Da Sie sich von deren Meinung so stark beeinflussen und mitreißen lassen, werden Sie merken, daß das Schicksal Ihnen über diese Bekanntschaften viele Gelegenheiten bietet. Sie sind empfänglich für freundliche Angebote, fühlen sich dadurch geschmeichelt und begegnen denen, die Ihr Herz rühren, voller Wärme und inniger Zuneigung. Sind Sie jedoch nicht ausgeglichen, so können Sie in Gefühls- und Liebesangelegenheiten gleichgültig und unverbindlich werden. Sinnlichkeit spielt in Ihrem Leben eine wichtige Rolle, doch wenn die Langeweile einsetzt, kann es sein, daß Sie ständig den Partner wechseln und dabei viel Verletzung und Enttäuschung erfahren müssen. Sie sind nicht in der Lage, sich vollständig hinzugeben, und sind dann überrascht, wenn Ihre Partner die Liebesbeziehung beenden. Sie genießen geheime

Flirts, doch gleichzeitig wünschen Sie sich den treuen, liebenden Traumpartner. Sind Sie verletzt, so können Sie Phasen haben, in denen Sie sich eine ganze Zeit lang überhaupt nicht mehr für Sex interessieren, sondern Ihre kreative Energie lieber auf Ihre Hobbys oder auf Ihre Arbeit lenken.

Am wohlsten würden Sie sich wahrscheinlich mit einem geduldigen, verständnisvollen Partner fühlen, der gewillt ist, Ihr unsicheres Selbstbewußtsein immer wieder aufzubauen. Sie neigen zu der Meinung, jeder würde immer nur Ihre Schwächen sehen, während die vielen lobenswerten Stärken und Talente, die Sie besitzen, übersehen werden. Eine glückliche Ehe wird wahrscheinlich lange Zeit auf sich warten lassen, doch ist es endlich so weit, werden Sie die Möglichkeit haben, Abwechslung und Inspiration in die Ehe und das Familienleben zu bringen.

4 als karmische Akkumulationszahl

Sie sind ein Mensch mit starren Ansichten, der entschlossen seinen Weg geht und hart arbeitet. Das Leben läßt Ihnen wenig Zeit, um sich dem Luxus von Spaß und Vergnügen hinzugeben. Werden Sie nicht durch irgend etwas gebremst, können Sie sich leicht zu einem »Workaholic« entwickeln, was sich sehr schädlich auf Ihre Gesundheit auswirken könnte. In Ihrer Kindheit wurde Ihnen wahrscheinlich auf irgendeine Weise viel schwere Arbeit aufgebürdet, und dies löste Ihren Unwillen aus. Sie haben Respekt vor Autoritätspersonen und würden gern selbst als solche betrachtet. Im Gefühlsbereich reagieren Sie ähnlich wie auch im sonstigen Leben. Wenn man Sie herausfordert, können Sie mit Halsstarrigkeit, Wut und aufschäumendem Groll reagieren. Sie gehören gerne zu einer Gruppe und sind sich der Motive anderer Menschen äußerst bewußt. Wenn Sie Unrecht erfahren oder sehen, daß es anderen angetan wird, können Sie ziemlich übelgelaunt werden und eine tiefe Abneigung, ja sogar Haß entwickeln. Da Sie meinen, alles so gut in der Hand zu haben, können Sie Kritik nur schwer ertragen. Sie können empört und ungehalten werden, weil Sie glauben, niemand habe das Recht, etwas an der Präzisionsmaschinerie zu verändern, die Sie bedienen.

Obwohl Sie in gewisser Weise zu Eigensinn neigen, sind Sie im Grunde praktisch, wohlorganisiert und besonders gut darin, die tägliche Routine im Geschäft oder Büro am Laufen zu halten. Im Unterbewußten besteht die Tendenz, unruhig zu werden und die Routine so zu ändern, wie es Ihnen am besten paßt; doch Sie haben gelernt, sich selbst im Zaum zu halten und im Sinne des Unternehmens zu handeln. Aufgrund Ihrer Loyalität gegenüber dem Unternehmen bietet man Ihnen möglicherweise eine leitende Stellung an, mit der Sie gut zurechtkommen. Sie ziehen allerdings vor, eine Arbeit zu verrichten, deren Ablauf Sie bereits kennen, bei der Sie keine größere Verantwortung übernehmen und sich nicht mit den persönlichen Problemen der Angestellten auseinandersetzen müssen. Tief verwurzelt in Ihrem Bewußtsein haben Sie eine mäßigende, konservative Tendenz, und Sie können bei Ihrer Arbeit zwar fast bis ganz nach oben kommen, doch fehlt Ihnen der starke, eigendynamische Antrieb, der nötig ist, um wirklich an die Spitze der Hierarchieleiter zu gelangen.

In Liebe und Ehe sind Sie loyal und leidenschaftlich. Sie sind Ihrem Partner im Prinzip treu. Doch wenn es im Beruf nicht besonders gut läuft und Ihr Partner Ihnen nicht die nötige Rückendeckung gibt oder genügend Mut zuspricht, verfallen Sie leicht dem Charme anderer Anbeter/innen, die bereit sind, Ihren Stolz und Ihr Selbstwertgefühl wieder aufzupolieren. Wenn Sie einmal eine feste Bindung eingegangen sind, sind Sie ein starker, gewissenhafter Partner. Sie sind stolz auf Ihr Zuhause, Ihre Familie und Ihre Besitztümer und arbeiten hart, um gut für Ihre Familie sorgen zu können.

5 als karmische Akkumulationszahl

Sie sind geistig und körperlich äußerst aktiv und unabhängig. Sie bleiben nicht gern lange bei einer Sache und springen rasch weiter. Deshalb sind Sie oft mit zwei oder mehr Sachen gleichzeitig beschäftigt. Sie werden bis zum Ende Ihres Lebens wahrscheinlich viele Reisen und viele seltsame Erfahrungen machen. Ja häufig nehmen Sie sogar große Unannehmlichkeiten auf sich, um Nervenkitzel und manchmal sogar Gefährliches zu erleben. Sie müssen lernen, mit Stimulantien aller Art (Tabak, Drogen, Alkohol) Maß zu halten, denn Ihr Körper könnte dadurch sehr geschädigt werden, und die Wahrscheinlichkeit, daß Sie sich zügellosem Genuß hingeben, ist extrem hoch. Sie stecken in einem qualvollen Dilemma zwischen Begierde und Angst vor sexuellen und sinnlichen Gewohnheiten. Diese Unsicherheit wird Ihnen viele Gelegenheiten bescheren, bei denen Sie lernen können, diese Ängste und Sehnsüchte zu kontrollieren und ihrer Herr zu werden. Sie folgen in Ihrem Handeln immer dem Impuls des Momentes und reagieren kindisch, wenn sich dem freien Fluß Ihres Handelns oder Denkens irgend etwas in den Weg stellt. Sie können aufbrausend reagieren, doch ist der Zornesausbruch nie von langer Dauer und so schnell, wie er gekommen ist, auch wieder verflogen.

Bedingt durch Ihr rastloses Wesen und Ihre Abneigung gegen monotone Routine werden Sie in Ihrem Leben wahrscheinlich in viele verschiedenen Berufs- und Geschäftszweige hineinschnuppern. Am besten gefällt Ihnen der Verkaufssektor und Positionen, in denen es ständig Abwechslung gibt und ständig etwas los ist. Ihre Neugierde und Ihr Erfindungsreichtum könnte Sie zum Beispiel dazu veranlassen, ein neues Produkt zu kreieren oder vielleicht eine neue Vermarktungsmethode zu erfinden. Sie wollen nicht hart arbeiten, um Ihren Lebensunterhalt zu verdienen, sondern lieber schnell zu Geld kommen.

Dies deutet auf eine Person hin, die allgemein beliebt ist und in Gesellschaft immer als der Hans Dampf in allen Gassen auftritt. Sie neigen nicht dazu, viele tiefe Freundschaften einzugehen, denn Sie wollen ständig unterwegs sein, um neue Leute kennenzulernen. Ihre persönliche Ausstrahlung kommt Ihnen bei Ihren Freundschaften zugute, doch mit Ihren Gefühlen können Sie Kummer und Leid hervorrufen.

In Liebesdingen haben Sie eine eher sorglose Einstellung, die auf andere attraktiv wirkt. Sie sind ein Naturtalent im Flirten und wollen an niemand gebunden sein. Sie genießen jeden Moment in vollen Zügen und kümmern sich nicht darum, was morgen sein wird. Es macht Ihnen Spaß und reizt Sie, immer wieder neue Liebesaffären einzugehen. Leider verwechseln Sie dabei sexuelle mit gefühlsmäßigen Bedürfnissen. Sie sind sich Ihres sexuellen Charmes bewußt und zögern nicht, ihn jederzeit anzuwenden. Aufgrund der Unbeständigkeit Ihrer Gefühle können Sie plötzlich eine Härte an den Tag legen, die für manchen Liebespartner eine unangenehme Überraschung darstellen wird. Wahrscheinlich können Sie sich mit dem Gedanken an die Einengung durch eine Ehe nicht besonders anfreunden. Obwohl Sie sich selbst als Vorbild für Loyalität und Hingabe betrachten, kann es sein, daß Sie im nächsten Moment schon wieder im Büro oder um die nächste Ecke herum flirten. Sie möchten gern einen Partner, der Ihnen viel Freiraum und Freiheit läßt; aber wahrscheinlich suchen Sie sich einen aus, der einen häuslichen Typ und aufmerksamen Ehepartner bevorzugen würde.

6 als karmische Akkumulationszahl

Sie möchten Methoden finden, die der menschlichen Rasse das Leben leichter machen. Dieses Anliegen kann Sie leicht in eine Lage bringen, in der Sie von anderen ausgenutzt werden; Sie täuschen sich gern selbst, wenn Sie denken, Sie hätten ja soviel für andere getan (besonders wenn die Kombination der fehlenden Zahlen 2 und 4 ist). Im allgemeinen sind Sie jedoch effektiv, wenn es darum geht, anderen beizustehen und zu helfen. Bisweilen ist das Altruistische Ihres Motivs etwas zweifelhaft, und Sie übertreiben Ihre Helferrolle, indem Sie sich alle Mühe geben, Ihrer Betroffenheit Ausdruck zu verleihen (besonders wenn 1 und 5 die fehlenden Zahlen sind). Ihre Nächstenliebe und Anteilnahme führen oft dazu, daß Sie die Bedürfnisse der Menschen, die Ihnen am nächsten stehen, oder gar Ihre eigenen Mißgeschicke übersehen, weil Sie allzu sehr mit den Bedürfnissen anderer Menschen beschäftigt sind.

Ihre natürliche Großzügigkeit hindert Sie daran, Ihren Lebensunterhalt in einem Beruf oder Wirtschaftszweig zu verdienen, in dem harter Konkurrenzkampf und knallharte, unpersönliche Entscheidungen gefragt sind. Wahrscheinlich besitzen Sie auch nicht genug Aggressivität, um Macht oder Reichtum anzustreben. Wenn Sie jedoch im Geschäftsbereich tätig sind, sind Sie in der Lage, Transaktionen abzuschließen, ohne jemand dabei auf die Füße zu treten oder irgendwelche Gefühle zu verletzen. Dies ermöglicht es Ihnen, enge Freunde unter Ihren Kollegen zu finden.

Freunde sind für Ihr Wohlergehen unerläßlich, und Sie haben das Glück, ein paar sehr liebe Freunde zu besitzen, die Sie durch Ihr ganzes Leben begleiten werden. Sie übernehmen viele Meinungen von den Ihnen nahestehenden Menschen und fühlen deren Freude und Leid mit. Es stimmt zwar, daß man Sie schon allzuoft ausgenutzt hat, dies sollte Sie jedoch nicht mißtrauisch gegen alle Menschen machen. Bisweilen haben Sie selbst bekanntlich auch den guten Willen von anderen ganz schön strapaziert.

Zärtlichkeit und teilnahmsvolles Verständnis prägen Ihre Gefühle in bezug auf Liebe und Partnerschaft. Sie haben lieber eine emotional erfüllende Beziehung als mehrere flüchtige Affären. Dieses emotionale Bedürfnis kann allerdings ein erschwerender Umstand sein, wenn Ihr Partner Ihnen nicht dasselbe aufrichtige Gefühl entgegenbringen kann.

Sie sehnen sich nach einer glücklichen Ehe und strengen sich schwer an, daß etwas daraus wird. Sie sind mit Ihrem Zuhause sehr verbunden; auch wenn Sie sich auf Reisen begeben, freuen Sie sich schon darauf, wieder in die heimatlichen Gefilde zurückzukehren. Sie ergänzen sich gut mit einem Ehepartner, der im häuslichen Bereich die Entscheidungen übernimmt, haben jedoch wahrscheinlich auch selbst bestimmte Vorstellungen davon, wie man das Zusammenleben am besten organisieren könnte. Loyalität steht für Sie an oberster Stelle, und Sie stehen auch dann noch zu der Beziehung, wenn Ihr Partner bereits das Interesse daran verloren hat. Lieber führen Sie eine wenig befriedigende Ehe weiter, als sich den rechtlichen und gefühlsmäßigen Streß einer Trennung anzutun. Möglicherweise haben Sie Angst und Schwierigkeiten im Umgang mit Kindern und sind nicht in der Lage, ein wirkliches Vertrauensverhältnis herzustellen.

Ihr Unbehagen mag teilweise auf Ihre Kindheit zurückzuführen sein, in der Ihre Gefühlsverwirrung wahrscheinlich durch mangelndes Interesse und Teilnahmslosigkeit von seiten Ihres Vaters, Ihrer Mutter oder beiden entstanden ist.

7 als karmische Akkumulationszahl

Es umgibt Sie eine stark philosophische und geheimnisvolle Aura, die die Neugierde und das Interesse der Menschen weckt, die Ihnen begegnen. Sie stürzen sich mit vollem Elan in das Studium neuer Bereiche und lassen nur wenig unversucht, um den Dingen auf den Grund zu kommen. Sie sind in Ihren Meinungen und Überzeugungen ziemlich festgelegt, deshalb sollte sich jeder, der vorhat, Sie von etwas anderem zu überzeugen, lieber in acht nehmen. Ihr schwarzer Humor und Sarkasmus werden von manchen geschätzt, von manchen gefürchtet. Hinter Ihrer äußeren Erscheinung eines Hyperintellektuellen verbirgt sich ein Mensch mit starken Gefühlsregungen, der Angst hat, daß diese überschwappen könnten und der sie deshalb hinter einem geistigen Schutzschild versteckt. Die 7 als karmische Zahl deutet auf große Intuition hin, und in den Zeiten, in denen Sie in sich gehen, werden Sie lernen, Ihrer inneren Stimme Vertrauen zu schenken. Ihr analytischer Verstand erforscht jeden Winkel Ihres Verhaltens und legt sich eine logische Vorgehensweise für jede Situation zurecht. Wenn jedoch plötzlich die Gefühle mit ins Spiel kommen, wird der ganze logische Plan über den Haufen geworfen, und Sie werden lausbübisch und impulsiv.

Ihr Geschäftssinn wird behindert durch Ihr im Grunde religiöses und philosophisches Wesen. Es fällt Ihnen schwer, dem Mammon zu huldigen, und das marktwirtschaftliche Wertesystem läuft Ihrem inneren Wesen zuwider. Sollten Sie jedoch trotzdem in die Geschäftswelt eintreten, können Sie wahrscheinlich aufgrund Ihrer analytischen Fähigkeiten und mißtrauischen Natur vorsichtige, wenn nicht sogar drastische Entscheidungen treffen, die Sie möglicherweise dank Ihres Durchhaltevermögens auf der Erfolgsleiter weit nach oben vordringen lassen. Eigentlich müßte Ihnen jede Art von Tätigkeit Spaß machen, bei der es um Forschung und Analyse geht.

Diese karmische Zahl deutet nicht gerade auf einfache Freundschaften hin. Viele Menschen empfinden Sie als überheblich und intellektuell abgehoben, was es schwer macht, an Ihre Gefühle heranzukommen. Hat sich einmal eine Freundschaft entwickelt, so sind Sie äußerst loyal, und viele wenden sich an Sie, um von Ihrem Weisheitsschatz und Ihrem Sachverstand zu profitieren. Sie haben Angst davor, andere könnten Ihre emotionale Unsicherheit bemerken, deshalb umgeben Sie sich mit einem geistigen Schutzwall. Haben die anderen Sie einmal akzeptiert, dann lassen Sie tiefe Gefühle der Treue und Anteilnahme zu. So haben am Ende beide Seiten etwas davon.

In der Liebe brauchen Sie einen Partner, den Sie intellektuell respektieren können. Eine geistige Verbindung ist wichtig für Sie, damit es für Sie schön und aufregend ist. Sind Sie einmal eine Bindung eingegangen, so sind Sie possessiv und leidenschaftlich.

Es wäre wohl am besten, Sie würden sich einen unbeschwerteren Partner aussuchen, der Ihre Ernsthaftigkeit etwas ausgleicht, doch besteht die Gefahr, daß Sie das Interesse leicht verlieren, wenn dieser nicht auf Ihrem intellektuellen Niveau ist. Vielleicht haben Sie tatsächlich eine eher intellektuelle als eine stark gefühlsmäßige und körperliche Beziehung. Sie lieben geistige Auseinandersetzungen, und je verzwickter die Wortgefechte werden, desto mehr blühen Sie auf. Diese Eigenschaften machen Ihnen den Umgang mit Kindern, ihrem Lärm und ihren Problemen möglicherweise nicht besonders einfach, besonders wenn die fehlenden Zahlen 2 und 5 sind.

8 als karmische Akkumulationszahl

Sie suchen ständig nach Möglichkeiten, Ihr Ego aufzubauen und Ihr Image aufzupolieren. Eine Spur von Stolz macht Sie glauben, Sie hätten es verdient, eine Autoritätsstellung einzunehmen: Auf der anderen Seite sind Sie jedoch nicht bereit, die nötigen Anstrengungen zu unternehmen, um sich diesen Rang auch zu verdienen. Im negativen Extremfall können Sie so skrupellos werden, daß Sie anderen Leid zufügen. Nach außen hin tun Sie so, als seien Sie der Größte und geben sich gespielt selbstbewußt, aber dahinter verbirgt sich eine tiefsitzende Angst: Möglicherweise sind Sie gar nicht Herr der Lage. Sie besitzen einen enormen Erfolgstrieb und werden es deshalb höchstwahrscheinlich auch zu einer bedeutenden Stellung und zu ansehnlichen Einkünften bringen – falls nicht vorher Habgier Ihr Herz vergiftet. Sie werden leicht unruhig und unzufrieden mit der Art, wie die Dinge sich entwickeln, und beginnen dann die Fähigkeiten und Beweggründe der Menschen um Sie herum anzuzweifeln. Die Acht als karmische Akkumulationszahl deutet auf einen Menschen hin, der ständig unterwegs ist, sei es als Lehrer oder für karitative oder politische Zwecke. In den ersten Lebensjahren haben Sie viel Unglück und Behinderungen erfahren; dies hat Sie im Unterbewußtsein eine trotzige

Haltung annehmen lassen, die Sie glauben macht, Sie seien jeder Herausforderung gewachsen.

Die meisten der bisherigen Bemerkungen beziehen sich auf Ihr berufliches Auftreten und auf Ihre allgemeine Lebenseinstellung. Sie haben Schwierigkeiten mit Vorgesetzten und Managern und brauchen viel Freiraum, um zu Entscheidungen zu kommen. Sie werden nicht lange am unteren Ende der Erfolgsleiter stehen, egal welche Art von Unternehmen oder Organisation Sie sich ausgesucht haben. Sie haben ein besonderes Talent dafür, Ideen für eine Verbesserung der technischen Produktion und effektivere Nutzung des Personals beizusteuern und legen ein gutes Urteilsvermögen an den Tag, wenn es darum geht, wie man Geld am besten ausgibt und investiert. Leider sind Ihre persönlichen Entscheidungen in finanzieller Hinsicht nicht immer genauso erfolgreich.

In bezug auf Freundschaften spielen Sie überzeugend die Rolle dessen, der sich nehmen kann, was er will, besonders wenn 3 und 5 die fehlenden Zahlen sind. Doch im Grunde möchten Sie, daß alle Sie gern haben, und insgeheim brauchen Sie die Anerkennung von anderen Menschen, um Ihren Seelenfrieden zu finden. Weil Sie Freunde brauchen, die zu Ihnen halten, entwickeln auch Sie Loyalität und stehen ihnen mit Rat und Tat zur Seite, solange es um Dinge geht, die Sie nicht persönlich betreffen. Treten Freunde Ihren Gefühlen jedoch zu nahe, so werden Sie nervös und reizbar. Ihr starkes Konkurrenzempfinden macht es Ihnen schwer, Freunde und Bekannte als das anzunehmen, was sie sind, statt als das, was sie haben.

Seltsamerweise setzt sich Ihre geschäftsmäßige Haltung auch in Ihrem Liebesleben fort. Ihre zurückhaltende Gefühlsnatur erzeugt ein etwas gleichgültiges Verhalten. Sie wären am besten beraten, sich mit einem Partner zusammenzutun, der einen starken Willen besitzt und ehrgeizig ist, doch gleichzeitig in der Lage, *Sie* ständig aufzubauen. Sind Ihre Ziele sich zu ähnlich, so kommt es zweifellos eher zu Konkurrenzkämpfen als zu einer gegenseitigen Ergänzung. Wenn Ihnen diese Rückenstärkung versagt wird oder die Ehe ins Wanken gerät, haben Sie schnell Ausreden für Liebesaffären oder einen ausschweifenden Lebensstil bei der Hand.

9 als karmische Akkumulationszahl

Die 9 als karmische Akkumulationszahl weist darauf hin, daß Sie äußerst schwierige Aufgaben zu bewältigen haben werden: Sie müssen zum Beispiel lernen, Unsicherheiten, die Sie einschränken, possessive Tendenzen und Beziehungen, die nicht mehr mit Ihrer Entwicklung kompatibel sind, zu erkennen und sich von ihnen zu lösen. Sie sind erfüllt von einer tiefen Sehnsucht nach emotionaler Erfüllung (besonders bei fehlender 6 und 3). Doch emotionale Ängste sind meist tief im Unterbewußtsein verwurzelt, und es braucht schon einige traumatische Erlebnisse, um sie an die Oberfläche des Bewußtseins zu befördern. Sie wünschen sich ein gemütliches Zuhause, eine stabile Ehe (besonders bei fehlender 6 und 3); doch etwas in Ihnen hindert Sie daran, sich wirklich mit Ihrem Zuhause und Ihrem Ehepartner eng verbunden zu fühlen. Oft überfallen Sie Gefühle von Einsamkeit und Isoliertheit, sogar wenn Sie mit anderen zusammen sind, besonders wenn 7 und 2 die fehlenden Zahlen sind. Ihr Idealismus hat nicht immer die Auswirkung auf das Massenbewußtsein, die Sie sich wünschen würden.

Diese karmische Zahl zeichnet Sie nicht gerade als aggressiven Geschäftsmann aus. Sie lassen lieber andere die Verantwortung und Leitung übernehmen, während Sie die Inspiration und Unterstützung liefern. Sie eignen sich gut dafür, andere zu motivieren, und wären deshalb besser in der Öffentlichkeitsarbeit oder in Personalabteilungen aufgehoben als im Wettbewerbsbereich. Egal in welchem Berufszweig Sie arbeiten werden, wird die Arbeit, die Ihnen am meisten Spaß macht, immer irgend etwas mit Religion, Bewußtseinswachstum, theoretischer Wissenschaft, Metaphysik, Sozialreformen oder ähnlichen Themen zu tun haben.

Sie sind in der Lage, Freundschaften mit Menschen einzugehen, die völlig konträre Interessen zu den Ihrigen haben. Sie hoffen meist, engere Beziehungen mit allen Ihren Freunden aufrechterhalten zu können – doch das Leben bringt Ihnen ständig wieder neue Freunde, und auch diese machen sich wieder auf zu neuen Horizonten. Sie neigen dazu, sich emotionell durch Negativität von anderen Menschen beeinflussen zu lassen. Häufig ziehen Sie aufgrund Ihrer Großzügigkeit und Ihres Wunsches, anderen zu helfen, geradezu Leute an, die Ihre Gefühle mit Füßen treten oder Sie mit Gleichgültigkeit oder gar Boshaftigkeit strafen (besonders wenn Ihre fehlenden Zahlen 1 und 8 sind). Fast immer sind Sie anderer Meinung als Menschen, die nach den gängigen gesellschaftlichen Normen leben, deshalb verbringen Sie viel Zeit mit Nachdenken über modernere oder gar futuristische Regierungs- und Gesellschaftsformen. Fragen und Gedanken, die sich mit der Zukunft des Universums befassen, sind für Sie sehr wichtig. Eine Rolle, bei der Sie Ihre persönlichen Interessen in den Hintergrund stellen und sich um eine globale Entfaltung des menschlichen Bewußtseins bemühen, würde gut zu Ihnen passen.

In der Liebe sind Sie äußerst idealistisch und gefühlsbetont. Vielleicht werden Sie ab und zu platonische Liebesbeziehungen auf spiritueller Ebene haben. Am besten würde ein Partner zu Ihnen passen, der Ihren unkonventionellen Ideen gegenüber tolerant ist und sich ebenfalls um das allgemeine Wohl der Welt und der Menschheit sorgt. Sie wünschen sich eine ideale Verbindung und konfrontieren den geliebten Partner mit fast unerfüllbaren Erwartungen. Das hat keinen günstigen Einfluß auf eine Ehe; vielleicht werden Sie mehrere Beziehungen eingehen müssen, bis Sie den richtigen Partner finden.

10 als karmische Akkumulationszahl

Der Erfolg ist Ihnen fast sicher, doch das hindert Sie nicht daran, jedesmal furchtbare Angst vor einem Unglück zu haben, wenn ein neues Projekt ansteht. Alles deutet darauf hin, daß Ihnen in einem früheren Leben ein gravierender Fehler unterlaufen ist, der Sie nun zögern läßt, eine neue Sache in Angriff zu nehmen, oder Sie daran hindert, die für den Erfolg dringend nötige Zuversicht und Energie aufzubringen. Erst vor kurzem hatte ich es mit einer Person zu tun, in deren Zahlenbild die 4, 7, 8 und 9 fehlten; das ergibt zusammen 28 und reduziert 10. Die Beschreibung für diese Kombination könnte kaum passender sein.

Sie haben großartige Ideen und sind am Anfang voller Begeisterung; doch Ihre unterschwelligen Ängste können Sie davon abhalten, viele Ihrer Ziele zu erreichen. Ihre Stimmungen schwanken auf seltsame Art und Weise zwischen übertriebenem Selbstvertrauen und einer überwältigenden Unsicherheit in bezug auf Ihre eigenen Fähigkeiten hin und her. Im einen Moment sind Sie begeistert von großartigen Projekten zur Hilfe der Menschheit, und schon im nächsten Moment können Sie nicht mehr über Ihr eigenes Gesichtsfeld hinaussehen. Sie lassen sich leicht zu der Meinung hinreißen, an einigen Ihrer Ideen sei einfach nicht zu rütteln, was es Ihnen, egal was auch geschieht, in der Folge schwer macht, von diesem Weg wieder abzugehen. Sie werden auf starken Widerstand stoßen, wenn Sie versuchen, Ihre Meinung den Ihnen nahestehenden Menschen mit Gewalt aufzudrängen (besonders wenn die 2 und die 8 fehlen).

Auch in beruflicher Hinsicht wird es solange starke Auf- und Abbewegungen geben, die Sie bisweilen dem Erfolg und bisweilen dem Ruin sehr nahe bringen, bis Sie lernen, Ihre unterschwellige Angst vor Versagen zu überwinden. Ihre ungeheueren Talente können brachliegen, weil Sie nicht genügend Selbstvertrauen haben, um sie richtig zu entwickeln. Sie arbeiten am besten zusammen mit anderen Menschen, sind aber oft unentschlossen und mutlos. Hat man Ihnen einmal gezeigt, wie man etwas macht, können Sie gute Leistungen vollbringen, wenn man Sie selbständig arbeiten läßt. Obwohl Sie gern eine

Führungsposition einnähmen, fällt Ihnen diese nicht einfach zu. Am meisten liegt Ihnen eine Arbeit, bei der Sie andere inspirieren können. Doch sobald die Dinge am Laufen sind, gehen Sie lieber zu neuen Projekten über.

Sie brauchen viele Sie unterstützende Freunde um sich herum und ziehen im allgemeinen Menschen an, die selbst ein beträchtliches Maß an unverwirklichten Fähigkeiten besitzen. Die Auswahl Ihrer Freunde ist sehr wichtig, denn man könnte Sie leicht wegen Ihrer Schwäche und Selbstzweifel ausbeuten. Der Umgang mit reifen Menschen, die sich weise mit metaphysischen Methoden, Selbsthilfe-Programmen und Techniken zum persönlichen Wachstum beschäftigen, würde Ihnen bestimmt guttun.

Ihr Verhalten in Liebesbeziehungen ist wechselhaft und unsicher. Sie wünschen sich einen Partner, der Ihre Bedürfnisse erkennt und Ihnen genügend Selbstvertrauen einflößt, damit Sie die Dinge etwas energischer vorantreiben. Sie lassen sich auf Liebesaffären ein, um Ihr mangelndes Selbstbewußtsein aufzubessern. Für die Ehe eignet sich für Sie am ehesten ein Partner, der flexibel ist und Ihnen den nötigen Rückhalt bietet. Sie sind kein besonders häuslicher Typ und möchten sich nicht durch die Anforderungen von Heim und Familie angebunden fühlen. Sie sprühen vor Vitalität und erholen sich schnell von Krankheiten. (Siehe auch unter 1 als karmische Akkumulationszahl).

11 als karmische Akkumulationszahl

Diese Zahl deutet auf ein höchst idealistisches, intuitives Wesen hin. Sie verfügen über ein umfassendes Bewußtsein für die Notwendigkeiten in der Gesellschaft und bemühen sich deshalb um ein positives Image in der Öffentlichkeit. Ihr Schicksal wird Sie wahrscheinlich irgendwann einmal vor viele Menschen bringen. Sie neigen von Natur aus dazu, sich mit religiösen Fragen, okkulten oder metaphysischen Studien zu beschäftigen; werden Sie dieser Neigung folgen? Diese karmische Zahl deutet darauf hin, daß Sie in einem früheren Leben Ihre medialen oder intuitiven Fähigkeiten mißbraucht haben; wenn 3 und 8 die fehlenden Zahlen sind, um politisch daraus Nutzen zu schlagen oder andere Menschen zu manipulieren; wenn 2 und 9 fehlen, weil Sie Ihren Idealismus in die falsche Richtung gelenkt haben; wenn 4 und 7 fehlen, haben Sie vielleicht alles dem Intellekt überlassen und der Intuition keine Entwicklungsmöglichkeit gegeben; wenn 5 und 6 die fehlenden Zahlen sind, haben Sie andere möglicherweise unwissentlich aufgrund Ihrer eigenen Überzeugungen und Komplexe auf einen falschen Weg geführt. Sie lieben es, sich von der Inspiration leiten zu lassen und in neuen Bahnen zu denken, doch gleichzeitig hängen Sie auch am Alten und Bewährten. Haben Sie einmal in einer bestimmten Frage Stellung bezogen, werden Sie alles nur erdenklich Mögliche unternehmen, um diese Position zu verteidigen. Haben Sie einmal eine Richtlinie festgelegt, erwarten Sie von jedem, daß er sie übernimmt und sich an sie hält. Sie übersehen dabei, daß die anderen vielleicht weder Ihre Überzeugung noch Ihren Eifer teilen.

Zu Erfolg und Erfüllung im Beruf werden Sie nur über Geduld und taktvolles Vorgehen gelangen, nicht über Gewalt. Im allgemeinen weist diese Kombination auf keinen großen Geschäftssinn hin. Sie wären besser beraten, einen Beruf zu wählen, der etwas mit Religion, gesellschaftlichen Reformen, Erziehung, Politik oder Bewußtseinsbildung zu tun hat. Ihre gesteigerten Wahrnehmungskräfte zeichnen Sie als Führungspersönlichkeit aus. Sie haben einen angeborenen Hang zu fortschrittlichem, modernem Denken und weitreichenden Ideen; aber Sie können auch mit Klauen und Zähnen eine liebgewonnene Überzeugung verteidigen. Es fällt Ihnen schwer, Fehler zuzugeben. Tun Sie es einfach – dann sind Sie frei, in Wahrheit und Vertrauen weiter voranzugehen.

Diese karmische Zahl deutet darauf hin, daß Sie viele Freunde aus unterschiedlichsten Kreisen anziehen werden, die anscheinend nichts miteinander verbindet. Ihre Power und Anziehungskraft wirken auf Menschen, die Ihnen zum ersten Mal begegnen, entweder stark anziehend oder stark abstoßend. Es drängt Sie von sich aus, anderen Menschen von der höheren Weisheit und den universellen Wahrheiten zu verkünden, doch sollten Sie dabei sorgsam darauf achten, daß Sie die Wahrheit nicht verdrehen oder verfälschen, um Ihrer persönlichen Überzeugung Ausdruck zu verleihen. Unabsichtlich ziehen Sie vielleicht exzentrische Persönlichkeiten und Bewußtseinsführer an, die von zweifelhaften Motiven getrieben sind und die beträchtliches Chaos anrichten können. Wenn man nicht aufpaßt, können die Schwingungen dieser Kombination übertriebene Exzentrizität und extreme Neigungen hervorrufen.

Auch in bezug auf Liebe und Ehe neigen Sie zu einem ähnlich starken Idealismus. Sie gehen davon aus, daß man mit Ihnen auf derselben Bewußtseinsstufe verkehrt, auf der Sie selbst sich befinden. Sie wünschen sich eine ideale Beziehung und sehen sich selbst als nahezu perfekt an. Tatsächlich können Sie aufgrund Ihrer Launenhaftigkeit, mangelnden Geduld, emotionalen Unbeständigkeit und Ihrem ständigen Drängen, der geliebte Mensch solle nach Ihren Vorstellungen leben, zu einem Partner werden, wie man ihn sich nicht gerade wünscht. Sie träumen ständig von einem Partner, mit dem Sie eine perfekte Seelenverwandtschaft verbindet. (Siehe auch unter 2 als karmische Akkumulationszahl).

12 als karmische Akkumulationszahl

Das Leben wird Sie mit vielen Situationen konfrontieren, in denen von Ihnen verlangt wird, Opfer zu bringen. Diese Situationen können bewußt wahrgenommen und dementsprechend gelöst werden oder sie können sich als unterbewußtes Muster entwickeln. Das letztere ist aufgrund seiner tieferen Bedeutung nicht ganz so leicht zu verstehen. In gewisser Weise leben Sie immer mit dem Gefühl, daß die Dinge um Sie herum schon morgen nicht mehr vorhanden sein könnten. Diese andauernde emotionale Angst verursacht Ihnen Leiden, sei es nun wirklich oder eingebildet; und die Unzufriedenheit führt Sie hin zu Quellen der Selbsterkenntnis oder Methoden zur Äußerung dieser Gefühle. Sie haben einen natürlichen Hang zum Drama und verhalten sich wie ein Schauspieler auf der Bühne, der seine Seelenqualen beklagt (besonders wenn die fehlenden Zahlen 3 und 9 sind).

Es kann sein, daß Sie gerade in dem Moment, in dem Sie sich nichts im Leben so sehr wünschen wie genügend freie Zeit, um sich persönlichen Interessen zu widmen, sich um einen behinderten Verwandten kümmern müssen, zum Militär eingezogen werden oder für einen Kollegen einspringen müssen. Weiß der Himmel, wieso ständig *Sie* dafür zuständig sein sollen, sich um die Bedürfnisse anderer Menschen zu kümmern!

Vergessen Sie nie: »Wie ihr säet, so werdet ihr ernten.« Ihre natürlichen, kreativen und künstlerischen Neigungen können irgendwann einmal auch dazu benutzt werden, anderen das, was Sie bisher gelernt haben, zu vermitteln. Es kann gut sein, daß Sie über die Lektionen, die Sie bisher aus Ihrem Lebenskampf gelernt haben, sogar schreiben oder Vorträge halten werden.

Im Berufs- und Arbeitsleben werden Sie in Positionen zu finden sein, in denen Sie, häufig hinter den Kulissen, viel zusätzliche Arbeit leisten, während andere dafür die Lorbeeren ernten und befördert werden. Aufgrund Ihrer unruhigen, kreativen Natur fällt es Ihnen schwer, bei einem Beruf zu bleiben. Erfolg und berufliche Anerkennung werden sich wahrscheinlich erst später im Leben und nach beträchtlichen Kämpfen und Opfern einstellen.

Sie wünschen sich viele Freundschaften, haben Spaß an gesellschaftlichen Ereignissen und genießen es, beliebt zu sein. Sie neigen dazu, Ihre Erfahrungen zu dramatisieren, und reagieren impulsiv auf aufregende, momentane Ereignisse. Ihre Freunde mögen Ihre Spontaneität und Flexibilität. Ihr Wunsch, anderen zu gefallen, bringt Sie in Situationen, in denen Sie nicht nein sagen können. Danach sind Sie nur allzu bereit, sich als aufopferungsbereiten Märtyrer zu sehen, der viel Zeit damit verbringt, sich um das Leben anderer Menschen zu kümmern.

Die Knackpunkte in Liebe, Ehe und Familie herauszuarbeiten kann eine ständige Herausforderung für Sie darstellen. Ihre Partner, Lebensgefährten und Kinder werden ein ungeheuer hohes Maß an Zuwendung von Ihnen verlangen. Sie werden sich manchmal fragen, ob es denn nie ein Ende haben wird mit den Forderungen von seiten der Kinder, den ständigen Verpflichtungen, Krankheiten, Aktivitäten der Ehefrau, beruflichen Anforderungen des Ehemanns und der Einmischung der Schwiegereltern. Sie können leicht mutlos werden und sich zu Recht nicht gebührend geschätzt fühlen.

13 als karmische Akkumulationszahl

Wahrscheinlich gibt es keine andere Zahlenkombination, die so stark auf Arbeitsethik hinweist wie diese Schwingung. In früheren Leben haben Sie bei der Arbeit nicht Ihr Bestes gegeben oder Sie haben mit Ihrer Arbeit nur Ihre eigenen egoistischen Ziele verfolgt, besonders wenn die fehlenden Zahlen 5 und 8 sind. Diese karmische Zahl deutet darauf hin, daß Sie dieses Mal mehr Rücksicht auf andere Menschen nehmen und bei Ihrer Arbeit stets auch an andere denken sollten.

Sie müssen lernen, die Arbeit, für die Sie in diese Welt gekommen sind, auch zu Ende zu führen. Sie sind dazu in der Lage, doch Sie geben oft einfach auf oder wollen die Verantwortung für die anstehende Arbeit nicht übernehmen. Dies deutet darauf hin, daß Sie lernen müssen, die Arbeit um der Arbeit willen zu genießen und eine gesunde Achtung vor Disziplin und vollbrachten Leistungen zu entwickeln. Ihre Rolle scheint für die Gesellschaft nicht von großer Bedeutung zu sein, doch Sie lernen jetzt, als jemand zu dienen, der sich auf den göttlichen Plan für diese Erde einstimmt. Sie neigen dazu, sich immer zurückzuhalten. Es scheint, als würde Sie mangelnder

Ehrgeiz und eine Art von Bescheidenheit davon abhalten, ins Rampenlicht zu treten. Nicht daß Sie nicht dazu fähig wären oder nicht genügend Gelegenheit dazu hätten; Sie versuchen einfach, Ihre Arbeit gut zu machen, doch scheint es Ihnen dabei an Glanz und Phantasie zu fehlen.

Was geschäftliche und berufliche Projekte betrifft, kann es Sie hart ankommen, nur arbeiten zu müssen, um Ihren Lebensunterhalt zu verdienen. Möglicherweise müssen Sie mehrere Rückschläge einstecken oder gar einen Konkurs erleben, bevor Sie wirklich lernen, was Arbeit bedeutet, und eine sinnvolle Beschäftigung finden. Sie zwingen sich selbst dazu, härter und länger zu arbeiten als viele Ihrer Kollegen. Wenn Sie in einer gehobenen Position tätig sind, erwarten Sie das gleiche von Ihren Untergebenen.

Freundschaften werden Ihnen möglicherweise viel Traurigkeit und unerwartete Enttäuschungen bescheren. Die meisten Freundschaften, die zustandekommen, werden sich durch Intensität und Loyalität auszeichnen; doch meist werden sie nur von kurzer Dauer sein. Sie enden nicht in Feindschaft oder mit häßlichen Gefühlen, doch das Schicksal hat einfach einen anderen Weg für Sie vorgesehen. Sie sind traurig darüber und grübeln über die Umstände nach, die Ihrem gegenseitigen Austausch ein Ende gesetzt haben. Sie gelten allgemein als dickköpfig; oft entstehen Mißverständnisse wegen Ihres starren Verhaltenskodexes. Trotz dieser unflexiblen Haltung können Ihre Freunde auf Sie zählen und zollen Ihnen für Ihre Standfestigkeit Respekt.

Was Liebe und Ehe angeht, werden Sie in Ihrem Leben immer wieder Zeiten von Frustration durchmachen müssen. Sie sind treu und leidenschaftlich, doch möglicherweise kommt es zu einer unglücklichen Liebesbeziehung, in der Sie Trost gesucht haben für die Rückschläge, die Sie im beruflichen Sektor einstecken mußten. Ihr Liebesleben wird Ihnen immer wieder ziemlich zu schaffen machen, da Sie von Natur aus dazu neigen, Ihre Gefühle zu kontrollieren und so weder in der Lage sind, voll zu geben, noch voll zu nehmen. Es kann zu seltsamen Entfremdungen zwischen Ihnen und Ihrem Lebensgefährten oder Ihrer Familie kommen, weil Sie einfach nicht zusammenpassen, auch wenn immer noch Liebe vorhanden ist.

14 als karmische Akkumulationszahl

Diese Kombination verspricht einen größeren Wendepunkt im Bewußtsein. Sie deutet auf Erneuerung und Wachstum durch viel Leiden und größere Veränderungen im Charakter hin. Sie haben sich bisher standhaft geweigert, aus den Erfahrungen vergangener Leben zu lernen, und es fällt Ihnen schwer, aus der Illusion und der Verlockung der Sinne herauszuwachsen. Sie sind ehrgeizig und wissen gleichzeitig, wie Sie es politisch am besten anstellen müssen, um sich ins beste Licht zu rücken. Ihr unterbewußtes karmisches Muster läßt Sie Freiheit, Intrigen und persönliches Vergnügen suchen. Ihr gegenwärtiger Wunsch ist es, sich den gesellschaftlichen Konventionen und Erwartungen anzupassen. Das macht Sie zu einem ziemlich formalen, doch weltoffenen Menschen, der seinen immer wieder aufwallenden Wunsch nach Freiheit und Genuß in Schach halten muß.

Sie müssen lernen, sich einzugestehen, daß Sie Fehler begangen haben, und sich aufmachen zu neuen Erfahrungen. Auch wenn Sie die Vergangenheit im Geiste oder mit den Gefühlen noch so oft wiederaufstehen lassen, Sie ändern doch nichts mehr daran; allerdings sollten Sie sich lange genug damit beschäftigen, um die Ursachen, die hinter den selbstverschuldeten Fehlern stecken, aufzudecken. Sie scheinen ständig zwischen dem Wunsch nach absoluter Freiheit und dem Bedürfnis nach Sicherheit hin- und herzuschwanken. Diese ständige Spannung kann Ihre Gesundheit beeinträchtigen, wenn Sie nicht aufpassen. Sie sind neugierig auf alles im Leben und wollen sich keine Erfahrung entgehen lassen.

Es besteht eine große Wahrscheinlichkeit, daß Sie im Beruf

und mit Ihrer Karriere erfolgreich sein werden. Aufgrund Ihrer vielseitigen Interessen und Ihrer großen Anpassungsfähigkeit wäre es für Sie wahrscheinlich am besten, einen Beruf zu ergreifen, bei dem Sie es mit Menschen zu tun haben. Sie sind ehrgeizig, doch ändern Sie möglicherweise Ihre Zielsetzungen kurz vor dem Erfolg. Wenn Ihr Leben aus dem Gleis gerät, können Sie durch Ihre Bestrebungen leicht in zweifelhafte, dunkle Geschäfte verwickelt werden. Vieles deutet darauf hin, daß Sie ziemlich viel Geld verdienen werden. Doch Sie können es genauso schnell auch wieder verlieren, wenn Sie sich nicht gezielt mit Finanzplanung beschäftigen.

Ihre Lebensfreude und Vitalität machen Sie zu einem beliebten und vielbegehrten Freund und gesellschaftlichen Kontaktpunkt. Sie sind nicht gern auf irgend etwas festgelegt und bewegen sich mit großer Selbstverständlichkeit zwischen Menschen aus den unterschiedlichsten Kreisen und gesellschaftlichen Schichten. Ihr schwungvolles Wesen verbreitet Fröhlichkeit unter den Menschen. Andererseits können Sie jedoch auch rücksichtslos sein und andere durch Ihr Verhalten und Ihre impulsiven Äußerungen, vielleicht ohne es zu merken, verletzen. Sie sind nicht wirklich bösartig, sondern einfach unsensibel gegenüber feinen Unterschieden und müssen deshalb Ihre Zunge im Zaum halten, um taktlose und peinliche Ausrutscher zu vermeiden.

Sie sind ständig auf der Suche nach der absoluten Liebe. Dies läßt Sie ständig von einer Beziehung zur nächsten hüpfen, immer auf der Suche nach diesem nebulösen Glücksgefühl. Sie verwechseln leicht Sex und Liebe und bringen sich gefühlsmäßig in äußerst zwiespältige Situationen, wenn Sie etwa mehr als eine Person auf einmal lieben – eine in der Nähe und eine in verlockender Ferne. Sie verabscheuen den Gedanken, Ihre persönlichen Liebesaffären könnten in der Öffentlichkeit breitgetreten werden. Glück in der Liebe und der Ehe läßt sich für Sie nur schwerlich erhaschen, deshalb tun Sie gut daran, sich das zu nehmen, was des Weges kommt. Halten Sie es weiter so, bis Sie ganz sicher sind, daß Sie genau den richtigen Partner für sich gefunden haben. Nur die Zeit kann hier weiterhelfen.

15 als karmische Akkumulationszahl

Eine Aura schamhafter Demut umgibt Sie, und Sie bemühen sich, die unterbewußten Schuldgefühle, die von Fehlern aus früheren Leben herrühren, zu beruhigen. Ein ungezügeltes Ego und eine rücksichtslose Behandlung derjenigen, die nicht mit Ihren Zielen übereinstimmen, sind dafür verantwortlich. Nach außen hin geben Sie sich rücksichtsvoll und mitfühlend und bemühen sich sehr, diese Eigenschaften auch wirklich zu kultivieren. Ihre Gefühle sind ziemlich durcheinander, die belanglosesten Kleinigkeiten regen Sie auf und sind Ihnen peinlich. Sie werden oft Menschen begegnen, die ebenfalls ein starkes Ego haben; aus diesen Erfahrungen können Sie viel über die Probleme der Menschen und ihrem Identitätsbedürfnis lernen.

Wie Sie sicher bereits erraten haben, werden Sie jetzt in den meisten Fällen mit demselben Verhalten konfrontiert, das Sie in einem oder mehreren früheren Leben selbst an den Tag gelegt haben, und können nun hautnah erfahren, welche negativen Auswirkungen es auf andere Menschen haben kann (besonders wenn die fehlenden Zahlen 2, 5 und 8 sind). Sobald Sie Ihren Stolz oder Ihren Ehrgeiz überhandnehmen lassen, wird etwas oder jemand dafür sorgen, daß Sie ganz schnell wieder in Ihre Grenzen verwiesen werden. Zum Beispiel könnte Ihnen Ihre Stellung gekündigt werden oder eine plötzliche Krankheit Sie befallen. Dies wird Ihnen Zeit zum Überlegen und zum Erkennen von ungehörigen, egoistischen Seiten Ihres Charakters geben.

Sie bemühen sich sehr, stabil zu werden, Rücksicht auf andere zu nehmen und eine realistischere Haltung zum Leben und zu den Menschen zu gewinnen. Sie verabscheuen den zerrüttenden Effekt von Meinungsverschiedenheiten und arbeiten schnell und geduldig darauf hin, Feindseligkeiten aus der

Welt zu schaffen. Sie verspüren das Bedürfnis, anderen zu helfen, haben dabei jedoch die lästige Angewohnheit, anderen Ihre Hilfe aufzudrängen. Halten Sie sich heraus, bis man Sie um Hilfe bittet.

Beruflich ziehen Sie es vor, nicht unbedingt in den wettbewerbsträchtigsten Zweigen zu arbeiten. Am besten wäre für Sie eine Arbeit geeignet, bei der Sie anderen Menschen helfen können, mit ihrem Leben besser zurechtzukommen. Sie sind ungeheuer fleißig und arbeiten oft länger als viele andere; Sie sind bereit, Verantwortung zu übernehmen, auch wenn es nicht unbedingt Ihre Sache wäre, sind geduldig, diplomatisch und vom Wunsch getrieben, anderen zu dienen. Passen Sie jedoch auf, daß Sie es nicht übertreiben.

Sie schließen gern neue Freundschaften, und oft kommen die Menschen zu Ihnen, um sich beraten oder aufheitern zu lassen. Ihre rücksichtsvolle Art und Ihr Bemühen, Harmonie in Ihr Leben zu bringen, sind Faktoren, die Sie anziehend machen. Manchmal übersehen Sie, wie andere Ihre vertrauensvolle Art manipulieren wollen. Sie lernen, ein guter Freund zu sein. Aber um ein guter Freund zu sein, sollten Sie sich eigentlich nicht so sehr anstrengen *müssen*.

In Liebe und Ehe suchen Sie eine glückliche und harmonische Beziehung, doch wahrscheinlich ziehen Sie eher einen eifersüchtigen, possessiven und dominanten Partner an. Sie fühlen sich von Ihrem Lebensgefährten und dem Gedanken an häusliche Harmonie stark angezogen.

Viele Hindernisse können jedoch das Zustandekommen einer harmonischen Beziehung hinauszögern: Ablehnung durch die Eltern, Geldmangel oder beruflich bedingte Schwierigkeiten. Möglicherweise heiraten Sie mehr als einmal. Sie müssen lernen, nicht nachtragend zu sein, sondern Mißverständnisse auszuräumen versuchen.

16 als karmische Akkumulationszahl

Sie sind ständig auf der Hut, ob nicht irgendwo eine Katastrophe oder unerwartete Gefahr für Ihre Ehe, Arbeit oder Ihr eigenes Leben lauert. Sie müssen durch eingehendere Beschäftigung mit den Gesetzen des Universums zu einem stärkeren Glauben finden. Sie denken zwar oft über Ihre Gefühle nach, neigen jedoch zu überstürzten und unberechenbaren Entscheidungen, wenn es um emotionale Dinge geht. Ihre Impulsivität wird mehr durch Ihre hauptsächlich intellektuellen Züge bestimmt als durch körperliche Unruhe. Nach einigen unerwarteten und plötzlichen Unglücksfällen in Ihrem Leben werden Sie mit Ihren Gefühlen umgehen lernen.

Sie lieben intellektuelle Wortgefechte und empfinden äußerste Genugtuung, wenn es Ihnen gelingt, bei einem unerwarteten Vorstoß ein stichhaltiges Argument oder Faktum einzubringen. Es wäre für Sie von Vorteil, wenn Sie lernen würden, Ihre Interessen auf *eine* Sache zur Zeit zu konzentrieren. Sie können spontane Entscheidungen treffen, die sogar Sie selbst überraschen; sind sie einmal getroffen, halten Sie sich strikt daran, auch wenn Sie befürchten, daß nur Chaos dabei herauskommt. Wahrscheinlich werden Sie auf irgendwelche Schwierigkeiten stoßen, die Ihnen eine höhere Bildung versagen. Irgendwann in Ihrem Leben werden Sie enttäuscht sein, daß Sie nie einen richtigen Abschluß oder keine guten Noten erzielen konnten. Auch wenn Sie keine abgeschlossene Berufsausbildung haben, sollten Sie auf die Weisheit bauen, die in Ihnen steckt.

In beruflicher Hinsicht sind Sie ein gewissenhafter, harter Arbeiter. Ihnen geht es mehr um Anerkennung als um Geld; doch Sie scheuen vor aggressivem Verhalten zurück und sind im Hinblick auf Ihren eigenen Wert zu bescheiden. Es kann deshalb sein, daß Sie es in Ihrem Beruf nicht so weit bringen, wie Sie es eigentlich könnten. Ihre Angst mag von einem früheren Leben herrühren, in dem Sie es zu weit getrieben haben und irgendwie in Ungnade gefallen sind. Wenn Sie diese Angst überwinden, stehen Ihnen alle Türen offen, wohlverdiente öffentliche Anerkennung und Erfolg zu ernten.

Eine intellektuelle Distanz zeichnet Ihre Freundschaften aus. Sie haben gern Menschen um sich, die ebenfalls tiefgründige Denker sind und/oder sich ständig um ein größeres Verständnis ihrer psychischen und spirituellen Seite bemühen. Sie mögen enge Freundschaften, doch sind Sie lieber allein als in lärmenden Gruppen. Sie sind nicht gerade ein gewandter Unterhalter, denn Sie haben zu den meisten Fragen eine ziemlich festgelegte Meinung. Im allgemeinen sind Sie ein rücksichtsvoller Freund, der häufig witzig ist, manchmal eine scharfe Zunge hat und meist stimulierend auf andere wirkt.

In Liebesbeziehungen versuchen Sie zuerst, eine geistige Verbindung herzustellen; auf den anderen Ebenen können Sie ein bißchen unpersönlich sein. Da Sie ständig auf der Suche nach der perfekten Verbindung sind, werden Sie wahrscheinlich erst einmal verschiedene Liebesaffären haben, bevor Sie eine feste Beziehung eingehen. Sie haben eine idealistische Vorstellung von Liebe und erforschen gern die verschiedenen Formen von Sex und Liebesbeziehungen; das kann Ihre persönliche Erfahrung mit Ihrem Lebenspartner komplizieren. Ihr Wunsch nach einer idealen Beziehung stellt Ihren Partner vor unrealistische, kaum zu erfüllende Erwartungen. Wenn Sie einmal Ihre emotionale Verwirrung überwunden und gelernt haben, Kopf und Herz zusammenzubringen, besteht für Sie die Chance, Harmonie und Sicherheit in der Liebe zu finden.

17 als karmische Akkumulationszahl

Es kann in Ihrem Leben einige Zeit dauern, bis Sie Ihren tief verwurzelten Pessismus und Ihre Hoffnungslosigkeit ablegen und durch erwachenden Optimismus und Glauben an Ihre eigene Zukunft und die Zukunft der Welt ersetzen können. Sie besitzen genügend Schwung und Energie, um darauf Ihr Selbstvertrauen und Ihre innere Stärke zu bauen. Stecken hinter Ihren Vorhaben und Handlungen keine lauteren und rechtmäßigen Absichten, kann es leicht passieren, daß Sie vom Thron gestürzt werden. Dies bietet Ihnen die Ausgangsbasis, um Macht konstruktiv gebrauchen zu lernen.

Sie werden Meinungsverschiedenheiten mit Menschen in gehobenen Positionen haben, die ihre Macht mißbrauchen oder die Angst davor haben, von den vorgezeichneten Wegen abzugehen und neue Wege einzuschlagen. Interessanterweise haben Sie in Ihrem Unterbewußtsein genau dieselben Widerstände. Sie können es nicht leiden, wenn jemand anderes Ihnen sagt, was Sie zu tun haben, und haben wahrscheinlich Schwierigkeiten, als Untergebener zu arbeiten. Sie besitzen einen starken Ehrgeiz und können zur Erreichung Ihrer Ziele lange Zeiten harter Arbeit in Kauf nehmen (manchmal bis zur körperlichen Erschöpfung). Teilweise ist Ihr Leistungstrieb nur eine Kompensation für Ihre unbewußte Angst vor Identitätsverlust (Untergehen in der Menge, kleines Rädchen in der Maschinerie unserer technisierten Gesellschaft zu sein oder keine Spuren auf dieser Welt zu hinterlassen).

Sie haben einen ausgeprägten Geschäftssinn und Karrierebewußtsein. Sie sind ein fähiger Kopf und verfügen über Organisationstalent. Sie haben den Weitblick, ein Projekt bis zum Ende zu durchdenken und können so erkennen, was für die von Ihnen herausgegebenen Richtlinien nötig ist und was dabei herauskommt. Sie sind ausdauernd und besitzen genügend Taktgefühl, um die für die Vollendung der Arbeit nötige Kooperation zu erhalten. Passen Sie auf, daß Impulsivität und kleinlicher Egoismus Ihnen dabei nicht in die Quere kommen.

Im Hinblick auf Freundschaften haben wir es hier mit einer seltsamen Kombination zu tun. Sie wollen zwar Freunde, aber nur zu Ihren Bedingungen. Einmal lassen Sie sie nahe an sich heran, ein anderes Mal wollen Sie nichts mit ihnen zu tun haben. Ihre Verquickung von äußerlichem Optimismus und latentem Pessimismus wirkt sich auch auf Ihr Verhalten gegenüber Freunden aus. Sie mögen Freunde, doch laufen ihnen nicht nach. Es scheint eher so zu sein, daß die Freunde Sie finden. Sie bemühen sich sehr darum, daß alles gut läuft, doch genauso schnell können Sie wieder gleichgültig werden – weil Sie sowieso glauben, daß nichts dabei herauskommt. Einmal verlangen Sie vielleicht zu viel, ein anderes Mal drehen Sie sich einfach um, ohne irgendeine Reaktion abzuwarten, und geben so den Freunden das Gefühl, daß sie eigentlich nicht gebraucht werden. Den Freunden, die Ihnen bleiben, sind Sie ein treuer Freund und gefallen wegen Ihrer Lebhaftigkeit, Ausgelassenheit und praktischen Ader.

Ihr lebhaftes Wesen macht Sie rastlos und unbeständig und läßt Sie Liebsaffären als ein Ventil für Situationen suchen, in denen die Dinge nicht so laufen, wie Sie es gerne hätten, und es Ihnen schlecht geht. Sie sind durchaus in der Lage, aus gesellschaftlichen oder politischen Gründen zu heiraten, statt Ihrem Herzen zu folgen – und so eine kalte Beziehung einzugehen, die Ihnen keine Erfüllung bringt. Wahrscheinlich heiraten Sie mehr als einmal oder gehen eine Bindung mit jemandem ein, der unter Ihrem gesellschaftlichen oder intellektuellen Niveau ist. Wenn die feineren Gefühle vorherrschen und Sie einen starken, unabhängigen Partner finden, sind auch Sie ein treuer und dynamischer Lebensgefährte.

18 als karmische Akkumulationszahl

Es ist schwer, bei Ihrem Charakter zwischen praktischem Idealismus und naiver Leichtgläubigkeit und Selbsttäuschung zu unterscheiden. Sie sehen das Leben durch eine wunderbare rosarote Brille und übersehen dabei häufig große Schwächen in sich selbst und anderen. Ihre angeborene Großzügigkeit kann Sie dazu verleiten, zuviel von sich selbst herzugeben, was Ihnen nicht immer zum Vorteil gereicht. Passen Sie auf, daß diese Großzügigkeit nicht zwanghaft wird und Sie sich am Ende für alles, was schiefläuft, die Schuld selbst zuschieben. Man kann daraus schließen, daß Sie in einem früheren Leben andere Menschen hinters Licht geführt haben und nun lernen müssen, Betrug und Täuschung, sei es durch sich selbst oder durch andere, zu erkennen und zu überwinden. Das wird schwierig werden, denn Sie lassen sich leicht verwirren, wenn starke empathische Gefühle mit ins Spiel kommen. Der innere Aufruhr macht Sie körperlich angespannt und gefühlsmäßig äußerst empfindlich. Es würde Ihnen sicher guttun, sich jeden Tag ein bißchen mit Übungen zur Bewußtseinserweiterung auf verschiedenen Ebenen zu beschäftigen. Ihr Verstand ist expansiv und äußerst logisch; doch manchmal setzen Sie sich über alle Konventionen hinweg, werden streitsüchtig und auf negative Weise exzentrisch.

Wie Sie vielleicht schon erraten haben, sind Sie damit von den Sternen für die Geschäftswelt nicht gerade begünstigt. Routinearbeiten und technische Arbeiten liegen Ihnen, doch durch emotionale Unzulänglichkeit und Unsicherheit kommen Ihre geistigen Konzepte nicht in den Herzen derjenigen an, denen Sie den Weg zum Licht zeigen wollen. Eine bedeutend größere Erfüllung finden Sie bestimmt, wenn Sie sich im humanitären oder kreativen Bereich betätigen, wo Sie Menschen helfen können, die Hilfe wirklich nötig haben. Möglicherweise werden Sie eines Tages auch einmal bei einer Organisation mitarbeiten, die sich mit dem Erforschen und Verbreiten spiritueller, okkulter oder metaphysischer Lehren befaßt. Es kann bis dahin einige Zeit dauern, da Sie vielleicht Angst davor haben, bei einer sinnvollen Organisation mitzumachen, weil Sie meinen, dies könnte Ihr Wachstum auf irgendeine Weise beeinträchtigen. Dies löst bei Ihnen Schuldgefühle aus, weil Sie nicht in der Lage sind, etwas zu lernen, das Ihnen bei Ihrer Vorbereitung auf eine nützliche Arbeit helfen könnte. Werfen Sie Ihre Schuldgefühle über Bord und packen Sie's an!

Was Freundschaften betrifft, befinden Sie sich auf einer gefährlichen Gratwanderung zwischen einem ambivalenten Bedürfnis nach Freunden und äußerer Reserviertheit. Sie schließen sich oft exzentrischen und individualistischen Freunden an und übersehen dabei häufig deren offensichtliche Schwachpunkte. Sie können sehr distanziert wirken; das macht es nicht gerade einfach, sich mit Ihnen anzufreunden. Sie sind zu tiefen Gefühlen fähig, doch haben Angst davor, sie zu zeigen. Durch übermäßige Kontrolle Ihrer Gefühle kann es zu Mißverständnissen kommen.

Ihr Bedürfnis nach Liebesbeziehungen und Ihre sinnlichen Begierden hängen aufs engste mit Ihrer Sexualität zusammen. Ihr sexuelles Empfindungsvermögen ist stark an Gefühle gebunden, die sich sowohl positiv als auch negativ auswirken können. Ihre Zufriedenheit hängt in hohem Maße von anderen Menschen ab, und Sie leiden, wenn diese Ihre Erwartungen nicht erfüllen und sich Ihres Vertrauens nicht würdig erweisen. Es kann sein, daß es in Ihrem Liebesleben recht melodramatisch zugeht und hinter den Kulissen viele Intrigen gesponnen werden. Auch in der Ehe scheint es einige versteckte Dinge zu geben, die aufgedeckt und gelöst werden müssen, damit gegenseitiges Vertrauen und Harmonie entstehen können. Die angestrebte Harmonie stellt sich jedoch nicht leicht ein; mit großer Wahrscheinlichkeit heiraten Sie mehr als einmal.

19 als karmische Akkumulationszahl

Diese karmische Zahl weist auf einen Mißbrauch von Willen in einem früheren Leben hin. Der Wille wurde auf gewaltsame und dominante Weise zur Kontrolle anderer Menschen benutzt. Folglich können Sie, wenn diese Zahl auftaucht, damit rechnen, daß Sie sowohl im Privat- als auch im Berufsleben vielen Menschen mit einem starken Willen begegnen werden, die Sie ständig herausfordern, anzweifeln oder Ihnen die Stirn bieten. Vater, Mutter oder beide können so dominant oder autoritär sein, das es kaum noch erträglich ist. Ihr Verhalten kann zwischen stillschweigender Hinnahme und rüder Aggressivität hin- und herschwanken. Das Leben wird Ihnen schon beibringen, den individuellen Willen jedes einzelnen Menschen zu respektieren und zu kooperieren. Einerseits werden Sie von einem Wunsch nach absoluter Freiheit getrieben, andererseits suchen Sie Sicherheit bei anderen Personen. Manchmal meinen Sie, Sie hätten schon alles begriffen, und werden sehr ungeduldig mit den langweiligen oder uninteressanten Ansichten anderer. Wenn Sie sich von anderen Rat holen, bringt dies meistens nichts. Nach und nach haben Sie gelernt, sich selbst eine Meinung zu bilden und Ihren eigenen Entscheidungen zu folgen.

Sie werden Gelegenheit bekommen, Ihre egoistischen Züge und die unterschwellige Exzentrizität durch eine Vervollkommnung Ihrer Gefühle und eine edelmütigere Haltung gegenüber den Menschen zu überwinden. Packen Sie diese Gelegenheit beim Schopfe und geben Sie sie nicht wieder aus der Hand.

Aufgrund Ihres energischen Auftretens und Ihrer Leistungsfähigkeit eignen Sie sich gut für das Geschäftsleben und eine herausfordernde Karriere. Eine abwechslungsreiche Arbeit, die viel Aktivität verspricht, scheint am besten zu Ihnen zu passen. Wahrscheinlich sind Sie eher ein Arbeitgeber als ein Arbeitnehmer. Sie haben ein echtes Interesse für die Belange derjenigen entwickelt, die für Sie oder mit Ihnen arbeiten, und wenn sich Ihr Ego nicht mehr bedroht fühlt, werden Sie sich bemühen, deren Fortkommen zu fördern. Sie *können* zur höchsten Spitze vordringen, doch können Sie auch sehr tief fallen, wenn Ehrgeiz und Stolz Ihnen in die Quere kommen. Sie werden ständig gegen konservative Geschäftsführer oder Gesellschafter anzukämpfen haben, die in der Mühle der Tradition gefangen sind und keine Spur Ihres Einfallsreichtums besitzen.

Die hektische Schwingung dieser Zahl läßt Sie oft die Freunde wechseln und treibt Sie weiter, bevor Sie mit ihnen eine tiefere Beziehung hätten herstellen können. Sie besitzen wenig Übung oder Kunstfertigkeit darin, es neuen Bekannten leichtzumachen, und Ihre Vorsicht macht es für andere schwer, auf Sie zuzugehen. Sie nutzen Freunde gern aus, um Ihre eigenen Ziele zu verfolgen. Sie kommen am besten mit denen aus, die am wenigsten von Ihnen als Freund fordern.

Auch im Liebesleben kann es bei Ihnen so schnell wechseln wie bei den Freundschaften. Sie sind in Beziehungen offen und direkt und machen keine langen Umschweife, wenn Sie mit jemandem schlafen wollen. Sie können sich in der Stimmung des Moments ganz hingeben, doch fehlt Ihnen die Geduld für eine längere Beziehung. Lernen Sie, daß es schwieriger ist, Liebe zu geben als zu nehmen. Es kann schwierig sein, Sie als Ehepartner immer zu verstehen, da die Stimmungen, Ideen und Überzeugungen sich bei Ihnen rasch ändern. Einen Tag sind Sie Feuer und Flamme für eine Sache, und am nächsten haben Sie sie schon wieder vergessen. Wahrscheinlich ziehen Sie einen Partner mit einem starken Willen an, der Ihnen Kontra gibt.

20 als karmische Akkumulationszahl

Sie sind jetzt an einem Punkt angelangt, an dem Sie ein umfassenderes soziales Bewußtsein entwickeln. Die sensible Seite in Ihnen muß nun versuchen, sich der Bedürfnisse der Gesellschaft oder der Gemeinschaft bewußt zu werden. Möglicherweise mußten Sie in einem früheren Leben eine öffentliche Blamage erleiden, weil Sie irgendwelche Fehler begangen hatten oder zu ehrgeizig waren und anderen dadurch Unrecht angetan haben (dies gilt besonders, wenn die fehlenden Zahlen 3, 8 und 9 sind). Ein anderes karmisches Muster könnte sein, daß Sie ein wichtiges Amt bekleideten und es dazu benutzten, Ihre Gegenspieler anzugreifen und zu bestrafen. Irgendwo in der Vergangenheit haben Sie Ihre Autorität mißbraucht. Dies deutet darauf hin, daß es unterbewußte Neigungen zu Rücksichtslosigkeit und mangelnde Geduld gegenüber anderen gibt. Sie müssen Ihre Zunge im Zaum halten und mit der von Vorurteilen geprägten Kritik gegenüber Menschen mit einem anderen Lebensstil oder einer anderen Überzeugung aufhören. Ihre persönlichen und moralischen Überzeugungen sind ziemlich genau definiert, doch manchmal biegen Sie sich Ihre Ansichten auch zurecht, um irgendwelche fragwürdigen Aktionen zu rechtfertigen. Ihre Hypersensibilität und Nervosität können sich leicht negativ auf Ihre Gesundheit auswirken, wenn Sie nicht aufpassen.

Das Geschäftsgebaren einer Person mit dieser karmischen Zahl ist weniger aggressiv als überzeugend. Sie schießen nicht einfach auf ein Ziel zu, sondern überlegen sich immer, welcher Schachzug wohl taktisch am klügsten wäre. Vieles deutet darauf hin, daß Sie irgendwann in Ihrer Karriere einmal ein Rolle im öffentlichen Leben spielen werden. Am ehesten würde zu Ihnen wohl eine Anstellung in einem Ministerium, in der Regierung, einem Großkonzern oder eine Rolle bei sozialen Reformen oder Reformen zum Nutzen der Menschheit passen. Sie bemühen sich um Bescheidenheit und können äußerste Zurückhaltung üben. Sie sind vorsichtig und diskret und haben eine Höllenangst davor, von der Öffentlichkeit bei irgend etwas überrascht zu werden. Entspannen Sie sich: Dies ist eine Spannung, die Sie nicht brauchen können.

Sie gehen mit Ihren Freunden auf eine herzliche, direkte Art um, können jedoch auch sehr fordernd sein, wenn Ihr Ego sich erhebt. Aufgrund Ihrer allgemeinen Menschenliebe pflegen Sie gern freundschaftlichen Umgang mit einer breiten Palette von verschiedenartigen Leuten. Passen Sie auf, daß Sie sich in den Gesprächen nicht zu sehr in Selbstdarstellung verlieren und andere dadurch nur noch auf reine Rückmeldungsquellen für Ihre persönlichen Ansichten reduzieren. In Momenten der Entspannung können Sie anregend und geistreich sein, aber wenn Sie wirklich schlau und geistreich sein *wollen*, wirken Sie möglicherweise gekünstelt.

In der Liebe sind Sie weniger aggressiv, dafür romantischer als viele andere. Sie stellen lieber zuerst eine gefühlsmäßige Grundlage her, bevor Sie sich jemandem anderweitig nähern. Sie lieben das ganze romantische, elegante und sentimentale

Drum und Dran der Liebe. Ja, Sie brauchen es geradezu, um Ihr Interesse am Partner über längere Zeit immer wieder zu stimulieren. Sie wünschen sich einen gebildeten, vornehmen Partner, und der gesellschaftliche Rang kann bei Ihrer Auswahl eines Lebensgefährten eine große Rolle spielen. Sie verabscheuen Grobheiten und Routine in der Beziehung. Wenn Sie ausgeglichen sind, können Sie ein rücksichtsvoller, einfühlsamer und zärtlicher Partner für Liebe und Ehe sein.

21 als karmische Akkumulationszahl

Trotz der vielen bitteren Erfahrungen, die Sie machen müssen, werden Sie immer wieder von dem Bewußtsein ergriffen, daß Sie sich auf das Ende einer langen Lehrzeit zubewegen. Gleichzeitig haben Sie es sehr eilig, die Aufgaben zum Abschluß zu bringen. In gewisser Weise ist es Ihnen gleichgültig, in welche Richtung Sie gehen werden. Diese karmische Zahl deutet auf eine Synthese von Körper, Geist und Seele hin. Sie nähern sich einem Wendepunkt Ihrer Evolution, haben aber noch einige größere Hürden zu überwinden. Das Leben wird nun von Ihnen verlangen, Ihre Weisheit mit anderen zu teilen und sie zu beschreiben, aber es wird nicht einfach sein, anderen die Gedanken und Worte, die Sie so gern mitteilen möchten, auch verständlich zu machen. Ihre Fähigkeit, das Leben von verschiedenen Ebenen und Blickwinkeln zu betrachten, wird Sie Ihre Meinung zu einem bestimmten Thema oft ändern lassen.

Eine Art vager Schuldkomplex verfolgt Sie in Ihrem Leben. Haben Sie das Gefühl, Sie müßten eigentlich mehr dafür tun, innerlich zu wachsen und Ihr Bewußtsein zu entwickeln? Gleichzeitig wird das Leben so viele andere Anforderungen an Sie stellen, daß es das Verfolgen dieser Ziele unmöglich erscheinen läßt. Sie übersehen dabei häufig die Tatsache, daß das wichtigste Wachstum in den ganz alltäglichen Situationen stattfindet, wenn Sie die esoterischen Gesetze auf scheinbar irdische Schwierigkeiten anzuwenden lernen. Sie sind in hohem Maße für Eindrücke aus Ihrer Umwelt empfänglich und gehen das Leben mit einem spirituellen und mystischen Verständnis an.

Beruflich interessieren Sie viele Dinge, und Sie werden deshalb womöglich oft die Richtung Ihrer Karriere ändern. Sie scheinen Arbeit, bei der humanitäre Ziele verfolgt werden, zu bevorzugen. Sie werden wahrscheinlich auf versteckten Widerstand und geheime Widersacher bei der Verwirklichung Ihrer beruflichen Ziele und Ambitionen stoßen. Sie eignen sich am besten für Bereiche, in denen eher Kopfarbeit als körperliche Anstrengung verlangt wird.

Im Hinblick auf Freundschaften werden Sie gemischte Erfahrungen machen. Sie sind ein geselliger Mensch und genießen die Fröhlichkeit und schönen Momente mit Freunden. Andererseits werden Ihre Freundschaften hinter den Kulissen wahrscheinlich für viel Aufregung sorgen. Es ist nicht leicht für Sie, wirklich tiefe Freundschaften einzugehen. (Sie gehen nicht ganz aus sich heraus, beteuern aber im selben Moment, Sie würden Ihr ganzes Herz ausschütten.) Sie kämpfen um einen Ausgleich zwischen Ihren extrovertierten Bedürfnissen und den Sorgen, Widersprüchen und der emotionalen Verwirrung, die Sie auf sich ziehen. Sie mögen besonders Leute aus dem Künstlermilieu oder Kommunikationsbereich, aus Schriftsteller- und Theaterkreisen und aus dem erzieherischen Sektor.

In der Liebe schwanken Ihre Stimmungen beträchtlich. Emotionaler Gleichmut ist für Sie in der Liebe wichtig, denn ohne ihn schwanken Sie in Ihrer Sexualität und Ihren Gefühlen zwischen Phasen großer Aktivität und völligen Desinteresses. Sie möchten einen Partner mit feinem Empfindungs- und Einfühlungsvermögen, mit dem es möglich ist, die zärtlichen und sanften Seiten der Liebe zu erfahren. In Wahrheit sehnt sich Ihr innerstes Wesen nach einer spirituellen Vereinigung der weiblichen und männlichen Aspekte Ihres Wesens, um dadurch die volle Verwirklichung und Vermählung des kosmischen Bewußtseins zu vollziehen.

Sie treten in einen Zyklus der Beherrschung Ihres Selbst und der Expansion Ihrer Seele ein. Wenn sich diese Zahl als Summe aller fehlenden Zahlen des Namens ergibt, ist es Zeit, Ihr Leben in Ordnung zu bringen. Lassen Sie sich diese Gelegenheit zum Übergang auf eine höhere Bewußtseinsstufe nicht entgehen. Besonders wenn diese Zahl die Summe von Seelenzahl, Lebenszahl und Persönlichkeitszahl ist, deutet dies darauf hin, daß Sie eine sehr wichtige Rolle der Meisterung (durch Anwendung des göttlichen Gesetzes) in diesem Leben zu erfüllen haben. In früheren Jahren waren Sie häufig beunruhigt, weil Ihre Arbeit Ihrer eigenen Einschätzung nach weit unter Ihrem Niveau war. Nach außen hin geben Sie sich übertrieben selbstbewußt, doch dahinter verbirgt sich ein unterbewußter Minderwertigkeitskomplex. Ist erst einmal Ihr Seelenbewußtsein voll erwacht, werden Sie besser zu verstehen anfangen, worin wirklich die Arbeit besteht, die Ihre innere Stimme von Ihnen verlangt, und Ihre unterschwellige Unsicherheit wird sich auflösen.

Sie haben eine natürliche Begabung dafür, Hindernissen geradewegs ins Auge zu sehen und Probleme anzugehen, bevor sie zu unüberschaubaren Ausmaßen heranwachsen. Ihre ernsthafte Entschlossenheit, Ihre Ziele zu erreichen, macht Sie abwechselnd offen und aufgeschlossen und dann wieder strikt und unbeugsam.

Ihre Chancen, Karriere zu machen, sind hoch. Aufgrund Ihres Durchhaltevermögens und Ihrer Hartnäckigkeit werden Sie zu einem Gewinn für jedes Unternehmen. Sie sind flexibel genug, um innovative Methoden oder neue Produkte, mit denen sich höhere Gewinne erzielen lassen, zu erkennen. Durch Ihre Integrität und Ihren ausgeglichenen Sinn für Individualität, Ihr Durchhaltevermögen und Ihr Organisationstalent können Sie praktisch in jedem Bereich erfolgreich sein. Sie werden große Befriedigung empfinden, wenn Sie erst einmal die Arbeit gefunden haben, die Ihrem innersten Wesen wirklich entspricht und die Ihre Seele in diesem Leben vollbringen möchte. Bereiten Sie sich auf Schwierigkeiten vor, wenn es darum geht, die spirituellen Gesetze von Wohlstand und Umgang mit Geld zu erlernen.

Ihre Interaktion mit Freunden ist ziemlich getrübt durch die Vermischung von unbewußten Beweggründen mit Ihrem bewußten Wunsch, in gewisser Weise ambivalente Beziehungen einzugehen. Obwohl Sie gern mit Freunden zusammen sind und sich Freunde wünschen, hindert Sie die Verpflichtung ihnen gegenüber oft daran, anderen, scheinbar wichtigeren Interessen nachzugehen. Am glücklichsten werden Sie sich fühlen, wenn Sie einmal begonnen haben, Ihr Seelenbewußtsein zu entwickeln. Können Ihre Freunde diesen Wunsch nach spiritueller Entwicklung nachvollziehen? Sie sind schnell dabei, Urteile über andere zu fällen; wenn Sie einmal gelernt haben, mit dieser Seite umzugehen und Takt und Rücksicht walten zu lassen, können Sie anderen wirklich tiefe Erkenntnisse über sich selbst vermitteln.

Die Art und Weise, wie Sie sich in Liebesbeziehungen geben, könnte man als »erleuchtete Losgelöstheit« bezeichnen. Durch Ihre spirituellen Interessen sind Sie weniger romantisch und im alltäglichen Ausdruck von Zuneigung ziemlich distanziert. Sie wünschen sich einen Partner, der Sie auf gefühlsmäßiger, geistiger und seelischer Ebene ergänzt. Doch dadurch, daß Sie an den Partner bestimmte spirituelle Erwartungen stellen, kann er leicht daran gehindert werden, seinen eigenen inneren Lebensweg zu finden. Wenn Sie ganz mit sich im Einklang sind, sind Sie eine geduldige Seele, die Ihrem Partner tiefe Gefühle der Liebe entgegenbringen kann.

33 als karmische Akkumulationszahl

Sie reagieren emotional äußerst sensibel auf Ungerechtigkeit und Leid, das Sie in der Welt sehen. Es belastet Sie sehr, und Sie möchten am liebsten alle Probleme aus der Welt schaffen und jeder Person helfen. Das ist manchmal Ihr größtes Problem, denn aufgrund dieser starken Empfindungen übertreiben Sie es leicht. In gewisser Weise schränkt dies die Effizienz Ihrer Handlungen ein. Fällt Ihnen vielleicht eine Situation ein, auf die das zutreffen könnte? Vielleicht vergeuden Sie Zeit und Energie damit, Leute davon zu überzeugen, daß sie Ihre Hilfe brauchen. Warten Sie, bis Ihre natürlichen Heilungskräfte spontan verlangt werden.

Ihre unterbewußten Schuldkomplexe und verwirrten Gefühle kommen an die Oberfläche und nehmen ungeheuer viel von Ihrer bewußten Zeit in Anspruch. Es wird Sie genausoviel Zeit und Aufruhr kosten, diese Komplexe zu überwinden und auszugleichen.

Diese Konflikte haben gleichermaßen beunruhigende Auswirkungen auf Ihr Verhalten in Beruf, Freundschaften und Familienleben. Sie sind ein äußerst emotionales Wesen mit stark schwankenden Stimmungen. Das macht den Umgang mit Ihnen schwer; man weiß nie genau, wann man mit dem nächsten Stimmungsumschwung zu rechnen hat. Sobald es Ihnen gelingt, Ihr Leben ins Gleichgewicht zu bringen, können Sie wirkungsvolle Arbeit in Gruppen und Organisationen leisten, die sich mit Heilmethoden und Dienst am Nächsten beschäftigen.

0 als karmische Akkumulationszahl

Was bedeutet es nun, wenn in Ihrem Geburtsnamen keine Zahlen fehlen? Gibt es dann vielleicht gar kein Karma? Diese Fragen werden mir oft gestellt; meine Antworten hierzu basieren auf meiner persönlichen Erfahrung. Doch, natürlich gibt es ein Karma!

Keiner von uns hätte sich wohl dazu entschlossen, sich erneut zu inkarnieren, wenn kein karmisches Ungleichgewicht in unserer Entwicklung bestehen würde. Als Faustregel könnte man sagen, daß ein Name ohne fehlende Zahlen eher auf ein dharmisch als auf ein stark karmisch geprägtes Leben hinweist.

246

Was versteht man nun unter einem dharmischen Leben? Man versteht darunter in etwa ein Leben, in dem man sich nicht so sehr damit beschäftigen muß, Ungleichgewicht aus vergangenen Leben auszugleichen, sondern sich mehr auf die Förderung der Bewußtseinsentwicklung und des Seelenwachstums konzentrieren kann, indem man neue Türen für die Entfaltung und Arbeit aufstößt; demnach ist die Null als karmisches Plus für den denkenden Menschen zu werten.

Es stellt gewissermaßen eine Plateauphase in der Evolution eines Menschen dar; Sie müssen nun bewußt wählen, wie Sie in Ihrer Bewußtseinsentfaltung weiter fortschreiten wollen. Das ist nicht so einfach, wie es aussieht, denn Sie haben wenig inneren Druck, und es gibt weniger spezielle Notwendigkeiten, die zu erfüllen wären. Sie haben keine fehlenden Zahlen, die Ihnen sagen könnten, worauf es besonders ankäme oder welche besonderen Dinge Sie zu vollbringen hätten. Ganz unmerklich könnten Sie beginnen, sich willenlos treiben zu lassen und dadurch die Kontrolle über das Schicksal zu verlieren. Wenn Sie nicht zielgerichtet etwas für Ihr Wachstum unternehmen, können in zukünftigen Leben wieder fehlende Zahlen auftauchen und das Rad Ihres Karmas könnte wieder beginnen, sich durch neue Zyklen zu drehen. Diese karmische Zahl bietet dem Menschen die Gelegenheit, sich zu entscheiden und das zu Ende zu bringen, was die Seele ihm als wichtigste Aufgabe für die Entfaltung seines Wesens aufgegeben hat. Nutzen Sie diese Chance!

Mit dem Näherrücken des Neuen Zeitalters werden viele Menschen dieser Erde ihre Inkarnationsspirale vollenden, und diese karmische Zahl kann deshalb eine besondere Bedeutung haben. Wenn keine Zahlen fehlen und alle sonstigen Muster ausgeglichen sind, deutet dies darauf hin, daß dies Ihre letzte Inkarnation sein kann, wenn Sie dieses Leben gut zu nutzen wissen. Es hängt also vor allem davon ab, wie Sie dieses Leben nutzen, und nicht so sehr von dem, was die Zahlen vorgeben. Nur weil eine oder mehrere Zahlen fehlen, muß dies jedoch andererseits noch lange nicht die Möglichkeit ausschließen, daß das Karma in diesem Leben aufgelöst werden kann. Die Null als karmische Zahl deutet nur auf eine größere Wahrscheinlichkeit hin.

Meiner Erfahrung nach kann man bei Vorliegen dieser karmischen Zahl die Entwicklung des Seelenwachstums am wirksamsten dadurch fördern, daß man versucht zu lernen, mit den von jeder einzelnen Zahl angezeigten Eigenschaften umzugehen, die Kontrolle darüber zu gewinnen und dafür zu sorgen, daß sie ausgeglichen sind. Es wird also nötig sein, zuerst die einzelnen Zahlen für sich zu begreifen und dann die Beziehung jeder einzelnen zu allen anderen. Dies bedeutet natürlich, daß man wissen muß, für welche Eigenschaften jede Zahl steht, um dieses Wissen dann dementsprechend im täglichen Leben mit anderen Menschen und Situationen anwenden zu können. Über diese Eigenschaften nur etwas aus Lehrbüchern zu lernen und sich in der Theorie damit zu befassen, ist nicht genug.

Unter Berücksichtigung dieses Konzepts besteht zum Beispiel eine Methode der Analyse dieser karmischen Akkumulationszahl darin, alle Zahlen zusammenzuzählen. Dadurch erhalten wir folgende Summe: $1 + 2 + 3 + 4 + 5 + 6 + 7 + 8 + 9 = 45$, oder reduziert 9. Im folgenden wollen wir uns das Zahlenbild ohne fehlende Zahlen noch einmal genauer ansehen.

Es weist auf ein Lebensmuster hin, in dem persönliche Schwächen wirklich ins Licht des Bewußtseins gerückt und ausgeglichen werden müssen. Sie besitzen eine enorme Bewußseinstiefe und nehmen Ereignisse im Leben mit zielbewußter Verantwortung auf. Eine deutliche Distanz und ein Gefühl von Losgelöstheit bestimmen Ihre Lebenseinstellung; Sie fühlen sich wirklich so, als hätten Sie schon alles durchgemacht und würden langsam dieses irdischen Spieles müde. Es fällt Ihnen schwer, sich längere Zeit für weltliche Fragen zu interessieren und zu begeistern, denn Ihre Seele sehnt sich verzweifelt danach, endlich von dieser Dimension befreit zu werden, um ihrem weiteren Schicksal folgen zu können. Doch plötzlich kann Sie der ernüchternde Gedanke überkommen, daß es noch eine ganz schön große Aufgabe ist, die noch ausstehenden Forderungen an Sie auf dieser irdischen Ebene zu erfüllen.

Vielleicht sind Sie mißtrauisch, kritisch und launenhaft. Dann heißt dies, daß diese Eigenschaften nun umgewandelt werden müssen in Optimismus, Hoffnung und vertrauensvollen Glauben an die höhere Führung. Ihre logische Vorgehensweise besteht in der Verallgemeinerung, und zwar dadurch, daß Sie das Gesamtbild des Ganzen auf jedes einzelne kleine Teilchen übertragen. Wenn ein Widersacher anfängt, an den Details Ihrer Gesamtstruktur herumzukritteln, werden Sie nervös und können sich manchmal nicht mehr verteidigen. Durch Ihre umfassende Sichtweise und Ihr vollständiges Verständnis von so vielen verschiedenen Lebenseinstellungen fällt es Ihnen leicht, einfach den Blickwinkel zu wechseln oder sich dem Standpunkt eines anderen Menschen um der Harmonie willen anzuschließen, auch wenn Sie immer noch anderer Meinung sind. Nutzen Sie diese Ambiguität *für* sich.

Motivation ist ein Faktor, der bisweilen schwer greifbar ist, da es so viele Dinge zu geben scheint, die Sie tun könnten, und die Entscheidung so schwer fällt. Seien Sie vorsichtig, daß Ihr Wunsch, diese Ebene verlassen zu können, Sie nicht dazu verleitet, vor der Wirklichkeit fliehen zu wollen.

Wenn Sie den Wunsch Ihres Herzens noch nicht erkannt haben, können Ihnen die Geheimlehren der Metaphysik und verwandter Bereiche zu Trost und größerer Klarheit verhelfen. Lernen Sie dankbar zu sein für alles, was Ihnen begegnet, und visualisieren Sie die Vollkommenheit in sich selbst, in anderen und in jeder Situation, die sich in Ihrem Leben ergibt. Sie sind der Möglichkeit, dieses vollkommene Ziel zu erreichen, näher denn je.

Häufig übersehene Faktoren des Karmas

Fehlende Zahlen im Geburtsnamen geben Aufschluß über die karmischen Lektionen, denen in diesem Leben besondere Beachtung geschenkt werden muß. Es hat sich bei meiner Arbeit auch als nützlich erwiesen, die fehlenden Zahlen der Persönlichkeitszahl zu bestimmen, die logischerweise nur die Konsonanten betreffen. Besonders bei Personen, in deren Namen keine Zahlen fehlen, kann dieser Ansatz einen weiteren Aspekt der Dynamik des Persönlichkeits- und Verhaltensmusters zutage fördern. Die fehlenden Zahlen (nur von den Konsonanten) werden addiert, und dann können die Erläuterungen zu der so erhaltenen karmischen Akkumulationszahl zu Rate gezogen werden. Es muß dem Leser klar sein, daß diese Einschätzung nicht genauso aussagekräftig sein kann wie die karmische Akkumulationszahl für den ganzen Namen. Sie stellt jedoch eine gute Methode dar, zusätzliche Aufschlüsse über das Wesen der Person zu erhalten, deren persönliche Zahlen Sie deuten möchten, seien es nun Sie selbst oder jemand anderes.

Ein anderes Verfahren zur Bestimmung einer sekundären karmischen Akkumulationszahl besteht in der Addition der Seelen-, Persönlichkeits- und Lebenszahl (zuerst unter Verwendung von Meisterzahlen, falls welche vorhanden – und dann durch Reduzierung der Meisterzahlen auf einstellige Zahlen). Als Beispiel wollen wir James Earl Carter Junior nehmen: die Summe der Persönlichkeit (2) wird mit der Seelenzahl (9) und der Lebenszahl (9) addiert, und man erhält $2 + 9 + 9 = 20$ als Summe, die nicht weiter reduziert wird.

Genau genommen stellt die so erhaltene Summe sowohl einen dharmischen als auch einen karmischen Indikator dar. Das heißt, die Zahl zeigt einen Weg zum Gleichgewicht auf und gibt gleichzeitig Hinweise darauf, wo in der Vergangenheit Ungleichgewichte bestanden haben. Aus diesem Grunde sollte der Leser diese Zahlen bei der Erstellung eines persönlichen Zahlenbildes mit Vorsicht verwenden. Sie sollten nicht zur

Verurteilung von Verhaltensweisen in der Vergangenheit benutzt werden, sondern viel eher als eine Richtlinie zu richtigem Verhalten (Dharma) in diesem Leben.

Auf dem Hintergrund dieser Aussagen können auch die Zwischensummen der Persönlichkeits-, Seelen-, Lebenszahl und der Zahl für das integrierte Selbst einzeln zur Bestimmung von sekundären karmischen Akkumulationszahlen herangezogen werde. Dies würde zum Beispiel für die Zahlen von Carter folgendermaßen aussehen: die Zwischensummen sind für die Persönlichkeit 20, für die Seele 27 (wird auf 9 reduziert), für das integrierte Selbst 56 (wird reduziert auf 11) und für die Lebenszahl 18. *Beachten* Sie stets, daß diese Zahlen *nicht* dasselbe Gewicht oder dieselbe *Bedeutung* haben wie die Summe der fehlenden Zahlen *oder* der Summe aus Lebens-, Seelen- und Persönlichkeitszahl. Sie können jedoch zusätzliche Hinweise liefern.

Vielleicht haben wir Sie jetzt durch den Vergleich all dieser verschiedenen Zahlen, die jede auf verschiedene Verhaltensaspekte des Lebensstils hinweisen, etwas verwirrt. Hier noch einmal zur Klarstellung: Die karmischen Lektionen geben einen Hinweis auf die Art des Ungleichgewichts, an dessen Ausgleich Sie in diesem Leben arbeiten. Die karmische Akkumulationszahl hingegen wird bestimmt, um zu versuchen, unter Berücksichtigung der verschiedenen karmischen Lektionen einige von der Person möglicherweise benutzten Verhaltensmuster aufzuzeigen.

Bei der Verwendung der Summe der Persönlichkeits-, Seelen- und Lebenszahl wird zwar ebenfalls auf den Einfluß des Karmas angespielt, aber auf sehr viel hintergründigere Art und Weise als bei der Summe der fehlenden Zahlen im Namen. Diese Summe weist stillschweigend auf ein früheres Ungleichgewicht hin und zeigt gleichzeitig dharmische Muster auf, welche Verhaltensweisen in diesem Leben zum Ausgleich geeignet wären. Die unter den karmischen Akkumulationszahlen kurz beschriebenen Verhaltensmuster beeinflussen die Persönlichkeit und das Seelenwachstum das ganze Leben lang.

Wenn Sie die Zwischensummen der Seelen-, Persönlich-
keits- und Lebenszahl einzeln benutzen, sollte Ihnen klar sein,
daß sich der Einfluß dieser Zahlen eher zyklisch bemerkbar
macht und nicht für das ganze Leben gilt. Verwenden Sie die
karmische Akkumulationszahl einzig und allein zur Deutung.
Das Verhalten tritt zum Beispiel während der persönlichen
Jahre deutlicher in den Vordergrund, in denen bestimmte Zahlen übereinstimmen. Auch der Kontakt mit Personen, die in
ihrem Zahlenbild die gleichen Zahlen haben, wird die durch die
karmische Akkumulationszahl angezeigten Eigenschaften stärker hervortreten lassen.

VII

Die Spannungszahlen

In diesem Kapitel wollen wir uns einem neuen System der Zahleninterpretation zuwenden. Die Spannungszahlen dienen dazu, die Unterschiede zwischen zwei Zahlen hervorzuheben. Mit Hilfe dieser Zahlen wird die Spannung zwischen den Schwingungseigenschaften der Zahlen definiert, die man miteinander vergleichen will. Die Spannungszahlen weisen auf Spannungs- oder Widerstandspunkte hin, die überwunden werden müssen, bevor die beiden verglichenen Zahlen wirklich harmonisch miteinander schwingen können.

Der Unterschied zwischen zwei Zahlen gibt allerdings auch Aufschluß über die kompatiblen Aspekte der beiden Zahlen und darüber, wie diese auf sinnvolle und kooperative Weise zur Erlangung von Harmonie genutzt werden können. In diesem Kapitel wollen wir uns jedoch mehr auf die durch die Unterschiede zwischen zwei Zahlen aufgezeigten unterbewußten Aspekte und die Spannungsfaktoren konzentrieren als auf die potentiellen verträglichen Aspekte, denen jedoch ebenfalls Beachtung geschenkt werden muß. Meiner Meinung nach ist es für den Leser einfacher, sich ein eigenes Bild über das verträgliche Potential zu machen als in die eher verwirrenden Bereiche des Unterbewußtseins vorzudringen.

Die Spannungszahlen werden in zwei Gruppen eingeteilt: die individuellen und die zwischenmenschlichen Spannungszahlen. Die *individuelle* Spannungszahl erhält man durch Subtraktion der kleineren der beiden Hauptzahlen von der größeren. Mit Hauptzahlen meinen wir in diesem Zusammenhang die Persönlichkeitszahl, Seelenzahl, Zahl des integrierten Selbst oder die Lebenszahl. Für die Berechnung sollten alle Zahlen auf einstellige Zahlen reduziert werden. Berechnen Sie zuerst die Differenz zwischen der Persönlichkeitszahl (PZ) und der Seelenzahl (SZ), dann zwischen der Persönlichkeitszahl und der Zahl des integrierten Selbst (ZIS) und danach zwischen der Seelenzahl und der Zahl des integrierten Selbst. Durch diesen Rechenvorgang erhalten Sie drei Spannungszahlen (außer wenn zwei der Hauptzahlen identisch sind). Berechnen Sie nun die Differenz zwischen der Lebenszahl (LZ) und der Persönlichkeitszahl, zwischen der Lebenszahl und der Seelenzahl und schließlich zwischen der Lebenszahl und der Zahl des integrierten Selbst. Aus diesem zweiten Rechenvorgang ergeben sich drei weitere Spannungszahlen, das heißt, insgesamt haben wir damit sechs Spannungszahlen.

Nehmen wir einmal an, daß Ihre ZIS = 8, SZ = 5, PZ = 3 und LZ = 6 sind. Dann würden wir die individuellen Spannungszahlen folgendermaßen berechnen:

Differenz zwischen SZ und PZ oder 5 – 3 = Spannungszahl 2

Differenz zwischen ZIS und PZ oder 8 – 3 = Spannungszahl 5

Differenz zwischen ZIS und SZ oder 8 – 5 = Spannungszahl 3

Differenz zwischen LZ und PZ oder 6 – 3 = Spannungszahl 3

Differenz zwischen LZ und SZ oder 6 – 5 = Spannungszahl 1

Differenz zwischen ZIS und LZ oder 8 – 6 = Spannungszahl 2

Sie werden bemerkt haben, daß die Kombinationen, aus denen die Spannungszahlen berechnet werden, absichtlich ausgeschrieben wurden. Nehmen Sie nun diese Kombinationen von Zahlen zur Grundlage, und lesen Sie dazu die Erläuterungen über die individuellen Spannungszahlen auf den folgenden Seiten. Die Zahlenkombinationen werden aus rein systematischen Gründen in numerischer Ordnung aufgeführt.

Die *zwischenmenschlichen* Spannungszahlen erhält man durch Subtraktion der Hauptzahlen des persönlichen Zahlenbildes zweier Personen. Das heißt, man vergleicht die persönlichen Zahlenbilder zweier Personen miteinander und erhält dadurch die drei hierfür wichtigsten Spannungszahlen zwischen diesen Menschen, nämlich die Differenz zwischen den beiden Persönlichkeitszahlen, den beiden Seelenzahlen und den beiden Zahlen des integrierten Selbst. (Die Lebenszahlen können, müssen aber nicht, hinzugezogen werden.) Am folgenden Beispiel wird dies noch einmal klar:

Person A	Person B	Spannungszahl
PZ = 4	PZ = 2	4 – 2 = 2
SZ = 7	SZ = 1	7 – 1 = 6
ZIS = 11 oder 2	ZIS = 3	3 – 2 = 1

Will man anhand der persönlichen Zahlenbilder zweier Menschen abschätzen, ob sie gut zueinander passen, kann man jedoch auch die Zahlen der verschiedenen Ausdrucksebenen (Körper, Gefühl, Geist und Intuition) dazu heranziehen und die Spannungszahlen für jede Ausdrucksebene berechnen. Möchten Sie weitere Aspekte miteinander vergleichen, können Sie die Differenz zwischen der Persönlichkeitszahl der einen Person und der Lebens- oder Seelenzahl der anderen Person bilden. Bestimmt fallen Ihnen selbst noch andere wirksame Methoden zur Anwendung dieser Spannungskombinationen ein.

Die individuellen Spannungszahlen geben Aufschluß über die verschiedenen einander möglicherweise behindernden Strömungen in der Psyche des einzelnen Menschen. Die Spannungszahlen lassen die möglichen unterbewußten Spannungen zwischen den Bedürfnissen und Handlungen der Persönlichkeit, der Seele und des höheren Selbst klar zum Vorschein kommen. Indem man sich dieser Spannungsfelder bewußt wird, kann man die Spannung dieser Zahlenkombination in einen kooperativen, dynamischen Energiefluß zwischen der dreifaltigen Struktur des Bewußtseins, nämlich zwischen Persönlichkeit, Seele und höherem Selbst, umwandeln.

Die zwischenmenschlichen Spannungszahlen deuten auf die Unterschiede zwischen den persönlichen Zahlen zweier Personen hin, die erst einmal verstanden werden müssen, damit eine größere Verträglichkeit und harmonische Verschmelzung der Schwingungsaspekte der beiden verglichenen Hauptzahlen zustande kommen kann. Sie zeigen auf, wo wahrscheinlich Widerstände zwischen den beiden Menschen auftauchen, weisen jedoch gleichzeitig auch den einfachsten Weg, wie sie harmonisch miteinander umgehen können.

Wie bereits vorher erwähnt, befassen wir uns in den Abschnitten mit den Erläuterungen besonders mit den unbewußten und karmischen Zügen. Es werden sich Ihnen völlig neue Wege eröffnen, wie Sie die Spannungszahlen einsetzen können, denn dieses neue Interpretationsfeld bietet noch viel Raum für weitergehende Erforschung und Anwendung. Mein Wunsch ist es, daß Sie sich Ihrer unbewußten Konflikte bewußt werden und sie lösen, um Ihr Leben konstruktiver gestalten zu können. Deshalb wollen wir im folgenden vor allem auf die negative Seite der Spannungszahlen eingehen.

Die zwischenmenschlichen Spannungszahlen sind besonders nützlich für das bessere Verständnis der Beziehungen zwischen Ehepartnern, Eltern und Kindern, Chef und Angestellten und auch aller sonstigen Beziehungen. Weise angewandt können sie Aufschluß darüber geben, wie die Differenzen zu überwinden sind. Nutzen Sie die Zahl des Unterschiedes, um eine vollkommenere Einheit zu bilden.

Vielleicht haben Sie sich inzwischen schon gefragt, was es wohl bedeuten mag, wenn zwei Zahlen im persönlichen Zahlendiagramm eines Menschen gleich sind, wenn zum Beispiel sowohl die Seelenzahl als auch die Persönlichkeitszahl 2 ist – oder wenn zwei Menschen etwa die gleiche Lebenszahl und damit keine Spannungszahl in diesem Bereich haben. Wir haben bereits des öfteren darauf hingewiesen, daß jede Zahl einen aktiven, passiven und ausgeglichenen Aspekt hat. Beim Vergleich von zwei identischen Zahlen ergibt sich die Möglichkeit zur Spannung durch die erhöhte Wahrscheinlichkeit, in Extreme zu verfallen. Zwei Menschen mit denselben Zahlen sind vergleichbar mit zwei Menschen, die unter demselben Sternzeichen geboren wurden oder deren Geburtshoroskop ähnliche Aspekte aufweist. Sie können häufig das Ungleichgewicht im Leben des anderen nicht erkennen und begehen blind gemeinsam dieselben Exzesse oder Unterlassungen. Eine andere Möglichkeit besteht darin, daß einer der beiden die negativen Seiten bei sich selbst zwar völlig übersieht, beim Ehepartner oder Lebensgefährten jedoch genau diesen Charakterzug besonders stark angreift oder mit Vorliebe darauf herumhackt. Der Idealfall wäre hingegen, wenn sich der eine Partner, sobald sich der andere zu sehr in *eine* Richtung vom Gleichgewichtspunkt entfernt, genau in die entgegengesetzte Richtung bewegen würde, und dieser Zyklus beiden beibringen könnte, was Harmonie und gemeinsames Wachstum bedeuten.

Auf den folgenden Seiten werden alle möglichen Kombinationen der verschiedenen Zahlen näher beschrieben. Wenn Sie erst einmal mehr Erfahrung haben, werden Sie wahrscheinlich Ihre eigenen Deutungen finden. Die hier vorgestellten Erläuterungen sind als Hilfestellung gedacht; wie alle geschriebenen Erklärungen sind sie keinesfalls endgültig oder vollständig. Es kann sein, daß die Erläuterungen überhaupt nicht zu stimmen scheinen (besonders die für die individuellen Spannungszahlen). Es handelt sich dabei um unbewußte negative Muster; wenn man das 29. Lebensjahr überschritten hat und Saturn wieder an Einfluß gewinnt, sollte man sich negativer Eigenschaften langsam bewußt werden und beginnen, sie auszuräumen. Dies macht dann den Weg frei, damit das positive Element des Unterschiedes deutlicher in den Vordergrund des Verhaltens rücken kann.

Beim Durchlesen der Erläuterungen zu den zwischenmenschlichen Spannungszahlen kommt es Ihnen vielleicht manchmal so vor, als würde die beschriebene Rolle viel eher zu der anderen Person passen. Denken Sie stets daran, daß wir uns unser Gegenüber häufig aussuchen, um Ausgewogenheit zu lernen, deshalb können die Rollen oft vertauscht erscheinen. Dies könnte jedoch einen Hinweis darauf geben, wo es nötig ist, ein Gleichgewicht zu schaffen.

Die Erläuterungen zu den zwischenmenschlichen Spannungszahlen sind zugegebenermaßen sehr allgemein gehalten. Sie sind als Richtlinien gedacht, die Ihnen dabei helfen sollen, Ihre eigenen Gedanken dazu zu entwickeln. Bestimmt gibt es Unterschiede zwischen der Dynamik der Spannung zwischen zwei Menschen mit einer Kombination von 5 und 9 als Seelenzahlen, 5 und 9 als Persönlichkeitszahlen oder 5 und 9 als Lebenszahlen. Bei der Einschätzung der Spannungszahlen sollte der Leser deshalb seinem intuitiven Verständnis dieser unterschiedlichen Interpretationsebenen folgen.

Individuelle Spannungszahlen

Kombinationen mit der Zahl 1

1–2 – Spannungszahl (1):
Sie befinden sich im Konflikt zwischen selbstbewußter Äußerung Ihres Willens und Angst vor gesellschaftlicher Kritik. Sie kämpfen innerlich mit sich, um zu Ihren eigenen Überzeugungen zu gelangen. Wenn Sie mit anderen konkurrieren oder im Streß sind, sind Sie streitsüchtig und kritisch. Möglicherweise taucht ein altes karmisches Muster wieder auf, bei dem es darum geht, eine Tendenz zum Tratschen oder zu skandalösen Beschuldigungen aufzuarbeiten, die sich jedoch in diesem Leben *gegen Sie* richtet. Sie wollen Beziehungen dominieren und geraten sich dabei mit Ihrem äußerst wil-

lensstarken Ehepartner, mit Verwandten oder Freunden in die Haare. Besonders in den ersten Jahren nach Ihrem 30. Geburtstag wird es Ihnen schwerfallen, in Ihrem Leben eine klare Linie zu verfolgen und eine bestimmte Lebenseinstellung nach außen zu vertreten. Wahrscheinlich wuchsen Sie in einer streng dogmatischen und kritischen, religiösen oder sozial engagierten Familie auf, was zur Folge hatte, daß Sie sich im Zwiespalt zwischen starken persönlichen Ambitionen und indoktriniertem Bewußtsein befinden.

1-3 – Spannungszahl (2):

Sie befinden sich im Konflikt zwischen Ihrem Eigensinn und kreativem Schaffensdrang. Diese Kombination macht es Ihnen aufgrund von widersprüchlichen unterschwelligen Tendenzen schwer, Ihre tiefsten Gefühle klar zu artikulieren. Wahrscheinlich besteht ein Konflikt mit Ihrem Vater oder einer dominanten Frau. Sie sind unfähig, künstlerische oder kreative Ideen umzusetzen oder anderen zu vermitteln. Weil es Ihnen an Überzeugungskraft mangelt, sagen Sie immer das, was gerade passend erscheint. Dies weist auf eine oberflächliche Freundlichkeit hin. Sie müssen sich darum bemühen, weniger Kritik zu üben und die Ressentiments gegenüber Menschen, die Talent haben, abzubauen. Wenn andere bösartige Äußerungen über Sie machen oder Sie und Ihre Handlungen scharf kritisieren, sind Sie tief verletzt. Wenn Sie an Ihrem Groll festhalten, könnten Sie Ihren eigenen Fortschritt verzögern.

1-4 – Spannungszahl (3):

Die Spannung entsteht hier aus dem Wunsch, sich ganz den eigenen Sehnsüchten und Genüssen hinzugeben einerseits, und der karmischen Verpflichtung, die in diesem Leben anstehende Arbeit zu verrichten andererseits. Sie ärgern sich über jede Störung bei der Verfolgung Ihrer egoistischen Ziele. Es wird Ihnen schwerfallen, kreative Wege zur Erfüllung Ihrer Verpflichtungen zu finden. Sie müssen unbedingt mehr Geduld und mehr Verständnis für die weibliche Energie aufbringen. Sie haben eine falsche Vorstellung von Ihrem eigenen Wert und wollen wichtige Positionen einnehmen, ohne sich diese Anerkennung durch harte Arbeit zu verdienen. Sie tendieren in die falsche Richtung und haben überspannte Vorstellungen, wenn es um praktische Umsetzung geht. Sie verfolgen egoistisch Ihre eigenen Interessen. Sie geben sich arrogant und lieben es, sich zur Schau zu stellen. Im Grunde neigen Sie jedoch eigentlich zu Unsicherheit und sind nicht besonders entscheidungsfreudig, doch sind die Entscheidungen einmal gefällt, halten Sie hartnäckig daran fest (egal was passiert!).

1–5 – Spannungszahl (4):

Hier besteht Spannung zwischen dem Willen und dem Wunsch nach Freiheit. Sie sind nicht in der Lage, konsequent die Verantwortung zu tragen, die das Leben an Sie stellt. Versuchen Sie Selbstdisziplin zu üben, damit Sie Ihre instinktiven Impulse zu einem sorglosen, eigennützigen Lebensstil in den Griff bekommen. Sie kompensieren Ihre Frustration dadurch, daß Sie sich bis über die Ohren in Arbeit für unbedeutende Projekte stürzen. Sie scheinen Streit mit Ihren Familienangehörigen und anderen nahestehenden Personen zu provozieren. Es ist schwer, zuzugeben, daß man sich geirrt hat, und hier scheint sich ein karmisches Muster von Überschätzung der eigenen Meinung und mangelnder Toleranz fortzusetzen. Sie neigen dazu, Menschen zu kritisieren, die genau die Dinge machen, die Sie sich selbst durchgehen lassen. Sie lehnen sich auf gegen die Regeln und Vorschriften, die Ihnen von der Gesellschaft auferlegt werden. Sie schwanken zwischen Stolz und Würde und zwischen Mut und Schüchternheit hin und her. Demzufolge sind Sie häufig unschlüssig, ob Sie lieber schweigen oder entschieden Ihre Meinung äußern sollen, wenn Sie sehen, daß irgendwo Unrecht geschieht oder Dinge falsch angepackt werden. Diese Zahlenkombination weist auf einen nicht besonders emotionalen Menschen hin. Wenn Sie überhaupt Ihre Gefühlen herauslassen, sind sie heftig und aufbrausend. Am besten sind Sie mit sich selbst im Einklang, wenn Sie erst einmal zu einer gesunden und aufrichtigen Einstellung gegenüber dem wichtigsten Ziel in Ihrem Leben gelangt sind.

1-6 – Spannungszahl (5):

Bei dieser Zahlenkombination besteht die Spannung zwischen dem Willen und den emotionalen Bedürfnissen. Sie müssen lernen, Ihren Wunsch nach Freiheit richtig auszuleben. In der Vergangenheit tendierten Sie dazu, Verantwortung aus dem Weg zu gehen. Das Leben wird nicht zulassen, daß Sie weiterhin die freie Wahl haben, wenn Sie nicht lernen, Verantwortung auf sich zu nehmen und Verpflichtungen zu erfüllen, die man an Sie stellt. Wahrscheinlich kam es zwischen Ihren Eltern zu einer Trennung oder zu Konflikten, als sie noch sehr jung waren. Eifersucht und Besitzansprüche mögen zu dieser Entzweiung beigetragen haben. Sie ziehen einen Partner an, der abwechselnd herrisch und dann wieder völlig gleichgültig sein kann. Sie haben Angst vor Veränderung, doch das Leben wird Sie mit Situationen konfrontieren, die von Ihnen ein Umdenken in Ihrer Verhaltensweise verlangen. Sie haben lieber einen Partner, der Ihre eigenen Überzeugungen teilt.

1-7 – Spannungszahl (6):

Ihre Gefühle sind im Zwiespalt zwischen den Impulsen des Willens und einem zu Sturheit neigenden Verstand. Die Person mit dieser Zahlenkombination hat widersprüchliche Gefühle und versucht sich aus dieser emotionalen Zwangslage durch Rückzug auf eine selbstgerechtfertigte, intellektuelle Ausrede zu befreien. Das Spannungsmuster verstärkt sich noch dadurch, daß diese Person das Leiden der Welt tief nachempfindet und im Extremfall aus dem Gleichgewicht geraten kann, weil sie äußerst sensibel auf astrale Turbulenzen in ihrer Umwelt reagiert. Wahrscheinlich waren Ihre Eltern ziemlich distanziert, insbesondere Ihre Mutter. Hat sie vielleicht ziemlich häufig ihre eigenen Bedürfnisse über die Ihrigen gestellt? Der Konflikt zwischen diesen beiden emotional einschränkenden Zahlen deutet auf Schwierigkeiten im Umgang mit anderen Menschen bei der Arbeit oder beim Austausch von Gedanken und Meinungen hin, die Ihren eigenen Neigungen widersprechen.

1–8 – Spannungszahl (7):

Diese Spannungszahl zeugt von einem ungeheuren Bedürfnis nach Macht, das gekoppelt ist an einen fast unerträglichen Stolz und den Wunsch, große Leistungen zu vollbringen. Sie müssen sich darum bemühen, als Gegengewicht zu Ihrem Egoismus Weisheit zu erlangen. Sie besitzen eine irrationale Impulsivität, die wie brodelndes Gift in Ihrem Innern ist und die Feindseligkeit von andersgelagerten Menschen anzieht. Wahrscheinlich hatten Sie intellektuelle Eltern mit einem starken Willen, denen es schwerfiel, ihre Gefühle zu zeigen. Sie haben ein fast skrupelloses Bedürfnis nach Macht und Kontrolle. Der karmische Hintergrund deutet auf Mißbrauch von Macht und Willen in früheren Leben hin. Ein Mensch mit diesem Spannungsmuster hat völlig den Kontakt zur weiblichen Energie verloren und neigt dazu, dies durch ein übertrieben starkes männliches Ego auszugleichen. Sie können anderen Menschen gegenüber absolut rücksichtslos sein, wenn Sie sich gerade auf dem Weg nach oben befinden. Eine Möglichkeit, die Spannung abzubauen, besteht darin, Ihren Verstand auf geeignete Weise zu benutzen, um die tiefsitzenden Minderwertigkeitsgefühle aufzudecken, die dahinterstecken.

1–9 – Spannungszahl (8):
Hier treffen wirklich extreme Polaritäten aufeinander. Der eigene Wille steht dem altruistischen Bedürfnis gegenüber, dem Massenbewußtsein zu dienen. Sie brauchen die Aufmerksamkeit anderer zur Stärkung Ihres Ego. Wahrscheinlich kommt es zu Auseinandersetzungen mit der Autorität. Sie sind zynisch gegenüber erfolgreichen Führern und wollen unbedingt selbst Einfluß ausüben. Dafür täuschen Sie sogar sich selbst und führen die Öffentlichkeit mit skrupellosen Methoden hinters Licht. Sie nutzen die Träume und den Idealismus anderer Menschen aus, um Ihre eigenen Ziele zu verfolgen. Die Not der Armen und Hilflosen läßt Sie kalt. Solange Sie den richtigen Stellenwert von Reichtum nicht erkennen, werden Sie wahrscheinlich immer wieder finanzielle Rückschläge erleben. Sie können versuchen, diese negative Komponente dadurch auszugleichen, daß Sie Ihre altruistische Seite nach außen kehren, um anderen zu helfen. Dies wird jedoch eine große Anstrengung von Ihnen verlangen.

Kombinationen mit der Zahl 2

2–3 – Spannungszahl (1):
Mit diesem Spannungsmuster fühlen Sie sich wahrscheinlich zwischen Selbstkritik und Wunsch nach Ausdruck Ihres kreativen Potentials hin und her gerissen. Sie haben Angst davor, Ihre Ideen könnten von anderen Menschen nicht akzeptiert werden. Sie müssen mehr Selbsvertrauen und einen stärkeren Willen entwickeln. Sie werden gequält von Vorahnungen, reagieren überempfindlich und machen sich unnötige Sorgen um winzige Feinheiten und belanglose Kleinigkeiten. Es fehlt Ihnen an männlicher Antriebskraft, um die Dinge positiv anzupacken. Werden Sie häufig von Ihren Arbeitskollegen kritisiert? Sie müssen Ihre eigene Willenskraft darauf verwenden, um herauszufinden, was in Ihrem Leben wirklich

wichtig ist; gehen Sie diesem Ziel dann ungeachtet der Kritik von außen nach.

2–4 – Spannungszahl (2):
Sie befinden sich im Konflikt zwischen Ihrer Arbeit und den Erwartungen von seiten anderer. Sie müssen lernen, beide Seiten einer Angelegenheit klar und objektiv zu sehen. Verlassen Sie sich mehr auf Ihre Intuition, wenn Sie unentschlossen sind. Sie können leicht eine Neigung dazu entwickeln, zuviel Wert auf materielle Güter und Leistung zu legen. Sie lassen sich häufig von Kleinigkeiten beirren, die Sie daran hindern, Ihre Arbeit zu Ende zu bringen. Mühelos verstecken Sie Ihr mangelndes Selbstbewußtsein hinter selbstgeschaffenen Detailanforderungen und kleinlichen Vorschriften. Sie halten sich peinlich genau an die Regeln, anstatt diese konstruktiv zur Erfüllung Ihrer Aufgabe zu verwenden. Sie verwechseln Ziele und machen es sich durch allzu hohe Wertvorstellungen schwer, wirklich gute Leistungen zu vollbringen.

2–5 – Spannungszahl (3):
Spannung zwischen Impulsivität und gesellschaftlichen Zwängen kennzeichnen diese Zahlenkombination. Sie müssen lernen, sich auf fröhliche, positive Art und Weise auszudrücken. Dieses Spannungsmuster deutet an, daß Sie sich in einem oder mehreren früheren Leben allzusehr sexuellen Genüssen hingegeben und Ihre kreative Begabung haben brachliegen lassen. Sie reagieren äußerst empfindlich auf Kritik von anderen Menschen: Warum können sich die Leute nicht einfach um ihren eigenen Kram kümmern? Dabei übersehen Sie leicht, wie kritisch Sie selbst gegenüber Menschen sind, die versuchen, ihre eigenen schöpferischen Talente zum Ausdruck zu bringen. Wenn Sie sich unter Druck fühlen, neigen Sie zu Maßlosigkeit im Essen und Trinken. Diese Zahlenkombination läßt auch auf einen Konflikt zwi-

schen Ihrem Gewissen und plötzlich aufwallenden sexuellen Bedürfnissen schließen. Sie verurteilen Ausschweifungen anderer Menschen in hohem Maße; tief in Ihrem Innern sind Sie jedoch neidisch, weil Sie gern an deren Stelle wären. Sie müssen einen Ausgleich finden zwischen geeigneten Ausdrucksmöglichkeiten für Ihre Kreativität und Ihre Sexualität.

2-6 – Spannungszahl (4):
Diese Zahlenkombination deutet auf entgegengesetzte Gefühlsströmungen hin. Sie sind zerrissen zwischen dem, was andere von Ihnen wollen und dem, was Sie selbst als richtig ansehen. Wahrscheinlich waren Sie zwischen einem übertrieben fürsorglichen Elternteil, den Sie nicht respektierten, und einem emotional gehemmten Elternteil gefangen, dessen Liebe Sie sich aus tiefstem Herzen wünschten. Sie müssen sich anstrengen, emotional ausgeglichen zu werden, was jedoch nicht einfach zu erreichen sein wird. Wenn Gefühle mit ins Spiel kommen, täuschen Sie sich gern selbst und sind dann tief verletzt, wenn Sie entdecken, daß eine geliebte Person Ihre Gefühle für eigene Zwecke manipuliert. Sie sollten sich möglichst solange nicht mit mystischen oder okkulten Studien beschäftigen, bis Sie Ihre Gefühle wirklich im Griff haben. Es könnte leicht sein, daß Sie in früheren Leben mit den Gefühlen anderer Menschen gespielt haben und jetzt lernen müssen, in Beziehungen wirklich aufrichtig und ehrlich zu sein, anstatt zu versuchen, dem Partner zu gefallen oder ihn zu manipulieren.

2-7 – Spannungszahl (5):
Der drängende Wunsch, sich ganz der Erfüllung Ihrer innersten Bedürfnisse hinzugeben, stößt auf den Widerstand intellektueller und gesellschaftlicher Zensur. Ihr Verstand und Ihre Gefühle sagen Ihnen, daß es nicht länger nötig ist, etwas zu begehren, von dem Sie wissen, daß es nicht gut für Sie ist – und trotzdem werden Sie weiterhin von sinnlichen und sexu-

ellen Fantasien verfolgt. Vielleicht haben Sie in einem früheren Leben versucht, Ihre sinnlichen und sexuellen Bedürfnisse aus religiösen oder gesellschaftlichen Gründen zu ignorieren oder zu unterdrücken. Bedauerlicherweise jedoch bringt das Verdammen einer Begierde diese noch lange nicht zum Schweigen. Nun tobt der Kampf in Ihnen zwischen den Versuchungen des Fleisches und Ihrer religiösen und intellektuellen Erziehung, die von Ihnen Keuschheit und leidenschaftslose Liebe verlangt. Im Zahlenbild eines Mannes kann diese Kombination intellektuelle Verachtung von Frauen bei gleichzeitigem latenten körperlichem Verlangen nach ihnen bedeuten. Im Zahlenbild einer Frau kann dies auf Unzufriedenheit darüber hinweisen, daß die sexuellen Bedürnisse sich nicht kontrollieren lassen. Sie müssen lernen, Ihre sexuellen Konflikte in den Griff zu bekommen, indem Sie in sich gehen und sich darüber bewußt werden, welche Vorgehensweise für Ihr jetziges Leben wirklich die richtige ist.

2–8 – Spannungszahl (6):
Emotionale Spannung entsteht durch den Konflikt zwischen Ihrem Wunsch nach Bestätigung und der Anerkennung, die Sie in der Öffentlichkeit wirklich erfahren. Karmisch gesehen ist es möglich, daß Sie in der Vergangenheit Ihren Reichtum und Ihre Macht mißbraucht haben. Sie sind tief enttäuscht, wenn Ihre Mitarbeiter und Geschäftskollegen Kritik an Ihnen üben, denn gerade sie sind es, denen Sie am meisten gefallen wollen. Beförderungen und höhere Verdienstmöglichkeiten werden Ihnen nicht in den Schoß fallen, und wahrscheinlich sind Sie neidisch oder gar eifersüchtig auf andere, die scheinbar ohne große Anstrengungen aufsteigen. Es ist nicht einfach, mit Ihnen auszukommen, wenn sich Ihnen Hindernisse in den Weg stellen; Sie lassen dann häufig Ihren Ärger an den Menschen aus, die Ihnen am nächsten stehen. Sie können Perioden durchmachen, in denen Sie lange Zeit mürrisch und verdrießlich sind. Ihre Männlichkeit leidet dar-

unter, wenn Sie nicht die erwarteten beruflichen Erfolge und Leistungen vorweisen können. Sie müssen lernen, sich frei-zumachen von dem Bedürfnis, anderen *beweisen* zu müssen, wie wichtig Sie sind. Lassen Sie sie ruhig selbst herausfinden, wer Sie sind – und zwar durch das, was Sie tun.

2–9 – Spannungszahl (7):

In Ihrem Kopf herrscht Verwirrung zwischen Ihrem öffentli-chen Image und der idealisierten Vorstellung, die Sie selbst von sich haben. Sie glauben fest an das, was Sie tun, und verteidigen es mit Händen und Füßen. Haben Sie erst einmal eine Richtung eingeschlagen, ist es schwer, Sie zu einer Kurs-änderung zu bewegen. Vielleicht irren Sie sich, wenn Sie meinen, sich von dem abschirmen zu müssen, was Außenste-hende denken. Sie sind fest entschlossen, Ihre vernunftsmä-ßigen Entscheidungen durchzuziehen, und dies kann bei An-gestellten und Mitarbeitern emotionalen Aufruhr auslösen. Wenn Ihre Gefühle nicht so verwirrt wären, würde es Ihnen leichter fallen, den feineren Gefühlen Ihres Herzens und Ihrer Seele, das heißt Ihrer Intuition, zu folgen. Solange Sie Ihren höheren intuitiven Verstand nicht entwickeln, werden Sie aufgerieben zwischen Ihren emotionalen Bedürfnissen und Ihrer intellektuellen Unnachgiebigkeit.

Kombinationen mit der Zahl 3

3–4 – Spannungszahl (1):

Sie sind im Zwiespalt zwischen Ihrer kreativen Begabung und Ihrer Arbeitssituation. Möglicherweise war Ihr Talent bereits als Kind deutlich erkennbar, doch entweder Ihre El-tern oder die Umstände verhinderten dessen Entfaltung. Sie müssen Ihren eigenen Willen stärker entwickeln, um Entfal-tungsmöglichkeiten für Ihre kreativen Fähigkeiten zu finden, vielleicht am besten in einem kunsthandwerklichen oder künstlerischen Beruf. Wenn diese Zahlenkombination auf-

taucht, deutet es darauf hin, daß in einem früheren Leben
versäumt wurde, ein besonderes Talent zu entwickeln. Anstatt sich durchzusetzen und etwas aus Ihren schöpferischen
Gaben zu machen, wollen Sie sich lieber vergnügen und
materielle Sicherheit erlangen. Schwierigkeiten mit Ihrer
männlichen Energie hindern Sie daran, genügend Mut aufzubringen, um sich den Widrigkeiten Ihres Vorhabens zu
stellen. Es kann leicht sein, daß Sie Phobien im Hinblick auf
den Verlust Ihres persönlichen Hab und Guts entwickeln.
Passen Sie auf, daß Sie nicht mißgünstig werden. Sie brausen
schnell auf und können Groll hegen, daß das Schicksal Sie
anscheinend übergangen hat. Aufgrund Ihrer großen Träg-
heit können Sie leicht von skrupellosen Menschen ausgenutzt werden.

3–5 – Spannungszahl (2):
Sie fühlen sich zu unkonventionellen Genüssen hingezogen,
doch Sie haben Angst vor Ihrer Familie und der gesellschaftlichen Reaktion. Im Extremfall haben Sie einen starken
Wunsch nach ausgefallenen und exotischen Reizen. Sie verwechseln leicht Sex mit Liebe und lassen sich auf Beziehungen ein, die Sie ruinieren können. Bei der Auswahl eines
Partners lassen Sie sich mehr durch die äußere Erscheinung
als durch innere Werte beeindrucken; möglicherweise ist
Ihre Leidenschaft stärker als Ihre Vorsicht. Es kann vorkommen, daß Sie von einem Partner schlecht behandelt werden.
Wenn man Sie in die Enge treibt, können Sie ungestüm und
äußerst sarkastisch werden. Innerlich sind Sie leidenschaftlich, aufbrausend und unbeständig. In der Ehe können
möglicherweise Schwierigkeiten auftauchen. Eher unkonventionelle, gesellschaftskritische Freunde fühlen sich von
Ihnen angezogen. Ein Mensch mit dieser Zahlenkombination kann aufgrund seiner Fertigkeiten ausgesprochen gut im
Kommunikationsbereich arbeiten. Durch positive Umsetzung seiner Fähigkeiten kann er sowohl im künstlerischen,

schriftstellerischen, kommunikativen oder kaufmännischen Bereich äußerst erfolgreich werden.

3–6 – Spannungszahl (3):
Vielfältige Verpflichtungen und emotionale Krisen lassen Sie in Ihrem Leben nicht zur Ruhe kommen. Ehe und Partnerschaften können wirklich große Auseinandersetzungen und Frustration mit sich bringen. Es ist durchaus möglich, daß emotionale Konflikte in der Ehe Ihrer Eltern einen starken Einfluß auf Ihre frühe Kindheit hatten. Die emotionalen Schwierigkeiten anderer Menschen lassen Sie manchmal völlig kalt, manchmal jedoch lassen Sie sich auf fast schon übertriebene Weise darauf ein. Sie sollten sich lieber darum kümmern, vor Ihrer eigenen Haustüre zu kehren, bevor Sie sich in das Leben anderer einmischen. Es kann schwierig werden, mit Ihrem Partner oder Lebensgefährten kooperativ umzugehen, wenn die Beziehung emotional zu verwickelt wird, besonders wenn Besitzansprüche und Eifersucht mit ins Spiel kommen. Wenn Sie sich unter Druck fühlen, ziehen Sie sich häufig in sich selbst zurück und ignorieren die anderen Menschen. Sie schmollen lieber, als den Dialog zu führen. Fällt es Ihnen leichter, sich neben einer stabilen Person sicher zu fühlen, als die Sicherheit in sich selbst zu finden? Sie müssen die emotionalen Konflikte aus Ihrer frühen Kindheit aufdecken und auflösen.

3–7 – Spannungszahl (4):
Sie wollen große Ideen für die Welt entwickeln und verwirklichen, doch die Gelegenheit zur Umsetzung Ihrer Träume bietet sich Ihnen erst spät oder nach vielen Kämpfen. Wenn Herz und Verstand dasselbe wollen, ist dies eine äußerst günstige Kombination für Schriftsteller und Literaten, doch der Geist muß unbedingt gefestigt werden, sonst ist die Person leicht flatterhaft und unbeständig. Dieses Spannungsmuster läßt darauf schließen, daß ein Elternteil stark intellektuell

geprägt und der andere emotional abhängig war. Sie können von Ehe und Teamarbeit profitieren, sollten jedoch darauf achten, sich stets auf Ihre eigene Genialität zu verlassen. Sie haben das Gefühl, daß eigentlich mehr in Ihnen steckt als das, was von Ihnen bei Ihrer jeweiligen Arbeit gefordert wird. Wenn Sie sich auf intellektueller Ebene bedroht sehen, werden Sie selbstherrlich und lassen Ihrer scharfen Zunge freien Lauf. Liebe und der Wunsch nach materiellen Gütern können Ihrer natürlichen Kreativität in die Quere kommen. Wenn Herz und Verstand sich nicht einig sind, kann Unentschlossenheit Sie quälen.

3–8 – Spannungszahl (5):
Hier gibt es einen Kampf zwischen dem kreativen Potential, das nach Freisetzung verlangt, und den starren, autoritären Zwängen, die Sie sich entweder selbst auferlegt haben oder die Ihnen von anderen auferlegt wurden. Sie haben eine militante Haltung gegenüber Einschränkungen und Regeln. Sie neigen zu plötzlichen und impulsiven Reaktionen. Obwohl Sie gern anderen sagen, was sie tun sollen, nehmen Sie selbst nur ungern Rat an. Oft platzen Sie mit Anschuldigungen heraus oder widersprechen vehement, und dann tut es Ihnen wieder leid, und Sie schämen sich dafür. Sie haben starke sexuelle Bedürfnisse, die Sie bisweilen in peinliche Situationen bringen. Ist Sex für Sie ein Barometer für Ihren Erfolg? Das Geld zerrinnt Ihnen unter den Fingern, wenn Ihr Selbstwertgefühl gerade niedrig ist und Sie versuchen, sich Wertschätzung zu erkaufen. Sie haben nicht gerade großen Respekt vor überkommenen Konventionen, und diese Haltung scheint andere mit einem etwas feineren Geschmack und größerer Sensibilität abzustoßen. Eine gesunde Einstellung gegenüber einer konstruktiven Umsetzung Ihrer Kreativität kann viel dazu beitragen, damit aus dieser starken Zahlenkombination erfolgreiches Wachstum entsteht.

3-9 – Spannungszahl (6):
Dieses Spannungsmuster verheißt emotionales Leiden in
Ehe, Liebesbeziehungen und anderen Bereichen, in denen
Gefühle mithereinspielen. Machen Sie sich auf beträchtliche
Schwierigkeiten in Ihrem Gefühlsleben gefaßt. In der Ehe
werden Sie sich ständig über die Last und Verantwortung der
scheinbar ungerechtfertigten Anforderungen, die an Sie gestellt werden, ärgern. Dies kann dazu führen, daß Sie sich auf
verschiedene Liebesaffären einlassen, um vielleicht auf diese
Weise den idealen Partner zu finden. Doch diese unrealistische Suche wird Ihnen solange keine Ruhe lassen, bis Sie
begreifen, daß Sie selbst nicht in der Lage sind, einem anderen Menschen ein idealer Partner zu sein, und Sie sich von
dieser Zwangsvorstellung freizumachen beginnen. Die tiefere karmische Bedeutung könnte hier sein, daß Sie in früheren Leben Schwierigkeiten damit hatten, in Ihrer Liebe be-
ständig zu sein, und Sie jetzt danach streben sollten, sich
Liebe zu verdienen, indem Sie unablässig Liebe schenken.
Passen Sie jedoch auf, daß Sie nicht ein falscher Märtyrer
werden. Sie haben eine Tendenz dazu, achtlos mit kleinen
Dingen wie der Bezahlung von Rechnungen oder mit Verabredungen und Geburtstagen umzugehen.

Kombinationen mit der Zahl 4

4-5 – Spannungszahl (1):
Diese Zahlenkombination weist auf eine schwer zu lösende
Spannung zwischen dem Wunsch zu spielen und der Not-
wendigkeit zu arbeiten hin. Sie müssen versuchen, aus den
Mißgeschicken, die Ihnen zustoßen, zu lernen und Ihren
Willen in eine konstruktive Richtung zu lenken. Für Ge-
schäftsunternehmungen ist dies nicht gerade die günstigste
Kombination; Sie schwanken zwischen Knauserei und unan-
gemessenen Ausgaben hin und her. Sie wollen Anerkennung
ernten für große Leistungen und versuchen dies auf dem

kürzesten Wege oder durch Übertreibung Ihrer bisherigen beruflichen Leistungen zu erreichen. Sie müssen sich gewissenhaft darum bemühen, die Quelle Ihrer Unsicherheit auszumachen. Wahrscheinlich gab es in den frühen Lebensjahren einen Konflikt mit Ihrem Vater. Bei Ihren Bemühungen, voranzukommen, begegnen Sie oft unredlichen Menschen, die versuchen, Sie durch schnelle, vielversprechende Lösungsvorschläge vom richtigen Weg abzubringen. Viele Rückschläge werden Sie dazu zwingen, sich über Ihre Motive klarzuwerden und Ihren wirklichen Platz im Plan der Dinge zu erkennen.

4–6 – Spannungszahl (2):
Bei dieser Zahlenkombination besteht emotionale Spannung zwischen Arbeit und Familie. Sie sehen sich häufig Attacken von seiten Ihres Ehepartners und Chefs ausgesetzt oder werden zum Opfer Ihrer eigenen Selbstkritik. Sie ziehen einen possessiven und eifersüchtigen Partner und ebensolche Freunde an. Sie haben einen Hang dazu, sich zur Aufmöbelung Ihres Images mit symbolträchtigen Trivialitäten wie zum Beispiel Trophäen, Preisen und sonstigen Dingen zu schmücken, die zwar wenig Nutzen haben, aber in Gesellschaft für Gesprächsstoff sorgen. Wenn Sie Ihre Zweifel an sich selbst überwinden, sind Sie in der Lage, Ihr starkes Organisationstalent zu entfalten und eine Führungsrolle einzunehmen. Sie haben Angst vor dem Verlust von Geld oder Besitz und der Sicherheit, die Ihnen diese Dinge geben. In der Öffentlichkeit tragen Sie eine bestimmte Maske zur Schau, doch in Wirklichkeit sind Sie viel eigensinniger und intoleranter als Sie sich geben. Sie neigen dazu, nachtragend zu sein und andere schnell zu kritisieren. Und dann wundern Sie sich noch, daß die anderen Ihnen und Ihrer Arbeit gegenüber so kritisch sind.

4–7 – Spannungszahl (3):
Aufgrund Ihrer ausgeprägten Intellektualität und Ihrer starren äußeren Schutzhülle fällt es Ihnen schwer, zu lernen, Ihre Gefühle richtig zu äußern. Wahrscheinlich steckt dahinter ein unbewußter Konflikt, entweder aus den Zeiten vor Ihrer Geburt oder mit Ihrem Vater oder einer stark männlich geprägten Mutter in den ersten Kindheitsjahren. Ihre zynische und verurteilende Haltung gegenüber anderen Menschen und Ihre emotional manipulierende Persönlichkeit sind zwei Seiten Ihres Charakters, die Sie zu überwinden versuchen sollten. Ihre zarten Gefühle sind verschüttet, und Sie ziehen sich lieber zurück, um der Bedrohung von außen aus dem Weg zu gehen. Sind Sie besonders stolz auf Ihren Intellekt oder gar arrogant, wenn es um Meinungen und Überzeugungen geht, die Ihnen ganz besonders heilig sind? Wenn Ihre Grundüberzeugungen in Frage gestellt werden, neigen Sie dazu, Ihren Herausforderer eher mit Argumenten zu überfahren als das Thema wirklich zu diskutieren. Sie benutzen die emotionale Unsicherheit anderer äußerst geschickt, um Ihre eigenen Ziele zu erreichen. Sie werden innerlich zufriedener werden, wenn die zartere Seite Ihrer Gefühle erst einmal stärker ausgebildet wird.

4–8 – Spannungszahl (4):
Frustration im Zusammenhang mit Ihrer Arbeit und mit Autoritätspersonen ist charakteristisch für dieses Spannungsmuster. Vieles deutet darauf hin, daß Sie in der Vergangenheit Geld und Macht mißbraucht haben. Vielleicht wurden Sie in einem früheren Leben in eine wohlhabende Familie hineingeboren, die es Ihnen ermöglichte, ohne große Anstrengungen einen hohen gesellschaftlichen Status einzunehmen und zu Berühmtheit zu gelangen. Doch in diesem Leben sieht es anders aus. Bei Ihrem Streben nach Erfolg wird Ihnen beträchtlicher Widerstand begegnen, und Sie werden nur durch harte Arbeit und Anstrengung zu Geld kommen.

Sie erwarten, wie ein König behandelt zu werden, und verhalten sich wie ein Tyrann. Sie haben eine falsche Vorstellung von sich selbst und möchten einen gehobenen gesellschaftlichen Status besitzen, ohne etwas dafür tun zu müssen. Unter Streß können Sie die Dinge schlecht beurteilen und neigen wahrscheinlich dazu, die Wahrheit zumindest soweit zu entstellen, daß sie Ihre vorgefaßte Meinung bestätigt. Es wäre empfehlenwert, daß Sie sich eingehend und aufrichtig mit Ihren Ziele und Ambitionen auseinandersetzen und sich darüber klarwerden, was Sie wirklich wollen. Eine ehrliche Haltung und harte Arbeit können Ihnen Erfolg und finanzielle Sicherheit einbringen.

4–9 – Spannungszahl (5):

Die hier vorherrschende Spannung bewegt sich zwischen monotoner Arbeit, dem Wunsch nach einem unkonventionellen Leben und äußerst idealisierten Bestrebungen. Zur Entschuldigung für die Verletzung der gesellschaftlichen Regeln führen Sie an, daß Sie einfach »Ihrer Zeit weit voraus« sind. Was die Liebe betrifft, bringt diese Kombination Verwirrung mit sich. Vielleicht sehnen Sie sich nach dem Körper Ihres Partners, finden aber dann plötzlich Gefallen an einem schönen, anregenden Gespräch. Der karmische Hintergrund deutet auf eine starke platonische Neigung hin, doch schließt dies nicht die körperliche Seite der Liebe aus. Sie sind sich bewußt, daß Sie eine bestimmte Mission oder Aufgabe zu erfüllen haben. Wenn das Schicksal Ihnen diese Mission vereitelt, machen Sie alle andern um Sie herum dafür verantwortlich und sind nicht fähig zu erkennen, daß Sie vielleicht selbst die Ursache sind. Wenn Sie unter Druck geraten, können Sie kalt, rachsüchtig, dogmatisch und boshaft werden.

5–6 – Spannungszahl (1):
Eine starke Reibung besteht hier zwischen Freiheit, Verantwortung und Willen. Sie können äußerst zögerlich sein,
einen Schritt in irgendeine Richtung zu unternehmen, aus
Angst, einen Fehler oder Fehltritt zu begehen. Nach außen
hin streben Sie nach Unabhängigkeit, aber unbewußt werden
Sie sich einen Partner oder eine Tätigkeit auswählen, wel-
che(r) Ihnen Sicherheit bietet. Eine Seite an Ihnen mag gefühllos, grausam und gleichgültig sein, vielleicht weil Sie in
einem früheren Leben unbekümmert und nachlässig mit dem
Leben und mit Besitz umgegangen sind. Mit dieser Zahlenkombination ist es schwierig, Liebe zu geben. Sexuelle Leidenschaft und Überbetonung der körperlichen Seite der
Liebe lassen bisweilen auf mangelnde Emotionen schließen.
Der Mißbrauch von Willen in einem früheren Leben hat Sie
dazu veranlaßt, sich diese Kombination auszuwählen, um die
Bedeutung des Einstehens für eigene Handlungen zu begreifen. Man könnte vermuten, daß Sie für Ihre eigene Individua-
lität als Kind keine große Bestätigung erfahren haben. Wenn
Sie erfolgreich sein wollen, müssen Sie lernen, die Dinge mit
Entschlossenheit und Ausdauer anzugehen.

5–7 – Spannungszahl (2):
Sie müssen lernen, zwischen Sensationsgier, Vernunft, gesellschaftlicher Kritik und Selbstkritik zu unterscheiden. Sie
sind sehr verwirrt, weil Sie es allen recht machen wollen, den
Eltern, sich selbst, dem Ehepartner, der Gesellschaft und der
öffentlichen Meinung. Sie strengen sich schwer an, um die
Rolle zu erfüllen, die von Ihnen im Leben erwartet wird.
Doch gerade dies macht es Ihnen so schwer, Ihre eigenen
Überzeugungen und Ihre wirkliche Rolle im Leben zu finden. Sie verwenden viel Energie darauf, das starke unbewußte Verlangen in Schach zu halten, sich gegen jede Ver-

nunft und rationales Denken zu verhalten. Ihre ausgezeichneten geistigen Fähigkeiten tendieren zu Irrationalität, sobald sie mit den starken, impulsiven Begierden der Fünf konfrontiert werden. Unter Druck kann eine Person mit dieser Zahlenkombinationen sich dazu verleiten lassen, über die Fehler der Nachbarn lautstark herzuziehen. Nehmen Sie dies zum Anlaß, sich Ihre eigenen Fehler ehrlich einzugestehen. Je mehr Sie Ihre inneren Konflikte lösen, desto häufiger wird Ihnen Gelegenheit dazu gegeben werden, als Friedensstifter und Vermittler zu fungieren.

5–8 – Spannungszahl (3):
Der hauptsächliche Kampf besteht hier darin, Kreativität in geeigneter Form für konstruktive Zwecke zu nutzen. Sie schwanken zwischen Oberflächlichkeit und den Anforderungen, die Ihr Beruf an Sie stellt. Vieles deutet darauf hin, daß Sie in einem oder mehreren früheren Leben Ihr kreatives Talent verkümmern ließen und statt dessen lieber einem genüßlichen und oberflächlichen Lebensstil gefrönt haben. Wahrscheinlich fällt es Ihnen schwer, die innere Motivation und Richtung zu finden, die Sie sich von diesem Leben versprechen. Seltsamerweise versuchen Sie bisweilen Situationen zu forcieren, die eine Verwirklichung Ihrer Ambitionen eher verhindern als sie zu fördern, wie Sie es sich eigentlich wünschen. Dieses Spannungsmuster ist kennzeichnend für einen Menschen, dessen emotionale Seite eher gering ausgeprägt ist. Häufig haben Sie das Gefühl, die Vorteile Ihres sozialen Status und des schönen Lebens nicht genießen zu können. Sie müssen tiefer in sich gehen, um sich auf die höheren schöpferischen Gesetze des Universums einzustimmen.

5–9 – Spannungszahl (4):
Eine Spannung entwickelt sich hier zwischen Idealismus, ausschweifenden Lebensgewohnheiten und dem Wunsch,

dem Leben wirklich eine klare Ordnung zu geben. Sie sind in der Lage, ein sehr überzeugendes Idealbild von sich zu erschaffen. Die einzige Person, die das nicht durchschaut, ist ... wer wohl? Na, Sie selbst natürlich! Viele Charakterzüge und Gewohnheiten lassen Sie hinter Ihren eigenen Erwartungen zurückbleiben, und Sie werden sich Ihr ganzes Leben lang schwer anstrengen müssen, um Ihre Ziele wirklich zu erreichen. Doch lassen Sie sich nicht entmutigen; Sie müssen nur eine Mischung zwischen ein bißchen Idealismus und gesundem Menschenverstand entwickeln. Sie schwanken zwischen Maßlosigkeit, Gewissensbissen wegen Ihrer Exzesse und einem idealisierten Zustand hin und her, in welchem Sie fälschlicherweise für all Ihre Schwächen eine Entschuldigung finden. Aufgrund von Schuldgefühlen, die Sie im Unterbewußtsein mit Vergehen aus früheren Leben in Zusammenhang bringen, machen Sie sich zur Zielscheibe von Bestrafung, die fast masochistische Züge annehmen kann. Es fällt Ihnen schwer, Gelegenheiten beim Schopfe zu packen, wenn Sie sich Ihnen bieten. Sie zögern und sind sich unsicher über die Prinzipien, für die Sie einstehen, denn Ihre Wertmaßstäbe stehen auf etwas wackligen Beinen. Sie können viel davon profitieren, wenn Sie sich intensiv mit spirituellen, philosophischen, religiösen oder metaphysischen Fragen beschäftigen und sich damit eine stabile Grundlage verschaffen.

Kombinationen mit der Zahl 6

6–7 – Spannungszahl (1):
In diesem Spannungsmuster zeichnet sich der klassische Kampf zwischen Kopf (Verstand) und Herz (widersprüchliche Gefühle) ab. Sie müssen versuchen, diesen Konflikt zu nutzen, um Ihren eigenen Willen zu erkennen. Ein Mensch mit dieser Zahlenkombination muß lernen, seine Gefühle unter Kontrolle zu halten und sich nicht von übertriebenen

Reaktionen und Launenhaftigkeit beeinflussen zu lassen. Die gefühlsmäßige Zerrissenheit aufgrund von unbewußten Konflikten bewirkt eine Verzerrung des Denkens. Um Ihre Unsicherheit zu rechtfertigen, rationalisieren Sie lieber, als Ihren Verstand darauf zu verwenden, deren Ursachen herauszufinden. Ihre Freunde und Partner sind häufig ebenfalls emotional gehemmt und intellektuell verunsichert. Haben Sie sich häufig leicht einschüchtern lassen? Ihren Standpunkt in bezug auf ein diskutiertes Thema nicht genau zu kennen löst Unentschlossenheit bei Ihnen aus. Da Sie sich danach gedemütigt fühlen, reagieren Sie das nächste Mal aggressiv und unnachgiebig in irgendeinem unwichtigen Punkt. Solange Sie keine solide Willens- und Vertrauensbasis aufbauen, wird Ihr Bewußtsein zwischen den Verstandes- und Gefühlskräften gespalten sein.

6–8 – Spannungszahl (2):
Emotionale Sensibilität und Machtgier lassen Sie zur Zielscheibe der Wut aller Menschen um Sie herum werden. Diese Zahlenkombination deutet auf ein Verhaltensmuster in vergangenen Leben hin, das durch Selbstsucht und Arroganz gekennzeichnet war – gepaart mit einer sarkastischen Zunge, die stets zum Widerspruch bereit war. Auch jetzt noch können Sie äußerst egozentrisch sein und dieselben eingefahrenen Verhaltensweisen an den Tag legen. Sie verachten die Welt um sich herum, und Sie schaffen Situationen, die Ihnen selbst gegenüber diese Haltung rechtfertigen. Sie sind nur in sehr beschränktem Maße fähig, echte Zuneigung gegenüber anderen Menschen zu zeigen. Ihr Verhalten und Ihre unsanften Manöver enttäuschen und verletzen diejenigen, die sich im Grunde Ihre Freundschaft und Liebe wünschen. Im Gegenzug enttäuschen die anderen Sie, und so setzt sich der Teufelskreis immer weiter fort. Ihr Stolz und Ihr Ego werden schwer auf die Probe gestellt werden, bis Sie schließlich bereit sind, Ihre Blockaden abzubauen und sich nach

außen zu wenden, um der Welt bei ihrem Bestreben beizustehen, allem unnötigen Leiden ein Ende zu bereiten.

6-9 – Spannungszahl (3):
Bei dieser Zahlenkombination haben wir es ebenfalls mit einer Anhäufung von einander widersprechenden Gefühlen zu tun, die gleich in drei verschiedene Richtungen auseinanderstreben. Sie werden erst dann innere Gelassenheit empfinden, wenn Sie Ihr kleines Selbst aufgeben und es ganz der intuitiven Führung durch Ihre Seele unterstellen. Mit großer Wahrscheinlichkeit waren Sie in einem früheren Leben ein Märtyrer und mußten darunter leiden, daß alle sich gegen Sie wandten. Dies hat Sie sehr sarkastisch gegenüber der Welt und zurückhaltend im Ausdruck Ihrer innersten Gefühle gemacht. Es ist schwer für Sie, von ganzem Herzen zu geben. Ihre ängstliche Seite wird jegliche Art von Zuneigung zurückweisen. Diese Angst wirkt unbewußt darauf hin, daß ein anspruchsvoller, teilnahmsloser Partner sich von Ihnen angezogen fühlt, der Ihnen wirklich all das ins Haus bringt, vor dem Sie immer den größten Horror hatten. Sie können danach völlig in Pessimismus und Leid versinken. Verzögerungen und Frustrationen scheinen hinter jeder Ecke auf Sie zu lauern. Stellen Sie sich den Schwierigkeiten, die diese Zahlenkombination mit sich bringt, und arbeiten Sie sich durch das Labyrinth dieses emotionalen Dilemmas. Wenn Sie es geschafft haben, können Sie anderen Menschen auf äußerst effektive Weise helfen, aus ihrer Depression zu entkommen.

Kombinationen mit der Zahl 7

7-8 – Spannungszahl (1):
Diese hochgeistige Zahlenkombination deutet darauf hin, daß diese Person Schwierigkeiten hat, ihrem eigenen Willen zufriedenstellende Ziele zu weisen. Sie werden von geistiger Verwirrung und Trübsinn geplagt; die Werte dieser Welt

bedeuten Ihnen nichts mehr, und Sie fühlen sich ganz leer. Ihre intellektuelle Isolation von anderen macht Sie in gewisser Weise zynisch gegenüber Vertrauen und Freundschaft. Es sieht so aus, als hätten Sie in einem früheren Leben andere intellektuell unterdrückt. Dieses Mal wurden Sie in eine Art Vakuum hineinversetzt, um die Unausgewogenheit zu begreifen, die durch eine eigenwillige Haltung ohne Mitgefühl und Sympathie für andere zustande kommt. Dies gibt Ihnen das starke Gefühl, etwas vollbringen zu wollen, und zeichnet Sie möglicherweise für die Rolle eines verantwortungsbewußten Führers aus. Sie haben einen scharfen Verstand, doch fällt es Ihnen schwer, Ihre Ideen klar zu äußern. Sie neigen dazu, sich gegen neue Ideen und Projekte zu sträuben; doch haben Sie erst einmal eine Sache in Angriff genommen, kommt Ihr Organisationstalent zum Tragen, und Sie bringen das Ganze zu einem guten Abschluß.

7-9 – Spannungszahl (2):

Ihre Gefühle sind hin- und hergerissen zwischen Vernunft, Idealismus und den Anforderungen, die die Gesellschaft an Sie stellt. Dieses Spannungsmuster läßt darauf schließen, daß Sie in jungen Jahren unter Druck gesetzt wurden, nach irgendeinem vagen Ideal zu leben, das Ihre Eltern als ihren Traum ansahen. Der einzige Haken an der Sache ist, daß Sie nun einmal zu einem ganz *anderen* Zweck auf die Welt gekommen sind. Sie verfügen über ausgezeichnete intellektuelle Fähigkeiten und haben zusätzlich ein starkes intuitives und erfinderisches Potential. Aufgrund Ihrer nervösen Empfindlichkeit und Ihres mangelnden Feingefühls kommt es jedoch trotz Ihrer Originalität und Ihrer sonstigen Gaben zu Schwierigkeiten bei der Zusammenarbeit mit anderen. Sie können sich selbst und andere scharf kritisieren, da Sie sich der vergeudeten Energie in Ihrem Leben und in dem Leben der Menschen um Sie herum schmerzlich bewußt sind. Sie können andere Menschen, die Ihnen eigentlich helfen könnten, gegen sich aufbringen, weil Sie Ihren Sarkasmus nicht im Zaum halten. Wenn Sie lernen, andere Menschen zu akzeptieren und sich von Ihrer inneren Arroganz freizumachen, können Sie äußerst innovativ sein und beträchtliche Erfolge erzielen.

Kombinationen mit der Zahl 8

8-9 – Spannungszahl (1):

Aufgrund von Willensmißbrauch in der Vergangenheit haben Sie nun die Wahl zwischen egoistischem Streben nach Macht und selbstlosem Dienst zum Wohle der Menschheit. Sie besitzen viel Selbstdisziplin und möchten andere Menschen gerne führen und beeinflussen. Sie planen und organisieren gern das Leben anderer Menschen und sagen ihnen, was für sie am besten wäre. Sie haben dies schon in früheren Leben getan – vielleicht können Sie es ja dieses Mal sein lassen und sich lieber um Ihr eigenes Leben kümmern. Sie haben das Zeug zu einem großen Retter der Menschheit, aber auch zu einem größenwahnsinnigen Diktator. Nutzen Sie Ihre Originialtät und Entschlossenheit, um aus sich selbst einen besseren Menschen zu machen. Die Welt wird dann automatisch von Ihrem Beitrag profitieren. Sie haben einen scharfen Verstand, doch nach außen hin geben Sie sich reserviert und schroff. Dahinter verbirgt sich eine sture Entschlossenheit, die es Ihnen ermöglicht, Hindernisse zu überwinden und Ihr Ziel zu erreichen. Doch passen Sie auf, daß Sie auf Ihrem Weg zum Ziel niemanden überfahren.

Zwischenmenschliche Spannungszahlen

Kombinationen mit der Zahl 1

1-2 – Spannungszahl (1):
Die hier vorherrschende Spannung beruht auf Eigensinn.
Die Eins möchte unabhängig sein und schert sich nicht um
die behutsamen Warnungen oder kritischen Bemerkungen
von seiten der Zwei. Die Zwei muß die Individualität der
Eins respektieren und pingelige Kleinlichkeit überwinden.
Die Zwei braucht die Eins als Sicherheit; doch die Eins haßt
die Abhängigkeit. Die Eins findet Gefallen an der Art, wie die
Zwei sich um die kleinen Dinge des Alltags kümmert, doch
die Zwei mag es nicht, daß die Eins ihr so wenig Anerkennung dafür zollt. Aufgrund der Haltung der Eins lernt die
Zwei, unabhängiger zu sein und die Eins lernt, kooperativer
zu sein. Bis es soweit ist, werden jedoch Streit und kleinliches
Gezänk an der Tagesordnung sein. Wenn es ihnen gelingt
zusammenzuarbeiten, kann die Zwei die Eins bei ihren In-
itiativen unterstützen, und gemeinsam können sie ein dyna-
misches Duo mit kooperierenden Willenskräften bilden.

1-3 – Spannungszahl (2):
Bis die Harmonie zwischen zwei Menschen mit dieser Zahlenkombination hergestellt ist, werden wahrscheinlich viele
sarkastische Bemerkungen ausgetauscht und Streitereien aus-
getragen. Die Eins sieht die Drei als emotional schwach und
oberflächlich an, und die Drei hält die Eins für arrogant und
gefühllos. Der Eins passen viele Kleinigkeiten nicht, die die
Drei macht, und die Drei kritisiert im Gegenzug an der Eins
herum und unterminiert so deren Initiative. Die Drei genießt
Gesellschaft und geht gern aus, die Eins bevorzugt wahrscheinlich einen gelegentlichen Besuch bei guten Freunden.
Die Drei macht sich oft Sorgen und hindert die Eins daran,
Veränderungen in Angriff zu nehmen. Die Eins kritisiert an

der Drei, daß sie nicht in der Lage ist, sich von sentimentalen Bindungen freizumachen und zur nächsten Erfahrung überzugehen. Im schlimmsten Falle kann dies eine Atmosphäre von Kritik, Unentschlossenheit und Meinungsverschiedenheiten über geringfügige Bagatellen erzeugen. Wenn die beiden miteinander in Harmonie sind, kann jeder dem anderen wertvolle Hilfestellung dabei geben, die Probleme des Lebens klarer zu erkennen und in seinem täglichen Umgang mit anderen mehr Kooperationsbereitschaft zu zeigen.

1-4 – Spannungszahl (3):
Bei dieser Zahlenkombination kommt es wahrscheinlich zu beträchtlichen Spannungen im Gefühlsbereich und zu Schwierigkeiten, die Gefühle und eigenen Ideen mitzuteilen. Die Vier ist ernst, unnachgiebig und liebt Strukturen, während die Eins versucht, sich jegliche Art von Strukturierung vom Leibe zu halten. Die Eins kann die Zwänge der Vier nicht leiden, und die Vier regt sich über die unbekümmerte Mißachtung der Konventionen durch die Eins auf. Es wird zu starken Gefühlswallungen kommen, die sich schließlich in Wutausbrüchen entladen. Die Eins unterminiert wahrscheinlich unbewußt das berufliche Selbstvertrauen der Vier, während die Vier sich wenig kooperationsbereit zeigt, wenn es um neue Interessen der Eins geht. Sexualität könnte als Manipulationsmittel benutzt werden; so können sich zum Beispiel Schwierigkeiten auf der sexuellen Ausdrucksebene einstellen, wenn zwischen den beiden keine Harmonie besteht. Beide Partner müssen schwer kämpfen, um Worte und Gefühle auf klare und angenehme Weise auszudrücken. Wenn die beiden miteinander harmonieren, besteht die Möglichkeit für gemeinsame innovative und kreative Arbeit. Einer von beiden oder beide hatten wahrscheinlich dominierende Eltern, die hart arbeiteten und dem Kind trotzdem die nötige Wärme und den emotionalen Rückhalt bieten konnten, die es brauchte.

1–5 – Spannungszahl (4):

Bei dieser Zahlenkombination werden wahrscheinlich beide Parteien große Anstrengungen unternehmen müssen, um ein Gleichgewicht zwischen der Impulsivität einerseits und dem Wunsch nach totaler Freiheit andererseits herzustellen. Wir haben es hier mit einer Beziehung zu tun, bei der es ständig Höhen und Tiefen gibt. Noch im einen Moment läuft alles total gut, und schon im nächsten ist keiner von beiden mehr bereit, mit dem anderen zu kooperieren. Wenn beide die gleichen Interessen haben, könnte sich die Flexibilität als äußerst hilfreich erweisen. Ein starker Sexualtrieb, gemeinsam in die gleiche konstruktive Richtung gelenkt, könnte enorme Leistungen bewirken. Die Eins erwartet von der Fünf, daß sie sich um ihre Bedürfnisse kümmert, während die Fünf sich darüber ärgert, daß die Eins ständig meint, die neuen Interessen der Fünf beurteilen zu müssen. Die Fünf möchte freien Handlungsspielraum haben, regt sich aber über die Gleichgültigkeit der Eins auf. Einer von beiden oder beide hatten wahrscheinlich Eltern, die dem Kind ziemlich freie Hand ließen, seinen Lebensstil und Lebensweg selbst zu wählen; keiner von beiden mag das Angebundensein an Beruf und Verantwortung.

1–6 – Spannungszahl (5):

Der Kampf um Freiheit ist der Hauptreibungspunkt bei dieser Zahlenkombination. Die Sechs klammert sich an die Eins, um sich innerlich sicher zu fühlen. Die Eins ist zwar nicht gern an Verantwortung gebunden, doch braucht sie die Sechs, um zu lernen, mehr Anteilnahme für andere zu empfinden. Die Eins ärgert sich darüber, daß sie gebunden ist, während die Sechs sich darüber aufregt, daß die Eins so wenig Interesse für häusliche Angelegenheiten zeigt. Die Eins kann es nicht leiden, daß die Sechs sich so viele Sorgen macht. Auf der anderen Seite kann die Sechs nicht verstehen, wie die Eins so sicher sein kann, daß alles glatt geht. Jeder der beiden lernt das wahre Gesetz der Freiheit, doch nur mit großer Mühe. Das Bedürfnis der Eins, wirklich zu lernen, was Freiheit bedeutet, entsteht erst, wenn sie sich ihrer Verantwortung gestellt hat. Und die Sechs findet Freiheit erst dann, wenn sie es für ihr Selbstbewußtsein nicht mehr nötig hat, sich von anderen abhängig zu machen. Einer von beiden oder beide Partner werden mit einem Vater oder einer Mutter gelebt haben, der/die auf verschiedene Weise gegen Heim, Familie oder gesellschaftliche Zwänge rebelliert hat.

1-7 – Spannungszahl (6):

Eine ziemlich starke Spannung hindert die Menschen mit diesen Zahlen daran, Vertrauen zueinander aufzubauen und Verantwortung für den anderen zu übernehmen. Die analytische Sieben kann mit der Impulsivität der Eins nicht umgehen, und die Eins wird ungeduldig, weil die Sieben so unentschlossen ist. Es kann deutliche Differenzen in der Lebenseinstellung und -philosophie geben, die sich besonders bei der Kindererziehung bemerkbar machen. Die Sieben hat alle möglichen Lebenstheorien parat, hat jedoch möglicherweise keinen gefühlsmäßigen Kontakt zu den Bedürfnissen der Eins. Auch die Eins hat Schwierigkeiten, mit ihrer emotionalen Verantwortung umzugehen und kann ungeduldig und rücksichtslos werden. Wenn die Beziehung aus den Angeln gerät, werden beide Partner sich gegenseitig die Schuld zuschieben. Häusliche und emotionale Harmonie zwischen diesen Partnern wird nur über Kampf zustande kommen. Entweder beide oder einer der beiden stammt wahrscheinlich aus einem Elternhaus, in dem es zu einer Scheidung kam oder in dem die Eltern eine verkorkste Beziehung weitergeführt haben.

1-8 – Spannungszahl (7):

In dieser Kombination möchte die Acht die Autorität ausüben und versucht deshalb zu dominieren. Die Eins möchte lieber ihren eigenen Weg gehen und von niemandem gesagt bekommen, was sie zu tun hat. Die Acht braucht die Eins, um zu lernen, die Autorität jedes einzelnen gelten zu lassen. Die Eins braucht die Acht, um ein Gleichgewicht zwischen Willen und Macht herzustellen. Wahrscheinlich wird hier ein ständiger intellektueller Wettstreit stattfinden, in dem jeder versucht, den anderen mit den besseren Argumenten zu überzeugen, und zur Stützung seiner These alle möglichen Daten und Fakten anführt. Wenn die Energie der Sieben weise eingesetzt wird, kann dies beide dazu bringen, sich eingehender mit den großen Lebensfragen zu beschäftigen und durch das Gewinnen von tieferen geistigen und seelischen Einsichten mehr Achtung für den anderen zu empfinden. Ein oder beide Partner hatten möglicherweise Eltern, von denen einer oder beide distanziert und kopfbetont waren und Schwierigkeiten hatten, ihre Gefühle offen zu zeigen.

1–9 – Spannungszahl (8):

Dies ist eine schwierige Kombination, denn die Eins ist selbstsüchtig, und die Neun ist selbstlos. Dieser Unterschied führt zu Kämpfen um die Autorität. Die Neun erwartet von der Eins, daß sie den Idealen der Neun gerecht wird, und die Eins möchte einfach frei sein. Hier kommt es zu einem ständigen Widerstreit zwischen Idealismus und Realismus. Die Eins versucht vielleicht die Neun zu dominieren, indem sie sie dazu zwingt, sich näher mit den Prinzipien des praktischen Idealismus zu befassen. Die Neun muß lernen, die Individualität der Eins zu akzeptieren, und die Eins, mehr selbstloses Mitgefühl mit anderen zu entwickeln. Es wird zu subtilen kleinen (manchmal auch großen und gar nicht so feinen) Machtkämpfen kommen, in denen jeder seine eigene Position behaupten will. Dies kann zu völlig unterschiedlichen Auffassungen in bezug auf Geld und finanzielle Belange führen, was weitere Meinungsverschiedenheiten zur Folge hat. Beide oder einer der beiden hatte(n) es wahrscheinlich mit Eltern zu tun, die sich ständig Machtkämpfe um den Einfluß in der Familie und im Leben des anderen lieferten.

Kombinationen mit der Zahl 2

2–3 – Spannungszahl (1):
Auch diese Kombination verspricht einen Willenskonflikt, doch ist hier der Konkurrenzkampf nicht ganz so ausgeprägt, als wenn eine Eins beteiligt ist. Die kommunikative Interaktion wird unberechenbar, konträr und verwirrt sein. Es kommt ständig zu Mißverständnissen, und der Wunsch, miteinander auszukommen, wird durch die mangelnde Klarheit in Gesprächen immer wieder hintertrieben. Die Zwei versucht ein Thema immer aus verschiedenen Blickwinkeln zu beleuchten und hält die Drei für oberflächlich und seicht. Die Drei läßt sich bei ihren Entscheidungen vom Herzen leiten und ist deshalb vom Schwanken und Zögern der Zwei irritiert. Die Entscheidung, wer bei dieser Kombination die Initiative und die Führung übernimmt, kann zu einem Problem werden. Entweder ein oder beide Partner in dieser Beziehung entstammen wahrscheinlich einem höchst emotional geprägten Umfeld. Wenn beide Zahlen zusammenarbeiten, kann dies eine äußerst kreative und ausdrucksstarke Verbindung sein.

2–4 – Spannungszahl (2):
Bei dieser Kombination sind wahrscheinlich kleinliche Streitereien an der Tagesordnung. Die Zwei ist selten damit zufrieden, wie die Vier ihre Arbeit macht. Die Vier arbeitet sehr hart dafür, es der Gesellschaft und dem Ehepartner recht zu machen, ist aber wahrscheinlich selbst ziemlich unglücklich über das Ergebnis. Die Vier möchte gern klare Linien setzen, und die Zwei bringt die Vier mit den vielen Alternativvorschlägen, die sie sich ausdenkt, aus dem Konzept. Das Problem ist, daß es sehr schwer ist, es der Zwei recht zu machen, denn sie mißt Erfolg eher nach den Maßstäben anderer als nach dem Grad der inneren Bewußtheit. Die Vier mag es nicht, daß die Zwei ständig ihren Geschmack und ihre Wert-

maßstäbe ändert. Die Zwei hingegen regt sich auf über den Mangel an Phantasie und die Ernsthaftigkeit der Vier; und die Vier kann die wechselhaften Launen und Stimmungen der Zwei nicht verstehen. Wenn diese Zahlenkombination harmonisch zusammenarbeitet, kann ein gutes Gleichgewicht zwischen der Beständigkeit der Vier und der Kooperations- und Hilfsbereitschaft der Zwei geschaffen werden.

2–5 – Spannungszahl (3):

Diese Spannungskombination läßt auf ein oberflächliches Kommunikationsniveau schließen. Die Zwei kann die Impulsivität der Fünf und ihren mangelnden Respekt vor Konventionen nicht leiden. Die Fünf wiederum ärgert sich darüber, daß die Zwei den gesellschaftlichen Konventionen soviel Beachtung schenkt und vermutet dahinter oberflächliches Denken. Der Zwei schaudert es bei den Verallgemeinerungen und dem Leichtsinn der Fünf, während der Fünf die übertriebene Kleinkrämerei und Beachtung des Protokolls der Zwei auf den Geist geht. Die Fünf sucht Veränderung und Aktivität, doch die Zwei schließt viel langsamer neue Freundschaften und rafft sich nur mühsam zu neuen Zielen auf. Die unterschiedlichen Aktivitäten der Fünf und der Zwei lassen nur schwer ein tiefes Verständnis füreinander und wirkliche Kommunikation entstehen. Die Fünf ärgert sich über die Unsicherheit und das Mißtrauen der Zwei. Beide Parteien müssen versuchen, einen offenen und ehrlichen Dialog herzustellen und dem anderen Zuneigung zu zeigen, um Oberflächlichkeit und kleinliche Heuchelei zu überwinden.

2–6 – Spannungszahl (4):

Zwei Menschen mit dieser Zahlenkombination leisten sich gegenseitig oft hartnäckigen Widerstand, anstatt sich darum zu bemühen, gemeinsame Bedürfnisse zu befriedigen. Die Zwei neigt dazu, sich in Selbstmitleid zu ergehen, was bei der Sechs wiederum Schuldgefühle auslöst und sie die Launen der Zwei mit allzu großer Nachsicht ertragen läßt. Die Sechs übernimmt damit die Märtyrerrolle und geht davon aus, daß Leid und Qual erlitten werden müssen. Die Zwei hält nichts von Scheidung, und wegen ihrer Konventionalität erträgt sie ihren Ärger lieber im stillen. Beide beteiligten Parteien neigen hier dazu, an der Arbeit und am Beruf des anderen herumzukritteln: die Zwei legt größeren Wert auf Status, während die Sechs mehr Sicherheit durch ein höheres Einkommen bevorzugt. Beide müssen sich von ihren emotionalen und gesellschaftlichen Problemen freimachen und darauf hinarbeiten, sich gegenseitig mehr Stabilität zu geben. Eine ausgezeichnete Gelegenheit wäre zum Beispiel eine gemeinsame Arbeit in einer Gruppe oder Organisation (zu wohltätigen oder beruflichen Zwecken), deren Ziel es ist, anderen Menschen zu helfen.

2–7 – Spannungszahl (5):
Hier findet ein Kampf um Befreiung von intellektuellem Stolz und gesellschaftlichem Statusbewußtsein statt. Die Sieben ist wütend über das ständige Herumgenörgel der Zwei an ihren Überzeugungen und an ihrem Stolz auf ihre intellektuellen Fähigkeiten. Die Zwei mag die Reserviertheit der Sieben nicht, kann jedoch von deren Tiefe und Weisheit etwas lernen. Die Sieben möchte nichts mit der Gefühlsbetontheit und der Emotionalität der Zwei zu tun haben und übersieht dabei, daß es genau das ist, was sie eigentlich zu entwickeln versucht. Keiner von beiden ist gern an den anderen gekettet, doch beide klammern sich hartnäckig aneinander. Beide übertreiben und dramatisieren ihren Zustand. Jeder wird von einer vagen Rastlosigkeit getrieben und ist ständig auf der Suche nach etwas oder jemand anderem. Bei dieser Kombination lernen beide, dem anderen Freiraum zu lassen; durch diese Freiheit können beide enger zusammenwachsen, weil sie einen größeren Erfahrungsspielraum miteinander teilen können.

2–8 – Spannungszahl (6):
Diese Beziehung zusammenzuhalten, wird viel Anstrengung und Schweiß kosten. Eine Art Wettstreit entsteht zwischen äußeren Zwängen und Interessen und dem Versuch, eine liebevolle Beziehung fortzuführen. Die Acht wird völlig von ihrer Karriere und den Anforderungen durch ihre Arbeit in Anspruch genommen, und die Zwei fühlt sich dadurch vernachlässigt. Doch gleichzeitig möchte die Zwei die sozialen Statussymbole für Erfolg nicht entbehren. Die Zwei versucht sich zum Ausgleich auf den unterschiedlichsten Gebieten zu betätigen und tut so, als würde sie die Leistungen der Acht nicht zu schätzen wissen. Die Acht schenkt bei ihrem Streben nach beruflichen Zielen Heim und Familie nicht genügend Beachtung, während die Zwei etwas über Geld und finanzielle Verantwortung dazulernt. Häufig müssen hier angstbesetzte emotionale Unsicherheiten überwunden werden. Die Zwei zielt unbewußt darauf ab, das autoritäre Verhalten der Acht durch geschickte Wortgefechte und kleine Ablenkungsmanöver zur Demonstration ihrer Mißachtung zu unterminieren. Beide Partner müssen sich anstrengen, die Beziehung nicht zu vernachlässigen und alles zu unternehmen, um sie aufrechtzuerhalten.

2–9 – Spannungszahl (7):
Bei dieser Zahlenkombination versuchen beide beteiligten Parteien, ihrem Leben einen tieferen Sinn zu geben. Dies bedeutet für beide eine schwierige Suche nach Wahrheit und Selbstverständnis. Beide Partner sind eher unpraktisch und haben hohe Ideale. Die Neun ärgert sich, daß die Zwei ihr die Schuld dafür in die Schuhe schiebt, und die Zwei kann kein Verständnis für den blinden Glauben und wechselhaften Realitätssinn der Neun aufbringen. Beide können starken Stimmungsschwankungen unterworfen sein und müssen lernen, sich geistig zu distanzieren, um ein Gegengewicht für ihr extremes Gefühls-Aufundab zu schaffen. Jeder von bei-

den kann unpraktisch und bisweilen irrational sein und den anderen für Rückschläge und bestimmte Umstände verantwortlich machen. Zum Beispiel kann sich die Neun Sorgen um die Probleme in der Welt und die Gefahr eines Krieges im Nahen Osten machen, während die Zwei sich gerade Sorgen um den tropfenden Wasserhahn im Bad macht. Beide Menschen sollten tiefer in die spirituellen oder philosophischen Weisheiten eindringen, um die geistige und göttliche Weisheit, die in ihnen steckt, richtig zu begreifen.

Kombinationen mit der Zahl 3

3–4 – Spannungszahl (1):

Eine deutlich unterschiedliche Lebensweise und Lebenseinstellung fordern den Willensaspekt bei beiden Personen dieser Zahlenkombination heraus. Die Drei mißversteht den Ernst der Vier, und die Vier ist irritiert durch die launenhafte Drei. Die Drei bräuchte möglicherweise Unterstützung von der Vier, doch diese nimmt ihre Arbeit so ernst, daß sie nicht in der Lage ist, anderen emotionalen Rückhalt zu bieten. Die Vier muß lernen, die Dinge weniger verbissen zu sehen und das Leben spontaner zu genießen. Doch sie kann die Spontaneität und unlogischen Verrücktheiten der Drei nicht nachvollziehen. Wahrscheinlich gibt es auch eine deutliche Divergenz zwischen den Zielen dieser beiden Menschen. Die Vier sucht neue Impulse zur Stärkung ihres Willens, doch die Drei beschäftigt sich mit so vielen Dingen gleichzeitig, daß es schwierig ist, von ihr Unterstützung zu erhalten. Auch die Drei sucht nach Willensstärke, doch ist es schwer, die Disziplin und die ernste Lebensauffassung der Vier nachzuvollziehen. Beide müssen bereit sein, die grundsätzlich verschiedene Individualität und den Willen des anderen zu akzeptieren. Wenn beide zusammenkommen, verbindet sich in dieser Kombination Spontaneität mit Disziplin.

3–5 – Spannungszahl (2):

Bei diesem Zahlenpaar wird oberflächliches Verhalten gegenüber dem Partner und Mißachtung der Regeln großgeschrieben. Da beide laut ihrer Zahlenbilder auf Vergnügungen aus sind, wird dies eine ziemlich oberflächliche Beziehung sein, in der wenig kooperiert wird und wenig gemeinsame Ziele verfolgt werden. Die Drei ist intolerant gegenüber den Exzessen der Fünf, demonstriert jedoch ihre eigenen Extravaganzen auf andere Weise. Die Fünf sieht sich selbst alle Ausschweifungen nach und hat wenig Geschmack. Dies verletzt die künstlerische Ader und kultivierte Art der Drei. Täglicher Zoff und ständige Auseinandersetzungen über Nichtigkeiten sind die Regel, bis zu einem harmonischen Umgang miteinander gefunden wird. Die Fünf kann sich von der Raffinesse der Drei eine Scheibe abschneiden, und die Drei kann von der Spontaneität der Fünf lernen. Diese Kombination kann dazu führen, daß beide einen Mangel an Interesse für gesellschaftliche Maximen entwickeln und den Kontakt zu den gegenwärtigen Gepflogenheiten verlieren. Beide müssen sich über die leidvolle Herumkrittelei am anderen erheben, um diese potentiell dynamische Kombination latent vorhandener Kreativität und Originalität zu vereinigen.

3–6 – Spannungszahl (3):

Hier haben wir es wieder mit einer emotional schwierigen Kombination zu tun, die sich aufgrund von gehemmten Gefühlen und eingeschränkter Kommunikation das Leben schwermachen kann. Die Sechs möchte, daß man ihr Aufmerksamkeit schenkt, und haßt deshalb die vielseitigen Interessen und zeitaufwendigen Beschäftigungen der Drei. Die Drei wiederum hat Schwierigkeiten, mit den familiären Bedürfnissen und den Forderungen nach persönlicher Aufmerksamkeit der Sechs umzugehen. Die Drei meint es im Grunde gut, doch schafft sie es, immer genau den wunden

Punkt zu treffen, der die Sechs dazu veranlaßt, sich mürrisch und gekränkt zurückzuziehen. Auch die Sechs meint es gut, doch dämpft sie die Begeisterung der Drei, indem sie immer wieder mit der gleichen alten Leier kommt. Die Stimmungszyklen sind häufig genau entgegengesetzt und machen es den beiden schwer, zusammenzukommen, auch wenn sich beide verzweifelt um ein Verständnis bemühen. Im schlimmsten Falle ist die Kommunikation minimal und eine Trennung oder Scheidung können die Folge sein. Bei dieser Zahlenkombination müssen beide lernen, ihre Gefühle klar auszudrücken und sich wirklich anstrengen, das tiefere Bedürfnis des Partners zu verstehen.

3–7 – Spannungszahl (4):
Dies ist eine schwierige Kombination, bei der darauf hingearbeitet werden muß, Verstand und Gefühle zusammenzubringen. Machen Sie sich auf einen fortwährenden Kampf zwischen divergierenden Philosophien und Lebenseinstellungen gefaßt. Die Sieben kann den Optimismus und das Gefühl des Wissens aus Erfahrung der Drei nicht nachvollziehen. Der Zynismus und Zweifel der Sieben befremden die feinere Sensibilität der gefühlsbetonten Drei. Beide halten stur an alten Gewohnheiten fest und lehnen die Sichtweise des anderen offen ab. Die Drei hätte gerne, daß man ihr mehr Aufmerksamkeit schenkt, die Sieben ist jedoch lieber allein und geht ihren eigenen Interessen nach. Für die Drei kann es von Nutzen sein, von der Sieben zu lernen, tiefer in die Materie einzudringen und analytischer zu denken, während die Sieben lernen kann, Gefühle und innere Eindrücke zu akzeptieren. Keinem von beiden wird es leichtfallen, die Chance zum Ausgleich zwischen diesen gegensätzlichen Ansätzen wahrzunehmen. Wahrscheinlich kommt einer der beiden aus einem Elternhaus, in dem liebevoll miteinander umgegangen wurde, und der andere stand möglicherweise unter dem Einfluß von intellektuellen und distanzierten Eltern.

3–8 – Spannungszahl (5):

Ein heftiger Kampf um Freiheit wird aus dieser Kombination ersichtlich. Die Acht dominiert ständig die Situation, was bei der Drei gefühlsmäßigen Unmut auslöst. Die Drei folgt ihrer Intuition und kommt dabei zu Einsichten, die die autoritäre Haltung der Acht unterminieren und ihr Ego ins Wanken bringen. Die Acht bringt es nicht fertig, die Drei in Ruhe zu lassen, damit sie einfach der Stimme ihres Herzens folgen kann. Der Drei wiederum fällt es schwer, einfach zuzulassen, daß die Acht nur noch ihrem Wunsch nach Erfolg und Leistung nachgeht. Die Drei wird possessiv und eifersüchtig, während die Acht versucht, die emotionalen Bedürfnisse der Drei zu befriedigen, indem sie sie mit Symbolen materieller Sicherheit versorgt. Die Drei kann der Acht dabei helfen, die Freuden der menschlichen Seite des Lebens mehr schätzen zu lernen, während die Acht der Drei beibringen kann, in den realen Lebenssituationen praktischer und ehrgeiziger zu sein.

3–9 – Spannungszahl (6):

Diese Kombination, die einem ständigen Gefühls-Aufundab unterworfen ist, muß sich darum bemühen, eine realistischere Einstellung gegenüber Verantwortung zu bekommen. Die Drei baut auf den Idealismus und Glauben der Neun, während die Neun von der Drei erwartet, daß diese sich um die geschäftliche Seite kümmert. Der eher ängstliche Charakter der Drei bestürzt die Neun mit ihrem natürlichen Idealismus und Optimismus; die gefühlsmäßige Abgeklärtheit der Neun löst bei der Drei emotionale Frustration aus. Die vielfältigen Interessen und Ablenkungen der Drei verärgern die Neun, die gerne hätte, daß man sich mehr um ihre Person kümmert. Andererseits kann sich jedoch die Neun so in ihre Ideale und Ideen vertiefen, daß sie gegenüber den persönlichen Bedürfnissen der Drei ziemlich gleichgültig wird. Beide Menschen müssen sich darum bemühen, reife

Lösungen für ihre gegenseitige Verantwortung und Unterstützung zu finden. Beide tendieren oft dazu, völlig unrealistische Forderungen an den Partner zu stellen, wenn es um Erhaltung der Sicherheit und des häuslichen Friedens geht.

Kombinationen mit der Zahl 4

4–5 – Spannungszahl (1):
Vier und Fünf sind wie polare Gegensätze, das heißt, daß es in dieser Beziehung zu beträchtlichen Spannungen zwischen den beiden Personen kommen wird, weil es ihnen schwerfällt, die Individualität und den Willen des anderen gelten zu lassen. Die Fünf nutzt gern das Privileg der Freiheit und Individualität extrem aus und ärgert sich über die possessive und schwerfällige Vier. Die Vier hält stur an ihren Gewohnheiten und Gebräuchen fest und regt sich über die totale Gleichgültigkeit der Fünf gegenüber Regeln und anerkannten Verhaltensnormen auf. Ihr Kampf wird sich wahrscheinlich ständig um den einen Punkt drehen: expansive Tendenzen der Fünf kontra restriktive Tendenzen der Vier. Die Vier müht sich ab, damit es zu Hause so bequem und gemütlich wie möglich ist, doch die Fünf kommt nur selten heim und kann die Mühe nicht schätzen. Die Fünf hat keine Toleranz für die Einschränkungen, die die Vier von ihr verlangt. Es wird zu vielen Auseinandersetzungen kommen, die wie ein Strohfeuer rasch auflodern und auch wieder schnell vorüber sind. Die Fünf kann von der Vier Geduld und Disziplin lernen, und die Vier kann von der Fünf lernen, unabhängiger und spontaner zu sein.

4–6 – Spannungszahl (2):
Gegenseitige Nörgelei und Kritik kann den Menschen mit dieser Zahlenkombination solange zusetzen, bis beide schließlich zur Kooperation bereit sind. Die Sechs meckert an der Vier herum, weil sie soviel arbeitet und sie dadurch

vernachlässigt. Die Vier wendet sich daraufhin verstärkt neuen Projekten zu, um dem Herumgezeter der Sechs zu entkommen. Die Vier erwartet von der Sechs, daß sie sich um die häuslichen und familiären Pflichten kümmert und ärgert sich darüber, daß die Sechs ständig etwas von ihr will. Die Vier belästigt die Sechs ständig wegen winziger Kleinigkeiten, die die Organisation des täglichen Lebens betreffen. Die Sechs wehrt sich dagegen, indem sie die Arbeit und Gewohnheiten der Vier kritisiert. Die Vier versteht nicht, wieso die Sechs nicht zu schätzen weiß, wie hart sie gearbeitet hat, um ihr Sicherheit bieten zu können; die Sechs reagiert mit Verärgerung darüber, daß die Vier soviel Zeit mit ihrer Arbeit zubringt und daß sie keinen wirklichen emotionalen Rückhalt bieten kann. Die Vier kann von der Sechs fühlen lernen, und die Sechs kann von der Vier lernen, ihre Gefühle zu beherrschen.

4–7 – Spannungszahl (3):
Wenn die starre Vier auf die eigenwillige Sieben trifft, kommt es zu einem Rennen mit unentschiedenem Ausgang. Die Vier läßt ihre Gefühle nicht heraus, und die Sieben versteckt ihre Gefühle hinter einer stark intellektuell gefärbten Fassade. Beide haben also Schwierigkeiten im emotionellen Bereich, was zu einem Klima unterdrückter Gefühle führt, das den Kommunikations- und Gefühlsfluß hemmt. Verbohrtheit wird das Hauptcharakteristikum dieser Beziehung sein. Die Sieben greift den Mangel an intellektuellem Tiefgang der Vier scharf an und macht sich darüber lustig, und die Vier ärgert sich über die wichtigtuerischen Anspielungen der Sieben. Das Kommunikationsklima ist gespannt, und die Unstimmigkeit wird größer durch aufgestaute Emotionen und unausgesprochene Gefühle, die die Spannung beeinflussen und weiter verstärken. Beide haben einander angezogen, um vom anderen zu lernen, wie wichtig es ist, seine eigenen Gefühle zu kennen und diese auch ausdrücken zu können.

4-8 – Spannungszahl (4):
In dieser Beziehung besteht Uneinigkeit über methodische Vorgehensweisen, gewisse Gewohnheiten und die Einstellung gegenüber Geld. Die Vier arbeitet fleißig und unermüdlich, um zu etwas zu kommen und kann die respektlose Einstellung der Acht gegenüber Geld und Erfolg nicht verstehen. Die Vier ist ein Pfennigfuchser, die Acht hingegen möchte die schönen Dinge des Lebens genießen. Im schlimmsten Falle sind beide äußerst dickköpfig. Die Acht kann davon profitieren, von der Vier Disziplin zu lernen, und die Vier kann von der Acht lernen, innovativere Ideen in bezug auf ihre Arbeit zu entwickeln. Dadurch, daß beide Seiten versuchen, ihre Gefühle ständig im Griff zu haben, ist es für beide schwer, die Bedürfnisse des Partners zu erkennen. Einer von beiden oder beide hatten wahrscheinlich ein Elternhaus, in dem die Eltern oft die meiste Zeit ihrer Arbeit gewidmet haben und das Kind dabei emotionell zu kurz kam. In einem gemeinsamen Projekt vereint, könnten diese beiden Menschen ein unschlagbares Team sein.

4-9 – Spannungszahl (5):
Bei dieser Zahlenkombination dreht sich der Kampf um Identität und persönliche Zielsetzungen. Die Partnerschaft schwankt zwischen dem Idealismus der Neun und der Praxisorientiertheit der Vier hin und her. Die Unnachgiebigkeit der Vier irritiert die Neun, die am liebsten in ihrer Traumwelt jenseits von Gut und Böse lebt; auf der anderen Seite regt sich die Vier über den Mangel an gesundem Menschenverstand bei der Neun auf. Durch das Aufeinandertreffen der konventionellen Art der Vier und der wahrscheinlich eher zwanglosen Art der Neun können in dieser Beziehung leicht sexuelle Schuldgefühle aufkommen. Die Neun lernt, daß wahre Freiheit erst durch Disziplin entstehen kann; das beste Beispiel dafür ist die Vier. Die Vier muß lernen, sich von ihren starren und durch Vorurteile geprägten Ansichten frei-

zumachen, um sich auf höhere Ebenen emporschwingen zu können wie die Neun. Beide werden versuchen, die Lektionen, die sie aus dieser Beziehung lernen können, zu umgehen. Doch wie bei jeder Zweierbeziehung besteht auch hier eine enorme Chance, etwas Wesentliches dazuzulernen und zu wachsen.

Kombinationen mit der Zahl 5

5–6 – Spannungszahl (1):
Auch hier haben wir es wieder mit einer sehr dynamischen Kombination zu tun. Der Ausdruck des eigenen Willens und der Individualität sind zwei wesentliche Punkte, die in dieser Beziehung zu lernen sind. Die Fünf sehnt sich nach Freiheit und ärgert sich darüber, daß die Sechs ständig von ihr emotionale Rückendeckung braucht und Mithilfe bei der Hausarbeit verlangt. Die Sechs mit ihrer Ernsthaftigkeit fühlt sich durch das gleichgültige Verhalten der Fünf verunsichert. Die Fünf fühlt sich im Ausleben ihres freien Willens eingeschränkt, und die Sechs hat das Gefühl, daß die Fünf ihrer Person und ihren Bedürfnissen nicht genügend Beachtung schenkt. Einer von beiden oder beide hatten möglicherweise Eltern, die ständig wegen ihrer Lebensphilosophie und wegen der Rolle, die der eine nach der Meinung des anderen erfüllen sollte, miteinander im Clinch lagen.

5–7 -Spannungszahl (2):
Verbale Auseinandersetzungen und Meinungsverschiedenheiten über Bagatellen können diese Beziehung zermürben. Die Sieben sitzt in ihrem intellelektuellen Elfenbeinturm und läßt sich dogmatisch über den oberflächlichen Lebensstil der Fünf aus. Der Eifer und Überschwang der Fünf werden durch die fehlende Beteiligung der Sieben an den Erfahrungsprozessen des Lebens deutlich geschmälert. Ständige Nörgelei und kleinliche Haarspalterei kann zum Lieblings-

spiel zwischen der erhabenen Sieben und der flatterhaften Fünf werden. Die Sieben kann lernen, ihre Intellektualität, mit der sie sich so leicht aufspielt, beiseite zu lassen und das Leben so zu genießen, wie die Fünf es tut. Und die Fünf kann lernen, den Dingen etwas mehr auf den Grund zu gehen und sie genauer zu beleuchten, wie die analytische Sieben es vormacht. Einer von beiden oder beide Partner entstammen wahrscheinlich einer Familie, in der ein oder beide Elternteile durch intellektuelle Distanz dazu beigetragen haben, daß keine große Gefühlswärme aufkam.

5–8 – Spannungszahl (3):

Distanziertheit und Banalisierung der Gefühlsseite können zu einem Stolperstein in dieser Beziehung werden. Die Förmlichkeit der Acht gegenüber Gefühlen wirkt nicht gerade stimulierend auf die neugierige und aufgeschlossene Fünf. Die Acht empfindet die Begeisterung und das unberechenbare Temperament der Fünf als starke Bedrohung, was ihr Verhalten noch stärker hemmt und kontrolliert macht. Die Acht hindert die Fünf daran, ihre Individualität auszuleben, kann ihr jedoch beibringen, eindeutiger und entschlossener vorzugehen. Die Acht lernt, sich etwas mehr gehen zu lassen, stärker aus sich herauszugehen und nicht alles so verbissen und eng zu sehen. Mit großer Wahrscheinlichkeit kamen ein oder beide Partner aus einer Familie, in der Prestige und Erfolg wichtiger waren als persönliche Wärme. Wenn diese beiden Menschen miteinander in Harmonie sind, kann dies eine ausgezeichnete Kombination für geglückte Kommunikation sein.

5–9 – Spannungszahl (4):

Beide Partner haben möglicherweise Schwierigkeiten, auf dem Boden der Tatsachen zu bleiben und mit ihren Handlungen eine praktische Linie zu verfolgen. Die Neun driftet in ihren Träumen in andere Welten ab, und die Fünf hat eine oberflächliche Sichtweise von dieser Welt. Da keiner von beiden in der Lage ist, die Führung zu übernehmen und Organisation in diese Beziehung zu bringen, kann es leicht vorkommen, daß sich beide gemeinsam ziellos durchs Leben treiben lassen. Dies kann dazu führen, daß sich Chancen zerschlagen, und beide müssen deshalb lernen, mehr Disziplin zu entwickeln und gemeinsam bewußt darauf hinzuarbeiten, eine Basis für den gemeinsamen Erfolg zu schaffen. Da jedoch beide eine Abneigung gegen die Viererschwingung haben, wird es zu einem ständigen Kampf bei der praktischen Umsetzung der Ideen kommen. Die zerstreute Fünf muß sich bemühen, die Sensibilität der Neun zu verstehen. Der Idealismus der Neun wird durch die offenkundige Genußsucht und die weltliche Ausrichtung der Fünf gebremst. Handeln beide in einer Richtung, so kann dies eine künstlerische und kreative Kombination sein.

Kombinationen mit der Zahl 6

6–7 – Spannungszahl (1):

In dieser Kombination bietet sich für beide Menschen die Chance, über den Kampf zwischen Verstand und Gefühl zu einer eigenen Identität zu finden. Die intellektuelle Abgehobenheit der Sieben zwingt die Sechs dazu, mehr in sich zu gehen, um ihre inneren emotionalen Unsicherheiten aufzulösen. Das ständige Gerede der Sechs über Gefühle macht die Sieben verlegen, und diese gefühlsmäßigen Reaktionen unterminieren ihr größtes Bemühen. Der Wille der Sechs wird dadurch gestärkt, daß sie sich um ihr eigenes Überleben kümmern muß. Die Sieben hingegen kann vom Umgang mit der Sechs lernen, mitfühlender zu sein und zu versuchen, den Willen anderer mehr zu akzeptieren. Doch aufgrund der fundamental verschiedenen Lebenseinstellungen kommt es zwischen diesen beiden Menschen immer wieder zu hitzigen Debatten und andauernden Wortgefechten. Die Sieben beruft sich auf die Logik; die Sechs läßt sich von Gefühl und Intuition leiten. Beide können davon profitieren, den anderen schätzen zu lernen. Einer von beiden oder beide hatten es möglicherweise mit einer Familiensituation zu tun, in der zwischen den Eltern eine ähnliche emotional-intellektuelle Spaltung bestand.

6–8 – Spannungszahl (2):
Diese Kombination produziert Reibereien, wenn nicht jeder von beiden sich darum bemüht, den anderen zu ergänzen und zu verstehen. Die Sechs liebt den materiellen Komfort ihres Zuhauses, doch ärgert sie sich darüber, daß die Acht nicht in der Lage ist, ihr Wärme und emotionale Zärtlichkeit zu bieten. Die Acht verwendet viel Zeit und Mühe auf ihre Arbeit, um es zu etwas zu bringen, und versteht nicht, daß die Sechs ihre Anstrengungen zur Erlangung von materieller Sicherheit nicht zu schätzen weiß. Die Sechs macht sich Sorgen um Geld und Familie und setzt damit die Acht unter den Druck, genügend Geld heranzuschaffen. Der Drang der Acht nach Geld und Erfolg verletzt die sensiblen Gefühle der Sechs. Es kann zu Auseinandersetzungen darüber kommen, welches wohl die Umgangsformen und Vorgehensweisen sind, die gesellschaftlich am anerkanntesten sind. Die schroffe Art der Acht ärgert die Sechs; die Acht wird dadurch jedoch intolerant gegenüber dem ständigen Gejammere der Sechs. Durch Kooperation und gemeinsames Vorgehen können diese beiden Menschen den Konflikt zwischen Erfolgstrieb und zärtlicher Rücksichtnahme auf andere ausgleichen.

6–9 – Spannungszahl (3):
Dies ist möglicherweise eine der schwierigeren Kombinationen im Hinblick auf ein Zustandekommen von Kommunikation und einem harmonischen Gefühlsfluß. Beide Menschen suchen beim anderen gefühlsmäßigen Rückhalt und sind oft

nicht bereit, zu geben anstatt zu nehmen. Unrealistische Ziele und Forderungen führen zu gemeinsamen Abmachungen und Pakten, die sich oft als rein theoretische Gebilde herausstellen. Die Sechs ist nicht in der Lage, den unpersönlichen Idealismus der Neun wirklich zu verstehen, und die Neun fühlt sich in ihrer Bewußtseinsentfaltung durch den Versuch der Sechs eingeschränkt, sie mit weltlichen Trivialitäten zu belästigen. Beide versuchen die stark schwankenden Stimmungen des anderen irgendwie auszugleichen, doch zurück bleibt ein Gefühl der Unzulänglichkeit. Jeder neigt dazu, mit dem anderen leichthin über seine Enttäuschung zu reden. Es könnte für beide von großem Nutzen sein, wenn sie lernen, ihre Gefühle klarer auszudrücken. In dieser Kombination steckt ein großes kreatives und künstlerisches Potential.

Kombinationen mit der Zahl 7

7–8 – Spannungszahl (1):
Intellektuelle Autorität und persönlicher Stolz sind zwei Faktoren, die in diesem Willenskonflikt deutlich im Vordergrund stehen. Die Sieben wird alle möglichen Fakten und Daten dazu benutzen, um ihre Position zu verteidigen und die Acht zu attackieren. Die Acht haßt nichts so sehr, wie gedemütigt zu werden, und versucht deshalb durch Anzweifeln der Gefühle und Aufzeigen der Schwächen der Sieben das Machtgleichgewicht aufrechtzuerhalten. Beide können äußerst dickköpfig und unnachgiebig sein, und das Fehlen eines emotionalen Ausgleichs bei dieser Kombination läßt einen heimtückischen Machtkampf entstehen. Die Sieben wird versuchen, die Acht durch Argumente zu überzeugen; doch die Acht läßt sich bei ihren Entscheidungen von früheren Erfahrungen leiten. Bei dieser Kombination ist es ganz natürlich, daß eher ein Wettbewerbs- als ein Kooperationsgeist vorherrscht. Wenn diese beiden Menschen sich jedoch

auf eine gemeinsame Ausgangsbasis einigen können, kann eine gute Kombination von Vernunft und Macht dabei entstehen.

7–9 – Spannungszahl (2):

Diese Kombination aus vernunftorientiertem Realismus und emotionalem Idealismus läßt ein Klima gemischter Lebensphilosophien und unklarer Ziele entstehen. Die Sieben regt sich über die mangelnde Intellektualität und das geringe philosophische Interesse der Neun auf und kann deren vagen mystischen Neigungen nicht verstehen. Die Neun haßt es, daß die intellektuelle Sieben ständig alles in Frage stellen muß, und sehnt sich nach jemandem, mit dem sie ihren tief verwurzelten Idealismus teilen kann. Die ständig gespannte Atmosphäre wirkt sich nachteilig auf die Harmonie der Gefühle aus und führt zu Nörgelei und kleinlicher Kritik. Die Sieben könnte viel von der gefühlsbetonten, idealistischen Neun lernen, und die Neun kann vom Umgang mit der Sieben lernen, ihre Ideen klarer zu ordnen und auszudrükken. Entweder beide oder einer von beiden hatten wahrscheinlich Eltern, die Schwierigkeiten damit hatten, Kopf und Herz miteinander in Einklang zu bringen.

Kombinationen mit der Zahl 8

8–9 – Spannungszahl (1):

Die unterschiedliche Willensorientierung bei dieser Kombination rührt daher, daß die Acht danach strebt, weltliche Güter anzuhäufen, während es der innigste Wunsch der Neun ist, sich von all diesen Dingen zu lösen. Die Acht hält diese Geisteshaltung der Neun für schädlich und unrealistisch. Die Neun wird der ständigen Lobpreisungen der materialistischen Werte dieses Lebens durch die Acht überdrüssig. Um genügend Willenskraft zum Erreichen von Zielen aufbringen zu können, ist die Acht darauf angewiesen, daß jemand ihr den Rücken stärkt. Doch viele Ambitionen der Acht sind der Neun völlig gleichgültig. Die Neun sucht einen idealen Partner und vermißt bei der Acht emotionales Feingefühl und humanitären Idealismus. Wenn das metaphysische Potential dieser beiden Zahlen zusammen erkannt wird, kann dies eine äußerst günstige Kombination für gemeinsames Wachstum sein.

VIII

Symbolik der Buchstaben

Die Buchstaben des Geburtsnamens sind das Herzstück der numerologischen Deutung. Im ersten Teil des Buches haben wir gezeigt, welcher Zahlenwert jedem einzelnen Buchstaben zugeordnet wird. In diesem Kapitel wollen wir uns besonders mit der symbolischen Bedeutung jedes einzelnen Buchstabens und seiner Bedeutung für das persönliche Zahlenbild bei der Geburt und in der Progression befassen.

Als Ausgangsbasis für die Betrachtung der symbolischen Bedeutung wollen wir uns noch einmal die Grundsymbole aus dem zweiten Kapitel ins Gedächtnis rufen. Der Vollkreis stellt das alles Bewußtsein umfassende Überbewußtsein dar. Der Halbkreis verkörpert das Unterbewußtsein oder die Seele. Gerade Linien symbolisieren das menschliche Bewußtsein, wobei die senkrechten Linien im allgemeinen die männliche Ausprägung und die waagrechten Linien die weibliche Ausprägung darstellen. Kommen in einem Buchstaben Winkel vor, so stehen diese für Fortschritt und Bewußtseinsaustausch. Je nach Ursprung und Richtung des Energieflusses können sie eine eher aktive oder passive Haltung andeuten.

Als weitere Charakterisierungshilfe kann man sich einen Buchstaben in drei Ebenen unterteilt vorstellen. Der obere Teil steht stellvertretend für den spirituellen Aspekt, der mittlere Teil für den geistig-emotionalen und der untere symbolisiert die materielle Ebene, über die der Geist in der Erde verankert ist. Schauen wir uns diese Aufteilung einmal am Beispiel des Buchstabens A an:

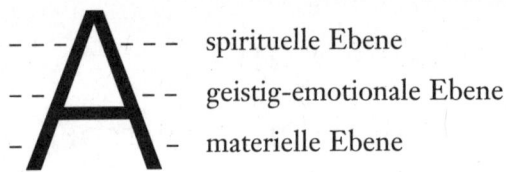

spirituelle Ebene

geistig-emotionale Ebene

materielle Ebene

Im folgenden wollen wir uns mit der symbolischen Bedeutung jedes einzelnen Buchstabens unseres Alphabets genauer befassen.

A (1)

Das A entspringt symbolisch gesehen auf einer höheren Ebene, drängt nach unten und weitet sich auf den unteren Ebenen aus. Der waagrechte Strich in der Mitte deutet auf eine intuitive Verbindung auf der geistigen Ebene hin, die ein ausgewogenes Dreieck bildet, das durch direkte Kraftlinien mit der Erde verbunden ist. Kommt in Ihrem Namen ein A vor, so deutet dies auf Unabhängigkeit, Zielstrebigkeit und Ehrgeiz hin. Der direkte Einfluß des A beschleunigt das Denkvermögen und läßt inspirierte Ideen aufkommen. Ihre Handlungen zeichnen sich durch große Originalität aus, und Sie fangen häufiger neue Projekte an, als sie zu Ende zu führen. Der Buchstabe A hat als zahlenmäßige Entsprechung die Eins, und dies bedeutet, daß – wenn Sie erst innere Klarheit gewonnen haben – Ihre Handlungen direkt und zielgerichtet sind. Sie besitzen großes Selbstvertrauen und einen ausgeprägten Unabhängigkeitssinn und haben es nicht gern, wenn andere sich Ihnen aufdrängen oder sich in Ihr Leben einmischen. Sie gehen das Leben voller Zuversicht und guten Mutes an. Bisweilen können Sie schonungslos offen sein, und Sie sollten Ihre Ideen lieber sorgfältig abwägen, bevor Sie sie offen darlegen. Doch Sie lieben Diskussionen und freundliche intellektuelle Wortgefechte mit Freunden und Kollegen. Wenn Sie mit sich selbst uneins sind, können Sie egozentrisch und rechthaberisch werden und allzusehr auf Ihrer Unabhängigkeit herumreiten. Viele A im Namen regen impulsive

Handlungen, Abenteuerlust und den Wunsch an, bereits begonnene Projekte zu Ende zu führen. Wenn A der erste Buchstaben des Namens ist, deutet dies auf Selbstbewußtsein, Führungsqualitäten und Eigensinn hin. Am Schluß des Namens kann es bedeuten, daß gute Ideen und Projekte häufig zu spät in Angriff genommen werden.

Im progressiven Zahlenbild: Neue Unternehmungen; Berufswechsel oder Umzug; Durchbrüche im Bewußtsein; neue Freunde oder Möglichkeiten; Beförderung; kann unter negativem Einfluß auch auf Rückschläge hindeuten; spirituelle Erleuchtung.

B (2)

Das B führt das spirituelle und physische Bewußtsein zur inneren Bewertung auf der geistig-emotionalen Ebene zusammen. Die geschlossene Form deutet auf Schüchternheit und introspektive Zurückgezogenheit hin. Menschen, die Ihnen nahestehen, übersehen häufig, wie empfindlich Sie auf Kritik und Feindseligkeit reagieren. Sie unternehmen große Anstrengungen, um Ihrer Neigung, schnell ein Urteil über andere zu fällen, nicht nachzugeben. Von Ihrer Geisteshaltung her sind Sie ziemlich kritisch und anspruchsvoll und sehen dies als Schwäche an. Sie arbeiten gerne in Positionen, in denen Sie verhandeln und Menschen mit Konflikten dabei helfen können, wieder ins Gleichgewicht zu kommen und zu einem tieferen Verständnis zu finden. Trotz Ihrer introvertierten Art arbeiten Sie am effektivsten in einer Gruppe. Das Erlernen der Grundregeln der Kooperation wird für Ihre Zukunft äußerst vorteilhaft sein. Sie neigen dazu, bei der Durchführung von Projekten auch die kleinsten Details gründlich zu erledigen; dies kann impulsivere Typen manchmal in Rage bringen. Ihre negativen Tendenzen sind Selbstkritik, Unentschlossenheit und ein übertriebener Glaube, genau zu wissen, was richtig und falsch ist. Kommen viele B im Namen vor, können diese negativen Tendenzen verstärkt sein. Als Anfangsbuchstaben des Namens deutet das B auf gesteigerte Emotionalität und Erfolg durch konstruktive Kooperation mit anderen hin. B als letzter Buchstaben des Namens zeigt eine Tendenz, sich selbst dafür zu kritisieren, daß man das richtige Verhalten in einer Situation erst erkennt, wenn der Fehler bereits begangen wurde. Denken Sie daran, daß Zurückschauen nur dann etwas nützt, wenn man die Erkenntnis daraus als Richtlinie für zukünftiges Verhalten verwendet.

Im progressiven Zahlenbild: Nervosität; Bedürfnis nach Ruhe; Sie sollten versuchen, mit anderen in Harmonie zu leben; hören Sie auf Ihre Intuition; berufliche Verbesserung; geeignete Zeit für Kooperation; forcieren Sie nichts; verschönern Sie Ihr Heim; suchen Sie nach der Ursache für Ihre emotionale Unausgeglichenheit.

C (3)

Symbolisch gesehen stellt das C fast einen Kreis dar, bei dem jedoch eine Öffnung für die Kommunikation dessen offen bleibt, was seit Urzeiten an Erfahrung angesammelt wurde. Mit einem C im Namen werden Sie von einem natürlichen Gefühl der Freude und Freiheit erfüllt. Ihre Ideen und ihre Sprache zeichnen sich durch eine bemerkenswerte Originalität aus, und Sie sollten sich darum bemühen, diese kreativen Eigenschaften zu fördern. Sie sind ein natürlicher, geselliger Gastgeber und haben gern Freunde aus Künstlerkreisen um sich. Häufig sehen Sie nur das Gute in den Dingen, sind dabei jedoch sensibel und empfindlich genug, Enttäuschungen oder verletzte Gefühle zu spüren. In einer Partnerschaft zu leben bringt für Sie Vorteile, und Ihre äußere Persönlichkeit wirkt anziehend auf kreative Mitarbeiter. Wenn Sie mit sich selbst nicht im reinen sind, können Sie unter Halsbeschwerden leiden und dazu neigen, Ihre kreativen Fähigkeiten zu weit zu verstreuen. Viele C im Namen deuten auf ein besonders Schicksal hin; Sie werden Ihre Ziele und Lernerfolge erst nach Überwindung großer Widerstände erreichen, einzig und allein aufgrund Ihrer Beharrlichkeit. Als Anfangsbuchstabe des Namens deutet ein C darauf hin, daß Ihre Stimme eine wichtige Rolle in Ihrem Leben spielt und daß Sie wahrscheinlich Auftritte in der Öffentlichkeit haben werden. Ist C der letzte Buchstabe des Namens, kommt die kreative Inspiration ziemlich spät und meist aus einer anderen Quelle als der eigenen Vorstellungskraft.

Im progressiven Zahlenbild: Bringt neue Abenteuer und Freunde; inspirierte, kreative Gedanken; eine gute Zeit, das Leben zu genießen; gesteigerte Intuition und übersinnliche Erfahrungen; prüfen Sie, wie Sie sich positiv verändern können; neue Geschäftsideen; befördert Ehekonflikte an die Oberfläche; folgen Sie Ihrer inneren Stimme.

D (4)

Dieser Buchstabe ist geschlossen, das heißt, das Bewußtsein ist konzentriert und gerichtet. Das Seelenbewußtsein durchdringt alle Ebenen und bewirkt, daß die Eigenschaften der Vier in weltlicher Hinsicht zum Tragen kommen. Wer von Ihnen ein D im Namen hat, unternimmt im allgemeinen große Anstrengungen, um Rückschläge und Hindernisse zu überwinden, die das Leben ihm in den Weg legt. Durch Selbstdisziplin und Genügsamkeit können Sie sich die Sicherheit und den persönlichen Komfort verschaffen, den Sie sich wünschen. Gibt man Ihnen eine Aufgabe, machen Sie sich mit großem Eifer an die Arbeit und hören erst dann auf, wenn Sie alles exakt nach Wunsch ausgeführt haben. Sie werden leicht kritisch, eigensinnig und einseitig in Ihren Ansichten. Es kann schwer sein für die Menschen, die Sie lieben, sich mit Ihren starren Vorstellungen in bezug auf Liebe und häusliche Dinge abzufinden. Ihr Blut gerät leicht in Wallung, doch Sie sollten versuchen, die Kontrolle nicht zu verlieren. Hinter Ihren Handlungen steckt ein praktischer Geschäftssinn. Viele D im Namen verstärken eine entschlossene, engstirnige und hartnäckige Haltung. Möglicherweise tendieren Sie dazu, Ihre Fähigkeiten als Ernährer und Versorger zu überschätzen. Versprechen Sie nicht mehr, als Sie wirklich heranschaffen können. Fängt Ihr Name mit einem D an, heißt dies, daß Sie Ihre Arbeit ernst nehmen, sich jedoch vielversprechende Möglichkeiten zur Veränderung nicht entgehen lassen, wenn die Lage günstig aussieht. Endet Ihr Name mit einem D, machen Sie sich möglicherweise erst dann zu neuen Horizonten auf, wenn Sie die beste Möglichkeit bereits verpaßt haben.

Im progressiven Zahlenbild: Ihre Gesundheit ist angegriffen; achten Sie auf Ihre Ernährung; Geschäftsreisen; schwierige Liebesbeziehungen; es tut sich etwas mit einem Haus oder Grundbesitz; günstige Zeit, um verschütteten Gefühlen auf die Spur zu kommen; achten Sie auf gute Organisation; eine gute Zeit, um sich eine solide Grundlage für Beruf, Liebe, Heim oder persönliches Bewußtsein zu schaffen.

E (5)

Das E drückt sich auf allen Ebenen aus; es regt dazu an, Erfahrungen in allen möglichen Lebensbereichen zu machen. Menschen mit einem E im Namen sind im allgemeinen neugierige Abenteuerer, die die Erfahrung um ihrer selbst willen suchen. Ein E in Ihrem Namen ermutigt Sie dazu, Erfahrungen und Konfrontationen mit dem wirklichen Leben zu suchen. Vielleicht zögern Sie oft, doch schließlich lernen Sie viel von den neuen Menschen und Situationen, mit denen das E Sie in Kontakt bringt. Dies stimuliert Ihre geistige Aktivität und Ihren Selbstausdruck. Sie verbrauchen viel Energie im täglichen Leben. Wahrscheinlich merken Sie selbst, daß Sie manchmal ziemlich zappelig sind, eine große intellektuelle Neugierde besitzen und einen Hang dazu haben, Situationen so zu verändern, daß sie Ihnen passen. Sie erfassen Situationen schnell, doch mangelt es Ihnen möglicherweise an Tiefe und gedanklicher Konzentration. Oft besteht ein eher oberflächliches Interesse für Religion, Philosophie und Okkultes. Sie sind anpassungsfähig, rastlos und ständig auf Achse, besonders wenn mehrere E in Ihrem Namen vorkommen. Ein E am Anfang des Namens weist auf einen regen Verstand hin, starkes Interesse an

Kommunikation und Umgang mit anderen Menschen und eine ausgesprochene Begabung, geschickt mit Worten zu jonglieren. Aufgrund dieser Eigenschaften findet man diese Menschen häufig im Verkauf, in der Unterhaltungsbranche, in einem geistlichen Amt oder wozu auch immer sie berufen sind. Wenn ein E am Ende des Namens vorkommt, treffen Sie Ihre Entscheidungen häufig zu spät oder sind nicht in der Lage, verzwickte Probleme Ihres Lebens zu lösen.

Im progressiven Zahlenbild: Intensive Aktivität; möglicher Orts- oder Berufswechsel; viele kurze Reisen; aktives Liebesleben; chaotische Ereignisse mit überraschendem Ausgang; berufliches Auf und Ab; Interesse an religiösen, philosophischen und okkulten Fragen erwacht; neue, bisweilen exzentrische Bekanntschaften; in beruflicher Hinsicht tun sich neue Wege auf; Wunsch nach Freiheit; Spannungen in der Familie.

F (6)

Auf der spirituellen und geistig-emotionalen Ebene strebt das F nach außen. Das Bewußtsein ist auf die spirituelle und geistige Ebene gerichtet, um die Verantwortungen des Lebens möglichst gut erfüllen zu können. Ihnen wird viel Gelegenheit dazu geboten werden, sich um andere Menschen zu kümmern und sie zu beschützen, auch wenn Sie sich, sollten Sie aus der Fassung geraten, gern emotional zurückziehen. Besteht um Sie herum Zwietracht und Spannung, fühlen Sie sich äußerst unwohl. Sie haben ein starkes Gerechtigkeitsgefühl, und Unrecht macht Sie geradezu krank. Aufgrund Ihrer sensiblen, empfänglichen Persönlichkeit reagieren Sie bereitwillig auf freundliche Rücksichtnahme und Zuneigung. Sie haben eigentlich schon genug damit zu tun, Ihr eigenes Bündel zu tragen, doch laden Sie sich zusätzlich noch die Probleme Ihrer Nächsten auf. Sie werden im Leben viele Opfer bringen müssen. Mehrere F im Namen deuten an, daß Sie trotz der zahlreichen Rückschläge, die Sie erleiden, und der Verantwortungen, die Sie auf sich nehmen müssen, unter einer Art höherem Schutz stehen. Als

Anfangsbuchstabe des Namens kann F auf ein eher stilles, distanziertes Verhalten hinweisen. Ihnen wird viel zusätzliche Verantwortung aufgebürdet werden, und Sie können am meisten davon profitieren, wenn Sie sich dieser Situation voll stellen. Ist F der letzte Buchstabe Ihres Namens, fällt es Ihnen schwer, aus den Startlöchern zu kommen; auch die dringendsten Dinge verschieben Sie lieber auf morgen.

Im progressiven Zahlenbild: Mehr häusliche und persönliche Verantwortung; emotionaler Ausgleich ist angesagt; lernen Sie, Aufgaben bereitwillig zu übernehmen und effizient zu erledigen; lernen Sie, sich von Streß freizumachen; Ihr Geist kommt zur Ruhe, weil Sie schwierige Probleme zufriedenstellend gelöst haben; versuchen Sie, Seelenfrieden zu finden; Dienst für die Gemeinschaft; Zwietracht oder Harmonie in der Familie stellen sich ein; Vorsicht vor Märtyrerkomplex.

G (7)

Der Buchstabe G bildet fast einen Kreis, doch kommt es auf der geistig-emotionalen Ebene zu einer Bewegung nach innen, was ein Verweilen bei dem angehäuften Wissen auf dieser Ebene möglich macht. Bewußtseinsmäßig neigen Sie dazu, sich eingehend mit den Lebensfragen zu beschäftigen, sie zu analysieren und tiefgründige philosophische Spekulationen anzustellen. Ihre zurückhaltende, reservierte Art kann zu Mißverständnissen mit den Menschen in Ihrem näheren Umfeld führen. Sie sind ein Mensch, der in gewisser Weise in sich geschlossen ist, das heißt, Sie reagieren nicht direkt darauf, wenn Ihnen Wärme oder Aufmerksamkeit entgegengebracht wird. Ihre reservierte, eher selbstverachtende und ängstliche Art verleitet Sie leicht dazu, sich mit negativen Gedanken zu zermürben. Mit mehr als einem G im Namen besitzen Sie einen scharfen analytischen Verstand, der es Ihnen ermöglicht, die unterschwelligen Beweggründe anderer Menschen klar zu erkennen. Beginnt Ihr Namen mit einem G, sind Sie wahrscheinlich von einem starken Wunsch erfüllt, in die Mysterien des Lebens einzudringen.

Sie arbeiten hart, sind sich dabei jedoch Ihres Wertes absolut bewußt und geben deshalb sehr darauf acht, sich nicht unterm Preis zu verkaufen. Mit einem G am Ende des Namens kann Sie die Last des angehäuften Wissens und der Sorgen, die Sie mit sich herumtragen, fast erdrücken.

Im progressiven Zahlenbild: Prüfen Sie finanzielle Gewinnmöglichkeiten; achten Sie auf Ihre Gesundheit; wägen Sie mögliche Veränderungen sorgfältig ab; jetzt kann es einen Schritt nach vorne gehen; emotionale Leidenschaftlichkeit; suchen Sie nach dem tieferen Glück; geschäftliche oder berufliche Expansion kann anstehen; grübeln Sie nicht soviel, sondern richten Sie Ihre Fähigkeiten lieber nach außen.

H (8)

Das H besitzt zwei parallele senkrechte Linien. Die waagrechte Linie verkörpert einen Baustein auf jeder Ebene. Taucht dieser Buchstabe in Ihrem Namen auf, heißt dies, daß Ihnen die Chance geboten wird, auf die höchsten Bewußtseinsebenen vorzudringen. Vergessen Sie jedoch nicht, daß das Aufsteigen gleichzeitig auch immer die Gefahr des Fallens mit sich bringt. Sie sind die geborene Führungspersönlichkeit und Kämpfernatur, die nach Leistung und Erfolg strebt. Sie sind gern unter Leuten, besitzen Klugheit und intellektuelle Bildung, sind aktiv und können Ihre Ansichten überzeugend vertreten. Sie sind beeindruckt von Menschen mit Pioniergeist und einer starken Persönlichkeit und versuchen sich die produktiven Eigenschaften, die Sie in solchen Menschen sehen, anzueignen. Sie sind beunruhigt, wenn Lebensumstände schwierig werden – so sehr, daß Sie Ihr Selbstvertrauen verlieren und das Empfinden haben, keine Kontrolle zu haben. H als Anfangsbuchstabe des Namens unterstreicht noch die Führungsqualitäten und die Fähigkeit, Erfolge zu erzielen. Als letzter Buchstabe des Namens deutet H darauf hin, daß Sie dazu neigen, Ihre besten Fähigkeiten und Talente zu spät unter Beweis zu stellen. Kommen mehrere H im Namen vor, könnte dies auf anmaßende und selbstherrliche Arroganz hinweisen.

Im progressiven Zahlenbild: Suchen Sie sich eine Chance zum beruflichen Aufstieg; nutzen Sie Ihre kreativen Ideen, um Gewinne und Erfolg damit zu erzielen; von Egoismus und Habgier geprägte Motive könnten leicht Ihre verständige Urteilsfähigkeit unterminieren; jetzt sollten Sie Selbstdisziplin üben und versuchen, sich über Ihre Gefühle und persönlichen Bedürfnisse klarzuwerden; ein günstiger Zeitpunkt, um die eigene Identität zu beleuchten und zu festigen; suchen Sie Liebe und Aufmerksamkeit; lösen Sie Ihre inneren Konflikte und schaffen Sie Mißverständnisse mit anderen Menschen aus der Welt.

I (9)

Der Buchstabe I symbolisiert eine gerade, senkrechte Verbindungslinie zwischen zwei Bewußtseinsebenen. Sie drückt Direktheit, Intensität und Dynamik aus. Da es der letzte Buchstabe mit einem einstelligen Zahlenwert ist, vollendet er einen Zyklus, schließt mit der Individualität ab und wendet sich der Universalität zu. Dies macht den Menschen mit diesem Buchstaben im Namen empfindlich und leicht launisch. Wegen Ihrer idealistischen Neigungen werden Ihre Gefühle oft verletzt sein. Wenn Sie aus dem Gleichgewicht geraten, müssen Sie möglicherweise aufgrund von Opfern und Enttäuschungen in persönlichen Beziehungen ziemlich leiden. Konzentrieren Sie sich bei Ihren inspirierten Vorstößen in die Welt der Musik, Literatur oder Kreativität ganz auf Ihre angeborene Menschenfreundlichkeit und auf das, wozu Ihnen Ihre innere Stimme rät. Die Neun löst sich von Weltlichem und sammelt erste kosmische Belohnungen ein. Ist I der Anfangsbuchstabe eines Namens, deutet dies auf eine schnelle Auffassungsgabe, mediale Veranlagung und Wahrnehmung des Massenbewußtseins hin. Als letzter Buchstabe kann es Mißverständnisse, verletzte Gefühle und unklare Beziehungen bedeuten. Die Intensität und Direktheit des I können starke Gefühlsschwankungen auslösen und Wankelmütigkeit, Depression und Mutlosigkeit zur Folge haben.

Im progressiven Zahlenbild: Rasch wechselnde emotionale Stimmungen sollten unter Kontrolle gebracht und in eine konstruktive Richtung gelenkt werden; Ihre intuitive Empfänglichkeit und mediale Inspiration sind erhöht; Sie sollten versuchen, die Bedürfnisse anderer zu verstehen; es kann zu Nervosität und gesundheitlichen Problemen kommen; wenn Sie nicht aufpassen, können Sorgen und Nervosität überhandnehmen; eine gute Zeit, um sich selbst zu erforschen und zu läutern; plötzliche und unerwartete Veränderungen in Beruf, Familie und Beziehungen.

J (10 oder 1)

J ist der einzige Buchstabe, der mit seiner Öffnung rückwärts schaut, das heißt, den Kontakt zu dem von der Seele angesammelten Weisheitsschatz aufrechterhält, um ihn als Ausgangsbasis für zukünftiges Wachstum zu nutzen. Sie zögern in gewisser Weise länger als die anderen Buchstaben mit dem Zahlenwert 1, bis Sie eine neue Sache in Angriff nehmen. Wissen Sie jedoch einmal, was Sie wollen, können Sie gute Führungsqualitäten, innovative Ideen und planerischen Weitblick an den Tag legen. Wenn Sie vorsichtig und besonnen vorgehen, können Ihnen Ihre Fähigkeiten beträchtlichen Gewinn und Belohnung einbringen – besonders wenn Ihr Name mit J anfängt. Das J verleiht Ihrer Persönlichkeit das gewisse Etwas, das Ihnen beim Umgang mit der Öffentlichkeit zum Vorteil gereicht. Eine starke moralische und ethische Ader durchzieht Ihre persönlichen und geschäftlichen Unternehmungen. Steht das J am Ende eines Namens, verpassen Sie vielleicht ein Geschäft oder die Pointe in einem Gespräch und schämen sich danach dafür. Vertrauen ist äußerst wichtig für Sie, und Sie müssen in Liebesbeziehungen vielleicht gerade deshalb ziemlich leiden. Ihr überschäumender Optimismus und gutmütiges Wesen geben Ihnen im allgemeinen die Kraft, sich von Widrigem schnell zu erholen und das Leben zu genießen.

Im progressiven Zahlenbild: Bringt zusätzliche Verantwortung und Chance für höhere Einkünfte; neue Wege in geschäftlicher oder persönlicher Hinsicht tun sich auf; Umzug oder Ortswechsel; Spannungen oder Veränderungen in persönlichen Beziehungen; versuchen Sie nicht, den kürzesten Weg zu gehen und sich auf unverantwortliche Projekte einzulassen; gesteigerte Initiative; jetzt wird die Grundlage für Ihr Bewußtseinswachstum geschaffen.

K (11 oder 2)

Die Arme des Buchstaben K bewegen sich zu den höheren und niedrigeren Ebenen hin und von dort wieder auf die geistig-emotionale Ebene zurück. Als elfter Buchstaben besitzt das K eine höhere Kraft und ein höheres Potential. Sie haben eine äußerst bewegte Phantasie und eine aufregende Persönlichkeit. Wenn Sie einmal wissen, was Sie wollen, können Sie viel Kraft und Energie an den Tag legen, doch Sie müssen dabei versuchen, auch die Bedürfnisse der anderen mit zu berücksichtigen und Ihre Position eher durch Kooperation und diplomatisches Vorgehen zu erlangen als durch Beherrschung anderer. Ihr extremes Wesen und Ihr direktes Werturteil können Sie in schwierige Situationen bringen. Doch kein Problem, auch diese bewältigen Sie mit Leichtigkeit. Ein Umfeld, das von Harmonie und Zärtlichkeit geprägt ist, läßt Sie gefühlsmäßig aufblühen. Ist K der Anfangsbuchstabe Ihres Namens, verleiht dies Ihrem Selbstausdruck eine dramatische Note und zeichnet Sie als lustigen und fröhlichen Menschen aus, der dazu neigt, anderen in jeder Lebenslage beistehen zu wollen. Hört Ihr Namen mit einem K auf, ärgern Sie sich möglicherweise darüber, wenn andere ihre Rolle nicht auf kooperative Weise erfüllen. Die Menschen mit einem K im Namen haben einen scharfen Blick für Details und versuchen darauf hinzuarbeiten, auch die kleinsten Unstimmigkeiten friedlich beizulegen.

Im progressiven Zahlenbild: Verstricken Sie sich nicht in Nebensächlichkeiten, Sie könnten dabei die großen Gelegenheiten verpassen; ungewöhnliche und seltsame Erfahrungen; Sie werden durch starke Gefühle in die Irre geführt; günstige Zeit, sich mit Selbstzweifel und mangelndem Selbstbewußtsein auseinanderzusetzen; jetzt kommt es zu Durchbrüchen auf spiritueller und medialer Ebene; kann finanzielle Gewinne bringen; Vorsicht vor Unehrlichkeit und Übertreibung.

L (12 oder 3)
Der Buchstabe L erfährt einen direkten Impuls vom höheren Bewußtsein und äußert sich auf sanfte Art und Weise in materieller Form als Wort oder Ausdruck. Sie haben keine Schwierigkeiten, sich selbst und Ihre Ideen darzustellen, und tun dies auf angenehme und lebhafte Weise. Ihre Einschätzung der Beweggründe anderer Menschen trifft den Nagel meistens auf den Kopf und ist äußerst nützlich. Ihre Wißbegierde treibt Sie ständig dazu an, neue Dinge dazuzulernen und Ihren Selbstausdruck zu verbessern. Sie machen sich viel zu viele Gedanken darüber, wenn es zu Meinungsverschiedenheiten mit Freunden und Bekannten kommt oder wenn diese untereinander uneins sind. L als Anfangsbuchstabe Ihres Namens verhilft Ihnen zu Anerkennung im öffentlichen Leben, gesellschaftlicher Popularität und kreativem Umgang mit Worten und Ideen, was Ihnen häufig eine Führungsrolle einbringt. Endet Ihr Namen mit einem L, verschwenden Sie möglicherweise viel Zeit und Energie auf Dinge und Aktionen, die es nicht wert sind. Die L-Schwingung ist romantisch, intuitiv und stimmungshebend. Wenn Sie mit sich selbst im reinen sind, können Sie aufgrund Ihrer Sensibilität Menschen ziemlich rasch und korrekt einschätzen.

Im progressiven Zahlenbild: Gute Zeit zum Kennenlernen von neuen Freunden; eine neue Liebesbeziehung könnte auch darunter sein; gesteigertes Interesse an Kunst und Unterhaltung; Reisen können Glück und Popularität bringen; günstige Zeit für Heirat und Gründung eines Hausstands; Entspannen und Studieren führen zu spirituellem Wachstum; es könnte zu einem Verlust von Freunden oder Mitteln aufgrund von Gedankenlosigkeit und sorgloser Einstellung kommen.

M (13 oder 4)

Der Buchstabe M erfaßt Konzepte auf der geistig-emotionalen Ebene und verankert sie dann fest im Boden der Wirklichkeit. Kommt in Ihrem Namen ein M vor, so sind Sie ein natürlicher Baumeister und suchen im Normalfall eine solide Grundlage, auf die Sie Ihr Leben und Ihre Prinzipien bauen können. Sie besitzen technisches und organisatorisches Talent, das Ihnen in der praktischen Welt zugute kommt. Durch Ihre beherrschte Gefühlsnatur machen Sie einen reservierten Eindruck auf andere, und es scheint schwierig, Ihnen wirklich nahezukommen. Sie üben strenge Selbstdizplin, und Selbstbeherrschung ist stets eines Ihrer Lieblingsthemen. M als Anfangsbuchstabe eines Namens läßt auf Integrität, Konzentration und Dienst am Nächsten schließen. Kommen viele M im Namen vor, kann dies auf Starrköpfigkeit und engstirnige Ansichten hindeuten. Als letzter Buchstabe des Namens kann M ein Widerstreben ausdrücken, sich eine solide Ausgangsbasis und die nötigen Voraussetzungen für zukünftige Bemühungen zu schaffen. Ein M im Namen unterstreicht die Denkfähigkeit, doch kann es Ihnen schwerfallen, Ihre Ideen anderen gegenüber klar auszudrücken. Ihre Arbeit besteht darin, höheren Idealen Gestalt zu geben.

Im progressiven Zahlenbild: Die finanzielle Lage kann gespannt sein; überstrapazieren Sie Ihre Gesundheit nicht; beschäftigen Sie sich ernsthaft mit Ihrer Zukunft, und schmieden Sie Pläne; versuchen Sie mit den zusätzlichen Ansprüchen, die Ihr Berufsleben an Sie stellt, fertig zu werden; Reisen stehen an; geheime Affären; gute Zeit, um geistige Werte und Ziele zu überdenken; Vorsicht mit Verträgen und Geschäften; versuchen Sie, unnötigen Streit zu vermeiden; überwinden Sie Ihren Widerstand, und suchen Sie ehrlich nach Lösungen.

N (14 oder 5)

Der Fluß des Buchstabens N folgt einer blitzartigen Inspiration von oben, die gemäßigt wird durch eine Einschätzung der Lage anhand der Erfahrungswerte auf der unteren Ebene. Menschen mit einem N im Namen versuchen, Erfahrungen und Erkenntnisse in der Welt zu sammeln und wenden sich mit den gelernten Lektionen dann an das höhere Selbst zur Beurteilung, bevor sie sich zu neuen Erfahrungen aufmachen. Sie sind energiegeladen, abenteuerlustig und andauernd auf der Suche nach neuen Entdeckungen. Die ständige Suche nach neuem Wissen bewirkt in Ihrem Glaubenssystem möglicherweise öftere Änderungen; doch Ihre rastlose Wissenssuche ist nur Ausdruck Ihres tiefen Glaubens und großen Optimismus gegenüber dem Leben. Ihr Bedürfnis nach Veränderung und aufregenden Erlebnissen verleiht Ihnen eine Offenheit und Anziehungskraft, durch die andere faszinierende Personen sich zu Ihnen hingezogen fühlen. Sie lieben Luxus, sinnliche Genüsse und neigen dazu, sich gehenzulassen. Fängt der Name mit einem N an, fördert dies gesellschaftliche Kontakte und Anerkennung. Ist N der letzte Buchstabe Ihres Namens, scheinen Sie dazu zu neigen, anderen Menschen nur dann Gefälligkeiten und Dienste zu erweisen, wenn Sie später mit einer Gegenleistung rechnen können. Am besten paßt ein Beruf zu Ihnen, bei dem Sie täglichen Umgang mit Menschen haben.

Im progressiven Zahlenbild: Bilden Sie Ihre Talente aus und erweitern Sie Ihren Horizont; berufliches und finanzielles Auf und Ab; sinnliche Abenteuer; Verwirrung über den rechten spirituellen Weg; einzigartige und abenteuerliche Erlebnisse; neue Freunde und wichtige gesellschaftliche Kontakte; setzen Sie sich mit den unterschwelligen Spannungen in Ihrer Familie auseinander; rastlose Suche nach Liebe und Erfüllung; Sport ist wichtig.

O (15 oder 6)

Das O ist unser Grenzring und kann die universelle Weisheit in sich einschließen. Es kann jedoch auch eine klägliche Beschränkung und Egozentrik bedeuten. Das Wesen des O besteht darin, offen für die Probleme der Welt zu sein und sie in sich aufzunehmen, und die Menschen mit einem O im Namen müssen deshalb darauf achten, sich nicht mehr Last und Verantwortung aufzuladen, als sie tragen können. Aufgrund ihrer bereitwilligen Haltung suchen sich diese Menschen beruflich oder privat häufig Rollen, in denen sie anderen dienen können. Sie übernehmen die Verantwortung für häusliche Pflichten gern und empfinden in dieser Rolle tiefe Befriedigung. Sie sammeln viele Erfahrungen, die zum Teil trivial, zum Teil wichtig sind. Sie müssen lernen, sich von den Menschen und Denkschemata zu lösen, mit denen Sie schon zu lange gelebt haben. O als Anfangsbuchstabe des Namens oder als erster Vokal deutet darauf hin, daß Sie sich durch Ihre Offenheit für die Probleme anderer Menschen leicht zu viel Energie abziehen lassen. Lassen Sie sich von anderen nicht ausnutzen. Hört Ihr Name mit einem O auf, verschwenden Sie zu viel Zeit und Gedanken auf frühere Beziehungen, die nicht funktioniert oder Maßnahmen, die zu nichts geführt haben.

Im progressiven Zahlenbild: Finanzielle Angelegenheiten im häuslichen oder beruflichen Bereich rücken in den Vordergrund; es besteht die Möglichkeit, Verantwortung und eine leitende Stellung zu übernehmen; betont Eheleben – mit seinen Freuden und Leiden; stärkeres Bedürfnis herauszufinden, was man eigentlich wirklich will; intensiveres Interesse für okkulte oder religiöse Fragen; Zwietracht greift die Gesundheit an; eine günstige Zeit zur Lösung von Konflikten im häuslichen und familiären Bereich.

P (16 oder 7)

Der Buchstabe P steht überwiegend unter dem Einfluß der Intuition und des Intellekts. Sein Wesen besteht darin, Weisheit in sich anzusammeln und diese je nach Bedarf wieder umsichtig nach außen abzugeben. Das P treibt den Menschen dazu an, sich eingehender mit tiefgründigen philosophischen und spirituellen Fragen zu beschäftigen. Kommt ein P in Ihrem Namen vor, so sind Sie meist reserviert und zurückhaltend und mit den Gedanken irgendwo weit weg in unbekannten Sphären. Gibt es Leute, die meinen, es sei schwer, wirklich herauszufinden, was für ein Mensch Sie sind? Sie sind ein liebenswerter Mensch, und wenn Sie sich Ihre Ziele einmal gesteckt haben, gehen Sie mit großer Zielstrebigkeit und Entschlußkraft darauf zu. Damit Ihre persönlichen Ambitionen dabei nicht die Hauptrolle spielen, sollten Sie versuchen, dem Ganzen eine humanitäre Ausrichtung zu geben. Trotz ungünstiger Umstände und unzureichender Anerkennung wollen Sie sich sehr gern etablieren, um einen Eindruck auf der Welt zu hinterlassen. P als Anfangsbuchstabe eines Namens deutet auf einen starken inneren Antrieb und geistigen Scharfsinn hin. Als letzter Buchstabe läßt P darauf schließen, daß Ihr Streben nach Macht und Kontrolle Ihnen viele Frustrationen einbringt. Macht wird Ihnen entweder erst spät zuteil oder bleibt immer unerreichbar. Sie sollten versuchen, höhere Weisheit zu erlangen, um diese Energie nutzbringender einzusetzen.

Im progressiven Zahlenbild: Enttäuschung in Liebes- und Herzensangelegenheiten; beschäftigen Sie sich intensiver mit geistigen und tieferen esoterischen Themen; Verwechslung von sexuellen Bedürfnissen und Liebe; verdrängte und verwirrte Gefühle; passen Sie auf, daß Sie sich nicht zu lange nur auf Ihr eigenes Seelenleben konzentrieren und dabei depressiv werden; nehmen Sie sich bewußt vor, sich anderen Menschen gegenüber zu öffnen und sich am Zusammensein mit ihnen zu erfreuen; wenden Sie Ihre innere Weisheit in der äußeren Welt weise an; besondere Fähigkeiten werden gewürdigt; gehen Sie bei wichtigen Entscheidungen mit Umsicht zu Werke.

Q (17 oder 8)

Das Q ist wie das O, nur mit einer Öffnung nach außen; dies versieht alles, wonach Sie im Leben trachten oder streben, mit einem Schuß dynamischer Energie. Die Eigenschaften des bewußten Q verleihen den Menschen mit diesem Buchstaben im Namen Flügel und lassen sie Erfolge erzielen. Diese Schwingung kann Ihnen jedoch auch verschiedene exzentrische Eigenschaften bescheren, was Sie für viele schwer einschätzbar macht. Wenn es Ihnen gelingt, Ihre Habgier zu überwinden, haben Sie gute Chancen, zu finanziellem Vermögen zu kommen. Sie haben genügend Phantasie zum Träumen und die potentiellen Führungsqualitäten, um Ihre Träume in Taten umzusetzen, dabei anderen Menschen einen Weg zu weisen und sie zu inspirieren. Immer wieder widersetzen Sie sich den gesellschaftlichen Zwängen und bieten Widersachern die Stirn, die Sie für unterlegen halten; dabei verteidigen Sie wild entschlossen die Unabhängigkeit Ihres Selbstausdrucks. Steht Q am Anfang eines Namens, deutet es auf höchste Inspiration hin oder aber auf absolute Verschrobenheit, je nach Bewußtseinsgrad. Sie können es nicht leiden, wenn Sie von anderen abhängig sind, und sind am liebsten mit Menschen zusammen, die ähnliche kreative, künstlerische und progressive Ideen haben wie Sie selbst.

Im progressiven Zahlenbild: Suchen Sie mit Bedacht nach Verwirklichungsmöglichkeiten für Ihre ungewöhnlichen Ideen; in Ehe und Familie können ungewöhnliche Situationen und Konflikte entstehen; exzentrische und interessante Menschen tauchen auf; entscheidende Veränderung im beruflichen und finanziellen Bereich; zu viele Aktivitäten bringen Ihr emotionales Gleichgewicht durcheinander; Bedürfnis nach Bestätigung und Macht; vielleicht lassen Sie sich auf Projekte ein, die schnelles Geld versprechen; lassen Sie nicht zu, daß Ihre Individualität mögliche Verbindungen mit anderen Menschen zunichte macht.

R (18 oder 9)

Das R besitzt das angehäufte Potential des P, doch es muß Seelenqualen durchstehen, um die Weisheit auf die Ebene der Erde herabzubringen. Die Menschen mit einem R im Namen besitzen ein enormes Potential, doch müssen sie für Ihr Wachstum viele Prüfungen durchstehen und emotionale Schwierigkeiten überwinden. Aufgrund Ihrer künstlerischen und poetischen Ader fällt es Ihnen schwer, sich in der rauhen Wirklichkeit zurechtzufinden. Wenn Sie inspiriert sind, kommt Ihre natürliche Führungspersönlichkeit zum Vorschein, und Sie sind aufgeschlossen für fortschrittliche Konzepte sozialen Denkens und Handelns. Sie stecken sich idealistische Ziele, die manchmal jedoch nicht praktikabel sind und Ihnen Enttäuschungen einbringen können. Dies kann Sie zynisch und mißtrauisch werden lassen. Die Kraft des R kann auf vielfältige Weise genutzt werden; im allgemeinen kommt sie jedoch am besten zum Ausdruck, wenn sie für selbstlose humanitäre Zwecke eingesetzt wird und nicht zur reinen Befriedigung egoistischen Ehrgeizes. Dies gilt besonders, wenn R der Anfangsbuchstabe des Namens ist. Steht das R am Ende Ihres Namens, können unzählige Ablenkungen Sie am Erreichen Ihrer Ziele hindern. Kommen mehrere R im Namen vor, kann dies auf übermäßige Nervosität und Unruhe hinweisen, und Ihre Gesundheit kann leiden, wenn Sie nichts dagegen unternehmen.

Im progressiven Zahlenbild: Eine Zeit, in der Sie bei allen größeren Entscheidungen Vorsicht walten lassen sollten; bringt Verzögerungen und Enttäuschungen; planen Sie voraus, und stürzen Sie sich nicht einfach in neue Erfahrungen hinein; emotionale Prüfungen; überlegen Sie sich genau, weshalb Sie heiraten wollen; durch Leiden und Prüfungen kommen Sie in Ihrem spirituellen Wachstum einen großen Schritt weiter; größeres Mitgefühl und umfassenderes Verständnis der Standpunkte anderer wäre angebracht; gebrauchen Sie Ihren kreativen Verstand; Unternehmungen, die nicht sorgfältig geplant sind, können im Sande verlaufen; gute Zeit für persönliches Wachstum.

S (19 oder 1)

Der Buchstabe S symbolisiert den Fortschritt der Seele im Himmel und auf Erden. Ganz ähnlich wie die Trennungslinie im universellen Symbol des Yin und Yang webt das S sein Muster in ein umfassendes Bewußtseinsbild ein und bringt Einheit und Durchbruch. Ein S im Namen gibt Ihnen eine intensive kreative Kraft und läßt plötzliche Erkenntnisse und innova-

tive Ideen aufblitzen. Sie fühlen sich zu religiösen und philosophischen Studien hingezogen, halten sich jedoch meist an Ihre
eigene unorthodoxe und individuell geprägte Glaubenslinie.
Sie haben ein starkes Bedürfnis nach Selbstausdruck, und Ihre
Individualität ist Ihnen heilig. Sie möchten gern einen guten
Eindruck machen und wegen Ihrer einzigartigen Persönlichkeit
geschätzt werden. Wenn Sie aus dem Gleichgewicht geraten,
ziehen Sie möglicherweise unnötige Unfälle und kleinere
Rückschläge auf sich. Fängt Ihr Namen mit einem S an, so
haben Sie ein gute Nase dafür, wo es etwas zu holen gibt und
wissen die Chancen, die sich bieten, geschickt zu nutzen. Endet
Ihr Name hingegen mit einem S, durchschauen Sie Situationen
wahrscheinlich häufig erst, wenn es schon zu spät ist, um Fehl-
einschätzungen zu korrigieren. Ein S im Namen ruft die edel-
sten spirituellen Bestrebungen wach.

Im progressiven Zahlenbild: Plötzliche Veränderungen in Familie, Beruf und/oder Bewußtsein; kann Ortswechsel bedeuten;
unerwartete Ereignisse haben am Ende einen günstigen Ausgang; kann unnötige Auseinandersetzungen und emotionales
Hickhack bringen; spirituelle und mystische Offenbarungen;
verstärkter Drang zu kreativem Denken; außergewöhnliche Erlebnisse in Liebesbeziehungen sind möglich; Konfrontation
mit willensstarken Gegnern.

T (20 oder 2)
Das T strebt nach Weisheit auf der höheren Ebene und gibt sie
in Form von intuitiven Inspirationsblitzen an die untere Ebene
weiter. Ein Mensch mit einem T im Namen stellt große Erwartungen an andere, kann jedoch viel Geduld aufbringen. Eine
natürliche Wärme geht von ihm aus, und dies unterstreicht
noch die mütterliche und häusliche Seite dieses Menschen, aber
auch sein Taktgefühl, Verhandlungsgeschick und seine Kooperationsbereitschaft. Sie suchen den Kontakt zu Gleichgesinnten
und machen sich Sorgen, wenn Beziehungen sich verschlech-
tern und aus irgendeinem Grunde keine Kooperation mehr

möglich scheint. Sie sind an einem Punkt angelangt, an dem Sie sich endlich von überkommenen Denkmustern und negativen Seiten freimachen sollten; hängen Sie sie einfach an den Nagel. Jetzt sind Sie frei, um sich einem edleren Dienst zu widmen. Mit einem T am Anfang Ihres Namens führen Sie wahrscheinlich lieber die Ideen anderer Menschen gut aus und lehren, als selbst kühn die Intitiative zu ergreifen. Steht der Buchstabe T am Ende Ihres Namens, können Sie leicht in Verwirrung geraten. Es fehlt Ihnen dann an Selbstsicherheit, aber Rat von anderen wollen Sie auch nicht annehmen. Sie sollten sich davor in acht nehmen, zu kritisch und kleinlich zu werden.

Im progressiven Zahlenbild: Hauptaugenmerk auf Partnerschaft und Beruf; der Wunsch, zu reisen und die Welt zu sehen, taucht auf; versuchen Sie, Ihr Einkommen zu erhöhen; Sie werden mit Prüfungen und wichtigen Lektionen für Ihr Wachstum konfrontiert; Bedürfnis nach Sicherheit; bringt wichtige Beziehungen; versuchen Sie, Ihre Impulsivität und Ihre übertriebene Sentimentalität in den Griff zu bekommen, damit es Ihnen gesundheitlich besser geht; üben Sie Selbstdisziplin; vielleicht pfuschen Ihnen andere in Ihre Arbeit; Zeiten der Einsamkeit und Meditation werden Ihnen guttun.

U (21 oder 3)

Der Buchstabe U versinnbildlicht die ganze Aufnahmefähigkeit der Seele und gleichzeitig eine Vielzahl von Gaben, die das innere Selbst besitzt. Die Seele drückt sich selbst über die Gefühle aus und macht diese damit zum Hauptausdrucksmittel Ihres Wesens. Sie werden im Leben eine Vielfalt von verschiedenen emotionalen Reaktionen erfahren. Sie können deprimiert und verzweifelt sein, doch sobald es Ihnen etwas besser geht, schalten sich im allgemeinen Ihre fürsorglichen Qualitäten ein, und Sie möchten anderen zur Seite stehen. Durch Ihre natürliche Würde strahlen Sie einen gewissen Charme, überschäumende Freude und überzeugendes Vertrauen aus, wenn Sie ausgeglichen sind. Unter negativem Einfluß können Sie sich zu so vielen Dingen oder Projekten gleichzeitig hingezogen fühlen, daß Sie Ihr Talent zu oberflächlich verstreuen und ein zielgerichtetes Vorgehen unmöglich wird. Mit einem U im Namen besitzen Sie schriftstellerisches und künstlerisches Potential und fühlen sich zu akademischen Studien hingezogen. Ihre Stimmung schwankt allerdings auf seltsame Weise zwischen optimistischem Leistungsstreben und zeitweiligem Pessimismus. Ist U der erste Buchstabe oder Vokal in einem Namen, so stehen Reisen und Kommunikation besonders im Vordergrund. Ja, es kann Ihnen sogar eine fast göttliche Schutzaura verleihen. Als letzter Buchstabe deutet das U darauf hin, daß Sie Ihre angeborenen Fähigkeiten in zu viele Richtungen ausleben, was Ihnen mehr Risiken als Vorteile für ungeplante Unternehmungen einbringt.

Im progressiven Zahlenbild: Konfuse Zeit, die manche Chance, aber auch innere Ängste auftauchen läßt; vielleicht müssen Sie sich dazu zwingen, die schöpferischen Gaben in sich zu wecken; überlegen Sie es sich reiflich, bevor Sie große Schritte in eine neue Richtung tun; unkonventionelle und zerrüttete Liebesbeziehungen; unterschwellige emotionale Probleme kommen an die Oberfläche; es kann zu Schwierigkeiten mit der Familie oder mit Verwandten kommen; lassen Sie sich gute Gelegenheiten in beruflicher oder geschäftlicher Hinsicht nicht entgehen; günstige Zeit, um emotionale Blockaden abzubauen und die inneren Qualitäten der Seele stärker hervortreten zu lassen.

V (22 oder 4)

V ist der 22. Buchstabe im Alphabet (prägen Sie sich dies gut ein, wenn Sie mit dem V arbeiten), und symbolisch gesehen bezieht er seine Inspiration direkt aus spirituellen Quellen und verankert sie dann fest im materiellen Boden des Alltagslebens. Dadurch verfügen bewußte Menschen mit einem V im Namen im allgemeinen über einen besonderen Geschäftssinn und inspirierte Führungsqualitäten, die es ihnen ermöglichen, höhere Weisheit in bestehende gesellschaftliche Strukturen menschlichen Strebens einzubringen. Sie sind äußerst fähig und gehen entschlossen vor. Haben Sie sich einmal einer Person oder einer Sache verschrieben, kennt Ihre Loyalität keine Grenzen. Sie müssen sich den Erfolg hart erkämpfen – doch für diejenigen, die nach den höheren Geboten leben, welche in den neuen Gesetzen der Manifestation wirksam sind, sind die Möglichkeiten unbeschränkt. Sie können ein neues Projekt ins Auge fassen, andere dazu inspirieren und das Ganze zu einem guten Ende führen. Fängt Ihr Name mit einem V an, nehmen Sie schwierige Projekte in Angriff und sind in der Lage, die geeigneten Leute zusammenzubringen, um eine effektive Ausführung zu gewährleisten. Hört Ihr Name mit einem V auf, schwelgen Sie wahrscheinlich lieber in alten Träumen, oder aber Sie stürzen sich sorglos in neue Unternehmungen, ohne sich wirklich über die Konsequenzen im klaren zu sein. Sie sollten daran arbeiten, das latente Potential dieser Meisterzahl zu erwecken.

Im progressiven Zahlenbild: Disziplinieren Sie sich und versuchen Sie, das Projekt, an dem Sie gerade arbeiten, in den Griff zu bekommen; wenden Sie religiöse oder metaphysische Prinzipien auch auf die kleinen Dinge des Alltags an, und Ihre Seele wird rasche Fortschritte erzielen; weise Investitionen können gute Erträge einbringen; Beziehungen mit Menschen, die gut zu Ihnen passen, verschaffen Ihnen besondere persönliche Befriedigung; Ideen, die Ihnen von höherer Seite eingegeben wurden, beginnen Früchte zu tragen; eine günstige Zeit, um alte Schulden zu begleichen; durch harte, doch produktive Arbeit werden Ihnen große Belohnungen zuteil.

W (23 oder 5)

Das W erfährt seine Inspiration auf der spirituellen Ebene, setzt sie auf der materiellen Ebene um, holt sich Bestätigung für die Richtigkeit seines Handelns beim höheren Selbst und hebt dann die menschlichen Erfahrungen auf eine höhere Bewußtseinsstufe. Mit einem W im Namen wollen Sie mit Genuß leben und wachsen. Sie wollen das Leben zu einem guten Ende bringen und dann zu einer neuen Existenzebene weitergehen. Sie saugen das Leben gierig ein; fast nichts kann Sie länger deprimieren. Sie räumen Hindernisse aus dem Weg und folgen dabei gegen alle Vernunft Ihren Ahnungen. Auf dieser Suche machen Sie alle möglichen ungewöhnlichen und bizarren Erfahrungen. Sie sind anpassungsfähig und haben einen ausgesprochenen Hang dazu, alte Konzepte in zeitgemäße Ideen umzuformen. Es fällt Ihnen wahrscheinlich schwer, lange an einem Ort zu bleiben. Die Schwingung dieses Buchstabens verleiht Ihnen eine besondere rednerische und schriftstellerische Begabung. Sie können Ihre Vorträge schnell herunterschreiben und dabei aufgrund Ihrer reichhaltigen Erfahrung gleichzeitig Lebendigkeit mit hereinbringen. Als Anfangsbuchstabe unterstreicht das W die Wahrscheinlichkeit, anderen zu dienen und mit der unterschiedlichsten Art von Menschen umzugehen. Ist W der letzte Buchstabe Ihres Namens, neigen Sie zu einer anfänglich zögernden Haltung im Umgang mit Menschen; dies wird jedoch überwunden, sobald Sie sich selbst und andere besser kennenlernen.

Im progressiven Zahlenbild: Bringt Schwankungen und Instabilität, doch meist mit gutem Ausgang; vielfältige emotionale Beziehungen können Verwirrung stiften; intensiveres Erleben führt zu spirituellem Wachstum; plötzliche Veränderungen; lösen Sie sich von Ihrer Vergangenheit, und schauen Sie nach vorne; Reisen stehen im Vordergrund; kann Beilegung von rechtlichen Angelegenheiten bringen; passen Sie auf, daß Sie sich nicht übernehmen und Ihre körperliche Gesundheit nicht überfordern.

X (24 oder 6)

Im Buchstaben X wird das Prinzip »wie oben, so unten« verkörpert, und nach unten fließendes Licht trifft auf ein nach oben drängendes Bewußtsein. Die beiden durch Dreiecke dargestellten Bewegungen treffen auf der geistig-emotionalen Ebene aufeinander, wo Mißverständnisse und falsche Weisheit ausgelöscht und eliminiert werden sollten. Taucht dieser Buchstabe auf, so befindet man sich an einem Scheidepunkt des Bewußtseins, an dem es möglich ist, sich zwischen weiterem Wachstum oder der Versuchung zu entscheiden, immer wieder dieselben Erfahrungszyklen durchzumachen. Das Bedürfnis geht eigentlich in die Richtung, sich von der Persönlichkeit freizumachen, um mit größerer Hingabe die Richtung verfolgen zu können, die die Seele anstrebt. Ihr Leben eignet sich am besten dazu, anderen beizustehen und die Lebensumstände der Menschen zu verbessern. Vielleicht haben Sie das Gefühl, die Welt stelle zu hohe Ansprüche an Sie, und wollen für die Lösung der Probleme anderer Menschen auch gewürdigt werden. Sie besitzen einen Hang zu Theatralischem und bewegen sich gern in renommierten Kreisen. Ein Mensch, dessen Name mit einem X beginnt, wird häufig im öffentlichen Rampenlicht stehen. Hört Ihr Name mit einm X auf, zögern Sie, die Verantwortung für eine Arbeit zum Wohle anderer zu übernehmen.

Im progressiven Zahlenbild: Kann öffentliche Beachtung und finanzielle Gewinne bringen; besonderer Akzent auf Reisen; geheime Liebesbeziehungen; vielfältige Aktivitäten können Ihre Nerven strapazieren; schnelle, entschlossene Handlungen können erforderlich sein; ungewöhnliche Spannungen in der Familie; kann Opfer zum Wohle von anderen von Ihnen verlangen; versuchen Sie positiver zu denken; gute Zeit für Läuterung und Regenerierung; horchen Sie auf die Stimme Ihrer Seele.

Y (25 oder 7)

Das Y versinnbildlicht eine äußerst intuitive Empfänglichkeit für höhere Einsicht. Sie verfügen von Natur aus über übersinnliche und intuitive Fähigkeiten und sollten lernen, Ihren stärksten Eindrücken zu vertrauen. Mit einem Y im Namen neigen Sie zu Verschlossenheit und wollen in die Geheimnisse des Menschen und des Universums eindringen und sie ergründen. Sie häufen viel Wissen und Weisheit an, bevor Sie bereit sind, eine Entscheidung zu treffen oder eine Meinung abzugeben.

Diese Reserviertheit läßt einen distanzierten und gefühllosen Eindruck von Ihnen entstehen; doch in Wahrheit sind Sie ein Mensch mit großer Gefühlstiefe. Unterschätzen Sie Ihre Fähigkeiten nicht. Jetzt könnte der Moment gekommen sein, um die Welt von Ihren vielfältigen Begabungen profitieren zu lassen. Sie können einen wichtige Rolle in Situationen übernehmen, in denen Desorganisation und Verwirrung herrschen, indem Sie nach Lösungen suchen, die klare Verhältnisse schaffen und die Ordnung wieder herstellen. Mit einem Y als Anfangsbuchstaben Ihres Namens ist Ihr geistiger und intuitiver Scharfsinn besonders ausgeprägt. Steht ein Y am Ende Ihres Namens sind Sie möglicherweise nicht in der Lage, Ihre ersten Eindrücke vorteilhaft zu verwerten. Es würde Ihnen besonders guttun, wenn Sie viel Zeit mit Meditation und positiver Introspektion zubringen könnten.

Im progressiven Zahlenbild: Verlieren Sie bei Ihrer Suche nach Wissen nicht die konkrete Wirklichkeit aus dem Blickfeld; kleinere gesundheitliche Probleme können auftauchen; langsam bekommen Sie ein tieferes Gespür für die spirituelle Wirklichkeit; möglicherweise ergibt sich ein neuer Kreis von Freunden und gleichgesinnten Kollegen; übersinnliche Erlebnisse; Vorsicht im Umgang mit Rauschmitteln; jetzt große Einsichten durch Selbstbeobachtung, Meditation und Seelenerforschung.

Z (26 oder 8)

Gleich einem Blitzstrahl befördert das Z Informationen zwischen den Bewußtseinsebenen hin und her. Der Einfluß des Buchstabens Z ist äußerst stark, und sein Vorkommen im Namen eines Menschen hat deutliche Auswirkungen auf dessen Bewußtsein. Kommt in Ihrem Namen ein Z vor, so haben Sie viel Selbstvertrauen, Elan und ungeheure Energiereserven. Das Z gleicht reiner Energie und kann als solche entweder für konstruktive oder für destruktive Zwecke genutzt werden. Positiv eingesetzt bringt es Führerschaft, finanziellen Erfolg und organisatorische Effizienz. Sie sollten jegliche Art von Übertreibungen oder Exzessen in Ihrem persönlichen Verhalten vermeiden. Mißbrauch von materiellen Gütern kann die Seele blockieren und das Wachstum zum Stillstand bringen. Sie üben eine magnetische Anziehungskraft auf die breite Masse aus und müssen deshalb darauf achten, wie Sie diesen Einfluß nutzen. Als Anfangsbuchstabe des Namens kann das Z auf prophetische Fähigkeiten und eine einflußreiche Stellung im öffentlichen Leben hindeuten und häufig unkonventionelle Berufe bescheren. Am Schluß eines Namens stellt es eine Warnung vor den Gefahren des Mißbrauchs von Reichtum und persönlicher Macht dar. »Regenerierung« ist ein wichtiges Wort für Menschen mit einem Z im Namen.

Im progressiven Zahlenbild: Weise Entscheidungen können Ihnen Reichtum und/oder Prestige einbringen; setzen Sie sich über Beschränkungen hinweg; gehen Sie mit Riesenschritten voran; setzen Sie das universelle Gesetz in die Praxis um; negative Gefühle können Ihre Gesundheit beeinträchtigen; lassen Sie sich nicht auf Intrigen ein, und verdienen Sie sich Ihre Brötchen auf ehrlichem Wege; ungewöhnliche Partner und Freunde tauchen auf; versuchen Sie, bei Ihrer Beschäftigung mit dem Okkulten und Göttlichen effizient zu sein; Erforschung und Wahrheit spielen eine Hauptrolle.

Bei der symbolischen Auslegung der Buchstaben im progressiven Zahlenbild kann es für den Leser außerdem interessant sein, den schwingungsmäßigen Einfluß jedes spezifischen Jahres unter diesem Buchstaben mit in Betracht zu ziehen. Wie das progressive Zahlenbild erstellt wird, wird im folgenden Kapitel näher erläutert. Nehmen wir einmal den Buchstaben G. Das erste Jahr unter dem Einfluß des Buchstabens G hat sicherlich einen etwas anderen Charakter als das zweite, dritte, vierte, fünfte, sechste oder siebte Jahr. Wenn Sie in der Praxis der Zahlendeutung etwas weiter fortgeschritten sind, werden Sie sicher irgendwann einmal dazu übergehen wollen, den Zahlenwert jedes Jahres und den Schwingungsaspekt des Buchstabens miteinander zu verbinden. In der Praxis ist dies lange nicht so schwierig, wie es hier in dieser kurzen Erklärung aussieht. Wenn Sie Ihr Bewußtsein für diesen Aspekt noch schärfen, wird Ihre Deutungskunst noch einiges an Differenziertheit und Einsicht dazugewinnen.

Im vierten Jahr unter dem Einfluß des Buchstabens G wird man im allgemeinen ein stärkeres Bedürfnis nach Selbstdisziplin verspüren, um sich besser auf das im Innern angesammelte Wissen einstimmen zu können. Im fünften Jahr wird es mehr um Expansion und bewußteren Ausdruck der angeborenen geistigen und seelischen Fähigkeiten gehen. Mit der Zeit und mit mehr Übung werden Sie ein umfassenderes Verständnis auch für diese Einflüsse entwickeln und damit zu einer differenzierten Deutung der persönlichen Zahlen in der Lage sein.

IX

Das progressive Zahlenbild:
eine neue und verbesserte Methode

Traditionell fängt man bei der Erstellung des progressiven Zahlenbildes mit dem Anfangsbuchstaben des ersten Vornamens an. Hierbei entspricht der Zahlenwert dieses Buchstabens jeweils der Zahl der Jahre, die das Leben des betreffenden Menschen unter dem Einfluß dieses Buchstabens steht. Man verfährt nun auf dieselbe Art und Weise mit den weiteren Buchstaben aller Vornamen und des Nachnamens. Danach bildet man die Summe – die Gesamtzahl – aus den Zahlenwerten der Buchstaben und der persönlichen Jahreszahl und bezieht sie in die Deutung des Jahreseinflusses des betreffenden Buchstabens ein.

Bei Campbell und Jordan findet sich eine klare Beschreibung, wie ein progressives Zahlenbild erstellt wird. Sie geben darüber hinaus Anleitung zur graphischen Darstellung desselben. In anderen Numerologiebüchern werden noch viele zusätzliche Erläuterungen zu den Progressionen gegeben. Im Laufe der Jahre hat sich dieses System in meiner Praxis als sehr nützlich bewährt. Wenn Sie noch nicht wissen, wie man ein solches Diagramm erstellt und damit umgeht, sei Ihnen dies hier dringend ans Herz gelegt.

In den letzten Jahren kam uns dann der Gedanke, daraus eine Progressionsmethode zu entwickeln, die den Fortschritt des Bewußtseins und der inneren Entfaltung widerspiegelt. Diese Methode eignet sich mehr zur Beratung; ihr Schwerpunkt liegt nicht so sehr auf den äußeren Ereignissen.

Im folgenden wollen wir dieses neue verbesserte progressive

Zahlenbild am Beispiel des Namens James Earl Carter Junior darstellen und näher erläutern. Danach wird erklärt, wie man ein solches Diagramm erstellt und interpretiert.

Name: James Earl Carter Junior

Alter	0	1	2	3	4	5	6	7	8	9	10
Persönlichkeit		J	M	M	M	M	S	R	R	R	R
Seele		A	E	E	E	E	E	E	E	E	E
Persönliches Jahr	9	1	2	3	4	5	6	7	8	9	1
Gesamtzahl		3	11	3	4	5	3	3	22	5	6
Kalenderjahr	24	25	26	27	28	29	30	31	32	33	34

Alter	11	12	13	14	15	16	17	18	19	20	21
Persönlichkeit	R	R	R	R	R	L	L	L	C	C	C
Seele	E	A	A	E	E	E	E	E	U	U	U
Persönliches Jahr	2	3	4	5	6	7	8	9	1	2	3
Gesamtzahl	7	4	5	1	2	6	7	8	7	8	9
Kalenderjahr	35	36	37	38	39	40	41	42	43	44	45

Aus dieser Darstellung können Sie erkennen, daß bei der Erstellung des progressiven Zahlenbildes zuerst einmal alle Konsonanten des Namens in die Persönlichkeitszeile eingetragen werden. Beginnen Sie mit dem ersten Konsonanten und projizieren ihn so viele Jahre in die Zukunft, wie seinem Zahlenwert entsprechen. In unserem Falle beginnt der Name James mit einem J, dem der Zahlenwert 1 zugeordnet ist. Deshalb beeinflußt das J das erste Jahr. Darauf folgt ein M, das die nächsten vier Jahre bis zum 5. Lebensjahr beeinflußt. Nach diesem Muster wird mit allen folgenden Konsonanten des ganzen Namens verfahren: Vornamen und Familiennamen (und in diesem Fall auch noch mit dem Zusatz *Junior*).

Und genauso verfährt man nun mit den Vokalen in der Seelenzeile: Beginnen Sie mit dem ersten Vokal, ordnen Sie ihm seinen Zahlenwert zu und tragen Sie ihn entsprechend oft in diese Zeile ein; genau dasselbe macht man nun nacheinander mit den verbleibenden Vokalen des gesamten Namens.

Berechnen Sie nun die Lebenszahl (das persönliche Jahr der Geburt) und füllen Sie die restlichen persönlichen Jahreszahlen dementsprechend ein.

Schließlich wird die Gesamtzahl errechnet, indem man die Summe aus den Zahlenwerten der Buchstaben für die Persönlichkeit und Seele und der persönlichen Jahreszahl bildet – dies für jedes Jahr im Diagramm.

Sobald Sie das gesamte progressive Zahlenbild erstellt haben, kann die Auswertung erfolgen.

Deutung des progressiven Zahlenbildes

Jetzt kann die volle Bedeutung jedes einzelnen Jahres abgelesen werden. Im allgemeinen ist es am einfachsten, mit den Eigenschaften des Buchstabens in der Persönlichkeitszeile zu beginnen und jeweils ein Jahr zu beurteilen. Auf die Bedeutung der Buchstaben im progressiven Zahlenbild wurde zum Teil bereits im letzten Kapitel über die Symbolik der Buchstaben näher eingegangen. Dies sollte noch ergänzt werden durch Ihre eigene, ganz spezielle Interpretation, die natürlich geprägt ist von Ihrer persönlichen Lebenserfahrung und dem numerologischen Wissen, das Sie selbst bereits sammeln konnten. Die von uns gegebenen Erläuterungen sind nur als Richtlinien gedacht. Sie sind keinesfalls vollständig oder endgültig.

Als nächstes können Sie die spezielle Bedeutung des Buchstabens in der Seelenzeile prüfen.

Auch der Einfluß des persönlichen Jahres wird dann in Betracht gezogen.

Vielleicht der aussagekräftigste Indikator im ganzen Diagramm ist die Gesamtzahl. Die Gesamtzahl spiegelt die Gesamtheit der Einflüsse in einem Jahr wider und gibt dadurch umfassend Aufschluß darüber, welche Bedeutung diesem Jahr für das Bewußtseinswachstum und die Entfaltung der Persönlichkeit zukommt. Wie jemand auf die Gesamtzahl reagiert, kann – als Indikator – große Auswirkungen auf sein Wachstumsmuster haben.

Auch bei Campbell und Jordan wurde auf die Auslegung der Gesamtzahl näher eingegangen. Wir hoffen, daß es uns gelungen ist, in unseren Ansatz das Beste von beiden Autoren mit hereinzunehmen. Kompetenz im Umgang mit den Gesamtzahlen ergibt sich mit der Zeit und durch viel individuelle Übung; entwickeln Sie Ihren eigenen Stil und Ihre eigenen Erklärungen. Es könnte deshalb eher hinderlich als förderlich sein, hier die Bedeutung der Gesamtzahl vollständig beschreiben zu wollen. Ihre persönliche Lebensgeschichte (sowohl die private als auch die berufliche) wird Ihnen diese persönliche Perspektive liefern. Darüber hinaus wird Ihnen praktische Erfahrung und die Entwicklung Ihrer Intuition von Nutzen sein.

Als Anfänger ziehen Sie es vielleicht vor, sich erst einmal ausschließlich an die Richtlinien dieses Buches zu halten. Lesen Sie einfach noch einmal die verschiedenen Abschnitte zu der gewünschten Zahl durch; dadurch wird ein klares Bild vor Ihrem geistigen Auge entstehen.

Wir haben in dieses Buch viel spezielle Theorie und Material der Psychologie miteinfließen lassen. Die etwas nüchteren Begriffe wurden gewählt, um eine komplizierte Fachsprache zu vermeiden.

Hier noch eine kleine zusätzliche Deutungshilfe für die Gesamtzahlen. Wir haben gesehen, daß die Gesamtzahlen aussagekräftige Indikatoren sind. Gesamtzahl 1: die Lektion und Herausforderung besteht in Prüfungen des Willens und der Individualität; Gesamtzahl 2: Ihre Kooperationsbereitschaft, gesellschaftliche Kritik und Ihr Selbst werden auf die Probe gestellt; Gesamtzahl 3: Herausforderungen an Kreativität und Sexualität; Gesamtzahl 4: der Schwerpunkt liegt auf Arbeit, Disziplin und Entschlossenheit; Gesamtzahl 5: Konfrontation mit sinnlichen Versuchungen, Vorurteilen und Expansionsmöglichkeiten; Gesamtzahl 6: Verantwortung, Ehe und Dienst am Nächsten stehen im Vordergrund; Gesamtzahl 7: Zurückhaltung, Arroganz und die Verleugnung des höheren Selbst kommen auf den Prüfstand; Gesamtzahl 8: Macht, Geld und Autorität spielen eine wichtige Rolle; Gesamtzahl 9: Altruismus, Loslösung von materiellen Werten und Vollendung werden getestet.

Das progressive Zahlenbild eignet sich besonders zur Untersuchung der entscheidenden Jahre in der Kindheit. Ein geübter Betrachter erkennt leicht die traumatischen Jahre im Diagramm. Mit Hilfe seiner angeborenen oder professionellen Fähigkeiten arbeitet er dann gemeinsam mit dem betreffenden Menschen darauf hin, diese Erinnerungen und Erfahrungen, die vielleicht verdrängt, vergessen oder verleugnet wurden, an die Oberfläche des Bewußtseins zu befördern und zu akzeptieren. Selbstverständlich muß das Schlüsselwort beim Vorstoß in unterbewußte Bereiche »Vorsicht« lauten. Spezifische Hinweise zu den Ursprüngen des Traumas erhält man häufig, wenn man die Zahlenmuster der frühen Kindheitsjahre genau unter die Lupe nimmt. Gab es damals vielleicht ein Zahlenmuster, das ganz ähnliche Züge aufwies wie ein besonders energiereiches, schwieriges oder herausforderndes Jahr im Erwachsenenalter?

Führt man das progressive Zahlenbild von Carter zum Beispiel bis zum Wahljahr 1976 fort, erhalten wir den Persönlichkeitsbuchstaben R, den Seelenbuchstaben E und ein persönliches 7er-Jahr. Die Gesamtzahl ergibt 21 und reduziert 3. Genau dasselbe Muster taucht bereits im Alter von sieben Jahren auf. Eine genaue Erforschung der (bewußten oder unbewußten) Vorkommnisse zu diesem Zeitpunkt in seinem Leben könnte sehr wahrscheinlich ziemlich eindeutige Hinweise darauf liefern, was ihn dazu bewegte, später Präsident zu werden, und welche Überzeugungen, die er damals bereits entwickelte, seine Entscheidungen im Amt beeinflußten.

Besonders eine 6 oder 9 als Gesamtzahl lassen mit einiger Wahrscheinlichkeit auf ein emotionales Trauma in der Kindheit schließen. Dies muß zwar nicht immer stimmen, doch fast in jedem Fall kamen bei meiner Arbeit nach etwas tieferem Bohren Erfahrungen zum Vorschein, die noch ziemlich verschüttet waren. Ob Sie nun beruflich dazu ausgebildet sind oder sich von Ihrer Intuition leiten lassen, Sie werden sicher noch viel, viel mehr Aspekte entdecken, die Ihnen zu einem besseren Verständnis des menschlichen Wesens verhelfen.

Das regressive Zahlenbild
(Einflüsse vor der Geburt)

Wir haben bereits des öfteren in diesem Buch darauf hingewiesen, daß es wichtig sein kann, unbewußte Tendenzen und die Ursachen unterbewußter Konflikte aufzudecken und sich mit ihnen auseinderzusetzen. Von Anfängern wird in diesem Zusammenhang häufig die Frage gestellt: Wie kann man mit Hilfe der Numerologie solche unterschwelligen Strömungen genauer ausmachen?

Als Antwort darauf können wir auf eine völlig neue Interpretationsmethode verweisen, die sich als sehr effektiv herausgestellt hat, um auch vorgeburtliche Einflüsse zu erfassen. Diese Methode kann vor allem auch für Psychiater, klinische Psychologen und andere professionelle Therapeuten und Berater von unschätzbarem Wert sein, die bereits bestimmte Grundkenntnisse über unbewußte Prozesse besitzen und nach einem Instrument suchen, mit dem man mögliche Konfliktmuster schnell erkennen kann.

Das rückführende oder regressive Zahlenbild ist ganz einfach die Umkehrung des progressiven Zahlenbildes. Als Ausgangspunkt für die Erstellung dieses Diagramms nimmt man das Geburtsdatum der betreffenden Person und rechnet neun Monate zurück, um das zahlenmäßige Klima zur Zeit der Empfängnis zu erhalten. Auch für Ausnahmefälle wie Frühgeburten kann man den Empfängnismonat normalerweise bestimmen, wenn die Dauer der Schwangerschaft bekannt ist.

Im regressiven Zahlenbild wird außerdem das persönliche Jahr und der persönliche Monat der Empfängnis bestimmt. Daraus wird dann das Klima ersichtlich, dem das Bewußtsein auf dieser Ebene entspringt. Das regressive Zahlenbild kann sehr aussagekräftige Hinweise auf mögliche unterbewußte Strömungen einer Person liefern.

Sie werden sich vielleicht fragen: Wieso gerade der Moment der Empfängnis? In der Reinkarnationslehre wird im allgemeinen von der Theorie ausgegangen, daß die Seele des neuen Lebewesens im Moment der Empfängnis in die Aura der Mutter eintritt. Aufgrund der Berichte von Personen, mit denen wir über viele Jahre hinweg nicht-hypnotische Rückführungen vor die Geburt und in frühere Leben durchgeführt haben, können wir diese Theorie nur bestätigen.

Das zu gebärende Kind ist sich der körperlichen, emotionalen und geistigen Voraussetzungen seiner zukünftigen Eltern äußerst bewußt. Die Seele registriert deren Hoffnungen, Ängste, Wünsche, Befürchtungen und Erwartungen sofort. Und dies hinterläßt einen unauslöschlichen Eindruck im Unterbewußtsein dieses Kindes.

Kennt man die Zahlen, die zur Zeit der Empfängnis vorherrschten, so lassen sich in den meisten Fällen mögliche unterschwellige Einflüsse erkennen, die mit dem Heranwachsen des

Kindes stärker in den Vordergrund treten. Aufschlußreich kann auch ein Vergleich der persönlichen Zahlen beider Eltern sein, bei dem den zwischenmenschlichen Spannungsmustern sowohl zwischen den persönlichen Jahren und Monaten als auch zwischen den Persönlichkeits- und Seelenzahlen der Eltern besondere Beachtung geschenkt werden sollte.

Da die persönlichen Zahlen zum Zeitpunkt der Empfängnis sich fast ausschließlich auf unbewußte Tendenzen beziehen, ist äußerstes Taktgefühl und Intuition erforderlich, um einen verantwortlichen und einfühlsamen Umgang mit diesen Informationen zu gewährleisten. Haben Sie Zweifel an Ihrer Kompetenz, so sollten Sie zunächst einmal besser noch nicht mit den persönlichen Zahlen anderer Menschen arbeiten. Nehmen Sie sich Ihre eigenen Zahlen vor und untersuchen Sie deren Bedeutung und Zusammenhänge. Danach können Sie mit den Zahlen Ihrer Familie und Kinder weitermachen. Wollen Sie die Regressionszahlen zu Beratungszwecken nutzen, wird Ihnen Ihre innere Stimme mit der Zeit sagen, wann Sie diese Methode einsetzen sollten und wie Sie diese Zahlen auszulegen haben.

Lassen Sie uns hier an einem Beispiel aufzeigen, wie nützlich ein solches regressives Zahlenbild sein *kann*. Die folgenden Zahlen beziehen sich auf ein Kind, dessen Eltern uns bekannt sind. Dies ist sicherlich ein wesentlicher Faktor für die richtige Auslegung der Regressionszahlen.

Das Kind wurde in einem 8er-Monat eines persönlichen 4er-Jahres empfangen. Nach den Progressionszahlen der Eltern stand ein Elternteil auf der Persönlichkeitsebene unter der Schwingung der 9, auf der Seelenebene ebenfalls unter der Schwingung der 9 und befand sich in einem 3er-Jahr, woraus sich als Gesamtzahl die 3 ergibt. Der andere Elternteil stand auf der Persönlichkeitsebene unter einer 8er-Schwingung, auf der Seelenebene unter einer 1er-Schwingung, machte gerade ein 7er-Jahr durch und hatte als Gesamtzahl ebenfalls die 7. Der persönliche Monat war für den einen ein 7er-, für den anderen ein 2er-Monat. Daraus ergeben sich die zwischenmenschlichen Spannungszahlen für dieses Jahr wie folgt: Persönlichkeit 9-8 *(1)*, Seele 9-1 *(8)*, persönliches Jahr 3-7 *(4)*, Gesamtzahl 3-7 *(4)* und *persönlicher Monat* 7-2 *(5)*.

Zu der Zeit, als das Kind empfangen wurde, arbeitete die Mutter gerade in einem Beruf, der ihr keinen richtigen Spaß mehr machte und sie anzuöden begann. Der Vater ging zu diesem Zeitpunkt keiner regelmäßigen Arbeit nach, was beide Eltern belastete, besonders bei dem Gedanken daran, daß in Zukunft noch ein kleiner Erdenbürger mitzuversorgen war. Das Kind wurde in einem 4er-Jahr empfangen und hat auch als Seelenzahl die 4. Es ist auf die Welt gekommen, um eine wichtige Seelenaufgabe zu erfüllen, könnte bei der Erreichung dieses Ziels jedoch auf großen Widerstand stoßen, weil es sehr empfindlich ist und möglicherweise Schuldgefühle hat, eine zu große Bürde und Belastung für seine Eltern in ihrer sowieso schon prekären Arbeitssituation zu sein. Interessanterweise war der Vater aus beruflichen Gründen häufig längere Zeit von zu Hause weg, was möglicherweise bei dem Kind zu einer Abneigung gegen die Arbeit des Vaters führte, die seine frühen Kindheitserinnerungen prägte.

Die Spannungszahl zwischen den Seelenzahlen der Eltern zu diesem Zeitpunkt war 8, was auf Meinungsverschiedenheiten über innere Glaubensfragen und über das Verhalten gegenüber höherer Autorität schließen läßt. Diese Spaltung löste bei dem Kind möglicherweise Verwirrung in bezug auf Autorität aus; im frühen Erwachsenenalter kann dies dann vielleicht Chaos mit sich bringen, mit zunehmender Reife jedoch sein Urteilsvermögen dann allmählich schärfen.

Die zwischenmenschliche Spannungszahl 1 auf der Persönlichkeitsebene weist auf ein krasses Aufeinanderprallen des Willens beider Partner hin. Auch das Kind hat einen ungewöhnlich starken Willen. Natürlich muß es noch viel dazulernen, bis es diesen Willen in eine konstruktive Richtung lenken kann. Der Vergleich der persönlichen Monatszahlen der Eltern ergab die Spannungszahl 5. Beide wünschten sich zu diesem Zeitpunkt Freiheit; die Geburt des Kindes machte die Freiheit weniger wahrscheinlich, auch wenn die Ehe dadurch besser funktionierte. Dies kann die Seele des Kindes prägen und Unsicherheit und ein mangelndes Selbstwertgefühl zur Folge haben, die in der Pubertät und in den ersten Jahren des Erwachsenendaseins hervorbrechen können.

Die Kenntnis dieser Umstände ermöglicht es den Eltern nun zum einen, mit ihren eigenen Problemen leichter fertig zu werden. Doch vor allem können sie versuchen, die Wahrscheinlichkeit herabzusetzen, daß schwerwiegende Probleme in der Persönlichkeit des Kindes auftauchen, indem sie sich der Neigungen ihres Kindes bewußt sind.

Hoffentlich konnte dieses Beispiel zum besseren Verständnis der Regressionsmethode beitragen. Es ist sicher klar geworden, daß diese zusätzliche Interpretationsquelle unschätzbare Dienste leisten kann, wenn sie mit einer positiven Grundhaltung und altruistischer Intention zur eigenen Konfliktlösung genutzt wird oder gar, um anderen dabei zu helfen, ihre Probleme zu erkennen. Bestenfalls könnte man das hier angeführte Beispiel sogar zur Botschaft des gesamten Buches machen:

»Zu wissen, was man zu erwarten hat, heißt, dieses Wissen für das eigene Wachstum nutzen zu können.«

X

Namensänderungen

Welche Auswirkung haben nun Namensänderungen im Laufe eines Lebens? Aus dieser Frage ergeben sich viele weitere Fragen. Hoffentlich wird auch Ihre in diesem Kapitel beantwortet werden. Alle neuen Namen, seien es nun Spitznamen, bei der Heirat angenommene Namen, Künstlernamen, Ordensnamen oder ähnliches, lassen neue Eigenschaften in unserem Erfahrungsmuster hervortreten.

Der Geburtsname ist analog zum Geburtshoroskop in der Astrologie zu sehen; sein Einfluß macht sich das ganze Leben hindurch bemerkbar. Wir können uns nach außen hin als jemand anderes ausgeben, doch im Herzen sind wir immer noch derselbe. Das bedeutet nicht, daß die Bedeutung eines neuen Namens gleich Null ist, sondern viel eher, daß er besondere Eigenschaften offenbart. Bei der Wahl eines neuen Namens sollten Sie Ihr persönliches Zahlenbild bei der Geburt oder Ihren Geburtsnamen zu Rate ziehen. Werden durch den neuen Namen bestimmte Eigenschaften, die Sie erst noch ausleben müssen, überbetont oder übersehen? Hilft der neue Name Ihnen dabei, ein ausgeglicheneres Wachstum zu erreichen? Auch wenn ein anderer Name angenommen wird, büßen die Seelenzahl, Persönlichkeitszahl und Zahl des integrierten Selbst nichts von ihrer ursprünglichen Bedeutung ein. Sie bilden die Grundlage der neuen Eigenschaften. Im folgenden werden einige Begriffe und Beschreibungsmethoden erläutert, die angewandt werden können, wenn Sie es mit Namen zu tun haben, die nicht mit dem Geburtsnamen identisch sind.

Ihr äußeres Wesen

Um die Zahl des äußeren Wesens zu erhalten, muß man einfach die Zahlenwerte der Konsonanten zusammenzählen; die so erhaltene Summe wird daraufhin auf eine einstellige Zahl reduziert (außer wenn es sich um Meisterzahlen handelt). Dies gilt für alle Namen außer dem vollen Geburtsnamen.

Die Zahl Ihres äußeren Wesens gibt Aufschluß über die Maske, die Sie nach außen hin in der Öffentlichkeit im allgemeinen zur Schau tragen. Betrachten Sie es einfach als Ihre Verkleidung – das charakteristische Kleidungsstück, an dem sowohl Freunde als auch Fremde Sie sofort erkennen können.

Um ein genaueres Bild von den mit dem äußeren Wesen verbundenen Eigenschaften zu bekommen, empfiehlt es sich, die betreffenden Erläuterungen zu den Persönlichkeitszahlen in Kapitel V noch einmal durchzulesen. Die Persönlichkeitszahl und die Zahl des äußeren Wesens sind nicht identisch. Es gibt jedoch genügend Parallelen, die ähnliche Verhaltensbeschreibungen zulassen würden. Das äußere Wesen sagt uns, welches Bild Sie gegenwärtig von sich, sozusagen über Ihre Persönlichkeit hinaus, nach außen projizieren.

Ihr inneres Wesen

Die Zahl des inneren Wesens erhält man durch Addition der Vokale des neuen Namens und Reduzierung der Summe auf eine einstellige Zahl (außer bei Meisterzahlen). Diese Zahl können Sie für jeden Namen errechnen, der nicht der volle Geburtsname einer Person ist.

Die Zahl des inneren Wesens gibt Auskunft darüber, wie Sie Ihre Erfahrungen seelisch verarbeiten. Sie verrät, wie Sie sich selbst sehen (dieses Bild muß nicht immer der Wirklichkeit entsprechen!) und wie Sie gern von anderen gesehen würden. Um sich einen besseren Eindruck über diese Zahl machen zu können, sollten Sie die Erläuterungen zu den karmischen Akkumulationszahlen in Kapitel VI nochmals durchlesen. Diese haben zwar nicht genau dieselbe Bedeutung, kommen den Verhaltensaspekten, die durch die Zahl des inneren Wesens ausgedrückt werden, jedoch ziemlich nahe. Durch sie wird die nach innen gekehrte, introspektive Seite Ihres Verhaltens angezeigt.

Ihr vollendetes Wesen

Sie können sich vielleicht inzwischen schon denken, wie man die Zahl des vollendeten Wesens erhält: durch Addition aller Buchstaben des neuen Namens und Reduktion der Summe auf eine einstellige Zahl (außer bei Meisterzahlen).

Diese Zahl liefert einen Hinweis auf die durch Ihren Namen angeregten Leistungen, die Sie zum jeweiligen Zeitpunkt vollbringen. Sie definiert und bestimmt das Ausmaß Ihrer Ziele und Bestrebungen. Um die Bedeutung dieser Zahl besser zu begreifen, empfiehlt es sich, die Beschreibungen zu den entsprechenden Seelenzahlen in Kapitel V nochmals durchzugehen. Die Dynamik, die hier am Werke ist, ist nicht genau dieselbe wie die der Seele, doch der Idealismus und der Leistungstrieb sind ziemlich ähnlich. Nehmen wir einmal an, eine Frau habe den Geburtsnamen »Jane Smith«. Sie heiratete und nahm den Namen Jane S. Jones an: Die Zahl des vollendeten Wesens ist 4. Vielleicht heiratete sie, um materiell abgesichert zu sein. Auf jeden Fall deutet diese Zahl darauf hin, daß sie sich eine Ehe ausgesucht hat, die sie in gewisser Weise wieder in eine Situation zurückversetzten wird, in der sie sich ganz allein darum bemühen muß, Stärke und Durchhaltevermögen zu entwickeln. Irgend etwas wirkt im Verborgenen – es muß nicht unbedingt Scheidung sein – und wird sie eines Tages zu einem fast völlig selbständigen Wesen machen. Oder noch ein anderes Beispiel: Nehmen wir einfach an, daß eine Frau bei der Heirat einen anderen Namen annähme und danach ihre Zahl des vollendeten Wesens 8 sei. Dies könnte bedeuten, daß sie in bezug auf Autorität ziemlich große Herausforderungen erleben wird, möglicherweise in Form eines dogmatischen und kritischen Ehemanns, der all ihre geistigen Bemühungen ständig heruntermacht und ihre Überzeugungen und ihren Glauben an sich selbst damit langsam aushöhlt. Die Wahl dieser Zahl deutet darauf hin, daß sie sich einen Ehemann oder eine Ehesituation ausgesucht hat, die ihr Bedürfnis, ganz sie selbst zu sein und sich selbstbewußt auf ihre ganz individuellen Überzeugungen in bezug auf Autorität zu stützen, ständig herausfordern.

Bemerkenswert ist auch die veränderte Perspektive, die im Namen »Jimmy Carter« im Vergleich zu seinem vollen Geburtsnamen zum Ausdruck kommt.

J I M M Y	C A R T E R			
1 9 4 4 7	3 1 9 2 5 9			
25 = 7	29 = 11	Vollendetes Wesen	= 18 =	9
16 = 7	6 = 6	Inneres Wesen	= 13 =	4
9 = 9	23 = 5	Äußeres Wesen	= 14 =	5

Ein kurzer Blick auf diese Zahlen sagt uns, daß der Mensch mit diesem Namen danach strebt, seine kühnsten Träume zu verwirklichen, doch es kann auch sein, daß er dabei große Enttäuschungen erlebt. Besonders drückt sich darin ein Idealismus in seinen Hoffnungen aus, der möglicherweise nicht voll ausgelebt werden kann. Sein äußeres Wesen möchte allgemein akzeptiert werden, und er sieht sich selbst als Universalhelden an, der »jedem etwas zu bieten hat«. Sein inneres Wesen veranlaßt diesen Mann, hartnäckig und zielstrebig (manchmal auch verbissen) auf das hinzuarbeiten, was er für richtig hält. Er sollte darauf achten, sich dabei nicht zu übernehmen.

Oft wurde ich bei meiner Arbeit gebeten, neue Namen für Entertainer, Künstler, Berufsgruppen, Firmen oder ähnliches auszuwählen. Ich ging meistens so vor, daß ich zuerst versuchte, die wahren Motive und Ziele des Klienten herauszufinden. Außerdem ist wichtig, die eigene Perspektive des Klienten in bezug auf das Image, das der Name vorstellen soll, zu kennen. Man kann dann versuchen, gemeinsam einen Namen zu finden, in dem Klang, Rhythmus und numerologische Aspekte miteinander harmonieren. Der Trick dabei ist, dem Klienten zu helfen, seine wahren Absichten zu erkennen und auszudrücken.

In neueren wissenschaftlichen Studien hat man herausgefunden, daß sich die Menschen nach dem Namen einer Person eine bestimmte Meinung über sie machen; sie reagieren zum Beispiel anders auf den Namen Jimmy als auf James, oder sie erwarten ein anderes Verhalten von einer Jane als von einer Sara Lou. Man darf gespannt sein, ob die Numerologie der Namen eines Tages allgemein akzeptiert sein wird.

XI

Yin und Yang, Sexualität und Polarität zwischen männlichem und weiblichem Prinzip

Immer wieder haben wir uns im Laufe dieses Buches auf die drei Urkräfte Aktivität, Passivität und Ausgewogenheit oder Gleichgewicht bezogen. Die Yang-Energie, auch aktive Energie genannt, wurde als männlich charakterisiert. Die passive, empfängliche, intuitive oder Yin-Energie ist ihrem Wesen nach weiblich. Das Zusammenspiel dieser beiden polaren Kräfte bildet auf allen Ebenen des Kosmos und des Universums die Ausgangsbasis jeglichen Lebens.

Die Menschheit erwacht gerade heute wieder zu dem Bewußtsein, daß jeder von uns männliche und weibliche Eigenschaften besitzt. Durch sein Konzept der Anima im Manne und des Animus in der Frau hat C. G. Jung dazu beigetragen, ein breiteres Verständnis für diese Dichotomie zu schaffen. Ein Teil unserer Vorbereitung auf das Neue Zeitalter sollte darin bestehen, bewußt eine Harmonie zwischen diesen beiden Lebenskräften herzustellen. Und jeden Tag mehren sich die Anzeichen für das Erwachen des Bewußtseins: Die Frauen werden selbstbewußter und fordern ihre Rechte ein; die Männer dagegen können ihre Haarlänge wählen, und auch eine buntere Palette von Farben für ihre Kleidung und von Kosmetikartikeln steht ihnen frei. Außerdem sind sie eher dazu in der Lage, ihre Gefühle und Empfindungen auszudrücken. Dies sind nur ein paar kleine Indikatoren für eine Rollenveränderung und eine größere Ausgewogenheit.

Als allgemeine Richtlinie könnte man die männliche Polarität in unserer heutigen Gesellschaft folgendermaßen charakterisieren: aktiv, aggressiv, intellektuell, logisch und selbstbewußt. Darüber hinaus fällt dem Mann traditionell die Rolle des Brotverdieners zu.

Die Eigenschaften der weiblichen Polarität in unserer heutigen Gesellschaft sind: kreativ, intuitiv, emotional und unterstützend. Traditionell kommt dazu noch die fürsorgliche Rolle der Frau als Ehefrau und Mutter.

Durch die Emanzipation der Frau ist es in mancher Hinsicht für die Frauen heute leichter geworden, ihre männlichen Seiten offen zu zeigen. Die Gesellschaft hat es den Männern nicht ganz so einfach gemacht, ihre weiblichen Seiten auszuleben. Immer noch werden weibliche Neigungen bei Männern als Anzeichen für Homosexualität gewertet und damit als etwas Anrüchiges angesehen. Dies ist auch der Hauptgrund, wieso sich die Männer mit der Rollenveränderung so schwer tun. Doch dadurch, daß sich die Einstellung vieler Menschen in dieser Hinsicht immer mehr wandelt und Homosexualität inzwischen ein offen diskutiertes Thema ist, wurde auch ein besseres Klima für die Männer geschaffen, um das Weibliche in sich (Anima) zu akzeptieren. Häufig haben Frauen ihre männliche Seite so stark nach außen gekehrt, daß sie über den Gleichgewichtspunkt hinausgeschossen sind und durch die Verleugnung ihrer Weiblichkeit im Endeffekt eine neue Polarität geschaffen haben. Das andere Extrem sind Männer, die ihre weiblichen Aspekte völlig verleugnen und damit nicht etwa ihre Männlichkeit bewahren, sondern ihre Effektivität als Mann herabsetzen. Es ist deshalb wichtig, daß man den Ausdruck dieser beiden polar entgegengesetzten Kräfte als ein natürliches Evolutionsmuster begreift. Allzu häufig wird dies noch mit homosexuellen Tendenzen gleichgesetzt. Das eine hat mit dem anderen nichts zu tun. In manchen Fällen werden diese beiden Dinge durcheinander geworfen, weil trotzdem eine sexuelle Neigung zum eigenen Geschlecht besteht. Die Synthese und der Ausdruck der männlichen und weiblichen Aspekte ist ein Studienfeld, das vielleicht schon in naher Zukunft in psychologischen Studien große Bedeutung erlangen wird. Es ist eine Grundvoraussetzung, wenn die Psychologie dazu beitragen will, die Menschheit auf ihren Übergang in das Neue Zeitalter vorzubereiten.

Entgegen der weitverbreiteten Meinung sind Frauen und Männer *nicht* gleich. Sie ergänzen sich gegenseitig, und beide sind für das Leben auf allen Ebenen aller Welten nötig. Vielleicht fragen Sie sich jetzt ja: »Und was hat das alles mit Zahlen zu tun?«

Viel. Ihr persönliches Zahlenbild, das sich aus Ihrem Geburtsdatum und Ihrem Geburtsnamen ergibt, kann äußerst aufschlußreich sein im Hinblick auf die Art, wie Sie mit Ihrer männlich-weiblichen Polarität umgehen.

Unter Anwendung der menschlichen Dynamik unserer gegenwärtigen Kultur geht man davon aus, daß die Zahlen 1, 4, 7 und 8 eher männliche Züge tragen. Die Zahlen 2, 3, 6 und 9 drücken im gegenwärtigen menschlichen Verhalten eher die weiblichen Eigenschaften aus. Die Zahl 5 bezieht sich auf das Leben insgesamt und kann im besten Falle eindeutig in beide Richtungen gehen.

Frauen, in deren Zahlenbild die männlichen Zahlen 1, 4, 7 und 8 eine wichtige Rolle spielen, identifizieren sich oft unbewußt (oder auch bewußt) mit ihrem Vater und/oder männlichen Eigenschaften. Häufig führt in diesem Falle die männliche Identifikation zu einer unbewußten (oder bewußten) Verleugnung der eigenen Person, das heißt der Frau in sich selbst. Lassen Sie mich hier ein ganz spezifisches Beispiel aus meiner Praxis geben. Etwa siebzig Prozent der Frauen mit der Lebenszahl 8, die zu mir in die Beratung kamen, waren das zweite oder dritte Kind und hatten eine oder zwei ältere Schwester(n). Die Eltern (im allgemeinen mehr der Vater) hatten gehofft (unbewußt oder auch ganz bewußt), daß es dieses Mal ein Junge würde. Im Moment der Empfängnis fühlte sich die Tochter deshalb als weibliches Wesen zurückgewiesen. Sie versucht in der Folge (bewußt, wahrscheinlich jedoch unbewußt), dieser

Junge zu werden (durch viele männliche Verhaltensmuster nach außen) und vom Vater dafür Bestätigung und Liebe zu bekommen. Möglicherweise besitzt sie einen ungeheuren inneren Antrieb und ausgeprägte Führungsqualitäten, die es ihr ermöglichen, viel im Leben zu erreichen (eine äußerst positive Form des Selbstausdrucks). In vieler Hinsicht ist sie ihren weiblichen Mitstreiterinnen, die noch nicht so selbständig und unabhängig sind, weit voraus.

Doch eine solche Frau muß sich unbedingt darum bemühen, auch ihre weiblichen Eigenschaften wie Intuition, Emotionalität und so weiter zu akzeptieren. Am allerwichtigsten ist jedoch, daß sie sich selbst auf allen Ebenen als das, was sie ist, akzeptiert, nämlich als Frau! Eine Polarität kann nicht einfach durch die andere ersetzt werden; beide sind nötig, um ein harmonisches Gleichgewicht zu erzielen.

Männer, bei denen die weiblichen Zahlen 2, 3, 6 und 9 vorherrschen, identifizieren sich häufig stark mit ihrer Mutter – und mit kreativen, intuitiven und emotionalen Zügen. Ein Mann wird männlicher, wenn er zusätzlich zu seinem Intellekt und Leistungstrieb auch noch seine Intuition und Sensibilität nutzt. Intuition kann lebensrettend sein, wenn rasche Entscheidungen getroffen werden müssen und wenig Informationen oder Fakten zur Verfügung stehen. Wenn diese beiden Prinzipien irgendwann einmal, in Millionen und Abermillionen von Jahren, wieder ausgeglichen sein werden, dann werden wir wieder vollendete Wesen sein, die alles in sich vereinen – androgyne, hermaphroditische, engelhafte, göttliche Wesen.

Wie erstelle ich ein persönliches Zahlenbild?

Norma Jean Mortenson, bekannt unter dem Namen:

M	A	R	I	L	Y	N		M	O	N	R	O	E
4	1	9	9	3	7	5		4	6	5	9	6	5
	1		9		7				6			6	5
4		9		3		5		4		5	9		

Vollendetes Wesen = 73 = 10 = 1

Inneres Wesen = 34 = 7 = 7

Äußeres Wesen = 39 = 12 = 3

N	O	R	M	A		J	E	A	N		M	O	R	T	E	N	S	O	N
5	6	9	4	1		1	5	1	5		4	6	9	2	5	5	1	6	5
	6			1			5	1				6			5			6	
5		9	4			1			5		4		9	2		5	1		5

Zahl des integrierten Selbst (ZIS) = 80 = 8

Seelenzahl (SZ) = 30 = 3

Persönlichkeitszahl (PZ) = 50 = 5

Geburtsdatum: 1. 6. 1926

               1   6   18

Lebenszahl (LZ) = 25 = 7

Karmische Lektionen = -3, -7, -8

Karmische Akkumulationszahl = 18

Ausdrucksebenen

Körper	M	E	ME	4
Gefühl	OR		ORTSO	7
Geist	NA	JAN	NN	7
Intuition				

                                    = 18 (Buchstaben)

Individuelle Spannungszahlen

SZ – PS	3 – 5 (2)	PZ – LZ	5 – 7 (2)
PZ – ZIS	5 – 8 (3)	SZ – LZ	3 – 7 (4)
SZ – ZIS	3 – 8 (5)	LZ – ZIS	7 – 8 (1)

Progressives Zahlenbild

Alter	1	2	3	4	5	6	7	8	9	10
Kalenderjahr	27	28	29	30	31	32	33	34	35	36
Persönlichkeit	N	N	N	N	N	R	R	R	R	R
Seele	O	O	O	O	O	O	A	E	E	E
Persönliches Jahr	8	9	1	2	3	4	5	6	7	8
Gesamtzahl	1	2	3	4	5	1	6	2	3	22

Alter	11	12	13	14	15	16	17	18	19	20
Kalenderjahr	37	38	39	40	41	42	43	44	45	46
Persönlichkeit	R	R	R	R	M	M	M	M	J	M
Seele	E	E	A	O	O	O	O	O	O	E
Persönliches Jahr	9	1	2	3	4	5	6	7	8	9
Gesamtzahl	5	6	3	9	5	6	7	8	6	1

Alter	21	22	23	24	25	26	27	28	29	30
Kalenderjahr	47	48	49	50	51	52	53	54	55	56
Persönlichkeit	N	N	N	N	M	M	M	M	R	R
Seele	E	E	E	E	O	O	O	O	O	O
Persönliches Jahr	1	2	3	4	5	6	7	8	9	1
Gesamtzahl	11	3	4	5	6	7	8	9	6	7

Alter	31	32	33	34	35	36
Kalenderjahr	57	58	59	60	61	62
Persönlichkeit	R	R	R	R	R	R
Seele	O	O	O	O	O	O
Persönliches Jahr	2	3	4	5	6	7
Gesamtzahl	8	9	1	2	3	22

(Marilyn Monroe starb am 5. 8. 1962 – am 1. 6. 1962 begann ein persönliches 7er-Jahr.)

Lesen Sie nun dazu die entsprechenden Erläuterungen in den verschiedenen Kapiteln dieses Buches und überlegen Sie sich, ob sie Ihnen für diese Person zutreffend erscheinen.

Nachwort

Ich begann dieses Buch in der Absicht, einige spezielle und persönliche Einsichten zum Thema Zahlen niederzuschreiben. Wie jeder Autor war ich zuversichtlich, daß meine Worte den Lesern sowohl neue Erkenntnisse als auch Unterhaltung bieten könnten. Nun ist es an Ihnen, zu beurteilen, ob der Versuch gelungen ist.

Noch bevor ich die Hälfte des Manuskripts, das Sie nun in Händen halten, fertiggestellt hatte, ging mir auf, daß es zu diesem Thema eigentlich viel mehr zu sagen gibt, als ich vorausgesehen hatte. Ich konnte nicht weiterschreiben; ich fing erst einmal an, neu aufgetauchte Wege zu erforschen. Es dauerte lange, doch ich freute mich über alles Neue, das ich dazulernte. Und ich bin äußerst hoffnungsvoll, daß meine Mühen sich auch für Sie in hohem Maße gelohnt haben. Viele der konkreten Beispiele, die in diesem Buch aufgeführt wurden, stammen aus meiner zwölfjährigen Praxiserfahrung als Numerologe: Forscher, Lehrer und Berater. Wie Ihnen während der Lektüre dieses Buches sicher aufgefallen ist, basieren Teile der Erläuterungen zu den Zahlen auch auf gechannelten Informationen oder intuitiven Eingebungen.

Soweit mir dies möglich war, habe ich diese Informationen durch Daten aus einer Vielzahl von persönlichen Zahlenbildern, Dokumenten, numerologischen Untersuchungen und Quellen gestützt. Doch keine Studie ist jemals abgeschlossen; in einem Gebiet, in dem es um die ständige Weiterentwicklung der intuitiven Mentalität geht, *kann* es kein letztes Wort geben.

Menschen, die ernsthaft auf der Suche sind, werden über diesen Moment und dieses Buch hinaus weiterforschen. Das muß auch so sein.

Bereits zum jetzigen Zeitpunkt, nach Fertigstellung des Buches, würde ich im Rückblick einige Teile nicht mehr so schreiben, wie sie jetzt dastehen. Würde ich jedoch der Versuchung nachgeben und alles nochmals umschreiben, würde mich dies in einen Teufelskreis ziehen, der mich nie zu Ende kommen lassen würde. Deshalb müssen Sie einfach das beurteilen, was Sie jetzt vor sich haben. Ich vertraue darauf, daß die Mängel, die Ihnen dabei auffallen, durch die Stärken ausgeglichen werden. Manche kritische Zungen werden behaupten, es sei zu kurz; andere werden sich über meine Langatmigkeit lustig machen. Ich überlasse das ganz Ihrem Urteil. Kein Mensch kann das gesamte numerologische Wissen aller Zeiten vollständig erfassen. Ich habe einfach versucht zusammenzufassen, was sich aus meinen Forschungen ergeben und was meine Intuition mir enthüllt hat. Interessanterweise habe ich, sobald ich das Material zu diesem Buch zusammen hatte, wieder mein Studium an der Universität aufgenommen, um mich über mein Diplom in Psychologie hinaus weiter auszubilden. In einem Kurs über psychologische Tests habe ich dann vor kurzem begonnen, Parallelen zwischen Ergebnissen aus persönlichen Zahlenbildern und Persönlichkeitsprofilen zu untersuchen, die sich aus verschiedenen psychologischen Tests ergaben. Bereits zum jetzigen Zeitpunkt kann gesagt werden, daß die Ergebnisse sehr ermutigend sind und der Vergleich interessante Parallelen aufweist. Hier könnte sich ein völlig neues Feld von Bewertungs- und Beratungsmöglichkeiten sowohl für Fachleute als auch für Laien auftun.

Die Auslegungen und Erläuterungen zu den Zahlen können starke emotionale Reaktionen auslösen; manche können den Leser zunächst entmutigen oder deprimieren. Lassen Sie sich durch diese Darstellung der psychologischen Aspekte unterbewußter Verhaltensmuster nicht verunsichern; hier macht sich derselbe Effekt bemerkbar, wie wenn Sie zum Beispiel einen Text über Psychopathologie lesen und plötzlich den Eindruck bekommen, alle Beschreibungen träfen auf Sie zu, oder wie wenn ein Medizinstudent nach der Lektüre seines ersten Buches über innere Medizin plötzlich feststellt, er hätte in seinem ganzen Leben bereits an mindestens neun schweren Krankheiten sterben müssen! Anstatt über eventuell bestehende Symptome zu jammern, sollten Sie lieber diese Beschreibungen dazu nutzen, um sich über alle Probleme bewußt zu werden, sich mit den hemmenden Faktoren auseinanderzusetzen und sie in wachstumsfördernde Muster umzuwandeln.

Dieses Buch wurde geschrieben in der Hoffnung, daß Sie Eigenschaften an sich erkennen, die umgewandelt oder ausgemerzt werden können. Sie haben *diesen Moment* gewählt, um mit Ihrer unvermeidlichen Evolution konfrontiert zu werden. Handeln Sie jetzt.

Ich habe bereits im Vorwort auf zwei ausgezeichnete Standardwerke zum Thema Numerologie verwiesen. Im Buch von Florence Campbell wird besonders auf die Seelenaspekte und karmischen Einflüsse eingegangen. Auch die umfassende Untersuchung und äußerst detaillierte Studie der Zahlen von Juno Jordan hat meine Arbeit beeinflußt. Ausgehend von diesen beiden Werken habe ich mich jedoch in neue Bereiche vorgewagt, und der ernsthafte Leser wird deshalb vielleicht diese Werke konsultieren wollen. Ich bin nicht sehr ausführlich auf Themenbereiche eingegangen, die von diesen beiden Autoren bereits abgehandelt wurden; es lohnt sich deshalb sicherlich, das eine oder andere dort oder in anderen Numerologiebüchern nachzulesen. Meine hauptsächliche Absicht bestand darin, die kosmologischen, metaphysischen und psychologischen Aspekte der Zahlen in das Bewußtsein dieses Neuen Zeitalters zu rücken. Insbesondere hoffe ich, gerade *Ihnen* neue Zugänge zu Ihrer Seele aufzeigen zu können.

Manche Menschen halten die Vorstellung einer *linearen* Reinkarnation, das heißt, daß ein Leben auf das andere folgt, für unlogisch, und zweifeln sehr daran. Ich habe diese Idee vor allem deshalb benutzt, um das Ursache-Wirkungsprinzip der Reinkarnation aufzuzeigen, und nicht so sehr, um die Gültigkeit des linearen Konzepts selbst zu unterstreichen. Die hier angeführten karmischen Aspekte gelten demnach genauso für die Vorstellung von *gleichzeitig existierenden* Wirklichkeiten.

Wie können Sie nun wirklich wissen, ob ein Zahlenbild ausgewogen ist? In einem ausgewogenen Zahlenbild sind die Zahlen ziemlich gleichmäßig verteilt. Oder in dem Zahlenbild tauchen die Zahlen, die zwar im Namen fehlen, in wichtigen Bereichen der Persönlichkeit, Seele oder in der Lebenszahl wieder auf. Ein ausgeglichenes Zahlenbild kann auch einfach aus kompatiblen Zahlen bestehen, die die Fertigkeiten oder Persönlichkeit fokussieren. Oder es kann schließlich auch Meisterzahlen aufweisen und dazu Elemente, die die Fertigkeiten oder Persönlichkeit einer Person unterstützen und fokussieren. Mit einiger Übung werden Sie Zahlenbilder erkennen, die vor Einheit und Gerichtetheit geradezu leuchten.

Hier noch eine Warnung: Bruchstückhaftes oder selektives Lesen einzelner Kapitel hat nur geringen Wert. Alle einzelnen Aspekte müssen im Gesamtzusammenhang gesehen werden. Genau wie in der Astrologie müssen Sie alle Teile immer in Beziehung zum Ganzen sehen. *Vorsicht* vor Überreaktionen auf isoliert betrachtete Teile!

Es kann verblüffend sein, den Übergang von der Persönlichkeit zur Seele und von der Seele zum integrierten Selbst nachzuvollziehen. Diejenigen unter Ihnen, die sich vielleicht schon einmal mit Theosophie oder Lehren beschäftigt haben, die auf den sieben Hauptinitiationen beruhen, werden Parallelen zu diesen sieben Stadien erkennen. Ich bin der Meinung, daß der vollständige Übergang von der Persönlichkeit zu einem Bewußtsein, dessen Zentrum die Seele bildet, den Phasen des Eintritts und der Vollendung der dritten Initiation nahekommt (siehe auch *The Initiation of the World* von Vera Stanley Alder). Die späteren Phasen, in denen das integrierte Selbst im Mittelpunkt steht, ähneln der Vorbereitung auf die vierte Initiation. Wenn Sie sich mit den Initiationsschulen auskennen, wissen Sie auch, wie wenige von uns soweit fortgeschritten sind. Und Sie wissen auch, daß jetzt die Zeit da ist für eine Evolution der Massen, um mehr Menschen unter uns vorzubereiten und sie durch die höheren Riten zu geleiten.

Ich hoffe, daß Sie an diesem Punkt der Lektüre mit dem Buch in Harmonie sind; können Sie Ihre Hand zufrieden auf die aufgeschlagenen Seiten legen und sagen, daß das hier Niedergeschriebene für Sie Sinn macht? Durch die Anwendung numerologischen Wissens im alltäglichen Leben wird uns um so klarer, welche Lektionen wir noch zu lernen und wie wir bestimmte Punkte anzugehen haben. Wir erwachen von der Persönlichkeit zu den Zyklen der Seele und beginnen dann auf einer höheren Stufe symbolischer Führung und Weisheit zu leben und zu handeln. An diesem Punkt stimmen wir uns unvermeidlich auf die Zyklen und Rhythmen des Kosmos und des Universums ein, wodurch wir den göttlichen Funken in unserem Innern noch besser wahrnehmen können.

Der nächste Schritt ist die bewußte Arbeit mit der kosmischen Evolution: Nach und nach werden Sie selbst zu einem Mit-Schöpfer, tätig in Ihrem Winkel des Kosmos. Wollen Sie dieses Buch als Leitfaden benutzen? Lassen Sie sich von ihm durch diesen Teil Ihres Erdendaseins hin zum göttlichen Schicksal leiten. Die planetarischen, universellen und kosmischen Spiralen liegen vor Ihnen. Möge das Licht Ihr Begleiter auf Ihrem Weg sein. Mögen Sie eines Tages kosmische Harmonie erlangen.

Wißt Ihr denn nicht, daß Ihr Götter seid?!!

Abb. 8

Verlag Hermann Bauer · Freiburg im Breisgau

Erika J. Chopich und Margaret Paul

Aussöhnung mit dem inneren Kind

5. Auflage, 256 Seiten mit 6 Diagrammen, gebunden
ISBN 3-7626-0455-X

Das innere Kind: Ein Thema, dem sich viele Ärzte, Psychologen und Autoren zugewandt haben. Es geht um das traurige, lachende, weinende, verrückte – und doch so weise Kind in jedem von uns, ob Mann oder Frau. Wie können wir den Kontakt zu dem Kind in uns herstellen?
Die Autorinnen Chopich und Paul machen überzeugend klar, daß der erste Schritt zu glücklichen Beziehungen im täglichen Leben die Aussöhnung mit dem inneren Kind ist. Die Quelle von Lebensfreude und Kreativität erschließen und dem Kind in uns ein liebevoller Erwachsener werden – dazu gibt dieses auch von vielen Therapeuten mit Spannung erwartete Buch eine Fülle von Anregungen und Einsichten.
Eine weitere wichtige Botschaft dieses aktuellen Buches: Nur durch die Integration des inneren Kindes können wir die »inneren Verletzungen« aus unserer Kindheit heilen und so mit dem wachsenden Bewußtsein für das eigene innere Kind selbst bessere Eltern werden. So können die von Generation zu Generation weitergegebenen Wunden geheilt werden.

Verlag Hermann Bauer · Freiburg im Breisgau

Verlag Hermann Bauer · Freiburg im Breisgau

Mary S. Rain

Leben und Heilen mit der Natur

Earthway – Die Botschaft einer indianischen Seherin

2. Auflage, 446 Seiten mit einer Zeichn. und 112 Tabellen, geb.
ISBN 3-7626-0451-7

Nur auf der Erde können wir atmen, existieren und in Gesundheit leben. Je mehr uns diese Tatsache bewußt wird, um so mehr rücken Kulturen, die stets im Einklang mit der Erde gelebt haben, in den Mittelpunkt unseres Interesses. Eine reiche Tradition haben hier die Indianer Nordamerikas, auch »Hüter der Erde« genannt. Im vorliegenden Buch überliefert die beliebte Autorin Mary S. Rain dem Leser das geheime Wissen, das ihr als letztem »Lehrling« der Schamanin und Medizinfrau No-Eyes anvertraut wurde. *Leben und Heilen mit der Natur* ist eine wahre Fundgrube geheimen Wissens, das unser modernes Leben durch die uralte indianische Weisheit bereichert und mit Sinn erfüllt.
Mary S. Rain zeigt in ihrem Buch, wie wir unserer Bestimmung nach miteinander und mit der Natur leben sollen. Ihr Buch ist ein detaillierter, praktischer Führer, der unser Leben in all seinen physischen, psychischen und spirituellen Aspekten behandelt. Dieses faszinierende Buch vermittelt aber noch weit mehr praktisches Wissen, das Ihr Leben verändern kann. Es ist ein verläßlicher Ratgeber für einen neuen, behutsamen Umgang mit unserer Natur.
»Earthway« – Weg der Erde und . . . der Liebe.

Verlag Hermann Bauer · Freiburg im Breisgau